이 책을

얼굴도 모르는 말기환자들에게

새 생명을 주기 위해 장기를 기증하신 뇌사자 가족분들과

불철주야 고생하는

전북대학교병원 이식팀원들에게 바칩니다

심장이 멎기 전, 안녕 내 사랑

뇌사자 장기기증 — 삶, 죽음, 사랑 이야기

글, 사진 박 성 광

신아출판사

| 서문 |

장기기증 가족들에게 작은 위로가 되길

내 어릴 때 꿈은 코미디언이었다. 나는 어릴 때부터 사진에서 보다시피 많이 웃고 자랐고, 현재도 많이 웃고 살며 주위에 있는 사람들을 많이 웃기려고 노력한다.

그런데 내가 웃기려고 하는 말이 항상 재미 있는 것은 아닌 것 같다. 딸내미는 "아빠는 입만 열면 헛소리, 엄마는 입만 열면 잔소리" 라고 말한다.

내가 좋아하는 말은 "행복해서 웃는 것이 아니라 웃어서 행복하다."이다.

나는 '뇌사자 장기기증이 기증하는 가족들의 슬픔을 사랑으로 승화시키고 장기를 받는 환자와 가족들에게는 새 생명을 선사하는 선물' 이라고 생각한다.

나는 1980년에 의사가 되었고 1989년 전북대학교병원에서 처음으로 신장이식 수술을 한 때부터 이식 환자를 보기 시작하였다. 1998년부터는 2021년 정년 퇴직할 때까지 뇌사자 장기이식을 담당하면서 뇌사상태에 빠진 환자의 가족들을 만나서 상담하고 장기기증을 권유하는 일을 해왔다.

당시에 이렇게 뇌사환자의 가족들을 만나서 설득을 전담하는 의사는 우리나라에서 나밖에 없었다. 십 년 전부터는 전북대학교병원의 이식센터장인 이식 교수와 같이 해왔었고, 현재는 아마 이식 교수밖에 없는 것으로 알고 있다.

나는 학생이나 의사를 상대로 장기기증에 대해서 강의할 때 꼭 물어보는 것이

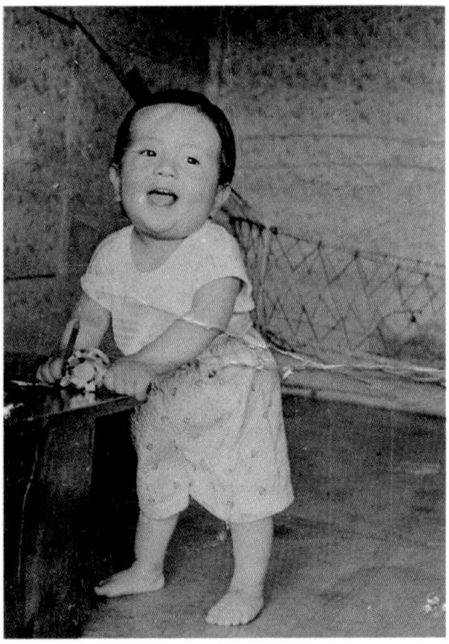
필자의 돌 사진

있다. 환자가 뇌사상태에 빠지면 뇌사판정위원회에서 뇌사 판정을 받은 뒤 몇 시간 후에 수술실에 들어가서 심장이 멈추게 된다. 이때 의사가 사망진단서에 사망시각을 쓰는 것이 매우 중요한데 뇌사 판정을 받은 시각을 쓰겠나? 아니면 수술실에서 심장이 멈춘 시각을 쓰겠나? 하고 물으면 대부분 심장이 멈춘 시각을 쓴다고 대답한다. 그러나 우리나라 법에는 심장이 뛰고 있어도 뇌사 판정을 받은 시각을 사망시각으로 쓰게 되어있다. 이것은 뇌사 판정을 받으면 이미 뇌가 전혀 기능을 하지 않기에 살아날 수가 없고 사망한 것과 다름이 없다는 말이다. 그래서 장기 기증하는 가족들은 사랑하는 사람의 심장이 멎기 전에 가슴이 찢어지는 이별을 해야 한다는 것을 알리고 싶어서 책 제목을 『심장이 멎기 전, 안녕 내 사랑』이라고 정했다. 심장이 멎으면 장기기증은 불가능하고, 사후에 각막이나 조직은 기증할 수 있다.

장기기증 이야기에 앞서서 내가 그동안 틈틈이 신문이나 잡지에 기고했던 글과 경험했던 일 중에서 재미있다고 생각되는 것들을 써 보았다. 장기기증에 관한 부분은 이식센터에서 코디네이터 선생들이 기록해 놓은 파일에 내가 기억하는 것과 기고한 것, 그리고 직접 가족들과 인터뷰한 내용과 사진을 추가하였다.

제일 어린 기증자는 5개월 난 심노균이란 아기였고 최고령 기증자는 85세 김이금 할아버지였다. 또 많은 의사가 장기기증이 불가능하리라고 생각하는 혈액투석 환자 중에서 아홉 분이 기증에 동의하셨는데 그 중에 일곱 분이 장기를 기증하셨다. 물론 신장은 기능이 없어서 기증을 못하고 간과 폐를 기증하셨다. 그리고 세 분의 환자가 뇌사자로부터 신장이식을 받고 오랫동안 잘 쓰고 있다가 본인이 뇌사상태에 빠져 간을 기증하여 받은 사랑을 다른 환자들에게 더 귀한 선물로 돌려주었다.

한 분은 처음에는 남편의 장기를 기증해 달라는 나를 죽여 버리고 싶었다고 했다. 그러다가 마음을 바꿔 기증했다. 또 17년간 모시고 살았던 시어머니가 병원에서 자기 머리채를 잡고 흔들며 "절대로 내 아들의 장기를 기증하지 마라"고 소리를 쳤는데도 생각을 굽히지 않고 기증을 한 분도 있었다.

20세 딸의 모든 장기를 기증해서 아홉 명에게 새 생명을 준 최해라 씨 어머니는 다른 분이 기증에 회의적이어서 내가 부탁 하니까 "꼭 기증하세요. 절대 후회하지 않아요"라고 권유해서 그분이 믿고 기증하기도 했다.

나는 이 책으로 인하여 이제까지 장기를 기증해 준 가족분들에게 조금이나마 위로가 되길 바란다. 이 책을 쓰려고 기증자 가족들을 만나거나 전화 통화를 하면서 가슴 아픈 사연에 여러 번 눈물을 흘렸다. 여러 어머니들이 오랜만에 자식의 이름을 듣고 울먹이며 잠시 말을 잇지 못했다. 나는 장기를 기증하는 환자와 가족들은 다른 여러 사람들을 살리기 때문에 의인(義人)이라고 믿는다.

또 독자들에게 뇌사자 장기기증이 무엇이고 기증하는 가족들의 극심한 슬픔을 숭고한 사랑으로 승화시키는 희생에 대해서 증언하고자 한다. 나아가서 더 많은 분이 장기를 기증함으로써 장기이식 외에는 치료법이 없어서 장기기증을 학수고대하고 있는 말기 중환자들이 새 생명을 얻을 수 있기를 바라는 마음이다.

항상 함께해 주시는 하나님께 감사 기도를 드리고, 낳아주시고 길러주신 부모님, 가족들, 스승님들, 선후배와 직장 동료들, 제자들, 그리고 특별히 얼굴도 모르는 말기 환자들에게 장기를 기증해 주신 뇌사자분들과 그 가족분들에게 진심으로 깊은 감사를 드린다.

2022. 여름

'함께하는내과'에서

박 성 광

| 추천사 |

영원한 멘토, 박성광 교수님

나는 김춘수 시인의 〈꽃〉이라는 시를 좋아한다.

"내가 그의 이름을 불러 주기 전에는/ 그는 다만/ 하나의 몸짓에 지나지 않았다./ 내가 그의 이름을 불러 주었을 때/ 그는 내게로 와서/ 꽃이 되었다."

사람은 이름을 불러주며 새로운 관계를 시작하고 만남을 통해 인연을 이어간다. 그리고 잊히지 않는 의미있는 존재가 되기를 바란다.

박 교수님은 내가 이름값을 할 수 있도록 해 주신 분이다.

아버지께서는 내가 태어난 날이 식목일이어서 '이식'이라는 이름을 아무 부담없이 지어 주셨다. 나는 식목일에 태어난 것을 행운으로 여긴다. 내가 크리스마스에 났으면 '이크'가, 불탄절에 났으면 '이불'이, 개천절에 났으면 '이개'가 될 뻔했다. 거기에다 박 교수님은 이름값을 하라고 나에게 신장이식을 지도해 주셨고 장기기증 업무도 담당하게 해 주셨다. 박 교수님과 신장이식과 장기기증 업무를 함께 할 때면 밤늦은 시간에 기증 업무가 끝나고 가슴 뿌듯한 마음으로 집에 가벼운 발걸음을 하곤 했다.

한번은 외래 진료 시간에 방문한 분이 내 명찰을 보더니 "선생님이 이식 담당이세요?" 하고 물었다. "네. 제가 이식도 담당하고 이름도 이식입니다." 하였더니 박장대소를 하면서 '타고난 사람'이라고 해서 웃은 적도 있다. 나는 이름 때문에 노력 없이(?) 이식 분야에서 소위 반절은 먹고 들어간다. 이런 어부지리는 박 교수님이 나의 이름에 의미를 주셨기 때문이라고 생각한다.

박 교수님의 휴대폰에는 '네 꿈이 끝날 때 네 청춘도 끝난다'라는 문구가 있다.

문구에서 보듯이 박 교수님은 에너지가 대단하신 분이다. 후배들보다 훨씬 도전적이시고 부지런하시다. 원래 나는 일정 거리 이상은 걷지 않는 사람인데 이런 분과 함께하다 보니 팔자에도 없는 마라톤을 5번 완주(하프 코스)하게 되었다. 또한 마라톤이 가장 힘든 시간은 집에서 나설 때임을 진정으로 공감하게 되었다. 덕분에 지금은 걷기의 즐거움을 알게 되었고 새로운 도전에 대한 역치가 낮아졌다.

박 교수님께 이 자리를 빌려 진심으로 용서를 빌고 싶은 일이 있다.

내가 25년 이상 도량(?)으로 여기는 '비포장'이라는 소박한 맥줏집이 있다. 지금보다 젊었던 시절에는 그날의 최종 도량은 항상 '비포장'이었고 시간은 자정을 넘기곤 했다. 그런데 문제는 '비포장'에 가면 박 교수님이 그리웠다. 그리움을 마음에만 간직하지 못하고 12시가 넘은 밤늦은 시간에 전화로 그리움을 전하였고, 박 교수님은 어김없이 나오셔서 나의 주정을 받아 주셨다.

지금 가만히 가슴에 손을 얹고 생각해 본다. '당신은 그 시간에 그립다고 전화하면 박 교수님처럼 할 수 있을까?' '사모님은 무슨 죄입니까?'

박 교수님은 언짢아하실지 몰라도 나는 주위에서 박 교수님을 많이 닮았다는 소리를 듣는다. 박 교수님과 나를 아는 환자들도 우리가 서로 닮았다고 한다. 회진을 하던 날이었다. 병원 구름다리를 건너고 있는데 맞은편에서 나이 드신 한 분이 오시더니 "성광아"하고 부르신다. 교수님을 닮았다는 말을 많이 들은 터라 웃으면서 "저도 박 교수님을 모시고 신장내과에서 일하고 있습니다."라고 했다. 그분 말씀이 "똑같은데" 하면서 신기하다는 표정이었다. 사람들이 박

전군마라톤대회, 왼쪽 세 번째 박성광 교수님, 제일 오른쪽이 필자

교수님과 닮았다고 하는 것은 외모의 분위기가 비슷하다는 것일 것이다. 나는 비단 외모만이 아니라 삶을 대하는 태도와 가치관도 닮고 싶다. 나에게서 박 교수님의 향기가 날 수 있을까?

청출어람(青出於藍)이라는 말이 있다. 청출어람은 못 될지언정 박 교수님의 색깔이 바래지 않도록 살아야겠다고 생각해본다.

오늘도 회진하러 간다.

박성광 교수님은 저의 영원한 멘토이십니다.

교수님, 사랑합니다!

교수연구동 611호에서

제자 이 식 드림

Contents

2부 공감 — 그 사람들은 부모도 없다냐?

3부 세상만사 — 브라보 마이 라이프

2편 | 심장이 멎기 전, 안녕 내 사랑

1부 아름다운 사람들을 위한 기도

2부 생명의 보시 – 뇌사자 장기기증

1편

네 꿈이 끝날 때
네 청춘도 끝난다

화(火)기애애

1부

현장 — 전투기가 사진을 찍어준다고요?

적막 (전북대학교병원 뒤 건지산)

전투기가 우리 사진을 찍어준다고요?

20년쯤 전 의과대학 학생들을 인솔하고 지리산을 종주하는 졸업여행 첫 밤에 노고단 산장에서 공군 조종사들을 만났다. 전투체력도 기를 겸해서 종주에 나섰다는 것이다. 우리 학생들이랑 어우러져서 밤늦게까지 술을 마셨다. 우리가 4일 동안 마시려고 가져온 술과 공군장교들이 가져온 군납주가 다 동이 날 때까지 마시고 끝났다. 다음 날에 자기들이 산행하는 것을 12시에 동료 조종사가 와서 상공에서 촬영을 해주기로 했는데 우리도 산꼭대기에 있으면 찍어주겠다고 제안을 해서 고맙다고 그렇게 하겠다고 대답을 했다.

다음날 공군장교들은 일찍 떠났고 우리들은 숙취로 늦게 출발했다. 12시가 다가오는데 술이 덜 깨서 너무 걸음이 늦어지는 바람에 꼭대기에는 못 올라가고 평지에 있었다. 12시가 조금 넘어서 저쪽 하늘에서 전투기가 날아와서 저공비행을 하면서 우리를 찾고 있었다. 그래서 어제 받은 연막탄을 터트렸다. 연기와 함께 전투기도 사라졌다. 학생들은 "우리를 보지 못해서 못 찍었다" 는 파와 "찍었다. '찰칵'하는 셔터소리를 들었다" 하는 두 파로 나뉘었다. 그러다가 나중에 전화가 왔다. 산꼭대기를 다 뒤졌는데 우리를 못 찾았다는 것이다. 그러면서 월요일 12시에 학교 쪽으로 비행을 하는데 그때 옥상에 올라와 있으면 찍어주겠다고 해서 당장 그렇게 하겠다고 대답을 했다.

사진을 찍어줬던 전투기

옥상 오른쪽에 모인 산행팀. 왼쪽 흰색이 가운 입은 교수들

문제는 수업이 12시 20분에 끝나는데 중간에 어떻게 올라가느냐는 것이다. 담당 교수님을 찾아가서 자초지종 얘기를 하니까 "아니 수업 중간에 옥상에 올라가면 전투기가 우리 사진을 찍어준다고? 그게 세상에 말이나 되는 소리입니까?" 하고 믿지 않았다. 그래서 내가 "틀림없습니다. 교수님도 올라가서 같이 찍읍시다." 하고 설득의 달인인 내가 간청을 해서 학장, 부학장도 함께 모셔서 종주에 참여한 학생들과 옥상에 올라갔다. 12시가 되자 전투기가 굉음과 함께 날아와서 사진을 찍고 갔다.

우리는 조종사의 헬멧을 보았다. 학생들은 소리를 지르고 환호를 했다. 나는 의기양양하게 교수님들에게 말했다. "거봐요. 온다니까요." 나중에 조종사로부터 "찍었습니다. 교수님은 가운을 입고 선두에 계시데요" 하는 전화를 받았다.

학생들에게 평생 잊지 못할 추억을 선사한 공군 조종사에게 깊은 감사를 드리고 지금도 전투기 소리를 들으면 하늘을 쳐다보고 그때를 생각하며 미소를 짓는다.

사실은 내가 숨겨둔 아들이 있소

정년 퇴직 무렵에 아내에게 심각한 표정으로 물었다. "여보, 내가 고백할 것이 한 가지 있는데 용서해 줄 수 있겠소?" 하니까 아내가 정신을 바짝 차리고 "무슨 말인지 들어 봐야지 용서고 자시고가 있지 않겠어요?" 라고 말했다. 그래서 내가 폭탄선언을 했다. "사실은 내가 숨겨둔 아들이 있소." 하니까 아내가 눈을 질끈 감고 올 것이 왔다는 표정에다가 "세상에 믿을 사람 하나도 없다, 얌전한 강아지 부뚜막에 먼저 올라간다더니." 하는 체념한 표정으로 "그래서 몇 살이나 먹었소?" 해서 "22살요." 하니까 23년을 속아온 것을 억울해하고 더 배신감을 느끼는 것 같았다.

르완다에서 의대를 다니는 오네스모

이야기가 더 길어지면 무슨 일이 일어날지 몰라서 바로 이 사진을 보여줬다. 이 친구는 오네스모라고 르완다에서 의과대학을 다니는 친구인데 아는 분이 형편이 곤란한 학생이 의대에 합격했는데 의대를 다니는 동안에 학비를 좀 대

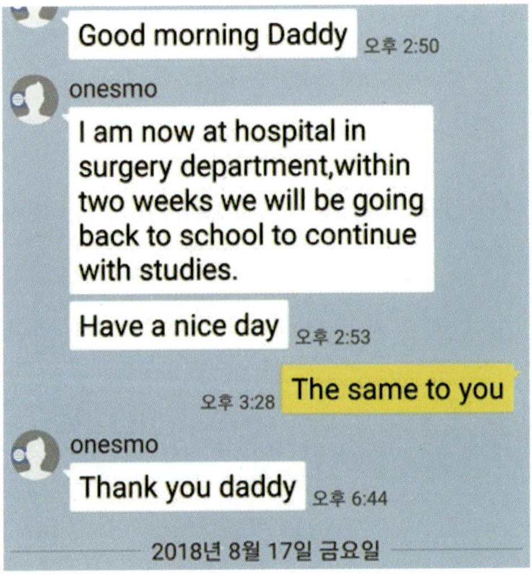

오네스모가 보낸 카톡

줄 수 있냐고 물었다. 나는 아내에게 얘기하고 흔쾌히 좋다고 말하고 대줬었다.

문제는 이 화상으로부터 카톡이 오는데 '아빠'라고 시작을 하는 것이다. 그런데 상처를 줄까 봐 홍판서가 홍길동에게 하는 것처럼 "나는 너 같은 아들이 없으니 아빠라고 부르지 마라." 할 수도 없어서 그냥 놔두었다. 대신에 내가 "아들아" 하고 부르지는 않았다.

오래 전에 내과 전공의가 술을 마시다가 기분이 좋아져서 어떤 교수님에게 "저 교수님을 형이라고 불러도 돼요?" 하고 물어봤다가 장시간 혼났던 일이 있었다. 그때 '뭐 저런 동생이 있으면 나쁠 것도 없을 텐데 왜 저렇게 혼을 내시는지 모르겠네' 하는 생각을 했었다. 오네스모가 재산을 상속해 달라거나 호적에 넣어달라는 것도 아니고 그냥 부르기만 하는 것인데 나도 손해날 것도 없고 또 딸만 둘이 있는데 아들이 하나 더 생긴다고 뭐 큰일이 날 것도 아니다고 생각했다.

아내는 사진을 보고 일단 마음이 놓이고 어찌된 일이냐고 해서 카톡을 보여주며 자초지종을 말하니까 가슴을 쓸어내리며 안심을 하고 사태에 종지부를 찍었다.

나는 이렇게 한번 깜짝 놀라게 하는 것이 결혼생활에 긴장과 활력을 가져다주는 양념이라고 생각한다.

딸들에게도 숨겨 둔 동생이 있다고 고백을 해서 엄마처럼 깜짝 놀라게 해줬다.

언젠가는 이 아들을 초청해서 전주에 있는 병원에서 일 년 정도 가르쳐서 보낼 생각이다.

나와 함께 뇌사자 가족에게 장기를 기증해 주시라고 설득하는 이식센터의 이식 센터장이 전북대학교병원에서 아프리카로 의료 봉사를 나갔다. 통역을 하는 학생이 바로 오네스모였는데 "우리 아버지가 전북대학교병원에 있다."고 해서 누구냐고 했더니 박성광 교수라고 하더란다. 그래서 그분이 바로 내가 모시고 있는 분이라고 했단다.

하여간 좁은 세상이다.

제초제는 이제 그만

오늘도 제초제(파라콰트, 그라목손)를 마신 환자가 응급실로 내원했다. 열네 살 소녀가 어머니에게 혼나고 욱하는 기분에 한 모금 마셨다. 울고불고하는 가족들에게 십중팔구 사망할 수밖에 없다고 말하고 혈액관류를 해보지만 결과는 뻔할 것 같다. 제초제를 마신 사람을 진단하는 것은 어렵지 않다. 약을 마시면 입안과 식도가 다 타서 노랗게 변한다. 제초제를 뿌리면 풀이 노랗게 말라 죽는 것처럼 사람도 제초제를 먹으면 간이 나빠져서 나중에 황달이 생기고 노랗게 되면서 며칠 내에 죽게 된다. 간 외에도 신장, 폐 등 전신에 영향을 미치는데 폐는 다른 증상이 좋아졌다 해도 퇴원한 몇 개월 후 폐 섬유화가 생겨서 사망할 수도 있다.

신장내과를 전공하였기에 이제까지 수백 명의 제초제 음독 환자를 봐왔지만 잊지 못할 세 환자가 기억난다. 한 환자는 중1 남학생이었다. 학교에서 항상 1등을 놓치지 않았는데 지난주 시험에서 2등을 했다고 부모에게 꾸중을 듣고 제초제를 한 모금 마시고 입원하였다. 본인도 명랑한 성격에 깊이 뉘우치고 있고 퇴원하면 공부를 더 열심히 해서 다시는 1등을 놓치지 않으리라 다짐하고 부모도 나무란 것을 뼈저리게 후회하고 있었지만 결국 부모가 오열하는 가운데 숨졌다. 두 번째 환자는 40세 정도의 농부였는데 술을 먹고 밤에 들어와서 음료수인 줄 알고 마신 것이 제초제라서 부양해야 할 많은 가족을 남겨놓고 이틀 만에 사망하였다. 세 번째 환자는 40대 여자였는데 신장 기능이 떨어진 폐렴으로 입원하였다. 한 눈에 혀가 노란색으로 변한 것을 보고 제초제 때문인 것을 알았다. 내가 가족들이 없을 때 그라목손을 마셨냐고 물어보니 그렇다고 하면서 가족들에게는 절대 비밀로 해달라는 것이었다. 그리고 혈액관류도 완강하게 거절하여서 안타깝게도 며칠 뒤에 사망한 경우가 있었다. 아마 그때 혈액관류를 했어도 마신 양이 많았기에 사망하였을 것이다.

어떤 환자는 제초제를 먹고 사망한 후에 각막을 기증하여 두 사람에게 눈을 뜨게 한 적도 있었다. 제초제를 먹고 내원하는 사람들의 사연도 가지가지이다. 생활고를 비관해서, 가족 불화로, 싸우다가 욱하는 성질을 못 참고, 드물게는 제초제인 줄 모르고 마시고 온다. 그리고 한결같이 제초제를 마신 것을 깊이 후회하지만 이미 엎질러진 물이다.

제초제는 특별한 해독제가 없기에 의료진들이 아무리 애를 써보아도 사망하는 경우가 대부분이다. 또한 제초제를 쉽게 구하는 사람들은 시골에서 농사를 짓는 분들로 살림도 궁핍한 분들이 많은데 치료비도 만만치 않다.

요즘 불경기를 맞아서 사업에 실패하여 음독하는 사람이 부쩍 늘었다. 제초제 음독 환자를 치료하는 의사의 입장에서 권하고 싶은 말은 되도록 제초제를 집안에 두지 말자는 것이다. 꼭 필요한 경우에 쓸 만큼만 사다가 쓰고 폐기하는 것이 좋겠다.

그리고 이 세상은 아무리 힘들고 고달파도 살 만한 가치가 있다. 음독을 시도하는 것은 가장 나쁜 선택이라고 생각한다. 그중에서 제초제를 선택하는 것은 가장 어리석은 선택이다. 본인이 겪어야 할 지독한 고통과 가족의 슬픔을 생각해서라도 제초제는 절대로, 마시지 말자.

— 《전북일보》 1999. 10. 5

닭똥집은 '닭항문' 아니오!

Dear Editor,

I really enjoyed reading the story "The Fear Factor Tasting Safari" (May 2011, Reader's Digest). It was well written and it described the delicate taste of various unusual and fearsome food in Korea. But there was one misleading translation which I'd like to correct. The author describes Dak Dong Jip as Chicken Anus. Literally Dong Jip may sound like anus in Korean but actually it is a kind of stomach or gizzard inside the abdomen which contains sand to digest the food. So the correct description must be Chicken Stomach or Gizzard which is not so much a horrible and disgusting thing to eat.

Sungkwang Park, Korea

편집자에게

나는 2011년 5월에 리더스 다이제스트에 실린 "사파리를 맛보는 공포의 요소"를 재밌게 읽었습니다. 이것은 잘 쓰여졌고 한국의 다양한 특이하고 무서운 음식의 훌륭한 맛을 기술하였습니다. 그러나 여기에는 한 가지 오역이 있어서 바로잡고 싶습니다. 저자는 닭똥집을 닭의 항문으로 기술하고 있습니다. 글자 그대로 하면 닭똥집은 한국어로 항문처럼 발음이 되지만 실제로는 위나 모래주머니의 일종으로 모이를 소화시키는 모래를 안에 가지고 있습니다. 따라서 정확한 표현은 닭의 위나 모래주머니라고 말해야 되는데 이것은 먹기에 그렇게 공포스럽고 역겨운 것은 아닙니다.

박성광, 한국

맛있는 식사, 행복한 삶

나는 식사를 절대로 거르지 않는다. 식사에 대한 나의 신조는 '한번 잃어버린 끼니는 평생 다시 돌아오지 않는다.'이다. 그리고 매끼마다 이 끼니가 평생에 마지막 끼니일 수도 있다고 생각하고 최선을 다해서 먹는다.

내게는 잊지 못할 세 번의 맛있고 행복한 식사가 있었다.

첫 번째는 예과에 다닐 때 공식적으로 수업을 하루 빼고 농사를 짓는 학우 집에 다 같이 몰려가서 모내기하고 별이 총총한 저녁에 평상에 둘러 앉아 텁텁한 막걸리를 마시며 먹던 밥은 오랜 노동 끝에 얻은 꿀맛이었다.

두 번째는 전공의 시절에 점심 때 논 옆을 지나가는데 때마침 모내기를 하다가 먹는 밥을 드시던 어르신들이 같이 식사하자고 청했다. 염치불구하고 비료부대 위에 앉아서 김치를 손으로 죽죽 찢어 보리가 섞인 밥을 먹었을 때 그분들의 정(情)에 겨워 너무 행복했었다.

세 번째는 35년 동안 아내가 해주는 밥을 먹다가 염치가 없어서 2년 전부터는 일찍 퇴근하면 내가 밥상을 차리는데 첫 메뉴가 김치찌개였다. 아내가 맛보고 그렇게 행복해하던 기억이 난다.

내 환자분 중에 식사할 때마다 감격하며 드시는 분이 있는데 이유를 물어보았다. 사고로 머리를 다쳐서 2년 동안이나 입으로 밥을 못 넘기고 콧줄을 통해서 유동식을 주입받았다가 처음으로 입으로 밥을 먹은 날을 잊지 못한단다. 그 분을 보면 우리에게 가장 맛있는 식사는 너무도 익숙하고 당연하게 생각하는 입으로 음식을 먹는 것이다. 왜 가족을 식구(食口)라 하겠는가? 가족, 친구, 이웃과 함께 어울려서 소박한 밥상을 같이 나누면서 못 가진 것을 부러워하지 않고 가진 것을 감사하며 음식의 맛과 서로 이야기를 나누며 즐기는 것이 가장 맛있는 식사라는 생각이 든다.

생각할수록 오랜 여운을 남기는 카렌 블릭센 원작의 '바베트의 만찬'이라는 아름다운 영화를 한 편 소개하고자 한다.

덴마크 작은 마을에 두 자매 마티나와 필리파가 살고 있었다.

어느 날 필리파를 흠모했었던 성악가 파핀의 편지를 가진 바베트라는 여자가 찾아온다.

그녀는 파리에서 유명한 식당의 요리사였는데 혁명 때 남편과 아들을 잃고 의지할 곳을 찾아서 온 것이었다. 어느 날 바베트에게 엄청난 액수의 복권이 당첨되자 두 자매는 오랫동안 헌신적으로 봉사해 왔던 바베트가 떠날 거라고 걱정한다. 그러나 그녀는 그 돈으로 두 자매의 아버지 목사님의 탄생 100주년 추도식을 맞이하여 최고급 와인과 거북이 스프, 메추라기 등 최고의 프랑스식 만찬을 대접한다.

바베트의 만찬은 소박한 생활을 해왔던 자매와 가난하고 조촐하게 살아왔던 이웃 사람들에게 평생 처음 맛보는 놀라움과 기쁨을 선사한다. 그녀는 당첨된 돈을 만찬을 위해서 다 써버렸기 때문에 다시 하녀의 길을 선택한다.

목사님이 돌아가신 후 서로 반목하던 사람들은 바베트가 마련해 준 사랑의 만찬을 즐기면서 행복을 나누고 서로를 이해하고 용서를 구한다. 마지막에 필리파가 바베트를 껴안으며 "천사들이 얼마나 즐거워할까?" 하고 끝을 맺는다.

이 영화는 자기가 가진 물질을 남에게 나누어 주어서 남에게 기쁨을 줄수록 자기의 기쁨이 화수분처럼 넘쳐난다는 스토리이다. 자기 이웃이 누구인지조차 모르고 무관심하게 살아가는 우리에게 경종을 울리고 있다.

'내가 한 번이라도 논두렁 식사에 초청한 농부들이나 바베트처럼 이웃에게 따뜻하게 한 적이 있는가?' 라고 반성해 볼 때 안도현 시인의 '너에게 묻는다' 라는 제목의 시가 생각난다.

"연탄재, 함부로 발로 차지 마라
너는 누구에게 한 번이라도 따뜻한 사람이었느냐?"

잊지 못할 선물
— 나무코끼리

나는 1989년부터 1991년까지 미국 캘리포니아의 팔로 알토에 가 있으면서 수많은 고마운 사람들을 만났다.

차를 타고 가다가 길을 잃어서 차고 앞에 앉아계신 분에게 길을 물으니 이리저리 설명하다가 잘 못 알아듣는 것 같으니까 아예 차고에서 자기 차를 끌고 나와서 앞장서서 데려다주신 분, 주차 동전이 없어서 지폐를 좀 바꾸자고 하니까 동전만 주고 미소를 짓고 가버린 여대생, 기름을 넣고 보니 지갑을 집에 두고 와서 차를 맡겨 두고 집에 다녀온다니까 생면부지의 나에게 차를 타고 갔다가 다음 주유할 때 지불하면 된다고 그냥 가라고 보내준 아저씨 등, 그중에서도 지금까지도 고마워하는 한 사람이 있다.

처음에 미국에 가서 스탠포드 의과대학에 펠로우로 등록을 하고 나니 벡텔 국제센터에서 외국학생들에게 무료로 일대일 영어교육을 해주는 봉사자와 연결해주는 프로그램이 있어서 램을 만났다.

램은 인도계 미국인으로 컴퓨터를 전공한 회사원이었다. 일주일에 한 번씩 그의 집을 방문하여 이런저런 얘기를 하면서 영어를 배우고 다양한 미국문화를 접할 수 있었다.

마침내 귀국할 때가 되어서 한국 인형을 사가지고 가서 작별 인사를 하였더

니 본인은 준비를 못했다면서 마침 서가에 있는 나무코끼리를 선물로 주었는데 그게 공교롭게도 어린 딸애가 무척 아끼는 것이었다. 딸애가 안 된다고 울고불고 하는데 다음에 더 좋은 것을 사준다고 하면서 억지로 나에게 안기는 것이었다.

나는 괜찮다고 짐이 된다고 몇 번 사양했으나 하도 우기기에 감사히 받고 말았다. 지금도 그 나무코끼리는 여러 번 이사를 가서도 항상 내 서가에 자리를 차지하고 있으면서 지구 반대편에 사는 고마운 램과 서럽게 울던 어린 딸이 생각나게 한다.

—《샘터》 2016. 12

행복의 나라, 부탄 병원에 가보니

어느 날 우연히 부탄에 관한 책을 읽다가 '첫눈이 오는 날은 공휴일'이란 대목에서 왠지 모르게 낭만적이라는 생각과 함께 한번 가보고 싶은 마음이 동했다. 3명의 친구를 꼬드겨서 세계에서 행복 지수가 가장 높다는 부탄에 가기로 했다.

자그마한 파로 공항 벽에 수교 30주년 기념으로 한국말로 환영사가 써져 있었다. 한국은 '고요한 아침의 나라'인데 부탄은 '번개 용의 나라' 라고 불린다. 공항을 나오니 국산 9인승 차량이 나와 있는데 4명이 타니 아주 편안했다. 주위를 보니 한국 차가 거의 세 대에 한 대꼴로 굉장히 많이 돌아다니고 있어 흐뭇했다. 사람들이 거의 다 전통 복장인 '고'와 '키라'를 입고 다니는 것이 한국과 달리 전통을 지키려고 노력하는 것이 보였다. 지나가는 사람들이 물어서 한국에서 왔다고 하면 "안녕하세요?"를 하는 사람들이 가끔 있었는데 한국의 위상이 높아져서인지 케이팝 덕분인지 모르겠다. 다들 눈이 마주치면 눈웃음을 치고 카메라에 대해 거부감이 없고 머리 숙여 인사하는 것도 우리와 비슷하였다.

호텔 계단에 보니 '행복은 당신에게서 시작합니다. 당신 주위에 있는 사람들과의 관계에 있는 것도 아니고 돈에 있는 것도 아니고 바로 당신 안에 있습니다'라고 쓰여 있었다.

식사 후 차를 타고 언덕을 조금 올라가니 동행할 요리사, 보조 요리사, 말을 모는 사람이 기다리고 있었다. 가이드가 무사한 산행을 기원하며 하얀 천인 '가다'를 목에 걸어 주었다. 짐을 8필의 말에 싣고 산행을 시작했다.

며칠 동안 즐겁게 트레킹하다가 일행 중 한 명이 비옷에 걸려 넘어져 정강이가 찢어져 우선 싸매고 시내에 있는 '지미도로지왕축 국립병원' 응급실에 들렀다. 응급실에 환자가 꽤 많았는데 다들 느긋하게 순서를 기다리고 있었다. 응급실 입구의 안내문이 재미있었다.

내용인즉 '여기서 응급은 산소가 부족하거나 혈압이 떨어지거나 장기 손상이 심하거나 팔다리나 생명을 잃어버릴 염려가 있는 경우를 말합니다. 여기서 1등으로 보려고 하지 마십시오. 1등으로 먼저 보는 환자는 저 출입문으로 걸어서 나갈 확률이 아주 적습니다.'라고 쓰여 있었다.

병원의 시설은 우리나라에 비해 좀 낙후되었고 침대가 약 360베드 정도 된다고 하는데 접수하고 기다리다 곧 의사를 만나서 처치실로 가니 남자 간호사가 능숙하게 봉합해 주었다. 다만 조그만 상처라서 유공포 없이 상처 부위만 소독하고 꿰매는 것이 우리나라와 조금 달랐다. 치료비를 내려고 했더니 돈 받는 원무과가 없어서 보니까 부탄 사람들뿐 아니라 관광객도 다 무료란다. 부탄에는 의과대학이 없어서 주로 인도나 스리랑카에서 의대를 나온 의사들인데 보수는 별로 많지 않단다.

인공신장실을 들렀더니 투석기 열대로 백여 명의 환자를 치료하는데 그 비싼 치료비가 다 무료이다. 다만 우리나라에서는 대개 한 번에 4시간씩 일주일에 3회 투석을 받는데 여기서는 기계도 적고 해서 2회만 받는다고 한다.

놀라운 것은 환자가 가족 중에 신장 공여자가 있으면 인도에 가서 이식 수술을 받고 올 수도 있는데 이 경우에 국가에서 비싼 수술비를 전액 내 준단다. 왜 부탄이 세계에서 행복지수가 제일 높은지를 알 수 있는 대목이었다.

의과대학에 '의료과실 예방' 과목을 신설하자

의료 기술은 나날이 발전하지만 의료진의 오진이나 실수로 일어나는 의료과실은 근절되지 않고 있다. 미국의 의료과실은 전체 사망 원인의 8위를 차지할 정도로 흔하고 우리나라나 일본도 정확한 집계는 없지만 비슷한 정도라고 한다.

그중 절반 정도는 주의를 더 기울이면 예방할 수 있다는 게 중론이다. 의사도 사람인 이상 실수한다. 나도 의사 생활 38년째인데 본의 아니게 여러 번 실수를 했다.

이런 실수는 철저한 예방 교육과 함께 중복 체크, 여러 단계에서 의료진 간 협력 시스템을 갖추면 적어도 절반 정도로 줄일 수 있다고 본다.

많은 대형 병원이 이런 시스템을 정비해 인증 받기도 하고 시뮬레이션 교육을 통해 의료과실 예방에 심혈을 기울이고 있다. 하지만 이런 교육은 의과대학 시절부터 이루어져야 한다. 나는 10여 년 전부터 의과대학에서 정규 수업 외에 '의사의 실수'란 과목을 개설해 강의하고 있다. 충분히 막을 수 있었던 의료과실 사례를 소개하고 예방법을 가르치고 있다.

하지만 의과대학 대부분이 심장 질환, 뇌졸중, 암, 폐 질환 등은 중점적으로 가르치지만 정작 중요한 사망 원인 중 하나인 의료과실의 예방 교육은 소홀히 하고 있다.

앞으로 모든 의과대학이 의료과실 예방 과목을 신설해 정규 과정에 포함해야 한다.

— 《조선일보》 2018. 06. 21

지정환 신부님이 의사들에게 남긴 말

지정환 신부님은 '임실 치즈의 아버지'로 불리지만 사실 환자들에게는 '척수 장애인의 아버지'로 불린다. 내가 신부님을 처음 뵌 것은 1980년대에 내 환자였던 분이 신부님이 운영하셨던 '무지개의 집'에서 치료받고 있을 때였다.

신부님과 환자들은 한 식구처럼 '무지개 가족'이라고 불렀고 교통사고로 척추를 다쳐서 휠체어를 타는 환자들이 몇 개월, 길게는 몇 년씩 무료로 재활치료를 받고 있었다. 일요일에는 무지개의 집에서 신부님이 미사를 집전하셨는데 미사에 참여하지 않는 환자들도 있어서 신부님께 물었다. "저분들도 이왕 여기에 계시는 동안 미사에 참여하면 좋지 않을까요?"

나는 신부님의 대답을 수십 년이 지났어도 똑똑히 기억하고 있다. "나는 내가 이분들을 도와주었다고 내 종교를 강요하진 않아요. 박 교수 같은 기독교인들은 도움을 주면 나중에 몇 명을 전도했는지 하는 성과를 따지지만 우리는 그러지 않아요. 내가 도와줬으니 내 신앙을 가져라 하는 것은 장사하고 다름이 없어요. 종교는 그저 베풀고 그것으로 끝나는 거지 그 대가로 무엇을 요구하는 것이 아니에요. 나는 이분들이 가지고 있는 종교를 존중해서 일요일에 교회에 가고 싶으면 가고 절에 가고 싶으면 다 가게 해요."라고 말씀하셨다.

교수가 되어서 90년대에 전북대병원에서 전공의들을 위한 특강 시간이 있었는데 훌륭한 분을 추천해 달라는 부탁을 받고 신부님을 찾아뵌 적이 있었다. 강의를 부탁하니까 일언지하에 인터뷰나 강의는 일절 안 하기로 했다고 하셔서 서운했는데 "근데 강의는 언제요?"하고 물어보셔서 "내년 6월인데요."하니까 잠시 생각해 보시고는 "하겠어요. 내가 한국에 와서 사는 동안 6개월 전에 강의를 부탁받아 본 것이 이번이 처음이요. 신문사나 방송사에서는 며칠이나 몇 주 남겨놓고 부탁하기 때문에 그런데는 안 가요."하고 강의를 해주셨다. 진한 전라도 사투리로 너무도 재밌고 인상적인 강의였다.

그중에 특히 두 가지를 강조하셨는데 하나는 지금 같은 구급체계가 없던 때라서 "절대로 척추 손상이 의심되는 환자를 택시에다 구겨 넣어서 옮기지 마라. 병원에 도착하면 움직였던 다리도 못 움직이게 되니까 목을 고정하고 꼭 구급차로 이송해라"는 말씀이었고, 두 번째는 "벨기에에서는 아이들이 아프거나 할 때 꼭 아이들을 데리고 병원에 가야만 하는 게 아니고 의사들이 왕진을 온다. 왜 한국에서는 의사들이 왕진을 오지 않느냐? 척수장애 환자들이 병원에 한 번 가려면 여러 명이 동원되어서 의사를 3분 만나고 내일 또 오라고 하는데 의사들이 와주면 얼마나 좋겠느냐?"라고 말씀하셨다. 요즘은 119 이송은 아주 잘 되어 있지만 의사가 환자에게 가야 한다는 말씀은 귀에 생생하지만 아직도 풀어야 할 숙제로 남아있다.

몇 년 전 소양의 한 식당에서 평복을 입으시고 식사하고 계셔서 인사를 드리면서 "신부님이신 줄 몰라뵈었어요." 하니까 "그럼 내가 신부지 신랑이겠소."하고 너털웃음을 터트리시던 신부님의 유머 있는 목소리가 그리워진다. 가난하고 고통받고 소외당한 이웃들에게 큰 사랑을 주시고 친히 행동으로 가르쳐 주신 신부님께서 천국에서 영면하시길 빈다.

— 《전북일보》 2019. 04. 21]

저는 교수님이 싫어요

이십여 년 전 대학병원에서 벌어진 일이다. 내과 2년차 중에 아주 똑똑한 임성희 선생이 있었다. 원래는 신경외과를 하고 싶어서 과장님을 찾아갔었는데 "여자가 무슨 신경외과를 한다고. 안 돼, 다른 과를 해."라는 소리를 듣고 내과를 했던 선생이다. 지금은 그렇지 않지만 그때만 해도 외과 특히 수련이 아주 힘들었던 신경외과에는 여선생이 거의 없었던 시절이었다.

하루는 1-2년차 전공의 선생들과 같이 회진을 돌았다. 환자 침대 옆에서 차트를 보면서 뭔가 잘못된 것을 이야기하고 다음부터는 이런 것을 주의하라고 한 것 같다. 이런 일은 그 당시에 아주 흔히 일어났던 일이었다.

그런데 임 선생이 복도에 나와서는 내게 눈을 똑바로 뜨고 하는 말이 "저는 교수님이 싫어요."하는 것이었다. 이런 말은 전공의한테 처음 들어 하도 기가 막혀서 "왜 싫은가 좀 말해다오." 했더니 "교수님이 일년차 전공의 선생의 잘못한 것을 지적하시려면 이렇게 복도에 나와서도 얼마든지 하실 수 있는데 환자 앞에서 뭐라고 하시면 앞으로 환자는 일년차 전공의의 말은 안 듣고 교수님만 찾을 겁니다." 라고 말하는데 망치로 머리를 한 대 '쿵' 맞은 것 같았으나 생각해 보니 꼭 옳은 말이었다.

그래서 바로 "자네 말이 맞네. 내가 생각이 짧았네. 앞으로는 내가 조심할게.

말해줘서 고맙네." 하고 곧바로 사과했다. 그 뒤부터는 나는 절대로 전공의 선생을 환자 앞에서 혼내거나 뭐라고 한 적이 없다.

바로 그날 내가 좋아했던 책 두 권을 사서 임 선생에게 선물했다. 꺼내기 쉽지 않았을 말을 해준 데 대해 고마움을 표시하고 싶었다.

지금까지 32년 동안 교수로서 내가 가르쳤던 전공의 선생들 중에서 제일 고맙게 생각하고 오히려 나를 가르친 선생님으로 기억하고 있다. "임 선생, 그때는 정말 고마웠네."

— 《좋은생각》 2019. 7월호

노교수님의 일본인 은사 성묘

황인담 교수님은 우리가 의과대학에 다닐 때 예방의학을 가르쳐 주셨던 은사님이다. 월남전에도 참전하고 기골이 장대하며 학교에 기부금도 많이 내시고 인자하여 후학들로부터 존경을 받는 분이시다. 1926년생으로 당시 89세이셨는데 사모님이 오래 병석에 누워 계셔서 지극정성으로 보살피다가 사모님이 돌아가신 후에야 자유로워지셨다.

그래서 1941년 중학교 때 배웠던 은사님의 성묘를 위해 일본 도야마를 방문하셨다. 성묘가신다는 목적 하나로 노구를 이끌고 전주에서 도야마까지 가신 것이다.

영관장교 출신이라서 부관격으로 피부과 임철완 교수님이 모시고 갔다. 은사님의 자식들이 그 소식을 듣고 아버지 묻히신 곳에 모여서 아버지의 노제자를 환영하였다. 저녁식사 상 위에는 한국기와 일본기가 같이 놓여 있었다. 가족들은 아버지가 오랫동안 교직에 계시면서 수많은 제자들을 가르쳤지만 성묘까지 오는 제자는 없었다며 감격스러워했다.

내가 "왜 그 먼 곳까지 성묘하러 가셨느냐?"고 교수님께 여쭤보았다.

본인이 진도에서 광주로 진학했는데 지방에서 왔다고 선생님이 관사로 불러서 자기만 모찌도 주고 격려를 해주셨다고 한다. 그 격려의 말씀을 기억하시냐

은사님의 묘소에서 황인담 교수님

고 여쭈어 보았더니 "정직과 근면이 인간의 근본이고 노력은 성공의 비결이다" 라고 대답하셨다. 교수님은 92세에 별세하셨는데 돌아가시기 얼마 전에 하신 말씀이 "이제 힘이 없어져서 나도 노인이 다 되었나봐" 하시더니 "요즘은 골프를 치면 거리가 통 안나"라고 하셨다.

의사로서 학자로서 귀감이 되셨고 주위 많은 사람에게 큰 도움을 주고 기신 거인이셨다.

2014년 동경에서 열린 한일 이식심포지움에서 전북대학교병원의 뇌사자 장기이식에 대해서 발표할 때 보여준 마지막 슬라이드가 황인담 교수님이 성묘하시는 장면과 양국의 국기를 식탁 위에 세워놓고 식사하시는 모습이었다.

그러면서 한일 간의 학술교류가 이분들처럼 아름답게 이루어졌으면 좋겠다

식탁에 양국 국기를 올려놓고 식사하는 모습

는 말로 끝을 맺었다. 그러자 일본 국립장기이식센터장이 일어나서 "한국하고 일본이 죽음에 대한 생각과 문화가 비슷한데 한국의 장기기증이 일본에 비해서 훨씬 많은 이유가 무엇이라고 생각하느냐?"고 질문하였다. 그래서 "일본의 뇌사 장기기증에 대한 법이 너무 엄격하고 한국 사람들이 좀 더 뇌사에 대해 잘 이해하고 있고 이왕이면 죽어가는 말기 환자들을 살려야 한다는 마음이 강하다. 앞으로 뇌사자 가족에 대한 더 적극적인 권유와 설득이 필요하다."라고 대답해줬다.

그 뒤에 어느 일본 교수가 찾아와 "그 마지막 사진이 무척 감명 깊었다."고 말했다.

여성환자에게 전립선 항원 검사를 처방하다니

환자를 보기 시작한 지 어언 41년이 지났는데 그동안 수없이 많은 크고 작은 실수와 오진을 했다. 그래서 나는 어디 가서 누가 실수할 때 나무라질 못한다.

남편과 함께 온 신장병을 가진 육십 대 여성을 진찰하고 있었는데 이분의 이름이 흔한 남자 이름이었다. 남편분은 전립선암 검사를 해야하는데 하고 생각을 했었는데 다른 피검사와 함께 실수로 여성 환자에게는 낼 수가 없는 전립선 항원 검사를 내고 말았다. 다음에 오셨을 때 결과를 보다가 전립선 항원 수치가 '0'이 나온 것을 본 순간 깜짝 놀랐다. 그래서 검사 처방을 잘못 냈다고 말씀드리고 지갑에서 돈을 꺼내서 검사비를 드렸더니 한사코 안 받으시려고 하는 것을 억지로 드렸다. 진료가 끝나고 나가면서 그분이 "선생님, 이번 피검사에도 전립선 검사를 하신 것은 아니지요?"하고 웃으면서 농담하고 가셨다.

또 한번은 요즘은 의사들이 나열된 검사할 항목들을 마우스로 위에서 아래로 하이라이트를 해서 처방을 내는데 이식받지 않은 환자에게 이식 약물 농도를 측정하는 검사까지 처방이 되어서 약물농도가 '0'으로 나왔다. 이분께도 사과를 하고 검사비를 돌려드렸다

진짜 큰 실수는 동명이인에게 처방을 잘못 해 드린 적이 있었다. 김O순이란 흔한 이름을 가진 육십 대 초반의 여성이었다.

당뇨병과 중기의 만성 신장 질환을 가졌는데 혈액검사 결과를 보고 혈압약 등을 처방해드리고 망막증이 있는지 안과에 협진 의뢰를 보냈다. 안과가 처음인데 이미 안과 차트가 있어서 생년월일을 확인해보니 동명이인이었다.

아드님이 오셨는데 병원에서 이런 실수를 할 수가 있냐고 화를 내면서 차트를 복사하고 오인한 다른 환자의 차트와 어머니의 차트를 비교해서 병명과 약이 어떻게 다른지 설명을 요구했다.

불행 중 다행으로 두 분이 나이 차이가 별로 없었고 신장 기능을 비롯한 혈액검사와 당뇨가 있는 점이 비슷했다. 혈압약을 비롯한 처방약이 이름만 다르지 거의 비슷한 성분의 약이 들어가서 환자에게 다른 약이 들어간 것이 거의 없었다.

아드님은 차트를 복사하는 직원이 모든 페이지마다 도장을 찍는 데 나쁜 감정을 가지고 소리를 내서 찍었다고 불평하였다. 그래서 환자분과 아드님에게 백배 사과를 해서 보내고 바뀐 원인을 찾아보았더니 오늘 그분이 진찰권을 안 가져오셔서 접수하는 직원이 컴퓨터로 이름을 찾아서 접수하는 과정에서 같은 이름의 환자가 여러 명 있었다. 나이순으로 배열이 되어 있어서 비슷한 나이의 바로 밑의 분을 잘못 클릭하는 실수를 저지른 것이었다. 그래서 그 직원에게 주의를 주고 다음부터는 더욱 조심해야겠다고 다짐했다.

제일 당황했던 질문

카이스트에 있는 고규영 교수의 친구 중에 Dr. Donald McDonald 라는 재미난 이름을 가진 미국 UCSF 의과대학에서 근무하는 세계적으로 혈관 형성 형태학에 권위가 있는 유명한 교수가 있었다. 오래전에 국내 학회에 초청받아서 강의하고 나서 우리 병원에 초청하여 세미나를 하게 되었다. 부인과 함께 와서 한참 강의를 하고 있는데 천장에 있는 빔프로젝터가 고장이 나서 책상 위로 올라가서 그것을 고치느라고 한 오분 정도를 소모했다. 나도 되게 미안해서 "VVIP가 멀리서 부인까지 모시고 오니까 멀쩡하던 프로젝터가 놀라서 기능을 멈춘 것 같다" 하고 농담하고 다시 작동하여 무사히 강의를 마쳤다.

Donald McDonald 교수님

이렇게 유명한 강사가 와서 강의하면 청중들이

질문이 있으면 좋고 없으면 나라도 몇 개 해야 되는데 뒤쪽에 서있던 다른 과의 선배 교수가 손을 들고 질문을 했다.

'왜 강의 제목하고 전혀 관련이 없는 분이 와 있나?' 하고 의아해했지만 참석해서 질문까지 해주니 너무나 고마웠다. 그러나 다음 순간, 그분이 하시는 말씀은 내 귀를 의심하게 했다.

"강의를 6시까지 끝내줘야 다음 강의를 하는데 이렇게 시간이 넘었는데 안 끝내주면 다음 강의는 어떻게 하느냐?" 라는 것이다.

제일 앞에 앉아 있는 부인도 황당한 표정을 지었고 McDonald 교수님도 생전 처음 당하는 일이라 무척 당황해서 자기는 다음 강의가 있는지 몰랐다고 미안하다고 사과했다. 화가 난 내가 프로젝터가 고장이 나서 강의가 늦어진 것이라고 설명을 하고 질문도 안 받고 서둘러서 강의를 끝냈다.

알고 보니 이 분도 서울에서 강사를 모셔다가 밖에서 기다리고 있었는데 강의 시간이 지나도 안 끝나니까 들어와서 강사에게 직접 불평을 한 것이었다.

아무리 그래도 외국 교수가 강의하는데 초청한 나를 좀 밖으로 나오라고 해서 강의를 마쳐달라고 하면 질문을 생략하고 일찍 마칠 수가 있었는데 지금도 이해가 안 된다. 다행히 평소에 잘 알고 지내던 분이라서 매년 크리스마스가 되면 가족사진을 포함한 카드를 주고받으며 지내고 있지만 이 일을 생각하면 지금도 얼굴이 화끈거린다.

푸른 눈의 스승

설대위(Dr. David Seel) 원장님

내가 설대위(Dr. David Seel) 원장님을 처음 만나 뵌 것은 본과 3학년 때 전주 예수병원 외과로 임상 실습을 나갔을 때였다. 새벽 6시 회진 시간에 맞추어 가는 것이 큰 고역이었는데 환자 한 사람 한 사람을 마치 가족처럼 돌보며 유창한 한국말로 설명해 주시는데 큰 감명을 받았다.

설 원장님은 전북의대 외래교수로서 두경부 외과학을 강의하셨다. 강의 중 "en bloc(총괄적)"이란 단어가 나와서 내가 무슨 말이냐고 질문하니까 오히려 전체 학생들에게 이걸 아는 사람이 있느냐고 물어보셨다. 대답하는 사람이 하나도 없으니까 모르는 것이 있으면 이 학생처럼 질문해야지 그냥 넘어가면 안 된다고 하셨다.

종강 때 내가 대표 학생이었기에 모든 강의하신 교수님께 넥타이를 선물해드렸는데 유일하게 설 원장님만 풀어보시고 직접 바꾸이 메시면서 고맙다고 하셨다.

당시 아내될 사람이 예수병원 소아과 전공의로 있어서 주례를 부탁드렸다. 결혼식 후 사모님은 본인이 찍은 사진이 들어있는 조그만 앨범을 선물로 주셨다. 병원 예배실에서 결혼식이 끝나고 나서 원장님은 미국식으로 출구에 주례 부부, 신랑, 신부, 양가 부모들이 도열을 해서 나가는 분과 일일이 인사를 하고 때론 포옹도 했다. 이런 문화에 어리둥절한 나이 드신 어르신들은 영어가 나올까 겁나니까 슬금슬금 설 원장님을 피해서 가시던 기억이 난다. 원장님은 우리 부부에게 에베소서 4장 26절 말씀을 인용하여 "Never let the sun set on your wrath(해가 지도록 분을 품지 말고)"를 말씀하시면서 "부부가 사람인데 어떻게 안 싸우고 살 수 있느냐. 우리도 싸울 때가 있다. 그러나 반드시 그날 어떻게든 해결을 하지 다음날까지 화를 안 풀고 싸우는 일은 없다." 는 것이다. 나도 제자들의 주례를 할 때 신랑신부에게 항상 이 말씀을 당부하곤 한다.

설 원장님은 한국에 오신 지 얼마 안 되어서 결핵환자가 객혈하다가 숨을 못 쉬자 구강 대 구강 호흡을 하시다가 자기도 결핵에 걸려서 1년을 한국어를 배우시며 요양한 적도 있다.

1963년에 한국에서 처음으로 암 등록사업을 시작하셨고, 1984년에 대한두경

칠순잔치 때 설대위 원장님과 사모님

부 학회를 창립하셨다. 몇 년 전 어떤 70대 노인이 설 원장님께 인사를 하는데 자기가 심장이 약해서 수술을 받기가 힘들다고 했는데 수술을 못 받으면 사망할 상태이어서 위험을 무릅쓰고 수술을 받았는데 병명은 '간담도 출혈'이었다. 수술 도중에 피를 72파인트를 맞았고 끝날 무렵에 심장정지가 와서 심장내과 주보선 박사님이 수술 방에 들어와서 심장 마사지를 해주어서 살아난 환자이었다.

설 원장님은 항상 돈보다는 생명이 더 중요하다는 말씀을 하시면서 평소에 돈이 없다고 해서 수술을 못 받거나 치료를 거부당하지 않도록 강조하셨다. 회진을 하실 때 환자 한 분이 "원장님을 뵈려고 멀리 제주도에서 여기까지 왔으니까 특별히 잘 봐 주셔야 해요." 하고 말하자 원장님은 "저는 당신을 만나려고 더 멀리 미국에서 여기까지 왔으니까 나를 잘 봐 줘야 돼요." 하고 웃으면서 말하셨단다.

한번은 전공의 한 명이 급해서 노크 후에 화장실 문을 잽싸게 열었더니 설 원장님이 앉아 계셔서 서로 당황해서 겸연쩍게 웃었는데 무릎에 수술도감을 올려놓고 보고 계셨다고 한다. 원장님 같은 대가도 곧 있게 될 수술을 위해서 최선을 다하시려고 마지막 점검을 하고 계셨던 모양이다.

하루는 서울에 이사장님과 출장을 가셨을 때 방송에서 죽어가는 젊은 환자가 희귀 혈액형인 Rh음성으로 급하게 혈액이 필요하다는 소리를 듣고 바쁜 와중에 세브란스병원까지 찾아가서 헌혈을 한 파인드 하시고 업무를 보고 내려오셨다.

설 원장님은 환자에 대한 열정도 크셨지만 체력도 대단하셨다. 하루는 미국에서 전주에 도착하자마자 병원으로 바로 와서 큰 수술을 집도하신 적도 있었으니 놀랄 만한 체력을 가지신 것은 확실한 것 같다. 이런 설 원장님도 "외과 의사로서 수술장에서 수술하고 있을 때가 가장 마음이 편하다."고 말씀하신 적도 있으시니까 원장으로서 스트레스를 많이 받으셨다는 생각이 든다.

설 원장님은 과묵하신 편이셨고 사모님은 아주 외향적이고 명랑하신 분이셨다. 어느 날 도둑이 들어와서 귀중품도 별로 없는데 원장님이 애지중지하시던 바이올린을 훔쳐가서 제자들이 안타까워서 백방으로 찾아보고 돈으로 살 수 있다면 그것을 사 드리려고 했는데 찾지 못했던 기억이 있다. 설 원장님 부부는 굉장히 검소하게 사셨다. 나는 미국 의사라 월급을 많이 받으신 줄로 알고 있었는데 의사로서가 아니라 선교사로서 월급을 받았기에 그 고생을 하셨어도 월급은 아주 작아서 자식들을 다 교육시키기에도 넉넉하지 않았을 것이다. 그러나 돈을 쓰실 때는 공과 사가 분명하여 개인적인 일이다 싶으면 천 원 한 장도 병원 돈을 안 쓰셨다고 한다.

1998년 예수병원 100주년 기념식 때 전주에 오신 김에 전북의대 학생들에게 특강을 부탁드렸다. 원장님께 강의를 Korean으로 하실 건지 English로 하실 건지를 물어보니까 "Konglish로 하겠습니다" 하시면서 영어와 한국말을 섞어서 말씀하셨다. 강의실을 들어오시는데 사모님 손을 꼭 잡고 걸어오셨다.

학생들은 그런 교수님을 처음 뵈었으니까 (아마도 마지막이었으리라) 눈이 휘둥그레졌다. 강의가 끝나고 질문시간에 첫 질문은 "이렇게 두 분이 오랫동안 사랑을 유지하시는 비결이 무엇이냐?"는 의대 강의실에서는 예상치 못한 질문이었다. 원장님은 좋은 질문이라고 하시면서 칠판에 삼각형을 그리셨다. "꼭대기는 하나님이시고 바닥 양 모서리는 남편과 아내인데 둘이 노력해서 하나님께 위로 가까이 가면 갈수록 둘 사이는 더욱 가까워진다."고 설명하셨다.

2000년 전북의대 4회 homecoming day 행사 때 미국에 계신 설 원장님 부부를 모셨다. 설 원장님께서는 흔쾌히 초청에 응하셨고 사모님의 한복과 환한 미소는 행사장을 더욱 빛냈다. 설 원장님은 단상에 올라서 한국말로 인사를 하셨고 '울 밑에 선 봉선화'를 감정을 이입해 3절까지 열창하여 많은 박수를 받았다.

사모님은 그때 무릎 수술 후 다리가 불편하셨다. 은사님 중에 춤을 잘 추시는 분이 사모님께 신청을 했다. 사모님이 거절을 못 하시고 나오셔서 춤추는 동안 나는 내내 마음을 졸이고 있었다.

2001년경에 미국 몬트리트로 설 원장님을 찾아뵈었을 때 원장님 댁에는 우리 집보다 한국 물건이 더 많았다. 놋쇠 요강이 현관에 떡하니 무슨 귀중품처럼 자리하고 있었고 우리나라에서도 보기 드문 옛날 약장과 징도 있었다. 원장님은 우리를 위해서 바이올린을 연주해 주셨다.

막내딸인 크리스틴은 내과를 마치고 노인의학을 전공하여 켄터키 의대 교수로 재직하고 있었는데 자기는 노인의학을 전공했는데 부모님이 편찮으신데 멀리 계시기 때문에 자주 뵐 수가 없음을 안타까워하였다. 교수직을 사임하고 부모님 계신 근처에서 일자리를 구하려고 알아보았는데 그게 여의찮으니까 부모님을 자기 집으로 모셨다.

미국 친구들이 "너는 어떻게 한국 사람보다 더 한국식으로 생각을 하느냐?"고 물었다는데 나는 크리스틴이 한국에서 고등학교까지 나온 것이 큰 영향을 미쳤다고 생각한다.

설 원장님은 36년 동안 전주 예수병원에서 의료선교 활동을 하시고 귀국하셨다가 지난 겨울 하나님 품에 안기셨다.

설 원장님의 사랑은 제자들을 통하여 면면히 전해져서 그 제자들이 한국에서 혹은 외국에서 참된 의료인으로서 설 원장님의 역할을 계속하리라고 굳게 믿고 있다.

— 《샘터》 2006년 2월호

구바울(Dr. Paul Crane) 원장님

구바울(Dr. Paul Crane) 선교사님은 1947년 간호사이자 임상병리 교육을 받은 Sophie Crane 사모님과 함께 의료선교사로 한국에 도착하였다.

그때 서문교회 목사님의 진찰을 부탁받았다. 담낭이 아주 심하게 상하여 한국 의사들이 손댈 수 없어 금방 죽을 것이라고 말해서 미국 의사에게 보인 것인데 10만 명이나 살고 있던 전주에 마땅히 수술할 곳이 없었다.

구바울 선교사님은 병원으로 돌아와서 오늘 저녁에 대수술을 하겠다고 하니까 간호사가 여기서 아무 준비도 없이 어떻게 수술을 하느냐고 했으나, 곧 수술도구를 가져다 놓고 기도하고 담낭 수술을 했다. 환자가 수술 받고 깨어나자 응접실에 누워있게 하고 간호했는데 속히 회복되었다. 10일째 되는 날 그 교회에서 설교를 했더니 모든 교인이 다 기적이라고 했고 마을 사람들도 이런 일은 처음 보는 일이라고 하며 놀랐다. 그 뒤 구바울 선교사님은 아주 큰 갑상선 수술, 자궁 수술, 혹 수술, 화상 수술 등 여러 가지 큰 수술을 해냈다. 당시에 어려운 수술을 많이 하셨는데 나병 환자들이 눈썹이 없어서 고민하는 것을 보고 "머리털로 플랩을 만들어서 눈썹을 만들어줬더니 아주 고마워했어요. 문제는 눈썹이 너무 빨리 자라서 자주 깎아줘야 했지요."라고 말씀하셨다.

전주 예수병원은 한국에서 일찌기 혈액은행을 설립한 병원 중 하나인데 구바울 원장님이 1948년경에 한국에서 거의 최초로 폐암 환자에게 폐엽절제술을 하고 있었다. 출혈이 계속되어서 환자의 건장한 일곱 아들을 불러서 수술 전에 약속한 대로 아버지를 위해서 헌혈을 하라고 하니까 말을 바꾸어서 자기들이 병원 밑에 있는 천양정의 궁사들인데 피를 빼면 힘이 없어서 활을 쏠 수가 없고 그러면 생계가 곤란해진다고 다 거절을 해서 결국은 환자가 출혈로 사망을 했다. 그 후 아들들이 술을 먹고 찾아와서 도리어 의사를 죽인다고 항의를 했고 경찰이 와서 모면을 했는데 그 일이 계기가 되어 바로 혈액은행을 만들었다. 당시 한국 사람들은 피를 빼면 평생 힘이 약하게 된다고 믿고 있었기 때문에 구바울 원장님 부부가 본보기로 처음으로 피를 뽑아 저장하면서 사람이 피 한 병을 뽑아도 병들지 않는다는 것을 보이니 직원들도 따라서 헌혈을 했다. 그 뒤부터 대수술 전에는 반드시 수혈할 피가 있는지 확인하고 수술을 시작했다.

한국전쟁이 나자 그는 일본에 있는 미군 병원에서 수술을 했는데 갑자기 230명이나 되는 한국 해군들이 쏟아져 들어와서 몇 주일 동안에 그들 대부분을 수술해 주었고 당시 한국말을 하는 유일한 사람으로서 진료와 함께 통역을 해줘서 큰 도움이 되었다. 몇 해가 지났을 때 서울 거리를 걸어가는데 갑자기 어떤 사람이 달려와서 자기의 옷을 들치고 가슴이나 배의 수술 흔적을 보이며 고마워 했다고 한다. 구바울 원장님은 재회를 기뻐하며 그 사람을 굳게 포옹해 주고 헤어지는 일이 여러 차례 있었다.

그 후 구 원장님은 미대사관의 요청으로 24개월간 121후송병원에서 미8군 군의관으로 복무를 해야 했다. 비바람이 심한 어느날 밤에 한국 해군 한 명이 총에 맞아 혈압이 낮은데다가 의식이 없는데 의사도 없어서 곧 사망할 것 같다는 연락을 받았다. 구바울 원장님이 수술 도구를 가지고 신속히 헬기로 날아가서 상처를 열고 보니 대동맥이 파열되어 있었다. 그는 재빨리 자기 손가락으로 손상된 대동맥을 틀어막고 수혈을 하여 혈압이 올라가자 손가락을 빼면서 파열된 혈관을 봉합하였다. 환자는 빨리 회복되었고 해군에서 구바울 원장님과 조종사에게 훈장을 수여하였다. 당시의 군의 내규는 '만일 수족의 동맥이 부상당해 망가졌을 경우, 말초부의 팔이나 다리를 절단한다.' 로 되어 있었다. 그러나 구바울 원장님이 상한 동맥을 봉합하는 수술을 하여 사지를 절단하지 않고 회복되었기에 군의 내규도 바뀌었다고 한다.

제대한 후 예수병원 원장으로 취임을 하였는데 주한 미 대사 부인도 예수병원에서 대수술을 받았기 때문에 이승만 대통령 부부가 예수병원을 방문하여 이 기사가 전국으로 나가서 예수병원의 커다란 선전이 되었다.

그 후 한국군 외과 군의관을 위한 고문을 맡아서 일주일에 한 번 이상 주어진 작은 비행기를 타고 전국을 날아다니며 군의관을 교육시켰는데 모든 부대에서 한국말이 유창하니 진심으로 환영을 받았다고 한다.

구바울 원장님은 1966년 린든 비 존슨 대통령의 대한민국 공식방문 기간 동안뿐만 아니라, 1961년 존 에프 케네디 대통령, 1965년 린든 비 존슨 대통령, 그리고 박정희 대통령의 2번의 워싱턴 방문 시 공식 통역사로서 봉사했다. 그는 한국에서 자란 2대째 선교사여서 한국어 실력이 매우 좋았고 한국의 문화와 언어에 대해서도 매우 잘 알았다.

1961년 안식년을 맞아 미국 Johns Hopkins Hospital에서 외과 수련을 2년 동안 받고 있을 때 백악관에서 연락이 와서 박정희 대통령과 존 에프 케네디 대통령과의 정상회담에서 통역을 맡았는데 다들 미국 사람이 한국말을 유창하게 통역하는 것을 보고 아주 신기하게 여겼다. 끝나고 "내 고향 전라도 사투리가 더욱 재미있었을 것이다." 라고 말하였다. 1966년 존슨 대통령의 연설을 동시통역하는 중 선교사들은 주로 존칭을 사용하기에 그는 무심코 "1950년 공산군이 내려오실 때"로 통

박정희 대통령과 존 에프 케네디 대통령과의
정상회담을 통역하고 있는 구바울 원장님

역하여서 한국의 시청자들은 배꼽을 잡으며 웃었다.

1969년, 22년을 봉사한 예수병원에서 은퇴하여 귀국하셨다. 1998년 예수병원 100주년 기념식 때 만나 뵈었는데 내가 "왜 전주예수병원에 오시게 되셨냐?"고 묻자 "선교지를 찾아서 짚차를 타고 제주도까지 전국을 다녔는데 전주가 제일 못 살고 있어서 전주를 택했다." 라고 말씀하셨다. 당시에 자녀들과 손자들 20여 명이 함께 와서 50년 전 열악한 상황에서 개원하여 크고 아름다운 현대식 교육병원으로 발전한 것을 보고 감격을 하고 귀국하셨다.

그 후 미국에 가서 선교사님들이 모여 사는 North Carolina의 Montreat라는 곳에 가서 뵈었을 때 "원장님, 그동안 잘 계셨어요?" 하고 인사를 드렸더니 "박 교수님, 나는 요새 김서방이 되어 버렸습니다." 하셔서 무슨 소리냐고 물어보니까 Sophie 사모님이 고관절이 골절이 되어서 누워 계셔서 병간호를 하시느라 식사 준비, 설거지, 빨래, 청소를 다 원장님이 하시는데 옛날 한국에서는 머슴 김서방이 하는 일을 자기가 지금 하고 있어서 김서방이 되었다고 너스레를 떠시는데 정말 한국을 잘 아신다는 생각이 들었다. 댁에 가보니 김일성이 준 선물, 박정희 대통령이 주신 선물 등 귀중한 한국 물건들을 많이 가지고 계셔서 나중에 한국 박물관에 기증하실 생각이 있으시냐고 물으니까 "전쟁이 나면 잿더미가 될 테니까 통일이 되면 그때 기증을 하겠습니다." 하고 말씀하셨다.

—《전라북도의사회 75년사》 2021. 1

주보선(Dr. David Chu) 박사님

주보선(Dr. David Chu) 선교사님은 중국에서 아주 명망이 있는 가문 출신으로 미국에서 심장내과 전문의가 되어 미국에서 만난 설대위 원장님의 권유로 1967년에 예수병원에 오셨다. 주 박사님이 미국에서 인턴으로 근무하실 때 30대 남자가 목에 통증이 있어서 응급실에 왔는데 심장병을 의심할 만한 증상이 전혀 없어서 증상이 생기면 다시 오라고 보냈는데 15분후에 쓰러져서 사망한 사건이 있었다. 부검 결과 심한 관상동맥 협착이 있었다. 이 환자 때문에 어려움을 많이 겪었는데도 올해의 인턴으로 뽑혔다. 이 환자로 인해 심장내과를 전공하게 되었다.

앞서 소개한 두 분은 외과의사로써 강단이 있어 보이는 반면에 주 박사님은 아주 인자한 성품을 가지고 계셨다. 당시 한국에서 제일 가는 심장내과 전문의로써 인공심장박동기(pacemaker)를 거의 처음으로 삽입하는 시술을 하셨고 세브란스 병원에 가서 특강을 하실 때도 이 병원으로 오시라는 권유를 받았지만 사양하고 예수병원을 지키시면서 수많은 제자들을 길러내셨다.

주 박사님은 전공의 교육 때 이학적 검사와 의무기록을 매우 강조하셨다. 진찰 후 챠트를 세련된 글씨로 두세 페이지씩 쓰셨다. 환자를 머리에서 발끝까지 삼십 분간 진찰을 하시고 진단은 신경증(neurosis) 이라고 쓰곤 하셨다.

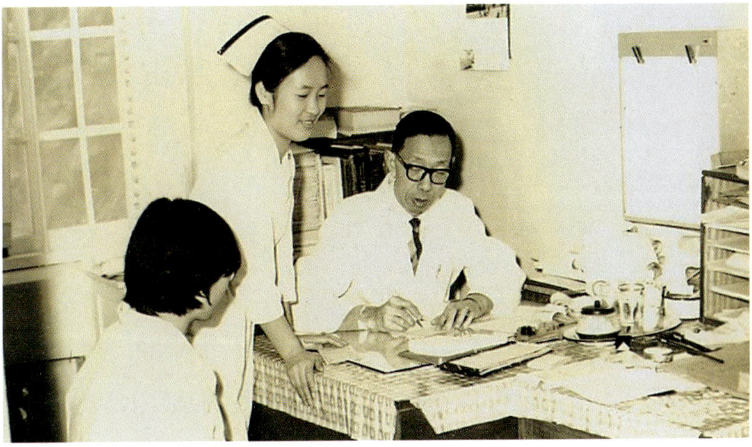

외래 진료 중인 주보선 박사님

전국에 사는 화교들의 주치의셨고 그분들은 주 박사님을 '신의(神醫)' 로 불렀다. 나는 예수병원 출신은 아니었지만 영어예배에 같이 참석했기에 청진기를 가지고 댁으로 찾아가서 심장에 대한 이학적 검사를 배우곤 했다. 그리고 내가 영어논문을 쓸 때 찾아가면 영어 교정과 논문에 대해서 자상한 조언을 해주시곤 하셨다.

외래 간호사였던 이준례 권사는 "박사님은 화내는 것을 본 적이 없어요. 환자들에게 정말 친절하셨어요. 시간이 없어도 환자들의 말을 끊지 않고 다 들어주셨어요. 나가다가 다시 돌아와서 묻는 말도 끝까지 다 들어주셨지요. '괜찮아요' 라는 말을 자주 쓰셨지요. 한 번은 내가 급한 일로 오만 원이 필요해서 박사님께 빌려주실 수 있냐고 물었지요. 그랬더니 '괜찮아요' 하고 사모님께 말씀을 하고 주셨시요. 나중에 갚을 때도 '괜찮은데' 하고 받으셨어요."

예배 때 보니 주 박사님의 아들이 입은 양복이 헐렁해서 아버지 양복을 물려받았느냐고 물었더니 "아니요, 할아버지가 입으시던 옷이에요." 하고 대답

예수병원 동산에 있는 선교사 자녀들의 묘

하는데 나는 이때 이분들의 검약하는 정신을 알 수 있었다. 주 박사님은 1978년에 시작된 전북지역 소아마비 퇴치 운동에도 열정적으로 심혈을 기울이셨다. 1981년 이 사업이 종료될 때까지 총 499,419명에게 접종을 실시했는데 산골짝이나 해안까지 총 81,000 Km를 무더위나 강추위를 무릅쓰고 차량을 운행하며 고생하시었다. 어린아이 한 명을 소아마비로부터 보호하는데는 64센트가 들었고 이 비용은 멤피스 교회에서 보냈다. 주 박사님의 가장 힘드신 시기는 미국에 계신 장인이 편찮으셔서 사모님을 비롯한 가족들이 미국에 있는데도 한국 환자들을 못 잊어서 홀로 4년 동안이나 계셨던 때였다. "이국 땅에서 혼자 얼마나 외로우셨을까?"를 생각하면 가슴이 아파온다. 그래도 모시고 있던 내과 김종준 과장님이 자주 댁으로 초청하여 집밥을 대접해 드렸다. 그 후 21년간의 예수병원에서의 봉사를 마지막으로 정년퇴직을 하시고 귀국하셨다.

의료 선교사님들은 아마도 당시에 어디에 붙었는지도 모르는 오지인 한국에 오셔서 여러 가지로 고생이 많으셨겠지만 가장 큰 희생은 풍토병으로 어린 자식들을 잃어버린 일이라고 생각한다. 지금도 예수병원의 언덕에 있는 선교사님들의 묘지에 가보면 작은 어린이들의 무덤이 있어서 오늘날 전북 의료의 초석을 마련하기까지 그분들의 희생과 눈물을 느낄 수 있다.

—《전라북도의사회 75년사》 2021. 1

아내 말은 무조건 옳다

요새는 거의 그런 일이 없어졌지만 과거에는 전공의들이 명절 때면 과일 같은 선물을 들고 젊은 교수 집에 찾아와서 인사를 하곤 했다. 내가 조교수일 때도 그랬었다. 그럴 때면 아내는 푸짐하게 좋은 술과 안주를 준비했다가 대접을 했다. 어떤 때는 새벽 두세 시까지 술을 마시다가 같이 나가서 포장마차 평상에 앉아서 달을 보면서 술을 마시기도 했다. 우리는 그곳을 '달빛 살롱'이라고 불렀다. 장인어른이 술을 좋아하셔서 장모님이 항상 술손님을 위해서 술국을 준비하셨던 것을 보아왔던 아내는 술 마시는 손님이 오면 그냥 보내는 법이 없이 꼭 찌개에다가 술상을 차려 주었다.

내가 조교수가 되어서 의국 일을 맡았을 때부터 2년차 당직이란 것을 만들어서 평상시에 집에 있다가 환자가 있을 때만 병원에 와서 환자를 보던 것을 무조건 병원에서 자면서 당직을 하게 만들었다. 가끔 새벽 2시에 야식을 사가지고 병실에 가서 2년차를 불렀는데 명목은 고생한다고 위로차 간 것이지만 실제로는 진짜 병실을 잘 지키고 있는지 점검하고자 한 것이다. 가끔 술도 사줘야 했는데 돈도 없고 해서 기껏 실내 포장마차 같은 곳에 가서 술을 먹었다.

하루는 P선생이 "교수님, 우리도 분 냄새를 맡으면서 술을 한번 마셔보면 좋겠어요." 해서 "여자가 있는 곳에서 술을 마시고 싶구나!" 했더니 "예, 바로 그 말이

예요." 하는 것이었다. 그래서 다음날 택시를 타고 우리 집으로 데리고 갔더니 아내가 초등학교 다니는 딸 둘과 나와서 반갑게 인사를 했다. 전공의들은 들어와서 밥을 먹고 술을 마셨다. 그 뒤로는 절대로 분 냄새 같은 얘기를 안 했다.

하루는 잠옷을 입고 잠자리에 들었는데 열한 시경에 아파트 인터폰이 울렸다. 받아 보았더니 3년차 전공의 H선생이 지금 신경외과, 정형외과 친구와 같이 아파트에 왔는데 올라가도 되겠냐는 것이었다. 술이 취해서 발음도 알아듣기 어려울 정도로 혀가 꼬였는데 아무리 그래도 집에 찾아온 손님인데 오지 말란 소리는 못하고 그럼 올라오라고 했다.

세 명이 집에 들어오는데 내과 H선생은 인사불성이 되어서 친구의 등에 업혀 들어오는 것이었다. 그래서 소파 위에 뉘였는데 아내 말이 이 친구가 토할 것 같으니까 머리 밑에 비닐 쇼핑 백이라도 받치자는 것이었다. 그러나 H선생으로 말하자면 내과 전체에서 술고래로 정평이 나있는 선두 주자인데다가 한 번도 술을 마시고 실수했다는 소리를 들어본 적이 없었다. 그런 사람의 머리 밑에 비닐 백을 받친다는 것은 모욕도 그런 모욕이 없다는 생각에 내가 "이 친구는 절대 토할 사람이 아니야. 내가 보증할게." 하고 호언장담을 해서 그냥 넘어갔다. 아내는 불안해 하면서도 여느 때처럼 술상을 내왔다.

그래서 한 잔씩 술잔을 돌리고 있는 순간에 "억!"하고 이 친구가 토하기 시작했는데 나는 평생 그날까지 그렇게 사람이 많이 토하는 것을 본 적이 없다. 집사람은 얼굴이 붉으락 푸르락하고 소파는 일체형이면 그래도 치우기가 쉬운데 천으로 된 방석이 다 분리가 되는 소파라서 토물이 다 방석 밑으로 들어간 상태였다.

술잔을 비우던 두 친구는 상황을 파악하고 얼른 일어나서 "대단히 죄송합니다." 하고 H선생을 등에 없고 부랴부랴 방을 나갔다. 그래도 손님인지라 배웅을 하려고 나갔는데 엘리베이터를 타면서 움직이니까 그 속에다 또 토했다.

아내는 "내가 다른 것은 몰라도 제자들 술 마시고 토한 것까지는 도저히 못 치우겠으니 보증한다던 당신이 치우쇼." 라는 말을 던지고 자러 들어갔다.

소파와 엘리베이터의 토물을 치우는데 나도 구토를 할 것 같아서 간신히 대충 치웠다. 다음날 그 친구가 찾아와서 죄송하다고 세탁비를 드리겠노라고 말을 하는데 차마 돈을 받을 수가 없어서 됐다고 했더니 나중에 선생님 공부하시는데 학술지이라도 사서 드릴 테니까 말씀하시라고 하더만 그 뒤엔 소식이 없다.

아마도 말이 없고 내성적인 친구라서 연락을 못 하는 것 같다. 그 친구 때문에 고생은 좀 했지만 그때 확실히 깨달은 게 있다.

"아내 말은 언제나, 무조건 옳다!"

초어 쓸개를 먹고 중독

지금은 거의 없어졌으나 1980년대에는 초어라고 중국에서 들어온 1미터가 넘는 물고기가 있었는데 이 잉어의 쓸개를 먹고 황달 등 급성 간 기능 악화와 급성 신부전에 걸려서 온 환자들이 몇 명 있었다.

서울의대에서 처음으로 증례 보고를 한 후에 우리 병원과 전주 예수병원에도 몇 명의 환자들이 입원했다. 어떤 환자는 여러 명이 초어를 먹었다는데 쓸개가 건강에 좋다고 해서 제일 먼저 쓸개를 집어 먹은 사람이 돈을 내고 다른 사람들은 공짜로 먹었다는데 소주에다가 쓸개를 먹은 사람은 대학병원에 입원을 하고 나머지 사람들은 멀쩡해서 문병을 왔다.

서울의 모 대학병원에서는 춘천에서 초어를 양식하는 사람이 황달, 급성 신부전으로 입원했다. 처음에는 원인을 몰라서 대증적인 치료로 좋아져서 퇴원을 했는데 이분이 오랜 병원 생활에 몸이 약해져서 보신을 하려고 또 초어 쓸개를 먹었다가 다시 같은 증상으로 입원을 한 것이다. 이번에는 문헌을 본 교수가 원인을 찾았기에 다시는 쓸개를 먹지 알라고 신신당부를 해서 보냈더니 다시는 안 나타났다는 말을 전해 들었다.

그래서 우리 병원과 예수병원의 증례를 모으고 서울의대에서 경험한 예가 더 많아서 서울의대 교수님께 데이터를 좀 주시라고 해서 우리 병원에서 얻은 신장과 간 조직 검사 소견들과 함께 16명의 데이터를 분석하였다. 동양에서는 간장과 신장이 동시에 손상이 온 경우에 이런 진단도 생각해 보아야 한다는 논문을 1990년 Nephron(네프론)이란 신장전문 국제학술지에 보냈다.

일반적으로 논문을 보내면 그 분야의 전문가들의 엄격한 심사를 거쳐 4가지 중의 하나의 대답을 듣는다. '그대로 받아줌, 소규모 수정을 하여 다시 심사, 대규모 수정을 하여 다시 심사, 받아줄 수 없음'인데 내가 이제까지 백여 편의 국제 학술지에 논문을 출판했으나 아무런 고치라는 말이 없이 이런 좋은 논문을 투고해줘서 고맙다는 말과 함께 그대로 받아준 논문은 이것 한 편이었다.

중국에서는 오래전부터 초어의 쓸개즙을 약으로 사용해 왔는데 《본초강목》에도 '눈을 맑게 하고 부기를 빠지게 하는 효과가 있다'고 기술되어 있다. 그러나 실제로는 간이 나빠지기에 황달이 생기고 신장이 나빠지기에 부기가 생길 수 있다. 또한 혈압을 강하시키는 효과가 있어서 초어의 쓸개를 고혈압 같은 병에 약으로 써왔는데 이때는 아주 소량을 먹었을 경우이고 다량을 먹으면 사망

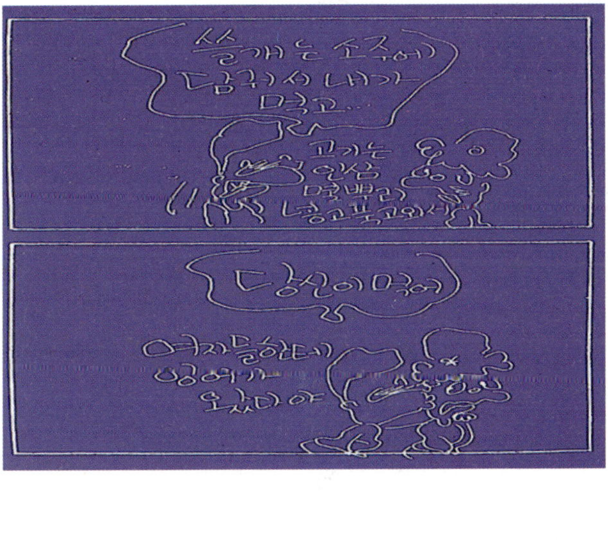

박수동 화백의 만화에서

할 수도 있다. 재미있는 것은 다른 모든 물고기 중에서 오직 초어의 쓸개만이 독성을 가지고 있고 초어의 다른 부분은 다 먹어도 괜찮고 쓸개에만 독이 있다는 것이다.

학회에서 이 논문을 발표할 때 한의사 한 분이 한약은 다려서 먹기 때문에 초어의 쓸개에 있는 독소가 열에 파괴가 되기에 괜찮을 거라고 해서 내가 이 독소는 열에 파괴가 되지 않는 독소이어서 조심해야 한다고 대답했다. 요즘은 초어를 구하기가 어려워서인지 사람들이 다 알아서인지 초어 쓸개를 먹고 입원하는 환자는 거의 본 적이 없다.

2021년에 중국에서 1명의 임상 자료를 국제 학술지에 증례 보고한 것을 보았는데 그쪽에서는 아직도 이런 환자가 있는 모양이다.

앉아서 하다가 서서 하니까 안 돼요

오래전 일이다. 내과 의사는 수술 방에 들어갈 일이 거의 없다. 그런데 복막투석을 하는 환자의 카테터(도관)를 복부에 집어넣는 수술은 큰 수술이 아니라서 다른 병원에서는 내과 의사가 하기도 한다. 그래서 타 병원 내과에서 개복하지 않고 간단하게 트로카(투관침; 대못과 같이 생겨서 복막을 뚫는데 사용)를 이용해서 수술하는 법을 배워 왔다. 수술에는 보조가 필요하기에 수석 전공의에게 외과에 가서 타이(수술 중 출혈을 막기 위해 실로 묶는 일)하는 법을 배워오라고 했다. 그랬더니 외과 전공의에게 배워서 가운 단추에다 실을 묶고 열심히 연습을 하다가 며칠 뒤에 드디어 자신이 있다고 해서 수술실에 수술 요청서를 내고 같이 손소독을 한다음 수술복을 입고 수술방에 들어갔다.

외과계 교수들이 지나가다가 창문으로 내가 수술하는 것을 보고는 신기한지 방에 들어와서 한 번씩 들여다보고 격려를 하고 갔다. 환자의 배를 소독하고 복부에 조그맣게 절개를 하니 피가 나왔다. 출혈을 시혈검사로 잡고 "타이!" 하니까 그 친구가 씩씩하게 "예" 하고 외과 친구에게 배운 대로 폼나게 현란한 손놀림으로 타이를 잘 했는데 실이 스르르 풀리고 말았다. 그 꼴을 보다가 나도 당황하고 그 친구는 더 당황하고 스크럽(수술 보조)을 선 간호사도 수술실에서 난생 처음 본 광경이기에 웃음을 참지 못하고 고개를 돌리고 킥킥거리며 웃었다. 외과계에서는 수술을 보조하려면 미리 많은 수술을 관찰해야 되고 철저한 연습을 통해 숙련된 전공의들만이 수술에 참여하기 때문에 이런 실수는 아예 일어날 수가 없다. 수술실에서는 내가 명색이 부교수이니까 거기에 걸맞는 중견 간호사를 배치했었다. '한 번 실패는 병가지상사'라 다시 "타이" 하니까 그 친구가 다시 씩씩하게 "예" 하고 다시 했는데 또 실이 풀린다. 간호사는 이제 대놓고 웃고 있다. 나도 인내력에 한계가 있어서 "야 됐다. 이제 그냥 손으로 쨈매라(묶어라)" 해서 어머니가 바느질 하고 묶듯이 그냥 묶었다. 그렇게 수술을 간신히 그리고 무사히 마치고 나와서 그 전공의에게 "그러니까 내가 잘 배워가지고 오라고 했잖아. 그게 그렇게 무리한 부탁이니?" 하고 질책을 하니까 전공의가 대답하길 "교수님, 참 이상해요. 앉아서 연습할 때는 잘 되었는데 서서 하려니까 잘 안 되네요." 하길래 "어디 그런 말이 있어? 앉으나 서나 마찬가지지. 완벽하게 연습을 안 했으니까 그런 거지." 하고 넘어갔다. 이 사건은 외과계 교수들과 수술방 간호사들 사이에 한동안 웃음거리로 회자되었으나 다행히 그 환자의 경과는 좋았다. 그 뒤로 그 수술은 자연스럽게 외과에 부탁해서 하게 되었다.

얼마 지나지 않아서 제자의 주례를 처음으로 서게 되었다. 정성껏 준비한 원고를 보고 읽어도 되는데 첫 주례라 누가 무시할까 봐 출퇴근 시간에 차 안에서 신호등 걸릴 때마다 몇 번을 되풀이하면서 다 외었다. 드디어 단상에 서서 주례사를 말하는데 이게 헷갈려서 두 번째에 말할 "부모님께 효도하면 자식이 따라서 효도를 할 것"이란 말과 세 번째에 말할 "남편이 아내를 왕비로 대해 주면 자신은 왕이 되고 아내가 남편을 왕으로 대하면 자신이 왕비가 된다"는 말이 바뀌는 등 간신히 큰 실수는 안 하고 마무리를 하고 끝냈다. 다음날 병원에 가서 그 친구를 불러서 "네 말이 맞더라. 내가 앉아서 연습할 때는 말이 술술 나왔는데 단상에 서서 주례사를 말하려니까 혀가 꼬이더라." 라고 했더니 이 친구가 기고만장해서 "거봐요, 선생님, 제 말이 맞잖아요?"라고 말했다.

가장 촉박한 강의 부탁

이식학회에서 강의

몇 년 전에 대한 이식 학회에서 있었던 일이다. 점심을 먹고 오후에 강의를 들으려고 앉아 있는데 다음 세션의 좌장을 맡은 유희철 교수가 찾아와서 부탁이 있단다. 내가 할 수 있는 것 같으면 할 테니까 말해보라고 하니까 다음 세션의 마지막 강의를 맡은 서울 모 대학병원의 교수님이 뇌사자 장기 이식에 대해서 강의를 하기로 되어있는데 갑자기 수술을 했던 환자가 재수술을 해야 할 상황이 되어서 강의 파일은 컴퓨터에 올려놓은 채 수술하러 가서 내가 그 분야에서 오래 일을 했으니 마지막 강의를 나보고 하라는 것이다.

우선 하겠다고 승낙을 하고 그 교수의 파일을 보니 글자가 너무 많고 내용이 방대하여 내 강의 방향하고는 안 맞았다. 그래서 내가 써 먹을 수 있는 슬라이드를 몇 개 복사하고 다행히 마침 내가 강의를 했던 것이 차 열쇠에 달린 USB에 있어서 다른 교수님들이 강의를 하는 동안에 강의 파일을 만들었다. 연사

중에는 전북의대 이식 교수도 있어서 이 교수와 강의하는 내용이 중복될 수도 있어서 그 강의는 다 들어야만 했다.

뇌사자에 대한 강의에서는 항상 내가 음주운전으로 적발되어 받은 스티커와 신혼여행을 제주도로 오토바이를 타고 간 사진을 보여주고 이식하는 의사들은 오토바이를 motorcycle이라고 하지 않고 신장 공여자(donor) 중에 오토바이 사고로 뇌사에 빠진 분들이 많기에 donorcycle 이라고 부른다는 농담으로 시작했다. 그리고 "나는 음주운전 경력도 있고 오토바이를 타고 다녔기에 공여자가 될 확률이 높은 사람이다." 하고 말하면 청중들이 재미있게 생각을 하고 강의를 경청하곤 했다.

이럭저럭 강의를 마치고 나니 생각지도 않았는데 강의료를 내게 준단다. 그래서 나는 벼락치기로 강의를 했을 뿐이고 오랜 시간을 들여서 강의를 준비하고 강의록을 만든 외과 교수께 드리는 게 맞다고 했더니 학회 규정상 강의료는 강의를 하신 분에게 주게 되어 있다고 해서 별수 없이 알았다고 했다.

그러고 나서 학회에서 30주년 기념행사를 하는데 회원들의 도움이 필요하다고 해서 '그럼 그 강의료를 학회에 기증하면 되겠구나' 생각하고 성격이 급한 나는 '한 30만 원 정도 주겠지' 라고 지레짐작을 하고 30만 원을 학회에 송금했다.

그런데 나중에 받고 보니 강의료 20만 원에서 세금을 떼고 16만 원이 입금이 되어서 '성격이 급해서 손해 보았다.' 하고 웃었다.

한 획 차이

1974년 전북대학교 의과대학 의예과에 입학을 했다. 그때에는 전북에서 온 학생들이 대부분이었고 서울에서 온 학생이 몇 명 있었지만 유일하게 경상도 진주에서 온 정영철이란 친구가 있었다. 진주고 출신은 의과대학이 세워지고 처음이어서 내가 진주고와 전주고는 한 획 차이니까 전주고 동문회에 넣어주자고 제안했다. 다들 환영을 해서 신입생 환영회부터 졸업생 환송회까지 정회원으로 같이 놀았다.

영철이는 항상 웃는 얼굴이고 마음이 온순하고 착해서 어디서나 환영을 받았고 우리는 공부할 때나 술을 마실 때나 놀러갈 때 영철이와 항상 같이 동행했지 경상도에서 왔다고 따돌린 적이 한 번도 없었다.

입학한 지 얼마 안 되어서 영철이 아버님이 진주에서 돌아가셔서 학급회의에서 자원자를 뽑아서 나하고 급우 한 명이 진주 상가에 가서 하룻밤 지고 왔다.

상복을 입은 여자분들이 문상객이 올 때마다 곡을 하고 있었다.

밤에 걸인들이랑 상가에서 같이 술을 마시던 기억이 난다. 그 걸인 중 한 명이 나에게 '인장지덕 목장지폐(人長之德 木長之弊, 큰사람 옆에 있는 사람은 덕을 보지만, 큰나무 아래 있는 나무는 피해를 본다)'라는 문자까지 가르쳐 주었다. 옛날에는 상가에 걸인들이 많이 와서 먹고 갔었다.

영철이네 하숙집 아주머니가 정이 많으셔서 밥 때가 되면 내 밥까지 챙겨 주시곤 했다.

본과 2학년 때 하루는 영철이와 저녁에 도서관에 갔다가 밤늦게 자전거를 타고 오는데 교동 파출소 앞에서 기다리고 있던 순경 아저씨가 우리를 세우고 들어오라고 했다. 잘못한 것이 없는데 왜 그러는지 영문도 모르는 채 들어갔는데 자전거에 불을 안 켜고 탔다는 것이다.

학생증을 보여주고 한번만 봐달라고 사정을 했는데도 소용이 없었다. 영철이는 집에 가고 12시쯤 되자 나는 호송차가 와서 전주 경찰서로 이송되었다.

군의관 입대를 앞둔 4학년 백진현 선배도 통행금지 위반으로 잡혀 와서 반갑게 만났다. 추운 겨울이어서 난로 옆에서 오들오들 떨며 밤을 새웠다. 난로 옆에 앉아 있으면 앞은 너무 뜨겁고 뒤는 너무 차가워서 조금 있다가 앞뒤를 바꾸어서 앉아야만 되었다.

새벽이 되어서 다들 호송 버스를 타고 법원으로 가서 즉결 심판을 받았다. 판사가 우리들 둘 다 학생이고 전과가 없어서 훈방 조치를 해줬다.

요새 와서 이런 얘기를 하면 그런 일이 있을 수 있냐고 믿질 않으려 한다. 아마도 그때 다른 범죄 건수가 너무 없어서 내가 숫자를 채우려고 잡혀 들어간 것 같다.

하룻밤 고생은 했지만 경찰서와 법원 구경도 해보고 잊지 못할 추억으로 남아있다.

헛소문

어느 날 갑자기 외과 조백환 교수님이 찾아와서 심각한 얼굴로 "박 선생님, 개업하지 마세요. 박 선생님 같은 분이 떠나시면 어떡합니까?" 하고 뜬금없이 말씀하신다. 그래서 웃으면서 "아니 당사자는 한 번도 그런 생각을 해본 적이 없는데 누구에게 들으셨습니까?" 하고 물으니 "병원 사람들은 다 알고 있는데요. 소문이 다 돌았어요." 해서 진원지를 파악해 보았더니 6층 실험실인 것 같다. 그러고 보니 대강 집히는 구석이 있었다.

얼마 전에 책상, 책장을 받은 지 오래된 교수들에게 새것을 신청하라는 공문이 왔었다. 나는 사용하는 데 아무 불편함이 없기에 신청을 안 했다. 그런데 며칠 전에 가구회사 사람들이 들이닥쳐서 막무가내로 새 책상과 책장을 가져왔다. 나는 신청을 한 적이 없다고 하자 신청이 되어 있다며 놓고 갔다. 사무 착오는 생각을 못 하고 '아마도 의국에서 일괄적으로 신청을 했나보다.'하고 들여놓았다. 새 책상은 기역자로 되어 있어서 크기도 하지만 컴퓨터 선 같은 것을 한꺼번에 집어넣는 구멍이 있어서 쓰던 컴퓨터 선을 분리해서 다시 끼우고 하는 것이 여간 복잡한 것이 아니었다. 서랍에 있는 물건들이랑 책장의 책을 다 뺐다가 다시 정리하는 것은 보통 일이 아니어서 헌 책상과 책장은 복도에 내어 놓고 한나절 내내 연구실 문을 열어놓고 정리했다.

다음날 나를 가르치셨던 다른 과 김 교수님이 찾아오셨다. "박 교수, 새 책상 들어왔지, 신청했던가?" 하셔서 "아니요, 신청은 안 했는데 온 것이 아마 의국에서 신청했나 봐요." 했더니 "나는 신청을 했는데 안 왔어. 내 것이 박 교수에게로 갔대. 나는 괜찮으니까 내년에 신청해서 받을게." 하시는데 그럴 수가 없어서 "제가 당장 교수님 방으로 보내드리겠습니다." 하고 문을 열어 놓고 새 책상과 책장을 김 교수님께 보내드리고 복도에 내놓은 내 책상과 책장이 다행히 그대로 있어서 들여놓고 다시 정리하니까 한나절이 금방 가버렸다.

지나가던 연구원이 다른 교수들은 한나절에 끝나는데 나는 내리 이틀을 계속 치우니까 "박성광 교수가 오래 치우시는 것이 아예 방을 빼려나 봐." 하고 말한 것이 "박성광 교수가 병원을 나가서 개원을 한대."로 옮겨져서 소문이 돌고 돈 것 같다.

그래도 이런 소문은 악성은 아니다. 내가 피해를 본 것이 없고 또 계속 재직하다가 정년퇴직 했기 때문에 결국 사실이 아니라는 것을 내가 증명할 수 있었기 때문이다.

만일 누가 "박 교수가 새벽에 젊은 여자와 모텔에서 나오더라." 라는 소문을 퍼트린다면 어떻게 될까? 피해가 엄청나겠다고 생각된다. 내가 "그런 일이 절대 없다." 라고 말하고 다니면 "저렇게 뚝 잡아떼는 것을 보니 뭔가 있는가 보다." 혹은 "아니 땐 굴뚝에 연기 나랴?" 라고 소문이 더 날 수도 있겠다는 생각이 든다.

고마운 갑질

요즘 병원 분위기는 과거 80년대와는 사뭇 다르다. 내가 내과 일년차로 들어갔을 때 윗년차 전공의들의 명령은 감히 말대꾸를 할 수도 없는 시절이었다. 나는 타고난 악필이다. 초등학교 시절 붓글씨 시간에 한지에다가 '조국 통일' 등 글씨를 써서 내야 했는데 나는 하도 글씨를 못 써서 차마 내 글씨를 내지 못하고 짝꿍이 쓰다가 버리는 종이를 내 이름으로 냈다. 그러고 끝난 줄 알았는데 선생님이 붓글씨 영재반을 만들어서 방과 후에 집중해서 연습을 시키려고 5명을 뽑았는데 내 짝꿍은 떨어지고 내가 뽑혔다. 그래서 별수 없이 선생님께 이실직고를 하고 한참을 혼나고 내 짝꿍이 영재반에 들어가서 날마다 집에 늦게 가면서 붓글씨를 배웠다. 내가 쓴 글씨를 나중에 내가 못 읽을 때는 비관이 되었다.

그러니 상급 전공의들이 나에게 글씨를 똑바로 잘 쓰라고 계속 구박을 했는데도 내 글씨가 나아질 기미가 보이지 않자 급기야는 나를 불러서 "네 글씨는 개미가 마약을 맞고 트위스트를 추는 것 같으니 도무지 읽을 수가 없다. 따라서 너는 오늘부터 챠트를 펜으로 쓰지 말고 무조건 타자를 쳐서 끼워 넣어라." 는 청천벽력 같은 명령을 내리는 것이었다.

이것은 지금이라면 명백히 갑질이지만 당시로서는 그만 둔다면 모를까 그대로 복종할 수 밖에 없었다. 요새처럼 컴퓨터가 있었더라면 복사해서 붙이고 아주 쉬웠겠지만 당시에는 타자를 치면 중간에 지울 수도 없고 잘못 치면 전부 처음부터 다시 칠 수밖에 없어서 시간이 몇 배나 더 걸렸다. 그래서 처음에는 동료들이 한 시에 자러갈 때 나는 네 시까지 타자를 궁시렁거리며 칠 수밖에 없었는데 계속 타자를 치다가 보니 점점 타자 실력이 늘어서 자러 들어가는 시간이 4시에서 3시로 그리고 2시로 앞당겨졌고 일년차가 끝날 무렵에는 동료들과 자는 시간이 비슷해졌다. 그래서 수련을 마칠 때는 항상 판독을 타자를 치면서 넣어야 했던 영상의학과 동기를 빼고는 동기들 중에서 타자를 제일 빠르게 칠 수 있었다. 정년퇴직을 한 요즘에도 빠른 타자 실력을 잘 써 먹고 있어서 당시에 원망했던 야속한 선배들에게 항상 감사하고 있다.

내가 갑질을 한 적도 있었다. 교수 초년 시절에 신혼인데 신장 내과를 3개월간 돌아야 하는 3년차 전공의가 인사를 왔는데 입에서 담배 냄새가 났다. 그래서 내가 "네가 만약 담배를 끊는다면 다른 전공의처럼 이틀에 하루씩 퇴근해서 집에 가서 잘 수 있는데 만약 담배를 못 끊으면 석 달 동안 집에 못 가고 날마다 당직을 해야 한다."라고 엄포를 놓았다. 그 친구는 어쩔 수 없이 담배를 끊었다. 결혼 생활을 유지하려면 별 수가 없었을 것이다. 당시에 교수의 한 마디는 곧 법이었다. 이유를 물을 수도 없고 토를 달 수도 없었다. 그래서 그 친구는 금단증상을 고통 속에서 극복하고 그 뒤로 이제까지 담배를 끊고 있

문치영 원장과 함께

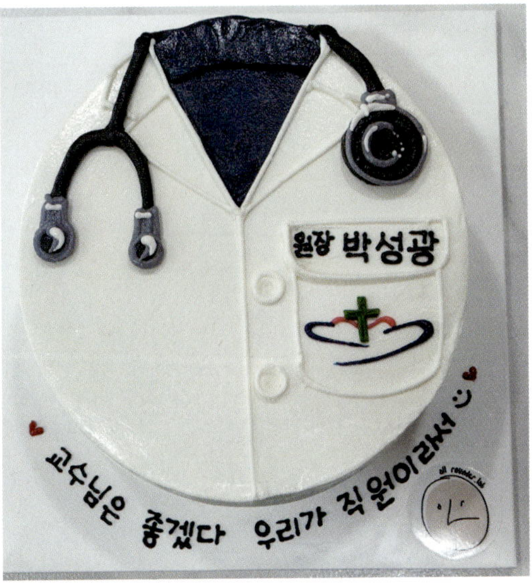

간호사들이 준비한 케이크

다. 지금은 아주 내게 고마워하고 있다. 그런 나의 갑질이 아니었으면 지금까지도 담배를 피우고 있을지도 모른다.

내가 정년퇴직을 하는 해 그 친구가 찾아왔다. 지금은 전북대학교병원 앞에 있는 '함께하는내과' 원장인데 함께 혈액 투석 환자를 보아주시면 좋겠다는 것이다. 그래서 지금 그 병원에서 일하고 있다. 이제 일 년이 거의 다 되어가는데 간호사들이 내 생일에 먹어버리기에 아까운 특별한 생일 케이크를 만들어 가지고 와서 나를 격하게 감격시켰다.

요새는 이런 갑질이 일어날 수가 없다. 전공의가 당직이 아닌데 벌로 당직을 시키는 것은 인권유린으로 곧바로 인권위원회에 신고하면 이유여하를 떠나서 내가 갑질을 했다고 비난을 받고 책임을 져야한다. 군대처럼 전공의 생활도 옛날에 비하면 엄청나게 좋아지고 편해졌다고 하는데 몸은 고달팠지만 미운정 고운정이 다 들었던 그 시절이 그립다.

A가 F로 되었다가 마지막에는 D로 학점 순례

1975년 예과 때 필수 과목으로 라틴어가 있었다. 라틴어 수업 첫 시간에 서구 인문학의 대가이신 이규하 교수님께서 칠판에 hic haec hoc hoc hac hoc 등 지시 대명사를 비롯하여 이해하기 어려운 글자들을 가득 쓰시고 이것을 종국에는 다 외어야 한다며 혹시 다음 시간까지 다 외어 온 학생이 있으면 A를 주겠다고 하셨다.

다들 노느라고 바빠서 그것을 외는 것은 불가능이라고 생각해서 귀담아 듣는 사람이 없었는데 나는 일주일간 딱히 다른 할 일도 없고 해서 열심히 다 외었다.

다음 시간에 수업이 시작할 때 교수님이 진도를 나가려고 하는데 내 옆에 앉은 친구가 "교수님, 이 친구가 그 숙제를 다 외었답니다." 라고 말하니까 교실이 술렁거렸고 교수님이 깜짝 놀라시면서 어디 한번 외어보라고 해서 일어나서 줄줄 외었다.

전날 밤늦게까지 노느라고 잠을 못 자서 대부분은 잘 외었는데 생각이 안 나는 것은 뒤에서 좀 지원 사격을 해주었다.

외우기를 마쳤을 때 학우들은 우레와 같은 축하의 박수를 쳤고 교수님은 의외라는 표정으로 흐뭇해 하시면서 잘 외었다고 대견스럽게 여기시며 수첩을 꺼내어서 내 이름을 물으시고 A라고 기록해 두셨다.

한 학기가 끝나고 기말시험을 볼 때 시험 문제는 첫 수업 시간에 칠판에 쓰셨던 것을 쓰라는 것이었다. 다른 학생들은 기말시험을 봐야하니까 한 학기 동안에 열심히 공부를 해서 거의 다 외었는데 나는 한 번은 다 외었었고 교수님께서 미리 A를 주신다고 하셨으니까 천하태평으로 라틴어 공부는 안 하고 놀았다. 지금은 그렇지 않지만 그때는 "노세, 노세, 예과 때 노세, 본과 가면 못 노나니, 아니 놀지는 못하리라, 차차차!" 가 유행했던 때였다.

그러다가 학기말 시험을 보았다. 학기말 시험 때 나는 일생일대의 가장 어리석은 실수를 범하고 말았다. 한 번 외었던 것을 기억해서 막상 쓰려고 하니까 hic haec hoc을 쓰고는 그 뒤에 단어가 하나도 생각이 안 났다. 세 단어만 쓴 답안지를 보면 교수님이 '이 놈이 둘째 시간에 뒤에서 불러줘서 왼 것이 아닌가?' 라고 생각하시면 어쩔까 하는 걱정도 들었다.

생각이 안 나서 붓방아만 찧고 있던 중 공교롭게도 그때 컨닝 페이퍼가 뒤에서 나를 통해서 앞으로 가는 도중에 손에 들어온 김에 무심결에 잠깐 몇 자를 베끼다가 무섭기로 유명한 수학 교수님에게 들켰다.

교수님은 엄한 얼굴을 하고 내 답안지를 빼앗아서 빨간 색연필로 쭉 긋고 접어서 "이 시험은 0점 처리가 된다."고 말씀하시면서 이 교수님께 나를 부정행위자로 인계를 하였다. 시험이 끝나고 나는 내 어리석음에 가슴을 치면서 후회를 했다. 백지로 내도 나는 A를 받을텐데 왜 쓸데없이 컨닝을 해서 망신을 당했는지 알 수가 없었다.

퇴근 시간쯤 해서 이 교수님을 찾아뵙고 내가 부정행위로 걸린 그 학생이라고 말씀드리니까 쳐다보시지도 않고 일언지하에 내년에 재수강을 하라고 하셨다.

예과는 한 과목이라도 점수가 안 나와서 재수강을 하면 그것은 곧 일 년 낙제를 의미한다. 낙제도 낙제지만 수업료도 일 년 치를 더 내야 하기에 '부모님께 말씀드리면 얼마나 실망을 하실까?' 하고 생각하니까 눈앞이 캄캄해졌다. 그래서 교수님께 수첩에서 제 이름을 좀 봐주시라고 하니까 의아해 하면서 보시고 깜짝 놀라며 "너는 가만히 있어도 A인데 왜 컨닝을 했느냐?"고 하셔서 자초지종을 말씀드렸더니 아주 곤란한 표정을 지으시고 한참 고민을 하시다가 라틴어로 리포트를 제출하라고 하셨다. 다음날 정성을 다해서 쓴 리포트를 제출했더니 보시고는 60점 D를 주셔서 무사히 낙제를 면하고 진급을 했다.

한 십 년 후 교수님 정년 퇴임식에 가서 "제가 라틴어 시험을 컨닝을 하다가 적발되었는데 교수님이 살려주신 덕분에 현재는 부족한 제가 내과 교수가 되었습니다" 라고 말씀드리니까 너털웃음과 함께 내 어깨를 두드려 주시며 무척 대견스러워 하시면서 반가워하셨다.

그 뒤로 교수님의 저서가 출판되면 꼭 '박성광 교수 혜존'이라고 써서 보내주셨다. 나는 해마다 스승의 날이 오면 교수님께 축하 카드를 보내드렸고 교수님은 편찮으실 때는 언제나 나를 찾아오셔서 내가 교수님의 주치의가 되었다.

교수가 되어서 나는 시험 감독 하기를 싫어했다. 마음이 약해서 누구를 적발하기도 어렵고 학생 때 나도 부정행위를 하다가 걸린 적이 있기에 감독하기를 꺼렸는데 어쩔 수 없이 감독이 모자랄 때는 들어갔다.

오래전에 의사 국가고시가 있었는데 타 지역으로 가서 감독을 해야 했다. 나는 대전으로 갔는데 합격하면 의사 면허를 받는 시험이기에 돌아다니면서 철저히 감독을 했다.

지금은 시간 중에는 못 나가지만 그때는 일찍 쓰면 일찍 나갈 수 있었다. 한 학생이 제일 먼저 답안지를 덮어 놓고 나갔다. 너무 빨리 나간다 싶었는데 무언가에 끌려서 그 학생의 답안지를 보았더니 제일 마지막 쪽에 문제가 있는 줄을 모르고 안 풀고 나갔다. 그 순간 총알같이 교실 밖으로 나가 목청껏 그 학생을 불러서 마지막 장을 안 풀었다고 하니까 얼굴색이 변하면서 다시 앉아서 열심히 문제를 풀었다.

마지막 벨이 울리자 나가면서 고맙다고 절을 몇 번 하고 갔다. 저녁에 그 학생이 다니는 대학의 학장님과 식사를 하면서 답안지 얘기를 하니까 그 학장님이 벌떡 일어나서 90도 폴더 인사를 하시더니 "박 교수님이 저희 대학의 합격률을 높여 주셔서 대단히 감사합니다" 하고 앉으셨다.

나도 그 학생의 결과가 궁금해서 나중에 알아보니까 합격했었다.

내가 한 학생의 인생에 도움이 된 것 같아서 그 생각이 날 때마다 가슴이 뿌듯함을 느낀다.

참으로 어려웠던 생명의 선택

둘째 아이를 임신 중이던 우리 부부는 몹시 어렵고 난감한 선택에 직면하게 되었다. 아내가 전주 예수병원 소아과 과장으로 근무하며 선천성 풍진 환자를 몇 번 진찰한 적이 있어서 혹시나 해서 풍진 혈청 검사를 한 결과 과거에 음성이었는데 양성이 나왔다. 이렇게 혈청학적으로 양성으로 전환되는 것은 곧 감염을 의미하며 임신 초기에 엄마가 풍진에 걸리면 태아가 감염되어 심장과 뇌 등에 치명적 기형을 가질 확률이 거의 99%에 육박한다. 나는 평소에 낙태에 대해 반대해 온 사람으로서 당시에 전주에서 낙태 반대 모임인 '새 생명 사랑회' 회장을 맡고 있었다. 국내의 유명한 신생아학의 권위자들과 상담해 보았더니 다들 위험성이 너무 크다며 낙태를 권했다.

생각하다 못해 우리 결혼에 주례를 맡아 주신 예수병원 Dr. David Seel(한국명, 설대위) 원장님과 상의를 했고 이분이 미국에 있는 전문의들과 전화로 상의해 보았는데 자기들도 그런 환자를 본 경험이 없다면서 낙태를 권했다. 그때 마침 면역학의 세계적인 권위자인 Dr. David Talmage란 분이 예수병원을 몇 개월간 방문하고 계셨다. 그는 기초의학자로서 한 번도 환자를 직접 본 적이 없는 분이었다. Dr. Seel이 상의를 하니 한참 생각을 하더니 혈청검사가 양성이지만 물로 혈청을 몇 배 희석해서 그 역가(몇 배)를 추적 검사해 보자는 것이었다. 만

Talmage 박사님과
그가 살린 단비

약 진짜로 감염이 되었다면 바이러스를 생산할 테니까 역가는 계속 올라갈 것이고 감염이 아니고 임신 시 나타날 수도 있는 생물학적 위양성이라면 역가는 그대로이거나 감소하리라는 것이다.

일리있는 말씀으로 생각되지만 시간이 흐를수록 낙태는 어려워질 것이고 실제 경험보다는 이론적인 얘기이다 보니 선뜻 받아들이기가 어려웠다. 며칠간 피 말리는 고민을 하다가 임신을 유지시키기로 마지막 결정을 하고 일주일에 한 번씩 역가를 추적해 보는데 천만다행으로 역가가 떨어지는 것이었다. 그래서 마음을 졸이며 임신을 유지했다.

불안하고 초조했던, 길고 긴 몇 개월이 지나서 드디어 분만의 순간이 다가왔다. 난산으로 첫 애와 마찬가지로 제왕절개를 해서 예쁜 딸을 낳았다. 낳자마자 대기하고 있던 소아과 선생님이 청진기로 심음을 듣고 정상이라고 하고 손가락, 발가락도 정상이고 항문도 제대로 뚫려 있고 모든 것이 정상이라는 소리를 듣고 안도의 한숨을 쉬었다.

아내가 마취에서 깨어나서 정상아를 낳았다는 소식을 듣고 너무 좋아서 눈물을 흘렸다. 나중에 들으니까 회복실 간호사들이 "이오경 과장님이 딸 부잣집(일곱 딸)에서 태어났는데 본인도 두 번째 딸을 낳아 서운해 울더라." 라고 말했다고 해서 한참 웃었다.

아기 이름은 너무 오래 간절히 기다렸다는 의미에서 '단비'라고 지었다. 돌 때 즈음해서 Dr. Talmage 부부를 집으로 초청해 아기를 안고 사진을 찍으면서 "박사님이 면역학 분야에서 지대한 공헌을 하셨지만 이 세상에서 직접 살린 생명은 이 아기 하나."라고 말했더니 대단히 만족스러워하셨다. 그 아이가 주위 모든 사람의 축복과 보살핌을 받고 예쁘고 건강하게 자라서 어느덧 남매를 기르는 엄마가 되었다. 성격이 좋고 명랑해서 이날까지 부모에게 큰 즐거움을 주지만 드물게 부모 속을 썩일 때는 우리끼리 "쟤가 임신 때 풍진 바이러스가 살짝 머리에 감염이 되었다가 나아서 그런가?" 하고 웃곤 한다.

딱 한 달만 더

수많은 제자들 중에 가끔씩 기억이 나는 친구들이 있다.

K군은 본과 2학년이었는데 1학기 초에 한 과목의 시험을 잘 못 보았다. 이제까지는 오지선다형으로 시험문제가 나오다가 갑자기 단답형으로 바뀌는 통에 준비를 잘 못해서 안 좋은 점수를 맞았다. 다른 과목은 그리 나쁘지 않았는데 12월 달에 그 과목에서 점수가 나빠서 낙제한 것을 알았다.

내 지도 학생은 아니었지만 동아리 활동을 오래 같이 했기에 내가 실의에 빠져 있는 그를 불러서 상담을 했다. 왜 그렇게 공부를 소홀히 했냐고 물으니까 집안 형편이 곤란해서 아르바이트를 두세 개 하면서 학비를 충당하고 부모님께 생활비까지 부쳐드려야 한다는 것이다.

이런 학생에게 공부를 더 열심히 하라는 것은 먹을 것이 없어서 영양실조에 걸린 환자에게 고기를 많이 먹어라 하는 것과 똑같다. 내가 학비를 대 줄까도 생각을 했는데 부담을 느낄 것 같아서 개원을 한 제자에게 전화를 해서 "학비와 부모님께 부쳐드릴 생활비까지 3년간을 대주고 의사가 되면 이자 없이 천천히 갚게 해줄 수 없겠냐?"고 물어보았다. 그 제자는 기꺼이 그렇게 하겠다고 해서 K군은 학비와 부모님 생활비를 지원받으며 무사히 의과대학을 졸업하고 전주를 떠나서 먼 곳에 가서 인턴을 하고 있었다.

내가 오토바이를 타고 여행을 하다가 어려운 가운데 졸업을 한 그 제자가 대견해서 근무하는 병원에 들러서 점심을 사 준 적이 있었다. 그 후 그 제자는 인턴을 마치고 신경외과 전공의가 되었다고 전화를 해 왔다.

어느 날 그 병원의 심장내과에서 근무하는 다른 제자에게서 전화가 왔다. "교수님, K선생을 잘 아시죠?" 아마도 내가 작년에 들러서 점심을 사 준 것을 보고 사이가 각별함을 눈치챈 것 같다. "응, 잘 알지." 했더니 "그 친구가 신경외과 일년차를 하다가 그만 두고 일주일 전에 나갔는데 윗년차들 전화도 안 받고 잠적해 버렸어요. 신경외과에서 전북의대 후배라고 저한테 부탁을 하는데 제 전화도 안 받아요. 이 친구가 그만 두면 내년에도 일년차를 못 받고 그러면 저희 병원 신경외과는 앞으로는 전공의 수련이 없어진대요." 하고 하소연을 한다. "알겠다. 내가 한번 연락을 해보마." 하고 전화를 거니까 꺼져있다고 나와서 메시지를 남겼다.

얼마 있다가 K선생에게서 전화가 왔다. 왜 나갔냐고 물으니 "환자가 너무 많고 윗년차가 일을 감당할 수 없을 정도로 시켜서 도저히 견딜 수가 없어 나왔습니다. 일 년 쉬었다가 내년에 다른 과를 알아보겠습니다." 하는 것이다.

말은 않지만 '외과 계통은 위계질서가 확실해서 일종의 태움같은 것이 있을 수도 있겠다.' 하는 생각이 들었다.

나는 "이해가 간다. 그런데 의사가 되어가지고 아무 말도 없이 자기가 담당하던 환자를 놓고 병원을 나오는 것은 절대 안 된다. 그냥 내 체면을 봐서 내일 병원에 들어가서 윗분들에게 미안하다고 말하고 딱 한 달만 더 일을 하다가 그때도 못하겠으면 정식으로 사표를 쓰고 환자들을 인계하고 과장님에게 인사드리고 나와라. 그러면 나는 아무 말도 안하겠다."라고 말했더니 차마 내 말을 거역하지 못하고 다음날 들어가서 다시 근무를 했다.

그런데 돌아가니까 과의 분위기가 확 바뀌었단다. 윗년차 전공의가 K선생이 다시 나가면 본인의 일 외에 일년차 일까지 떠맡아서 3년 동안을 고생해야 되니까 K선생의 일을 줄여 주면서 잘 도와주고 과장님들도 과거보다 더 친절하게 가르쳐 주셔서 무사히 행복하게 전공의를 마치고 지금은 신경외과 전문의로 다른 병원에서 일하고 있다.

그리고 학비로 받은 돈은 시나브로 다 갚았다. 나중에 내가 물었다. "그때 내 말을 들은 것을 후회하지는 않았나?" 했더니 "교수님이 저를 살려주셨지요. 나이도 먹었는데 어디 가서 일 년을 쉬고 다시 일년차를 하겠어요. 저는 정말 신경외과 하길 잘 했어요. 대단히 감사합니다."라고 말했다.

나는 정년퇴직 후 지금 K선생의 장학금을 대준 제자의 병원에서 일하고 있다.

박 선생은 아내도 파나요?

Timothy Meyer 교수님은 엄한 스승이었다. 내가 그 실험실에 동양인으로는 처음으로 온 펠로우였다. 그가 열심히 연구에 몰두하는 것은 당연한 일이지만 꽤나 검소했다. 당시에 '래빗(토끼)'이라는 작은 폭스바겐을 타고 다녔다. 그 전에는 50년이 넘은 검은 무스탕을 타고 다녔다는 것이다. 이게 스탠포드 병원에서 유명한 오래된 차라서 주차장에서 보면 마이어 교수 차인지를 누구나 다 알았다.

내가 온 지 얼마 안 되어서 그 소리를 듣고 요새는 안 보이는데 그 차를 팔았냐고 물었더니 나에게 "박 선생은 아내도 파나요?" 하고 묻는 것이다. 그래서 깜짝 놀라서 "물론 그럴 수는 없지요." 하고 대답을 했더니 "어떻게 아버지가 수십 년 동안 타셨고 어렸을 적에 차에서 놀던 오랜 추억이 담겨있고 또 내가 수십 년간 타던 차를 판다는 생각을 할 수가 있어요? 하도 고장이 많이 나서 못 타고 차고 안에 두고 있어요."라고 했다.

거리에 번쩍번쩍 빛나는 오래된 차를 자랑스럽게 타는 사람들을 보았길래 "그 차가 앤티크(골동품) 가치가 있어서 비싼 차인가요?" 하고 물었더니 "앤티크가 되려면 2가지 조건이 있는데 덴트 (찌그러져 들어간 부분)가 없어야 되고 자동차가 달릴 수 있어야 되는데 내 차는 2가지가 다 해당이 안돼요." 하고 대답했다.

쥐 실험을 배웠는데 한 가지 가설을 세우고 실험을 하다 보면 이 쥐 한 마리만 버리면 통계적으로 의미가 있겠는데 하는 유혹이 들 때가 많은데 교수님은 쥐의 마릿수를 늘려서 실험을 더 해보는 것은 괜찮지만 절대 그 쥐를 버리면 안 된다고 가르쳤다. 그러면서 요즘 연구비는 과거에 비해 제자리인데 학술지는 숫자가 2배나 늘었다면서 연구자가 실험 결과를 조작을 하거나 거짓말을 할 바에는 차라리 자살을 하는 것이 낫다고 단호하게 말해 주었다.

2년을 근무하고 마지막 날에 환송 파티를 열어줄 때 직접 자기가 고기를 구우면서 신장학의 교과서 같은 책인 "The Kidney(신장)"에다가 모든 식구들이 표지 뒤에 한마디씩 적어주었다.

그 선생님의 정신을 이어받아서 나도 형님이 주신 포니 엑셀을 2년 타다가 정이 들어서 한국으로 가져왔다. 한국에서 중고 가격이 80만 원이었는데 송료가 100만 원이나 들었다. 차를 부쳐주는 사람이 자기가 한국으로 차를 십 년 동안 부쳤는데 내 차가 제일 헌차란다. 문짝까지 찌그러진 차를 한참 동안 아무렇지도 않게 잘 타고 다녔는데 선배 교수들이 보고 혀를 차면서 차를 좀 고치고 다니라고 해서 "선생님이 돈을 좀 도와주시겠어요?" 하면 그냥 타고 다니란다.

내가 살던 곳은 샌프란시스코에 가까운 팔로 알토인데 샌프란시스코는 언덕이 많아서 접촉 사고가 잘 나기에 외관이 찌그러진 차들이 많이 돌아다녔다. 그래서 내가 차를 한국에 가져와서도 차는 절대로 안 펴고 그대로 타고 다닌다고 공언을 하고 다녔다.

그런데 어느 날 차를 타고 치과에 가다가 T자 형의 길을 가는데 옆에서 차가 나와서 내 운전석 문을 친 것이다. 나와 보니까 여성분이 내려서 자기가 볼 때는 차가 없었는데 내가 갑자기 나온 것처럼 얘기를 하면서 목소리를 높였다.

나도 아내가 차를 타고 다니기에 미안하다고 하면 그냥 가려고 했는데 그렇게 나오기에 "그럼 내가 지금은 시간이 없으니까 전화번호를 주시고 나중에 얘기를 하자" 하고 헤어졌다. 저녁에 전화를 걸어서 내가 "이것을 고치려면 십만 원이 넘게 들 텐데 내가 알아서 고칠 테니까 오만 원만 주세요."라고 했다. 나는 돈만 받고 그냥 타고 다닐 심산이었다. 그런데 남편이 내가 돈을 달라고 하니까 일부러 치고 돈을 요구하는 사람인 줄 알고 전화를 바꿔서 그럼 내일 아침에 현장에서 만나자고 했다.

아침에 현장을 본 남편은 아내에게 "당신이 잘못 했고만." 하고 바로 앞에 있는 카센터에 갔다. 주인이 보고 12만 원이 들겠다고 했다. 그런데 차를 찬찬히 본 남편이 찌그러진 부분을 가리키며 "이 자국은 어제 친 자국인데 저 녹슬은 자국은 오래전에 난 것이니까 돈을 다 지불한 수가 없다."고 한다. 그래서 내가 주인에게 "좋습니다. 그러면 녹슬은 부분은 고치지 말고 어제 친 부분만 고쳐주세요." 했더니 주인이 "두 부분이 붙어 있어서 내 기술로는 다 고치면 고쳤지 한 부분만 고칠 수는 없네요" 했다. 그러자 남편이 "나는 이것밖에 못 낸다." 라고 말하고 십만 원을 주인에게 주고 가버렸다. 나는 주인에게 "내가 원래는 녹슬은 찌그러진 곳을 절대 안 고치려고 맘을 먹었는데 여기에 돈을 들일 생각이 없으니 새로 띠를 붙일 필요도 없고 그냥 대충 십만 원어치만 고쳐주세요" 하고 왔다. 며칠 후에 찾으러 갔더니 마음씨 좋은 주인이 깨끗하게 도장까지 하고 띠까지 붙여놓아서 고맙다고 하고 찾아왔다. 지금 생각하면 그분에게 미안하다. 반반이라도 할 걸.

아는 게 힘이다

그리스에서 학회가 있어서 참석을 했다. 다른 과 선배 교수님이 아테네에 가면 아고라는 꼭 가보라고 하셨다. 학회가 끝나고 일요일에 아크로폴리스 광장을 구경하고 그 밑에 있는 아고라에 도착했다.

매표소에 가보니 'Sunday is free(일요일은 무료)'라고 써 있어서 이게 무슨 횡재냐. 우리가 운이 좋게 날짜를 딱 맞추어서 왔구나 하고 입장을 하려는데 수

아고라

위가 떡하니 우리를 막고 입장료를 현금으로 내라는 것이다.

하도 황당해서 내가 무료라고 써 붙인 곳을 가리키며 일요일에는 무료이지 않느냐? 하고 따지니까 그것은 개인이 무료란 말이고 단체는 돈을 내야 한단다. 기가 막혀서 잠시 고민을 했다. '동양인들에게 봉을 씌우려는 괘씸한 불한당에게 돈을 뜯기고라도 보고 갈 것이냐? 아니면 괘씸하니까 그냥 갈 것이냐?' 하고 고심을 하는데 여행에는 베테랑이신 중앙의대 유석희 교수님이 우리를 다 불러 모아서 하시는 말씀이 "아고라에는 문이 2개 있어요. 여기서 얼마 안 가면 또 문이 하나 더 있으니까 그리로 갑시다." 해서 따라가 보니 아닌 게 아니라 다른 문이 있어서 이번에는 삼삼오오 짝을 지어서 들어가 옛 유적들을 잘 감상했다.

학생 때 정신과에서 배울 때 '광장 공포증(agoraphobia)'이라는 것이 있었다. 많은 사람들이 있어서 급히 빠져 나갈 수 없을 때 공포를 느끼는 것인데 이 광장이 바로 아고라에서 기원했다.

구경을 마치고 나갈 때는 아까 못 들어갔던 그 문으로 나오면서 그 불한당에게 무료로 구경을 잘 했다고 손을 흔들어주고 왔다.

유 교수님은 관광지에 들리기 전에 공부를 철저히 하시기로 유명한데 어느 때는 가이드를 가르칠 때도 있었다. 나는 학생들에게 강의를 할 때 사진을 보여주며 이 이야기를 해주곤 한다.

"아는 것이 힘이다. 열심히 공부해라."

강의는 재미있게 하지 않으면 졸린다

미국의 유명한 코미디언인 Jerry Seinfeld가 "대부분의 연구에 따르면 사람들이 가장 공포를 느끼는 것이 많은 사람들 앞에서 공적으로 말하는 것이고 두 번째가 죽음이다"라고 말했는데 저렇게 말을 거침없이 잘하는 사람도 많은 사람들 앞에서는 떠는구나 하는 생각이 들었다.

한번은 유명한 외국 교수를 모셔다 특강을 한 적이 있었다. 끝나고 식사를 하면서 한국 학생들에 대해서 평가를 하는데 4S하단다.

두뇌가 명석해서 Smart하다고 해서 기분이 좋았는데 질문이 없다고 Silent는 이해가 가는데 수줍어서 물을 때 대답을 잘 안 해서 Shy하다고 해서 조금 기분이 거시기 했다가 영어로 하니까 조는 학생이 있다고 Sleepy하다는 데는 조금 창피했다.

전임강사 시절에 학생들로부터 피드백을 받았는데 "선생님, 수업시간마다 잤어요, 목소리는 크시지만 단조로워서 정신과에서 말하는 최면 같아요(죄송해요)." 라는 것도 있었다. 그래서 나는 강의할 때마다 학생들을 졸지 않게 하려고 관련된 재미난 얘기를 몇 개 끼워 넣곤 한다.

미국에 있을 때 평생 강의를 해야 되니까 강의에 대한 강좌를 들은 적도 있다. 그 마지막 시간에 마지막 결론은 명강의를 하기 위해서는 첫째는 참신한

마지막 강의

시작 'fresh start'을 하고, 둘째는 인상적으로 마치고 'impressive finale', 마지막으로 제일 중요한 것이 둘 사이는 가까울수록 좋다는 것이다. 'The closer, the better'. 그래서 나는 절대로 시간을 넘어서 끝난 적이 없다.

이제까지 일찍 끝나서 불평하는 학생은 보지 못했다. 시간이 지나면 학생들의 집중도가 현저하게 떨어지고 딴 생각을 하기 마련이다.

작년의 마지막 강의는 코로나 때문에 대면 강의는 못하고 줌으로 했는데 학생들이 "감사합니다", "수고하셨습니다."라고 쓴 종이를 들어보여서 나를 감격시켰다.

Loren Field 장학금

임상 연구소 소장으로 있을 때의 일이다. 국제심포지엄을 하는데 외국에 있는 연사를 초청하면 항공료와 숙박비가 많이 드니까 국내에 있는 외국 교수를 초청하곤 했다.

마침 카이스트 고규영 교수가 분자생물학회에 미국에서 배웠던 Loren Field 교수님을 모셔서 특강을 한다는 소리를 듣고 잘되었다 싶어서 고 교수와 같이

감정수 학장님과 장학금 수혜 학생과 함께

연사로 모셨다.

다른 국내 석학들과 함께 심포지엄을 훌륭하게 마치고 한정식으로 저녁을 먹었다. 이 자리에서 사례비로 백만 원을 봉투에 넣어드렸다. 액수가 큰 것 같으나 외국에서 오셨고 한 시간만 하고 간 것이 아니고 오후 내내 계셨기에 적당하다고 생각했다. 그런데 이분이 봉투를 되돌려 주시면서 어려운 학생에게 주라고 사양을 하셨다.

그 순간 나는 잠깐 고민을 했다. 한국 사람이면 한번 해보는 말일 수도 있겠는데 진심이 느껴져서 넉살좋게 받았다. 그러고는 그날 심포지엄에서 좌장을 맡으신 학장님과 고규영 교수를 비롯하여 내가 아는 학내외 교수님들에게 Field 교수님이 사례비를 장학금으로 내놓으셨으니 우리도 내면 좋겠다고 말했다.

지금 생각해 보면 칼만 안 들었지 강도나 다름이 없었다. 그렇게 모은 거금 이백사십만 원을 학교에 기증하여 공정하게 심사를 해서 'Loren Field 장학금'을 수여하도록 했다. 그리고 그 학생이 졸업을 해서 전문의가 되면 반납을 해서 또 다른 학생에게 계속 전달이 되게 했다. 그래서 이 사진을 교수님께 보내드렸더니 고맙다고 하며 무척 기뻐하셨다.

전남의대에서도 강의를 하시고 사례금을 똑같이 사양을 하셨는데 그쪽 교수는 미안해서 못 받고 돌려 드렸단다.

내기는 즐거워

나는 조그마한 내기를 좋아한다. 삶에 재미를 더해주기 때문이다.

나는 골프를 치지는 않지만 미국의 유명한 골프 선수인 잭 니콜라우스는 골프를 칠 때 다임(10센트)이라도 내기를 하라고 했다. 그래서 회진을 할 때 임상

이식 교수에게 내깃돈을 전달

소견이나 치료 방침에 대해 서로 의견이 엇갈리면 책을 찾아보기 전에 전공의들과 짜장면 내기를 하기도 했다. 그러면 질 때도 있지만 대개는 내가 이긴다. 그래서 전공의들 사이에 나와는 내기를 하면 지기가 쉬우니까 하지 말라는 소리도 돈다. 그래서 내가 "우리 내기를 할까?" 할 때 생각해 보고 "아니요" 하는 전공의는 조금 얄미울 때도 있다. 져도 짜장면 한 번 사면 될 텐데. 내기에 지고도 바빠서 점심을 못 사고 떠난 전공의들도 많았다.

한번은 신장 기능이 떨어진 환자가 있었는데 급성 신부전인지 만성 신부전인지를 감별 진단을 하기가 매우 어려웠다. 진단에 여러 가지 고려해야 할 사항들이 있는데 이 환자는 애매한 소견을 보였다. 가장 확실한 진단은 급성은 3개월이 지나면 대개는 기능이 좋아지고 만성은 그대로거나 더 나빠진다는 것이다. 이 환자는 나는 급성일 거라고 했고 전공의들은 만성일 거라고 해서 3개월이 지나서 진 사람이 밥을 사자고 내기를 했다. 그러나 3개월 후에도 신장 기능이 좋아지지 않아서 약속대로 내가 점심을 샀다. 그런데 다행히도 그 환자가 점점 신장 기능이 좋아져서 회복을 했다. 신장 기능이 뒤늦게 좋아지는 아주 드문 케이스였다. 다시 밥을 사라고 할 수도 없고 그냥 전공의들에게 "봐라, 내 말이 맞았지." 하고 넘어갔다.

가끔 아주 중요한 국제 축구 경기가 있을 때는 온 신장내과 교수와 전공의가 다 같이 만 원씩을 내고 스코어를 맞춘 사람이 돈을 가지는 것으로 내기를 한다. 돈보다는 모여서 한바탕 크게 웃자는데 목적이 있다. 한번은 독일과의 경기가 있었다. 다들 눈치가 한국은 질 것이 뻔한 데 지는 쪽에 걸자니 속이 보이고 이기는 쪽은 승산이 없고 해서 고민을 했다. 나는 희망적으로 "한국이 1대 0으로 이긴다." 에 걸었는데 결과는 상상외로 2대0으로 이겼다. 이식센터장인 이식교수가 정확히 맞춰서 내가 모인 돈 십만 원을 전달하였다.

나는 어쩌다가 사기꾼이 되었나?

환자가 음독을 하고 왔을 때 제일 안 좋은 환자는 제초제 (파라쿼트, 그라목손)를 마시고 온 환자이다. 마신 약에 따라 예후가 다르겠지만 대개는 간장과 폐가 안 좋아져서 며칠 뒤에 사망하는 경우가 대부분이고 소량을 마셨을 때 신장 내과에 입원해서 혈액 관류의 치료를 받기도 한다.

내가 맡은 그라목손 음독 환자는 부부 싸움을 하고 자살 목적으로 제초제를 먹고 입원했다가 2일 만에 사망했다. 며칠 후에 경찰에서 담당 전공의와 간호사를 조사한다고 해서 내가 담당 교수니까 아랫사람들 부르지 말고 내가 책임질 일이 있으면 질 테니까 나를 부르라고 했더니 진짜로 나보고 경찰에 출두하란다. 그래서 법

네팔의료봉사단을 결성하며

의료실에 가서 출두한다고 말하니까 별일 없을 거라고 잘 다녀오라고 했다.

경찰에 가서 있는 그대로 진술을 하고 왔다. 며칠 후 경찰인 친척이 전화를 하여 삼촌이 입건되었다고, 경찰 컴퓨터에서 보았다고 해서 내가 자초지종을 얘기해주고 별일이 아닐 것이라고 했다.

죄목은 변사 사건인데 신고를 안 했다는 것이다. 부인이 보험을 들었는데 자살이면 돈을 못 받으니까 음료수 병에 넣어둔 제초제를 모르고 마셨다고 해서 보험금 천만 원을 탔다. 보험회사 조사 과정에서 혹시 남편을 살해하려고 약을 넣은 것이 아니냐는 질문에 이실직고를 했다. 그래서 부인이 입건되고 한편 모 대학병원 박 교수는 변사 신고를 안한 이유로 입건이 되었다고 신문에 나와 있었다.

이제까지 수백 건의 제초제 음독 사망 환자를 보았지만 이런 변사 신고는 한 번도 안 했다. 참고로 변사의 정의는 대부분의 의사들이나 일반인들이 생각하는 '원인을 모르게 발견된 사망' 정도로 생각하기가 쉬운데 정확히 말하면 병사가 아니면 다 변사에 속한다. 즉 교통 사고, 익사, 목을 매거나 음독을 하여 극단적인 선택을 한 경우, 싸움을 하다가 사망한 경우 등이다. 변사 사건을 보고 신고를 안 하면 의사가 처벌을 받게 되어있다는 것을 그때 배웠다.

마침 다음 주에 전북대학교 의전원에서 학생들과 네팔에 진료 봉사를 하러 가기로 했는데 여권 만기가 얼마 안 남아서 도 여권과에 우리 기사가 난 전북일보를 가지고 가서 보여드리고 여권을 빨리 좀 내달라고 부탁했다. 과장이 직원에게 가서 좋은 일하러 가는 교수님이니까 빨리 내드려라 했는데 직원이 모니터를 보다가 의아한 얼굴로 나를 쳐다보면서 입건이 되셔서 여권 발급이 불가능하다는 것이다. 그 표정이 "이 양반이 얼굴은 점잖게 생겼는데 무슨 돈 문제나 여자 문제가 있어서 입건을 당했나?" 하고 의심을 하는 것 같았다. 경찰서 정보과를 가보라고 해서 가니까 컴퓨터에 내가 보험 사기 죄목으로 입건되어 있었다. 검찰에 가

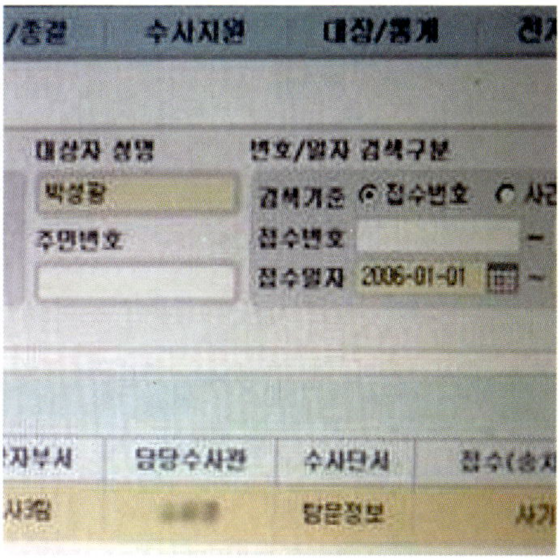

← 경찰 컴퓨터의 모니터에서

서 출국 허가서를 가져와야 풀어줄 수 있단다. 서류를 가지고 검찰에 갔더니 마침 창구에 있는 검찰 직원 중에 내 환자 보호자가 있었다. 그 직원이 서류를 가지고 아는 검사에게 "해외로 도피할 사람이 절대 아니다" 고 부탁해서 간신히 허가서를 발급받았다. 그래서 출국을 일주일 늦게 했는데 여권 기간이 보통 십 년인데 일 년짜리 여권을 받았다.

네팔은 일주일 늦게 합류를 했지만 환자를 많이 보고 잘 다녀왔고 나중에 무혐의 처분을 받았고 보건복지부에서 면허 정지도 없었다.

제초제 사망 환자가 있어서 내가 경찰에 신고하면 "교수님, 우리가 한가한 줄 아십니까? 제초제 먹으면 사망하는 게 당연한 것 아닙니까?" 한다. 그러면 내가 "전에 신고를 안 했다고 입건까지 된 적이 있어요. 무조건 기록부터 해 주세요." 한다. 이제는 이런 경우에 병원 행정 계통에서 신고하고 있다.

십수 년 후에 경찰서에서 내 전과 조회를 해보니까 죄목이 사기로 되어 있었다.

배보다 배꼽이 더 큰 친절직원상

50대 남자 환자분이 말기신부전으로 혈액투석을 하고 있었다. 팔에 혈관수술을 하고 혈관이 성숙되기 전에 어깨에 영구 카테터(도관)를 넣어서 이것을 통해서 혈액투석을 한다. 도관 상부의 실밥이 옷에 걸리고 해서 담당 전공의가 처방에 도관 부위 'stitch out(실밥제거)' 이라고 썼는데 그 윗 부분의 실밥을 뽑으라는 소리였는데 신장 내과를 처음으로 도는 인턴 선생이 환자의 도관에 있는 실밥을 뽑고 도관을 제거해 버리는 사건이 발생했다. 그러면 다음날에 혈액투석을 위해서 다시 혈관 촬영실에 가서 국소 마취를 하고 도관을 집어넣어야 하니 환자로서는 큰 피해가 아닐 수 없다.

내가 그 보고를 받고 큰일 났구나 싶어서 환자에게 사과하려고 갔는데, 화가 난 부인이 경찰에 신고를 했다고 해서 내가 보호자에게 깊이 사과하고 부인의 화를 풀어드렸다. 그 인턴 선생이 놀라서 내가 데려다가 점심을 사주면서 지시를 명료하게 내리지 않은 전공의의 잘못이 크다고 했지만, 지시가 애매한 경우 윗사람에게 물어보지 않은 인턴 선생의 잘못도 있다고 생각한다.

다시는 이런 일이 없도록 내가 인턴과 주치의 인계장에 그림을 그리고 이런 실수를 반복하지 않도록 하라고 지시를 하고 그래도 미심쩍어서 인계장을 확인까지 했다. 나중에 그 부인이 박성광 교수께서 사과도 하셨는데 경찰을 미리

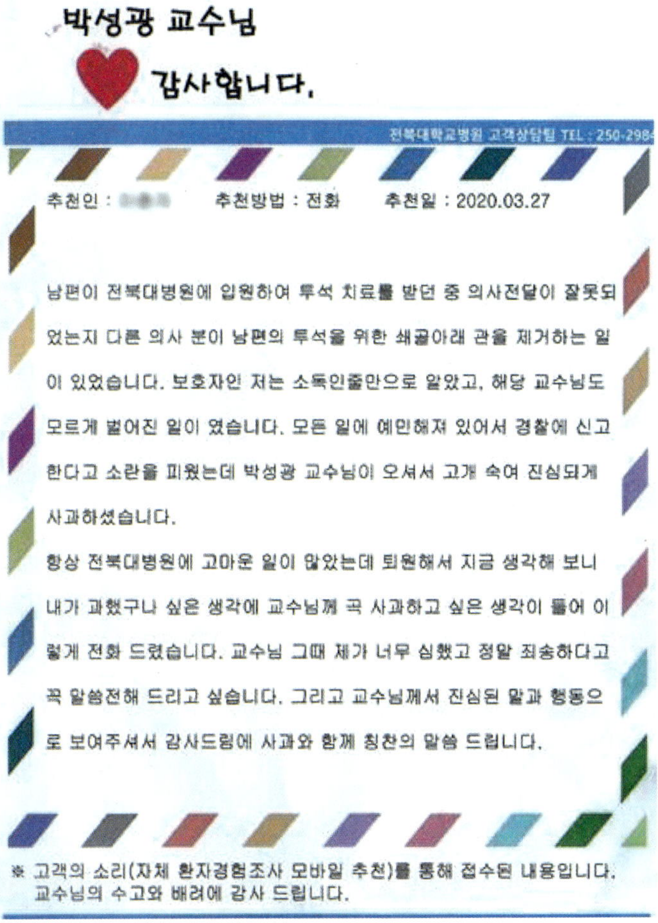
박성광 교수님

감사합니다.

전북대학교병원 고객상담팀 TEL : 250-2984

추천인 : [illegible]　추천방법 : 전화　추천일 : 2020.03.27

남편이 전북대병원에 입원하여 투석 치료를 받던 중 의사전달이 잘못되었는지 다른 의사 분이 남편의 투석을 위한 쇄골아래 관을 제거하는 일이 있었습니다. 보호자인 저는 소독인줄만으로 알았고, 해당 교수님도 모르게 벌어진 일이 였습니다. 모든 일에 예민해져 있어서 경찰에 신고한다고 소란을 피웠는데 박성광 교수님이 오셔서 고개 숙여 진심되게 사과하셨습니다.

항상 전북대병원에 고마운 일이 많았는데 퇴원해서 지금 생각해 보니 내가 과했구나 싶은 생각에 교수님께 꼭 사과하고 싶은 생각이 들어 이렇게 전화 드렸습니다. 교수님 그때 제가 너무 심했고 정말 죄송하다고 꼭 말씀전해 드리고 싶습니다. 그리고 교수님께서 진심된 말과 행동으로 보여주셔서 감사드림에 사과와 함께 칭찬의 말씀 드립니다.

※ 고객의 소리(자체 환자경험조사 모바일 추천)를 통해 접수된 내용입니다.
교수님의 수고와 배려에 감사 드립니다.

친절직원상으로 이어진 편지

불러서 미안하다고 병원에 전화를 해서 2000년 3월에 친절직원으로 만 원짜리 상품권을 한 장 받았는데 수상 턱을 내느라 돈이 몇 배나 더 들었다.

박 대위가 모는 차는 절대 타지 마라

남자들은 회식을 하면 대부분 군대 얘기를 하면서 추억을 곱씹곤 한다.

나에게도 잊지 못할 추억이 있다. 35사단 의무 중대장으로 복무하던 시절 이야기이다. 야외 훈련이 있어서 구급차를 끌고 나갔는데 이게 바로 '리다짚'이라고 불리는 보통 뚜껑이 없는 짚차에 천으로 뚜껑을 만들어 붙인 차로 요새는 보기 힘든 차이다. 군의관은 대개 차를 타고 가는데 나는 운동 겸 병사들과 함께 몇 시간을 걸어서 목적지에 도달하여 저수지 옆의 야영지에 천막을 치고 낮잠 시간이 되어 다들 피곤한 터라 늘어지게 단잠을 자고 있었다.

꿈결에서 들리듯이 급한 목소리로 누가 깨워서 일어나보니 구급차 운전병이 와서 "중대장님, 큰일났습니다. 구급차가 전복되었습니다." 하는 것이었다. 내가 이해가 안 되어서 "조금 전까지 얌전하게 천막 옆에 서 있던 차가 낮잠 시간에 어떻게 전복이 될 수 있나?" 하니까 아무튼 가보시면 안다는 것이었다. 급히 한참을 뛰어서 가다보니 커브가 있는 2-3미터 하방의 개울가에 우리 구급차가 바퀴 4개를 하늘로 향한 채 누워 있었다. 기가 막혀서 자초지종을 물어보니 제대 2주일 남긴 의무병 김 병장이 운전병을 윽박질러서 운전병을 포함하여 위생병 3명을 태우고 신나게 폼을 잡고 타고 가다가 전복되었다는 것이었다. 야영지 근처에는 잼버리 대회가 있어서 여고생들도 많이 왔다 갔다 하고 있었다. 개울바닥에는 호박돌이 즐비했다. 우선 다친 사람이 없냐고 물어보니까 훈련 중이라 다들 철모를 쓰고 있어서 머리, 허리가 아프고 타박상은 있어도 불행 중 다행으로 골절상은 없어서 후송 갈 필요는 없었다.

문제는 김 병장이 무면허에다가 운전병도 아니어서 이런 사고를 내면 제대 말년에 영창에 가고 중벌을 면치 못할 것은 불을 보듯 뻔한 사실이었다. 병사들에게 면허가 없는 줄을 뻔히 알면서 위험하게 왜 탔느냐고 혼냈더니 하늘같은 고참이 타라는데 안 탈 재간이 없다는 것이었다. 우선 사망이나 중상자가 없던 것을 하늘의 도우심으로 알고 나는 운전면허가 있고 구급차는 내가 타는 차이기에 내가 운전하다 사고가 난 것으로 하자고 입막음을 하고 수습에 들어갔다. 지휘관에게 보고를 하면 일이 커지니까 사단 수송부에 바로 전화를 해서 레카차를 불렀다. 레카차를 몰고 온 선임하사가 차를 부식 트럭 위로 끌어올리면서 고개를 갸우뚱하더니 이상하다는 것이었다. 왜냐고 물으니까 운전자가 커브 길에서 실수를 하면 차가 관성에 의해 저쪽으로 굴러 떨어지기 마련인데 반대쪽으로 떨어진 것이 이해가 안 되고 수십 년간 사고 수습을 해보았는데 이런 일은 처음 본다는 것이었다. 그래서 내가 운전면허를 딴 지가 얼마 되지 않아서 운전 미숙으로 그랬다고 하니까 고개를 끄덕거렸다.

수송부에서 다행히 차 엔진이 망가지진 않아서 적은 돈을 들여서 천장 덮개 등을 자체적으로 수리할 수 있겠다고 하여 지휘관님에게 내 실수였고 나 해결할 수 있겠다고 보고해서 일단락이 되었다. 그 뒤로 온 사단에 군의관 박 대위가 모는 차는 위험하니까 절대로 타면 안 된다는 소문이 다 퍼져 있었다. 이제는 처벌시효가 나 지난 것 같아 진실을 밀할 수 있다. 그때 그 사고는 운전면허가 없는 말년 병장이 냈지 내가 낸 것이 아니었다고. “김 병장, 지금은 면허를 따고 조심스럽게 운전하고 있겠지?”

귀하게 써먹은 군대 표창장

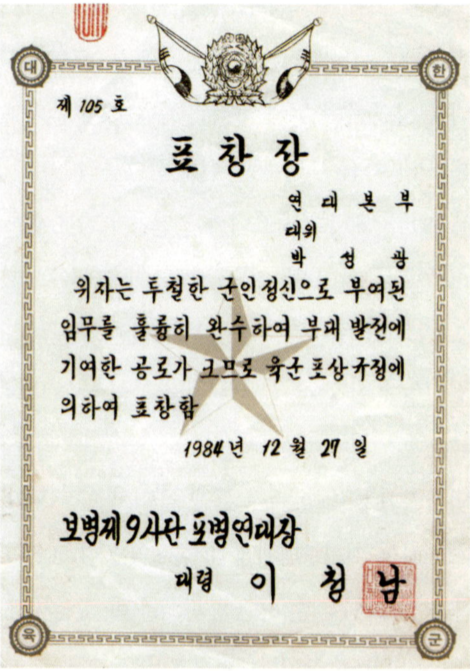
제 105 호

표 창 장

연 대 본 부
대위
박 성 광

위자는 투철한 군인정신으로 부여된 임무를 훌륭히 완수하여 부대 발전에 기여한 공로가 크므로 육군 포상 규정에 의하여 표창함

1984년 12월 27일

보병제9사단 포병연대장
대령 이 청 남

군에서 받은 표창장

나는 군대가 좋았다. 내과 3년차는 수석 전공의로 교수님의 지도하에 전공의를 지도 감독하고 환자를 책임져야 하는 자리여서 스트레스가 많았다. 거기에다가 전문의 시험공부가 만만치 않았다. 사법고시는 합격하는 사람들이 매우 적은 시험이지만 전문의 시험은 대부분이 합격을 하기 때문에 떨어지면 집안과 병원에 누를 끼치기에 혼신의 힘을 다해 공부를 하기 마련이다. 그래서 마지막 달은 책상에 앉아서 내내 공부만 했었다.

그러다가 전문의 시험 합격 통지를 받고 군의학교에 들어오니까 다른 사람들

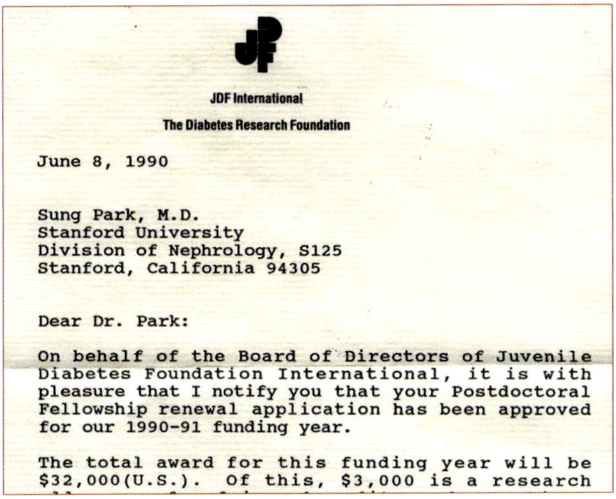
JDF International

The Diabetes Research Foundation

June 8, 1990

Sung Park, M.D.
Stanford University
Division of Nephrology, S125
Stanford, California 94305

Dear Dr. Park:

On behalf of the Board of Directors of Juvenile Diabetes Foundation International, it is with pleasure that I notify you that your Postdoctoral Fellowship renewal application has been approved for our 1990-91 funding year.

The total award for this funding year will be $32,000(U.S.). Of this, $3,000 is a research

약년형 당뇨재단 펠로우 수혜통지

은 통제된 훈련 기간을 힘들어 했지만 나는 공부하는 것 보다는 눈을 맞으며 야간 사격 훈련하는 것이나 칼바람이 부는데 유격 훈련받는 것이 훨씬 더 재미있었다. 그래서 친구들에게 "너는 군대 체질이다. 장기 복무를 할 생각이 없냐?" 하는 소리도 들었다.

전방에 있는 1년 동안은 독신 장교 숙소에 있었기 때문에 시간이 남아서 아침에는 연병장을 구보로 돌았다. 군대 3년을 체력 단련 캠프에 들어왔다고 생각해서 비와 눈을 맞으면서 뛰기도 했다. 나중에 마라톤을 할 때도 이것이 큰 힘이 되었다. 연대장님은 리더십도 있고 부하들을 잘 챙겨주시는 분이었는데 내가 체력단련에 열심인 것을 보시고 "봐라, 의무중대장도 저렇게 뛰는데 다른 간부들은 더 열심히 뛰어야 되는 것 아니냐?" 하고 말씀하셔서 도리어 내가 다른 장교들에게 폐를 끼치는 것 같아 미안한 마음이 들었다.

군의관들끼리 흔히 하는 말로 군의관은 진급할 것도 아니고 나중에 경력에 도움이 되는 것도 없으니까 상은 직업 군인들에게 양보를 해야지 타면 안 된다는 말이 있었다. 그것을 알고는 있었지만 별로 한 일도 없는데 부대 발전에 기여했다고 지휘관이 표창장을 주시니까 사양을 할 수도 없어서 감사하며 받았다.

제대를 하고 전북대학교에 들어와서 미국에 연수를 가려고 미국 스탠포드 의과대학에 있는 Dr. Meyer와 편지를 교환했다. 편지를 써서 미국 선교사님을 찾아가서 교정을 해서 보냈다. 당시에 Dr. Meyer는 편지만 보고 내가 원어민처럼 영어를 잘하는 줄 알았단다. 그래서 같이 Juvenile Diabetic Foundation Fellowship(약년형 당뇨재단 펠로우쉽)을 신청해 보기로 했다. 연구 계획서에 수상 경력을 쓰는 난이 있었는데 다른 연구자들은 의과대학부터 학술상까지 여러 줄을 쓰는데 나는 한 번도 그런 상을 받아본 적이 없어서 빈칸으로 남기려다가 군대에서 받은 표창장이 생각나서 그것만 달랑 한 줄을 썼다.

의대 기초 교수들은 연수를 갈 때 이미 실력이 있기 때문에 월급을 받고 가는데 나 같은 환자만 보던 임상 의사들은 월급을 받고 가는 사람들이 드물었고 특히 펠로우쉽을 받고 가는 사람은 극히 드물었다. 그런데 경쟁이 심했는데 운 좋게 합격이 되어서 1989년부터 연봉 3만 2천불을 받고 Stanford 의대에서 2년간 근무를 하였다. 미국 펠로우들은 같은 월급을 받고 세금을 1/3이 넘게 내는데 나는 세금을 안 내니까 은근히 부당하다고 시기를 하곤 했다.

그 후에 나같이 논문 실적이나 연구 경력이 미천한 사람이 어떻게 그런 큰 연구비를 받을 수 있었는가를 곰곰이 생각해 보았더니 한국에서보다 미국에서 군인들을 훨씬 더 존경하는 풍조가 있고 의사들이 군의관으로 가는 경우가 많지 않다. 심사위원들이 한국 사람들은 병역 의무가 있다는 것을 모르니까 군대에서 표창장까지 받은 나를 뽑아준 것이라는 결론에 도달해서 지금도 이 표창장을 가보로 잘 보관하고 있고 수여해 주신 연대장님께 감사하고 있다.

교수님, 이렇게 하시면 안 됩니다

인턴 이태환 선생은 군대를 가지 않은 다른 선생들 보다 십 년이 늦었다. 의과대학을 다닐 때 민주화 운동을 하다가 감옥에 2년 동안 있었다. 그때 준법서약서를 쓰면 다 내보내 주었는데 이 선생만 "내가 잘못한 것이 없는데 왜 써야 하나?" 하고 안 써서 6개월 동안이나 수감생활을 더 하고 나왔다. 쓸까 말까 고민을 할 때 지금은 아내가 된 여자친구가 면회를 와서 상의를 하니 "알아서 하시라"고 해서 결국 안 썼다.

내과를 하고 싶어서 지원을 했는데 교수 회의에서 노 교수 한 분이 "나이든 사람은 그만 두기가 쉬우니까 안 뽑으면 좋겠다." 고 말씀해서 내가 적극적으로 반대 발언을 했다. "이 선생은 우리가 공부만 하고 있을 때 민주화운동을 하다가 감옥에 2년 6개월이나 갔었다. 가산점을 주지는 못 할망정 불이익을 줘서는 인 된다. 나이든 사람이 잘 그만 둔다고 해서 그 잘못을 다음 해에 다른 사람이 받는다는 것은 말도 안된다" 고 했다. 또 "이태환 선생은 절대 도망갈 사람이 아니다. 내가 책임지겠다." 라고 호언장담을 했다.

그런데 힘든 파트를 시작하고 얼마 안 되어서 이태환 선생이 말도 없이 병원을 나갔다. 사람들이 "이태환 선생은 심지가 굳은 사람이라서 한번 나갔으면 안 돌아올 것이다."라고 말했다.

내가 설득을 하러 익산 아파트에 찾아 갔는데 이미 열쇠를 잠그고 잠적을 했다. 병원 식구들이 분명히 찾으리라 생각을 하고 핸드폰도 꺼져 있었다. 하도 허탈해서 평상에 앉아 있는데 마침 온 가족이 강원도로 가다가 아기 카시트를 놓고 와서 가지러 온 것을 운좋게 만났다.

하늘이 도왔다고 생각을 하고 교수회의 얘기를 하면서 설득을 했다. 낮술을

지리산에서 이태환 선생과 함께

마셨는데 둘 다 술이 약해서 이태환 선생이 많이 토한 끝에 병원에 다시 들어가서 열심히 해보겠단다. 맘 같아서는 집에서 애기랑 며칠 쉬다 오라고 하고 싶었는데 그러다가 영영 안 돌아올까봐 병원에 데리고 들어갔다. 그 후에 열심히 근무해서 전공의 과정을 잘 마쳤다.

신장내과 교수들이 다 착해서 맘에 들었는지 신장내과 전임의를 하고 싶다고 해서 2년을 열심히 했다. 전임의 시절에 뇌사 환자가 장기를 기증하는데 환자가 언제 사망할지 모르기 때문에 내가 급하게 서두를 때가 많았다.

한번은 본인이 볼 때 미진한 점이 있었는지 "교수님, 이렇게 하시면 안 됩니다." 라고 말했다. 그래서 내가 법령을 가져다 보여주면서 설명을 하니까 "예, 알겠습니다. 하셔도 되겠습니다." 해서 기증했다. 이 선생이 계속 반대하면 그냥 안 하려고 했다.

수련을 마친 후에 지금은 인공신장실을 개원해서 항상 웃으면서 환자를 열심히 보고 있다.

비행기를 잘못 탄 세 얼간이

KAIST 고규영 교수와 그의 실험실에서 일하는 연구원과 내가 미국 뉴욕에서 열리는 미국 신장 학회에 참석한 적이 있었다. 고 교수는 미국에서 5년간 나는 2년간 근무했기에 비행기를 수없이 타고 다닌 경험이 있었다. 고 교수는 전북의대 생리학 교수로도 있었는데 2018년에 호암상을 수상했고 올해 학술원 회원으로 선출된 스타 과학자이다. 당시 계획은 시카고에서 근무하는 전북의대 생리학 교수를 역임했던 설경환 선생을 만나서 하루 자고 LA를 통해서 한국으로 돌아오게 되어 있었다. 그런데 연구원은 미국에서 며칠 있는 동안에 교수들이 모든 일을 알아서 하고 자기는 따라만 다니니까 한 번도 제대로 영어를 써 본 적이 없었다. 이것은 아니다 싶고 경험도 쌓을 겸 해서 공항에서 체크인할 때 연구원보고 하라고 했다.

카운터에 가서 짐을 다 부치고 고 교수와 잡담하는 동안에 공항 직원이 연구원에게 목적지가 어디냐고 물으니까 시카고에 갔다가 LA를 통해서 한국에 간다고 대답했다.

유난히 친절했던 직원이 시카고를 안 들르고 직접 LA에 가는 비행편이 곧 있는데 그걸로 가겠느냐고 물으니까 당황해서 못 알아듣고 일정을 확인하는 말이라 생각하고 그냥 "예스"해버렸다. 그래서 직접 LA로 가는 보딩패스를 줬는데 우리는 꿈에도 모르고 공항을 어슬렁거리다가 시간이 촉박하여 목적지는 보지도 않고 게이트와 시간만 확인하고 탑승했다.

선반에 가방을 올리고 차분히 앉았는데 승객들의 대화에 LA 소리가 많이 들려서 그럴 리가 없겠지만 혹시나 하는 차원에서 옆 좌석에 앉은 사람에게 어디로 가는 비행기냐고 물으니까 LA로 간단다.

큰일 났다 싶어서 승무원에게 시카고로 가는 비행기인 줄 알았는데 잘못 탔다고 하니까 빨리 내리라고 말했다. 주위에 있던 미국 승객들이 "이런 동양에서 온 얼간이들이 있나? 세상에 어떻게 비행기를 잘못 탈 수가 있나?" 하는 표정들이었다.

우리가 내리자마자 비행기는 바로 문을 닫고 떠났고 우리는 다시 카운터에 가서 설명을 하고 몇 시간 더 기다려 시카고로 가는 비행기를 탔다. 비행기에 실은 짐은 그대로 LA로 가서 우리는 갈아입을 잠옷도 없어 그대로 침대로 들어갔다. 다음날 LA 공항으로 가서 짐을 찾아서 귀국했다.

이런 일은 911사태가 나기 전이라 가능한 일이지 그 후에는 사람과 짐은 함께 가야 하기에 비행기에서 내릴 수가 없고 그대로 LA로 갈 수밖에 없었을 것이다.

이 일을 겪고 나서는 고속버스, 기차, 그리고 특히 비행기를 탈 때는 표를 두 번 세 번 확인해 보는 좋은 버릇이 생겼다.

반절 의사, 반절 연구자

의대 교수로 근무하는 동안 가장 큰 고민은 맡겨진 세 가지의 임무인 진료, 교육, 연구를 어떻게 조화롭게 잘 할 수 있겠느냐는 것이다. 그중에 어떤 것을 첫째로 할 것인가? 어느 누구든 세 가지를 다 잘하는 사람은 거의 없다.

서울의 모 대학병원에서 "진료와 연구 둘 중 하나만 하라고 할 때 무엇을 선택할 것인가?" 하는 질문에 대다수가 진료를 택했다는 말을 듣고 동감했다. 임상 의사로서 전일제 대학원생 몇 명 데리고 실험실을 운영하며 학생 강의까지 한다는 것은 정말로 어려운 일이라고 생각한다.

여기저기서 연구비 조금 받아서 인건비, 재료비 챙기다가 논문을 쓰고 다음에 무슨 일을 할까 고민하다가 환자라도 한 명 악화되거나 사망하면 내가 실험한다고 치료에 전념하지 못해서 놓친 것 같아 후회스럽다. 남들은 이런 고민하지 않고도 잘 사는데 꼭 이렇게 연구한답시고 죄 없는 동물들을 죽이고 있어야 하냐는 생각이 가끔 들 때가 있는 것도 사실이다. 그러나 힘들여서 한 연구가 좋은 학술지에 게재되었을 때 그 기쁨으로 근근히 버티고 있는 것 같다. 그러다 보니 좋은 의사도 못 되고 훌륭한 연구자도 못 되는 어줍잖은 반절 의사, 반절 연구자가 되어버린 것 같다.

1987년 군의관 제대 후 전북의대 내과 전임강사로 발령받았다. 신장학을 전공하기로 하고 진료와 강의를 하면서 신장 생리학으로 유명한 생리학교실에서 실험을 배우면서 연구의 눈을 떴다. 마취, 수술, 집뇨 등 산 동물을 다루는 것은 생각보다 훨씬 더 어려운 일이었다. 그러나 필자가 동물연구를 고집한 것은 임상 연구로는 지방대학에서 많은 수의 환자를 모아서 연구할 수도 없고 좋은 학술지에 실리기도 어렵지만, 동물 연구는 지방에서도 경쟁력이 있다고 보았기 때문이다.

1988년 미국신장학회에 참석하여 Dr. Timothy Meyer를 소개받고 편지를 교환하며 Juvenile Diabetic Foundation Fellowship(약년형당뇨재단펠로우쉽)을 신청했는데 운 좋게 합격이 되어 1989년부터 스탠포드의대에서 2년 간 근무하였다. 샌프란시스코 공항에 마중 나온 Dr. Meyer의 밴에 온 가족을 태우고 이민가방 8개를 싣고 갈 때 어머님이 싸주신 김치가 흘러서 냄새가 코를 찔렀다. 미안하다고 했더니 아닌 게 아니라 자기도 생선 썩는 냄새가 나더라고 하면서 우리의 첫 만남이 시작되었다.

나의 연구는 약물을 쥐의 꼬리 정맥에 주입하여 당뇨 쥐를 만든 다음 미세천자를 하여 혈역동학적 변화를 관찰하는 연구였는데 미세천자는 고도의 숙련을 요하는 기술이라서 배우기가 어려웠다.

Dr. Meyer는 신세뇨관을 찌르는 것은 정맥주사를 할 때와 비슷해 자기 손등에다가 바늘로 정맥을 찌르는 시늉을 하면서 설명을 해주었는데 바늘을 뺀 후에 피가 흘러나왔다. 대강 이해를 했는데 100%는 아니어서 다시 한 번 보여달라고 하기도 미안했다.

이번에는 내 손등을 내밀고 한 번 더 시범을 보여 달라고 하니까 웃으면서 "에이스 걸리면 어쩌려고 그래요?"(샌프란시스코 지역은 미국에서도 에이즈 감염율이 높다) 하면서 자기 손등에다가 다시 한 번 시범을 보이고 피를 흘렸다. 그 순간 감격할 수 밖에 없었고 한국에 돌아가면 나도 후배들을 저렇게 가르쳐야겠다고 결심했다. (그 결심은 부끄럽게도 흐지부지되었다)

1989년 그 유명한 샌프란시스코 대지진을 겪었다. 오후에 실험을 하다가 Dr. Meyer와 4층 실험실 중앙에서 토론을 하는데 바닥이 심하게 움직이는 것을 느꼈다. 지진의 심각성을 채 깨닫기도 전에 Dr. Meyer의 얼굴이 순간 굳어지면서 다급하게 펠로우들을 문 쪽으로 모이게 하였다가 여진이 거의 끝나자 층계로 내려왔다. 내려오자마자 그는 집에 아이들이 무사한지 전화를 걸어보기 전에 먼저 동물실험실로 가서 몇 개월 동안 길러왔던 당뇨 쥐, 신장 절제 쥐들이 무사한지를 살펴보았다. 지진이 발생하기 몇 분 전에 나는 미세천자 테이블에서 실험을 하고 있었는데 지진이 나면서 옆에 있던 철제 책장이 덮쳐서 테이블이 엉망진창이 되었다. 만약 지진이 몇 분만 일찍 일어났더라면 나는 중상 내지 사망을 면치 못했을 것이다. 지금도 지진 생각만 하면 모골이 송연해지고 나를 이역 땅에 묻히게 하지 않고 살리신 하나님께 감사드린다.

지진으로 부서진 수술테이블

2년차에 연구결과를 미국 신장 학회에서 구연(oral presentation)하게 되었을 때는 꽤 긴장이 되었다. 나만 긴장한 줄 알았더니 미국인 동료 펠로우도 평생 재난을 두 번 경험했다며 한 번은 지진이고 다른 한 번은 미국신장학회때 구연한 것이라고 했다. 구연이 미국 사람에게도 스트레스가 많은 것이구나 생각하고 다음부터는 그렇게 크게 긴장하지 않고 할 수 있었다.

귀국해서 연구비를 받아도 장비를 살 수 있는 여건은 안 되고 한국에서 사려면 두 배나 비싸다는 것을 잘 알고 있었기에 귀국할 때 대부분의 미세천자 기계들을 주문하였다. 한국에서도 기본 월급은 나오기에 그동안 모아놓은 돈을 탈탈 털어서 5,000불짜리 자이스 현미경을 비롯하여 수만 불어치를 사는데 군말 없이 동의해준 아내와 500만 원을 보내 주신 신장내과 강성귀 교수님께 감사한다. Dr. Meyer가 돈이 어디서 난 것이냐고 해서 내 돈이라고 하자 정색을 하며 "연구에는 절대로 개인 돈을 투자해서는 안 된다"고 했다. 아마도 그렇지 않아도 미국사람들이 이혼을 많이 하는데 집안 돈을 연구에다 퍼부으면 참고

Dr. Meyer와 함께

있을 부인이 어디 있겠느냐는 말로 들렸다. Dr. Meyer가 돈을 주고도 살 수 없었던 쥐 수술용 테이블과 기구 등을 마치 친정 어머니가 딸 시집갈 때 주듯이 싸준 것을 잊을 수 없다. 한국에 돌아온 지 몇 년 후에 스탠포드대학으로부터 Dr. Meyer가 정교수로 승진하는데 평가를 해달라는 편지가 와서 내가 만나 본 중 가장 훌륭한 스승이었노라고 써서 보냈다.

신장 내과 김원 교수가 연구팀에 합류한 후에 연구가 본 궤도에 오를 수 있었다. 기어를 바꾸어서 쥐에서 신장 발달과정과 허혈-재관류 모델에서 세포주기에 대한 연구를 하여 신장분야에서 가장 좋은 국제학술지 중 하나인 《Kidney International》에 1997년에 두 차례에 걸쳐 게재하였다.

임상의로서 나의 생각은 기초연구보다는 임상에 관련되고 임상 쪽으로 활용할 수도 있는 임상이행연구(translational research)에 연구 목표를 가지는 것이 중요하다고 생각한다. 요즘 연구원들은 살아있는 동물을 만지기를 매우 싫어하는 것 같다. 물론 냄새도 나고 징그럽고 하지만 시험관내 실험은 한계가 있다. 따라서 무슨 약물을 생체에 주입하여 그 효과를 본다든가 어떤 연구를 하든지 궁극적으로는 생체로 옮겨 갈 궁리를 계속하는 게 바람직하다. '마누라와 자식빼고 다 바꾸라'는 말처럼 연구자는 자기가 자신이 있는 연구에만 집착하지 말고 눈을 크게 뜨고 주위를 살펴서 새로운 아이디어를 가지고 이것이 아니다 싶으면 과감히 방향을 바꾸어 카멜레온처럼 끝없이 변신해 나가야 한다고 생각한다.

—《생화학 분자생물학 소식지》 2003. 8. 30

병실 주말당직보다는 하프마라톤

나는 어릴 때부터 운동 신경이 둔해서 운동하기를 싫어했고 또 하고 싶어도 친구들이 잘 끼어주지 않는 형편이었다. 야구를 한다 하면 헛스윙하기가 일쑤고 이제까지 한 번도 배팅을 하고 1루까지 가본 경험이 없다. 축구를 한다고 뛰어다녀 보았자 개발질이나 하고 다니고 수비하다가 자살 골이나 먹고 하니 누가 공을 패스해 주겠는가?

농구도 사람이 모자랄 때만 끼어서 하는데 번번이 공이나 뺏기고 배구도 열심히 한다고 하는데 내가 끼면 상대편 사람들이 더 좋아하는 판이다. 테니스도 열심히 레슨을 받았는데 코치가 공을 끝까지 보라고 하는데 공이 빨리 오면 눈을 감아버리는 통에 그것도 군대 시절에 그만 두었다. 근데 해보니까 운동 신경이 전혀 필요 없는 레포츠가 두 가지가 있는데 바로 등산과 뜀박질이다. 이것은 은근과 끈기만 있으면 되는 것인데 끈기하면 박싱광 아닌가? 그래서 4년 전에 경주까지 가서 동아마라톤 10Km 코스에 온 가족이 참여하여 같이 완주를 하였고 2년 전에 전주군산간 벚꽃 마라톤이 생겨서 하프 코스를 완주하였는데 그때에는 대회에 맞추어 벚꽃이 만개하여서 장관을 이룬 가운데 뛰니까 숨이 차는 것도 몰랐다. 작년에도 부안 격포 마라톤이 새로 생겨서 해변가를 뛰는 것이 멋있을 것 같아서 뛰었는데 탁 트인 바다를 바라보고 뛰는 것은 환상적인데 오르막

내리막이 심해서 아주 힘든 코스였다.

그러다가 마침 올해 3월에 가까운 임실에서 하프마라톤 대회가 처음으로 열린다는 것을 알고 같이 일하고 있는 박진우 부학장을 슬슬 꼬드겼다. 박진우 교수는 의대에서도 술은 겁나게 좋아하고 운동은 지독히 싫어하기로 두 번째 가라면 서운한 사람으로 널리 알려진 인물이기에 작업이 쉽진 않았다. 그러다가 술김에 "정 그러면 한번 해봅시다" 소리를 듣고 장부일언은 중천금이라고 쐐기를 단단히 박고 이번에는 채수완 학장님께 부학장, 의학과장이 뛰는데 학장님이 안 뛰면 남들이 학장님이 왕따 당한다고 생각하지나 않을까 염려된다고 하니까 "딴 사람도 아니고 박진우 교수가 마라톤을 하면 나는 한 발로 깨금발을 짚고라도 할 수 있다"고 호언을 하시고 참가하기로 했다. 말은 그렇게 해놓고 연습을 하기는 해야 되는데 하고 맘만 먹고 실제로 모여서 연습은 한 번도 못하고 박진우 교수는 걱정이 되는지 2주 전쯤부터는 그 좋아하던 담배도 거의 안 피고 운동장도 몇 바퀴 돌아보곤 하였다. 나는 신장 내과의 전공의들에게도 참석을 종용했는데 병실에서 자야 되는 2년차 정혜진 선생(여)이 자원을 해서 하도 신기해서 뛰어본 경험이 있냐고 하니까 전혀 없다는 것이었다. 그래서 마라톤 참가 며칠 전에 딱 한번 모여서 의과대학 뒤를 30분간 달렸더니 벌써 숨이 턱까지 차서 힘들어 하였다. 마라톤 당일날 모여서 중간에 학장, 부학장, 나, 정혜진 선생이 나란히 뛰었다. 양옆에는 많은 사람들이 늘어서서 박수로 응원을 하여 주었다. 박진우 교수는 예상외로 잘 뛰었고 정혜진 선생은 긴 소매, 긴 바지를 입고도 잘 뛰고 있었다. 나이 드신 할머니, 할아버지들도 길옆에서 신기한 듯 보시면서 열렬히 응원해 주셨고 어떤 분은 배를 깎아서 한 조각씩 주시는 분도 있었고 끝나고 오면 밥을 해줄 테니까 들리라는 분도 있어서 훈훈한 시골인심을 느낄 수 있었다.

거의 두 시간을 쉬지 않고 달리고 있는 중 박진우 교수가 쉬었다 갈 테니까 먼

임실 마라톤 골인 지점에서 정혜진 선생, 박진우 부학장, 필자, 채수완 학장

저들 가라고 해서 절대 그렇게는 못하고 쉴려면 같이 쉬고 여기서 포기하면 우리들도 같이 포기하겠다고 위협을 하니까 별수 없이 그냥 뛰자고 해서 안 쉬고 천천히 뛰었다. 4명이 같이 마지막 종착지점에 도착했을 때는 2시간 20여분이 지났을 때였다. 한 번도 쉬지 않고 처음으로 하프 코스를 완주한 학장님, 부학장, 정혜진 선생이 그렇게 자랑스러울 수가 없었다. 하도 대견스러워서 정혜진 선생에게 어떻게 뛴다고 자원할 생각이 났느냐고 물으니까 웃으면서 병실 주말 당직 서기가 싫어서 뛴다고 나섰다고 해서 다 같이 박장대소하였다. 주말 당직이 하프 마라톤보다 더 어렵더니. 끝나고 나서 마시는 임실 막걸리 맛은 정말로 일품이었다. 뒤풀이가 끝나고 다들 기분 좋게 피곤한 몸으로 헤어졌다.

웃음에는 장사가 없다

우리 신장 내과는 이제까지 동물 실험을 병행해서 실험실을 운영하면서 연구를 해왔다. 연구자에게 항상 제일 큰 문제는 연구비이다. 2002년도에 '국가지정연구실'이라는 큰 연구비가 떴는데 5년 동안 십억 원이 넘는 연구비를 준다. 국가라는 이름에서 보듯이 개인 연구자에게 주는 가장 큰 연구비 중의 하나이고 연구 실적이 아주 훌륭한 사람들이 지원을 하는 연구비였다. 당시에 지방대학에서 이런 연구비를 따는 것은 매우 어려운 일이었다.

우리 팀도 일단 지원해 보자는데 뜻을 모아서 김원 교수를 중심으로 잠을 아껴가며 진짜 열심히 준비를 했다. 내가 책임연구자로 발표를 하는데 다른 쟁쟁한 팀들을 보니까 주눅이 들고 내 어깨에 십억 원이 넘는 연구비가 달려있다는 생각을 하니까 손에 땀이 나고 다리가 후들거렸다. 나도 이런 연구비의 심사를 다녀보고 해서 심사위원의 입장에서 생각을 해 보았다. 다들 자기 연구가 이 방면에서 최고라고 열심히 발표를 할 텐데 계속되는 발표에 지루하고 눈도 피곤하리라는 생각이 들어서 '남들과 다르게 심사위원들을 한 번 웃겨서 우리 연구를 심사위원들 머리에 확실하게 각인을 시키자.' 라고 맘을 먹었다. 그런데 이것이 조금 위험한 것이 잘못하면 건방지게 보여서 감점의 요인이 될 수도 있다.

나는 자동차 운전면허를 딸 때 학원을 다니지 않았다. 그냥 아는 분에게서 배워서 시험을 보았기 때문에 막상 실기 시험을 보러 갔을 때 뭔가 내가 학원에 다닌 사람들이 배운 것을 모르는 것이 있지 않을까 하는 걱정이 있었다. 마침 시험장에서 어떤 학원 원장이 원생들을 모아놓고 마지막 '원포인트 레슨'을 하고 있었다. 나는 무슨 중요한 말을 하는가 하고 옆에서 귀동냥을 했다. 당시는 지금처럼 전자식으로 채점을 하는 것이 아니고 감독관이 조수석에 타서 채점을 했다. 놀랍게도 원장이 딱 한 마디를 하고 끝내는데 그게 "차에 타고 내릴 때 감독관에게 90도로 허리를 굽혀서 인사를 해라." 였다. 공손한 인사를 해서 손해볼 것이 없다는 말이다. 나는 이후로 이 일을 항상 기억하고 그 원장이 가르친 대로 행동하려고 노력했다.

일단 발표장에 들어가서 둘러보니 아는 얼굴이 한 명도 없었다. 시작하기 전에 심사위원들에게 90도로 허리를 굽혀서 인사를 하고 한참 있다가 허리를 폈다. 우리가 이 연구비를 절실하게 필요하다는 말을 이런 방식으로 표현한 것이다. 그리고 마지막 슬라이드는 비뇨기과 박종관 교수의 도움으로 카툰을 만들었다. 주유소에서 주유하는 사진인데 트럭에 신장 재생 연구실이라고 써있고 운

오명 과기부장관이
국가지정연구실 증서 수여

국가지정연구실사업 계획 발표의 마지막 슬라이드

전석에는 내가 타고 있고 주유원은 심사위원이고 우리는 모든 준비가 되어 있어서 휘발유(연구비)만 넣어주시면 목적지까지 확실하고 안전하게 도착할 것이라고 말을 하니까 위원들이 한 번도 보지 못했던 광경이라서 눈을 크게 뜨고 웃고 있었다. 며칠 후에 합격했다는 발표를 보고 실험실 식구들이 다 같이 환호를 했다.

다른 연구비와는 달리 국가지정연구실은 과기부장관이 직접 연구 책임자에게 증서를 수여했다. 수여를 기다리는 동안에 옆에 있던 교수가 내게 "무엇을 전공하세요?" 라고 물어왔다. 신장내과를 전공했다니까 "그럼 환자도 보세요?" 라고 물어서 그렇다고 대답을 하니까 "환자보고 언제 연구할 시간이 나세요?" 라고 물어서 "그래서 환자도 잘 못보고 강의도 잘 못하고 연구도 제대로 잘 못해요."라고 대답한 기억이 난다. 그 뒤에 연구원을 더 보충을 하고 온 식구들이 열심히 연구에 매진을 했다.

국가지정연구실은 2년 후에 중간 평가를 해서 갱신을 받아야 하는데 이것이

국가지정연구실 중간 평가 발표 마지막 슬라이드

처음 발표할 때보다 더 긴장이 되었다. 갱신을 못 받을 바에는 처음부터 수혜를 못 받는 것이 낫다. 연구비로 연구원을 뽑아놓고 2년 뒤에 연구비가 없다고 내보낼 수는 없지 않은가? 그래서 소문에 의하면 발표자가 대기하다가 응급실로 실려갔다는 확인 안 된 얘기도 들었다. 이번 발표에도 마지막 슬라이드를 만드는데 신경을 써서 공중 급유기 카툰을 만들었다. 첫 번째와 마찬가지로 시작할 때 인사를 공손하게 하고 발표를 마치고 마지막으로 전투기가 나오고 내가 조종사이고 연구원이 같이 탔는데 급유(연구비)를 받지 못하면 우리 모두는 태평양에 빠져 죽을 수 밖에 없다고 추락하는 전투기도 보여줬다. 이 대목에서는 심사위원들이 포복절도를 하고 어떤 분은 테이블에 머리를 숙이고 손으로 책상을 치기도 했다. 꼭 이것 때문은 아니겠지만 연구비 갱신을 받고 팀원들이 똘똘 뭉쳐서 연구를 성공적으로 수행해서 좋은 성과를 냈다.

웃음에는 장사가 없다.

수혈과 헌혈

응급실에 말기 신부전 환자가 빈혈을 동반해서 내원했을 때 응급실 전공의 선생이 혈색소 수치를 보고 수혈을 하는 경우가 종종 있다. 이런 경우에는 수혈 대신에 조혈호르몬을 투여해야 한다고 가르치지만 어떤 전공의들은 빈혈을 보면 교정해야 된다는 강박 관념에 사로잡혀 있다. 1982년 내가 이년차 전공의 시절에 일년차 선생이 헤모글로빈이 정상인 환자에게 수혈을 처방해서 이유를 물으니까 환자가 원하기도 하고 또 피를 맞으면 힘도 더 생길 것 같아서 처방했다는 소리를 듣고 수혈의 부작용을 간과한 무지함에 경악을 금치 못했다. 이런 친구들을 보면서 이 귀한 피가 자기가 헌혈한 피라면 아무렇게나 수혈을 처방하진 않았을 텐데 하는 생각이 든다.

내가 처음 헌혈을 한 것은 예과 1학년 때였다. 오후에 헌혈을 하고 농구를 했는데 어쩐지 뛰는게 팍팍했는데 가만히 생각을 해보니 헌혈을 한 탓이었다. 반창고를 붙이고 집에 들어갔더니 어머님이 무슨 반창고냐고 해서 헌혈을 했다고 말했다가 헌혈은 체격이 좋고 튼튼한 사람이 해야지 너같이 허약한 사람이 하면 큰일 난다고 혼났다. 그 뒤에는 어머니 몰래 가끔씩 하다가 본과, 전공의 시절에는 바빠서 거의 못했다. 전문의를 따고 전방에 가서 의무중대장으로 근무할 때는 헌혈차를 불러서 내가 제일 먼저 헌혈을 하고 부대원의 반절인 35명의 병사들이 자발적으로 헌혈에 동참하였다.

후방 이동을 한 달 앞두고 사병들이 이왕 군대에 온 김에 한 가지는 건지고 가게 하고 싶어서 항생제와 거즈를 점검해보니 한 삼십여 명분이 남아있었다. 남자들이 포경수술을 위해 비뇨기과에 가면 여성 간호사들이 보고 있으니까 매우 쑥스럽지만 군대는 다 남자만 있으니까 무료로 수술을 해 준다면 다들 좋아했다. 마침 사단 의무대에 비뇨기과 군의관이 있어서 내과 의사로서 쉽지는 않지만 포경수술 하는 법을 배웠다. 그리고 헌혈한 병사들만 하루에 몇 명씩 불러서 수술을 해줬다. 한 명은 수술을 할 때 너무 윗 부분을 많이 잘라서 끝나고 나니 고추가 하늘을 보고 있었다. 외아들이라고 해서 걱정이 되어 사단 비뇨기과 군의관에게 물어보니 오히려 잘 되었다고 시간이 지나면 다 돌아올 테니 걱정하지 말라고 해서 며칠 기다리니 아닌 게 아니라 정상이 되었다. 수술을 받은 병사들이 어그적거리고 다니고 축구를 하라고 하면 못 한다고 하니까 중대장이 "왜 쓸데없는 수술을 해서 전투력을 약화시키느냐?"고 항의를 했다. "입장을 바꿔서 생각을 해봐라. 당신도 군대에서 수술을 받았으면 좋았을 것 아니냐?" 했더니 수긍하고 돌아갔다. 제대를 앞둔 병장이 찾아와서 왜 졸병은 해주고 고참인 자기는 안 해주냐고 불만을 털어놓았다. 우리 의무실은 오토클레이브 같은 소독 시설이 없어서 수술 기구 소독을 완벽하게 못 하는데 헌혈을 한 병사들은 이미 간염이 없다는 결과가 나와서 알코올로만 소독하고 수술을 하는데 헌혈을 안 한 사람은 잘못하면 간염이 전염될 수도 있어서 못 해 준다고 둘러댔더니 고개를 끄덕이고 그때 헌혈을 안 한 것을 후회하고 돌아갔다.

1989년 미국 스탠포드병원에서 펠로우로 근무할 때도 병원에 있는 헌혈센터에 헌혈을 하러 갔다. 직원이 십 분가량 에이즈에 관련된 질문을 하더니 헌혈백과 함께 2가지의 스티커를 주는데 하나는 'YES' 스티커이고 다른 하나는 'NO'

스티커인데 육안으로는 불가능하고 스캔을 해야만 구별할 수 있다. 그러면 그걸 가지고 우리들이 국회의원 선거할 때와 같은 부스가 있어서 둘 중에 하나를 헌혈 백에 붙이고 헌혈을 하게 된다.

나는 헌혈하는 동안 내내 어떤 사람이 'NO'라는, 다시 말하면 '내가 헌혈한 피를 쓰레기통에 버려주세요' 라는 스티커를 붙일까 궁금해서 직원에게 물어보았다. 이 근방은 에이즈 환자가 많은데 그들의 친구나 친척 중에 수혈을 필요로 하는 사람들이 있어서 몇 명이 같이 헌혈을 하러 오는 경우에 나는 안 간다고 빠지면 다른 사람들이 에이즈 환자라고 의심을 할 수가 있기 때문이다. 그런 피치 못한 경우에는 와서 헌혈을 하되 자기 피를 자기가 아끼는 사람에게 수혈하지 않도록 하기 위함이란다. 그래서 한 달에 그런 사람이 몇 명이나 되는가 하고 물으니 한 두 명이 있단다.

이십 년 전에는 시내 산부인과 병원에서 분만 후 대량으로 출혈을 하는 환자가 소변이 안 나와서 수혈을 받으면서 다른 혈액 1파인트를 가지고 전원이 되었다. 혈압과 혈색소치가 낮아서 맞고 있는 혈액이 끝나자마자 가지고 온 혈액으로 교환을 했는데 환자 상태가 급격히 나빠지면서 소변이 선홍색 혈뇨로 바뀌었다. 황급하게 수혈을 중단하고 그 혈액을 다시 검사해 보았더니 A형이라고 표시가 된 혈액이 실제로는 B형이었다.

환자를 중환자실로 옮기고 다행히 며칠 뒤에 좋아져서 퇴원을 했는데 법의료실장 말이 밖에서 가지고 온 혈액을 우리 병원에서 다시 한 번 확인을 하지 않은 나도 어느 정도 책임이 있다는 소리를 듣고 수혈에 대해서는 의사가 무한 책임을 져야한다는 것을 알고 다음부터는 수혈에 대한 공포감이 생겨서 꼭 필요한 경우가 아니면 수혈을 하지 않게 되었다.

십 년 전에 혈액종양을 도는 전공의가 찾아와서 도움을 요청하는데 젊은 여

헌혈해 준 미군병사에게 감사패를 수여

성이 백혈병으로 항암치료를 받고 혈소판이 7천밖에 안 되어서 응급으로 혈소판 수혈을 해야 되겠는데 Rh 마이너스 환자라서 헌혈자를 백방으로 찾아보았는데 구할 수가 없단다. 교수님이 군산비행장 미군병원 군의관을 아신다고 들었는데 Rh 마이너스 미군을 헌혈하도록 불러주실 수 있겠냐는 부탁이었다. 그러마고 하고 전화를 했더니 십 분 후에 스무 살 먹은 병사 한 명을 보낸다는 연락이 왔다.

그 병사의 헌혈로 혈소판 치는 5만으로 올라가서 위기를 벗어날 수 있었다. 그래서 지역신문에 병사의 사진과 함께 감사를 표시하였다. 몇 달 후에 그 군의관으로부터 부대에서 환자와 의사 선생님을 초청해서 대접을 하고 싶다고 해서 환자와 같이 미 공군부대에 가서 군의관과 헌혈해준 사병에게 전북대학교 병원장님의 감사패를 전달하고 작전상황실을 비롯하여 각종 전투기도 구경하고 고급식사와 함께 VIP로 환대를 받고 돌아왔다.

많은 일반인들은 '고기 한 근에 피 한 방울'이라는 생각을 가지고 헌혈을 하면 건강에 해롭고 수혈을 받으면 몸에 좋은 것으로 생각하는 경우가 많다. 나는 헌혈을 자주 하면 조혈작용이 왕성하게 되고 우리가 장차 수술이나 외상으로 출혈을 하게 되었을 때 한번도 안 해본 사람보다 훨씬 더 잘 적응을 하리라고 생각한다.

의사들이 헌혈을 많이 해야 일반인들도 '의사들이 하는 것을 보면 건강에 해롭지 않은가 봐' 라고 생각하게 되어 따라 하게 된다. 과거에는 가끔 적십자 헌혈차를 의과대학 축제 때 불러서 학생들과 헌혈을 하기도 하였다.

그리고 헌혈을 할 때마다 굵은 바늘에 찔릴 때 살기 위해서 일주일에 세 번씩 꼭 찔려야 하는 혈액투석 환자의 고통을 피부로 느껴 본다.

한번은 임상실습을 나온 여학생이 "사귀려고 할 때 어떻게 하면 좋은 남자인지 알 수 있나요?" 하고 물어 보길래 마땅한 말이 생각이 안 나서 "건강하고 마음씨가 좋은 사람을 만나면 좋겠지? 헌혈을 정규적으로 하는 남자면 꼭 잡아라. 헌혈을 하는 사람은 건강증명서를 가지고 있고 이타심을 가진 사람이니 좋은 남편감이다." 하고 말한 적이 있다.

한국의 헌혈 제도가 꽤나 재미있는데 우선 헌혈을 한 번도 안 해본 사람은 만 64세까지만 헌혈이 가능하고 한 번이라도 해본 사람은 만 70세까지 가능하다. 60세가 넘으면 혈소판 헌혈은 불가능하다.

영국에서는 한 번 헌혈한 적이 있으면 다음 해에는 나이 제한이 없이 평생 할 수 있다. 인도 같은 말라리아가 있는 지역을 다녀온 사람은 전염 위험 때문에 일 년간 전혈은 안 되고 혈장만 헌혈이 가능하다.

나는 현재까지 63회의 헌혈을 했는데 하나님이 허락을 하신다면 건강을 계속 유지하여 70세가 되기 전에 일백 회를 채우는 것이 내 목표이다.

사제(師弟)는 용감했다

제자 중에 유난히 기억나는 친구가 있다. 이 친구는 말을 잘하고 놀기도 잘한다. 이 제자가 다음 달 일요일에 결혼을 하는데 서울서 주례를 서달라고 전화가 와서 "되도록 서울에서 구해봐라. 그래도 못 구해서 결혼 일주일 전에 전화를 하면 내가 서주마." 하고 말했다. 그랬더니 일주일 전에 아직도 못 구했다고 전화가 왔다. 마침 전북의대 교수 세미나가 제주도에서 있는 날이어서 일요일에 새벽부터 한라산을 등반하려다가 계획을 바꾸어서 전날 밤에 야간 산행을 해서 일출을 보기로 했다.

금요일 저녁에 다른 교수들은 신나게 술을 마실 때 우리는 꾹 참고 택시를 타고 성판악 관리사무소에 도착했다. 당시에 야간 산행을 하다가 걸리면 일인당 오십만 원의 벌금을 내야 해서 사무소 전에 택시를 내려서 살금살금 조용히 사무소를 통과해서야 헤드랜턴을 켜고 야간 산행을 했다. 마침 날빛도 교교한데 적막 속에서 색다른 야간 산행의 묘미를 만끽하면서 마침내 백록담에 도착했다. 한 삼십 분을 기다리다가 드디어 황홀한 일출을 볼 수 있었다. 그리고 내친김에 백록담 주위를 한 바퀴 돌았는데 제주도 해안선의 전체를 다 둘러볼 수 있어서 아주 아름답고 숨막히는 광경이었다.

하산 길은 관음사 코스로 내려와서 나 혼자 제주공항으로 가서 비행기를 타

한라산 야간산행조

고 김포공항에 도착해서 부랴부랴 예식장으로 갔다. 한라산 야간 산행을 하고 백록담을 한 바퀴 돌면서 제주도 해안선을 다 보았다고 하니까 "교수님 제 덕분에 한라산 백록담 구경 한 번 제대로 하셨고만요."하고 너스레를 떤다. 결혼식을 마치고 신랑에게 이왕이면 군의관 대신에 코이카(한국국제협력단)에 지원해 저개발국가에서 3년간 봉사하는 것도 의미 있는 일이고 좋은 경험이 될 것이라고 충고를 했다. 다른 제자들은 한 귀로 듣고 한 귀로 흘리는데 이 친구는 정말로 코이카에 지원을 해서 합격을 했다고 연락이 왔다. 진심으로 축하해 주고 아주 기특하게 생각했는데 얼마 후에 전화가 왔다.

코이카는 군의관 입대와는 달리 외국에서 생활을 하기에 비교적 정밀하게 건강 검진을 받았는데 복부 초음파에서 신장암이 발견되어 신장절제수술을 받았고 코이카도 취소되고 군의관도 면제를 받았다는 것이다. 초기라서 다행이고 군의관으로 갔으면 발견을 못 했을 터인데 선생님 덕에 조기 발견해 완치가 되었다면서 선생님이 제 목숨을 구해줬다고 감사 인사를 했다.

그 후에 몇 년이 지나서 그 친구로부터 메일을 받았는데 다음과 같다.

교수님 그간 건강히 잘 지내셨습니까? 지금 응급센터에서 일하는데 어제 입원해 있던 환자가 장기 기증을 했습니다. 환자를 잃은 패장이지만 여러 환자를 살릴 수 있어서 다행입니다. 교수님께서 학창 시절에 가르쳐 주셨던 기증에 대한 강의를 지금도 기억하지만 그때 제가 기증 절차를 밟게 될 줄은 정말 생각지도 못했습니다. 교수님의 장기 기증에 대한 신념이 알게 모르게 뇌리에 박혀 있었나 봅니다. 제가 기증을 한 것도 아닌데 의사로 태어나 세상에 큰일을 한 것 같은 자부심이 들고 교수님께 감사드리고 싶었습니다. 모교에서 떠나있지만 가르쳐주신 길 따라가겠습니다. 항상 건강하시고 새해 복 많이 받으십시오.

2014. 12. 15 문형준 드림.

최근에 한 외국인 노동자의 진료를 부탁받았다. 요새 체중이 많이 감소했는데 불법체류자여서 아는 영상의학과에 부탁해서 무료로 가슴 사진과 복부 초음파를 찍었더니 신장암이 폐로 여러 군데 전이했다. 손을 쓸 수가 없어서 수개월밖에 안 남았다고 말해주고 고국으로 보낼 수밖에 없어서 매우 안타까웠다. 문 선생은 일찌 발견해서 다행이었다.

올해 9월에 한국 장기조직기증원에서 주최하는 영호남 기증활성화 워크샵에 내가 강의를 맡았는데 이 친구도 〈응급실에서 장기기증의 활성화〉라는 제목으로 바로 다음에 강의를 한다고 해서 아주 든든했다. “사제(師弟)는 용감했다.”

스승 같은 제자
황하수 선생

내가 드디어 전역하는 날에 의무병 김구섭 상병으로부터 "선생은 많은데 스승이 드문 세상에 참 스승이 되소서"라고 쓴 손편지를 받고 가슴이 뭉클한 적이 있었다. 나에게는 스승 같은 제자가 있다. 바로 황하수 선생이다. 통일부에서 기획관리실장과 남북회담본부장까지 지냈으며, 개성공단에서도 2년간 근무했다.

전북대학교 의과대학에 입학할 때 57세였고 나보다 한 살이 많았다. 교회 장로이고 학업에 열중하여 성적이 좋았다. 동기들이 "뭐라고 부를까요?" 하니까 "여자든 남자든 일단 형님이라고 불러라"고 하고 자식 나이의 학생들과 스스럼없이 어울렸다. 동기의 생일 축하카드에 글을 쓰고 '친구 하수가'라고 써서 그 학생을 감격시켰다. 그 학생은 다른 사람들에게 "내게 이런 친구가 있다"고 자랑을 하고 다녔다. 노트 정리를 잘 해놓아서 동기들이 오히려 공부 요약본을 빌려다가 시험 준비를 하곤 했단다. 전북대학교병원에서 인턴을 했을 때 동기 여선생보다 35살이 많았다. 그러다 인턴을 하던 중간에 사직한 지 일주일이 지났다는 소리를 들었다. 그래서 "그렇게 힘든 해부학 실습까지 다 잘하셨는데 어떻게 그만두셨어요?"하고 물어보았다. 황선생은 "공부가 차라리 쉬웠어요. 다른 학생들은 영화 보고 놀 때 나는 아무것도 안하고 집중해서 공부만 했지요. 그런데 인턴

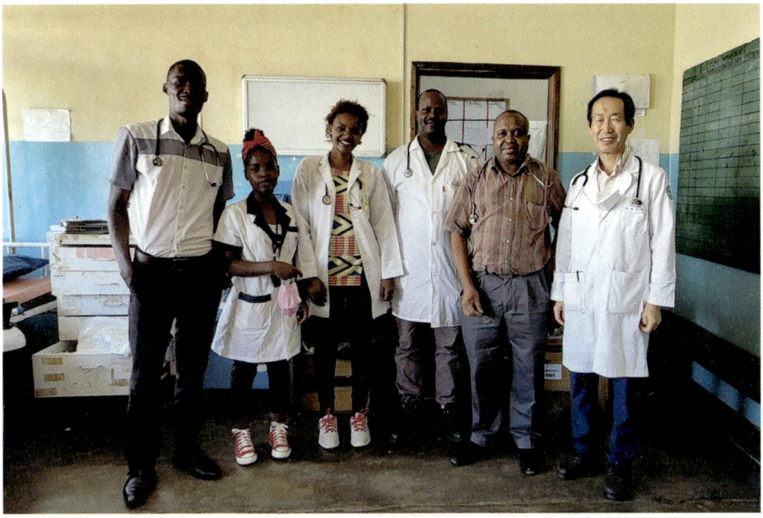

말라위에서 병원 직원들과 함께 한 황하수 선생

일은 잠을 두세 시간밖에 못 잘 때도 있고 밥을 못 먹을 때도 있고 하니까 체력이 달려서 이러다 죽을 수도 있겠다 하는 생각이 들어서 그만 두었어요" 라고 말했다. 그래서 "혹시 내가 여섯 시간을 자고 밥 먹을 시간을 삼십 분을 주게 한다면 다시 할 생각이 있나요?" 하고 물으니까 한번 생각을 해보고 답을 준다고 했고 몇 시간 후에 "다른 인턴들에게 미안하지만 그렇게만 된다면 다시 하고 싶어요."라고 했다.

다른 인턴들에게 물어보았더니 다들 황 선생님이 와서 해주시면 자기들도 더 편하고 좋겠다고 했다. 교육수련실에 전화를 해서 복귀가 가능하냐고 물으니 직원이 사표 처리가 끝났고 원장님 결재까지 나서 불가능하다는 것이었다. 한영민 교육수련실장에게 상의를 하니 병원협회에 보고가 안 되어서 가능하다고 해서 강명재 원장에게 부탁해서 병원에 복귀를 했다. 전공의 주 80시간 근무법이 시행되기 전이라서 아주 힘든 몇 개 과는 들어가기 전에 내가 전화를 해서

말라위 인근 마을을 방문

자는 시간과 식사 시간 확보를 부탁했다. 황 선생은 인턴을 무사히 마치고 남원 의료원에서 가정의학과 수련을 마치고 전문의가 되었다. 수련을 마치면 북한에 가서 진료를 하고 싶어 했는데 현 상황에서 불가능하기에 아프리카 말라위로 가기로 했다. 그러나 코로나 때문에 지연되어서 전북대학교병원 감염내과의 이창섭 교수에게 감염에 대해서 더 배우고 재작년부터 말라위의 대양누가병원에서 부원장으로 봉사를 하고 있다.

나는 후배 학생들이나 전공의들에게 강의를 할 때 "환갑이 넘은 황하수 선생님도 다 인턴, 레지던트를 잘 마쳤다. 너희들도 다 잘 해낼 수 있다. 절대 중간에서 포기하지 마라" 라고 말하곤 한다. 항상 잔잔하게 미소를 띠는 황 선생만큼 인생의 후반생을 멋지게 보내는 사람을 본 적이 없다. 내년에 말라위를 방문하기로 했는데 그 생각을 하면 벌써부터 가슴이 설렌다.

놀기의 달인에서 해외봉사의 달인으로
— 특별한 의사, 오충현 선생

오충현 선생은 학교 다닐 때부터 여느 학생과는 달랐다. 수업을 들어갔더니 가끔 칠판에 "지리산 무박2일 연락 바람, 오충현" 혹은 "계룡산 무박2일 연락 바람, 오충현" 이라고 전화번호와 같이 쓰여 있었다. 호기심이 발동하여 "그렇게 광고를 하면 몇 명이나 간다는 사람이 나오나?"하고 물으니 간다는 사람이 없는데 혹시나 해서 찾는다는 것이다.

예과 방학 때 자전거를 타고 코펠, 버너, 침낭, 텐트를 싣고 30박 31일로 무전여행 비슷하게 전국 일주를 했다는 소리를 듣고 후회가 밀려왔다. "나도 그 생각을 했으면 얼마나 좋았을까? 자전거는 중고를 사면 되고 그땐 남는 게 시간밖에 없었는데." 의사 시험이 끝나고 또 자전거를 타고 한 바퀴 돌았는데 과거에 경상도에서 한 번 들린 적이 있는 할머니 댁을 다시 찾아갔다. 할머니는 돌아가시고 며느리가 "전라도 학생이 자전거를 타고 가다가 하룻밤을 자고 간 적이 있었는데 내가 밤이라 제대로 반찬을 못 차려줬다. 혹시 그 학생이 다시 들리면 네가 한 상 잘 차려줘라" 라고 말씀하시고 돌아가셨다고 성대하게 차린 저녁을 잘 얻어 먹었단다.

이 친구가 가톨릭성모병원에서 이비인후과 수련을 받고 있었는데 내가 주례를 했다. 신부와는 대학교 대금 동아리에서 만났다. 하루는 동아리에서 제주도

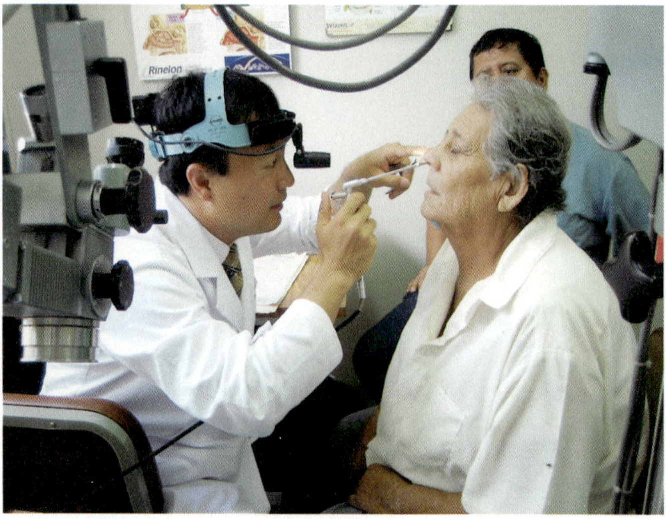

진료중인 오충현 선생

로 십여 명이 여행을 가기로 했는데 그날 비가 억수로 쏟아져서 가보니 여학생 한 명만 나와 있었다. 그래서 둘이 떠났는데 배를 탈 때 처음 만난 남학생이 같이 가면 안되냐고 묻더란다. 그래서 셋이 같이 돌아다녔다. 이것이 계기가 되어 결혼하여 서울서 원룸에 사는데 방안에 탁구대를 놓고 설거지 내기 탁구를 하다가 잘 때는 접어서 벽에 세우고 살았다. 이비인후과 전문의가 되어서 군복무 대신에 한국 국제협력단(KOICA)을 지원하여 페루에서 3년을 근무했다.

페루에 가보니 아무 것도 없어서 나보고 수술용 현미경과 진료 기구를 사서 보내달라는 메일이 왔다. 새것 같은 중고를 알아보았는데 현미경이 최대로 깎아서 9백만 원이었다. 지금 내가 같이 일하는 문치영 원장과 반씩 내서 8백만 원을 마련하고 개원한 이비인후과 동기에게 부탁을 하니 아내에게 비밀로 하는 조건으로 백만 원을 보내왔다. 사러 갔는데 보니까 옆에서 배울 때 요긴한 모니터가 달려있는데 주인이 그것을 떼어냈다. 왜 떼냐고 물으니 모니터는 백만 원인데 값에 포함이 안 되었단다. 욕심이 나서 사고 싶은데 돈이 모자라서 다시 주인에게 물었다. 이 모니터가 다른 현미경에도 호환이 가능하냐고 물으니 이 현미경에만 쓸 수 있단다. 그러면 폐기물이나 다름이 없으니 거저 달라고 사정을 하니까 주인이 떼었던 모니터를 다시 붙였다. 그렇게 보낸 현미경을 외과나 신경외과에서도 같이 잘 사용했다.

이런 한국 국제협력단의 군복무를 대신한 의사 파견 제도가 수년 전에 없어진 것은 심히 유감이다. 원광의대 신장 내과 정종환 교수는 탄자니아의 잔지바르 섬에서 3년간 군복무를 대신하여 근무하였는데 현지에서 아주 좋은 평판을 얻었다. 한국 교민들은 과거에는 말이 통하니까 북한에서 운영하는 진료소에서 진료를 받았다가 정 선생이 오니까 양질의 의료혜택을 받았다. 이런 오지에서 한국 전문의의 치료는 국위 선양에 큰 역할을 한다. 이런 훌륭한 제도가 다

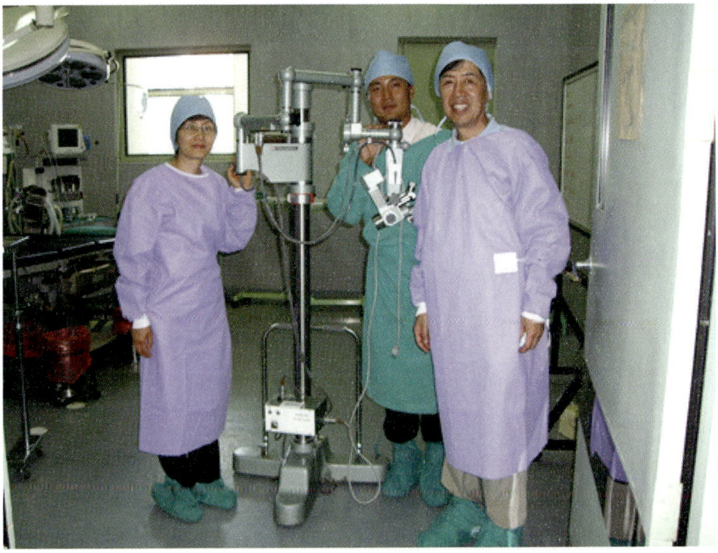

페루 수술실에서 한국에서 보낸 수술현미경과 함께, 가운데가 오충현 선생

남극탐사 쇄빙선 아라곤호에서 선의로
3개월 근무

시 복원이 되면 좋겠다.

오 선생은 여행을 너무 좋아한다. 아기가 돌도 안 지났는데 그 아기를 페루 보모에게 맡기고 아르헨티나로 일주일간 여행을 다녀왔다. 한국에서 부모님이 전화라도 하면 어떡하려고 그랬느냐고 하니까 "괜찮아요. 보모는 한국말을 못 하고 부모님은 페루말을 못 하시니까 소통이 안 되어서 들킬 염려가 없어요."라고 했다. 과연 놀기의 달인이다. 페루 이까 지역에 지진이 일어났을 때 응급의료팀으로 달려갔고 2010년 아이티에 대지진이 일어났을 때도 응급의료팀으로 달려갔다. 군의관 의무복무 기간이 3년인데 이 친구는 현지 의사들에게 이비인후과 진료를 더 가르치려고 6개월을 연장해서 근무하고 귀국하였다. 군대로 말하면 제대를 6개월 미룬 셈이다. 아직까지 나는 이런 의사를 본 적이 없다.

페루 근무를 마치고 다시 한국 국제협력단에서 보건 연구관으로 일했다. 아프리카에 말라리아 모기장도 보내고, 수단에서 주혈흡충 사업도 하고, 에티오피아에서 가족계획 프로그램을 운영하면서 신나게 7년을 보냈다. 그 후 영국에 가서 일식집에서 아르바이트를 해가며 위생열대 대학원에서 보건학 석사과정을 마쳤다. 그리고 3개월간 가족을 남겨두고 혼자 북극에 가는 극지연구선 아라온호에서 선의(船醫)로 근무했다. 이런 일을 허락해주는 부인의 마음이 어떠했을까? 한국에 있을 때 내가 새해 첫날에 항상 같이 등산을 하는데 한 해는 부인을 보내며 "저는 많이 갔으니까 이번에는 제가 아이들을 보고 아내를 보냅니다"라고 했다. 이렇게 아내를 배려하니까 허락을 해주는 것 같다. 다음에 애들이 대학을 간 후에 혼자 남극을 일 년간 다녀올 허락도 받았단다. 정말 간 큰 남자이다. 모든 이메일의 마지막에는 '사랑은 삶의 이유, 목숨이 다하는 날까지'라고 쓰여있다.

지금은 피지에서 정부 파견의사로 일하고 있는데 이백만 인구에 이비인후과 의사가 두 명이 있었다. 하루는 한 환자가 왔는데 코에서 고약한 냄새가 나서 보니까 2주 전에 인도 의사가 보고 실수로 남겨놓은 거즈가 한 장 있었다. 그래서 살짝 환자도 모르게 빼주고 보냈다. 왜 그 환자한테 말을 안 했느냐고 물으니까 "얘기를 하면 그 의사에게 가서 항의를 할 것이고 그 의사가 인도로 가버리면 제가 모든 환자를 다 봐야하니까 피지 환자들이 더 손해예요" 하는데 맞는 말인 것 같다. 현재는 그 의사가 가버려서 이비인후과 의사로는 혼자밖에 없어서 지역에 근무하는 의료인들에게 이비인후과 진료를 가르치는 일을 더 열심히 하고 있다. 올해 대한민국 해외봉사상을 받았다.

오충현이란 사람을 더 알려면 인터넷으로 세바시(세상을 바꾸는 시간, 15분)를 쳐서 강의를 들으면 '고이기의 꿈'이란 가슴이 따뜻해지는 강의를 들을 수 있다.

찰칵

밤 구우며 추위 이기는 전주 새벽 시장

오늘 아침은 영하 8도로 발가락이 얼얼할 정도로 너무 추웠습니다. 전주 남부시장에서는 아침마다 전주천 천변에 꼭두새벽부터 아침 9시까지만 새벽시장이 열립니다. 인근 촌에서 아주머니, 어르신들이 자신들이 기른 채소나 과일을 싣고 오셔서 노천에서 팔고 가시곤 합니다. 이 분들은 너무 추워서 손님들이 뜸해지자 장사는 뒷전이고 모닥불에 밤을 구워서 깔깔 웃으며 들고 계시다가 사진 찍는 저를 불러서 "추운데 불 좀 쬐고 가고 내 손이 더러워서 주기도 뭐한데 먹고 가실라우?"하고 인심 좋게 군밤을 내미셨습니다. 나는 염치 좋게 군밤을 5개나 얻어먹은 것이 고마워서 대파와 무우를 사서 군밤 같이 따뜻해진 마음으로 집에 돌아왔습니다.

— 《조선일보》 2017. 01. 20

2부

공감 — 그 사람들은 부모도 없다냐?

산사의 모녀

그 사람들은 부모도 없다냐?

1990년 미국에 2년째 있을 때 일이다. 70세 홀로 계신 장인어른이 우리 휴가에 맞추어서 방문하셨다. 모시고 옐로우스톤 국립공원에 도착하여 근처에 숙소를 잡았는데 아버님이 양식을 잘 못 드셔서 국과 김치가 있어야 했다. 가져온 부르스타에다가 된장국을 끓이고 있는데 지나가던 관리인이 된장 냄새를 맡고 노크를 하고 들어왔다. 된장국을 끓이는 것을 보더니 이곳은 국립공원이라서 취사 금지 구역인데 법을 어겼으니까 처벌을 받아야 한다고 경찰에 신고하려고 했다. 그래서 노인분이 이 음식이 없으면 식사를 못 하시고 규정을 몰라서 그랬으니까 한 번만 봐달라고 손이 발이 되도록 빌어서 벌금 수십 달러를 내고 무마가 되었다.

안도의 한숨을 쉬고 여행을 계속해서 캘거리로 가는 캐나다 국경까지 왔다. 그러나 일이 많아서 미처 캐나다 비자를 받지 못해 애석하게 발길을 돌려야만 했다. 아버님은 나에게 캐나다를 가보고 싶다고 하셔서 비자가 없으면 입국할 수가 없다고 말씀드리니까 "차 안에 70세 노인이 있는데 언제 돌아가실 줄도 모르는데 꼭 캐나다를 저기 보이는 데까지만이라도 가보시길 소원하신다" 라고 말하라고 하셨다. 눈치를 보니 한국에 돌아가서 친구들에게 사진을 보여주며 미국과 캐나다까지 여행했다며 자랑하고 싶으신 것 같았다. 그래서 나는 "아버님, 이곳 사람들은 그렇게 한국처럼 어른을 잘 공경하지도 않고요. 서류가 없으면 사정한다고 해도 절대 못 들어가게 해요" 라고 말씀드리니 "그 사람들은 부모도 없다냐? 또, 한번 말해봐서 안 된다고 한들 손해 볼 것도 없지 않냐?" 하셔서 마지못해 직원을 만나 인사를 하고 내 학생증을 보여주며 사정을 말했다. 그러자 첫 마디가 "안녕하십니까?"여서 깜짝 놀라 어떻게 한국말을 아느냐니까 자기 룸메이트가 한국 사람이란다. 그리고 친절하게 자기 상사에게 전화를 걸어 허락을 받은 후에 놀랍게도 일주일 비자를 내주었다.

우리 가족은 횡재를 한 기분으로 평소 등산을 좋아하시는 아버님을 모시고 일주일 동안 한여름에 눈 덮인 산들과 아름다운 호수들을 보고 밴쿠버를 통해 시애틀로 해서 집에 돌아왔다. 언제 돌아가실 줄 모른다는 아버님은 노년에도 자연을 즐기시다가 93세에 돌아가셨다.

지금도 이따금씩 비자도 없이 입국시켜준 친절했던 캐나다 출입국관리소 직원이 고맙게 생각되고 아버님의 "그 사람들은 부모도 없다냐? 또, 손해 볼 것도 없지 않냐?" 하는 말씀을 떠올리며 "어른 말을 들으면 자다가도 떡을 얻어먹는다"는 옛말이 딱 맞는다는 생각이 든다.

캐나다에서
장인어른과 함께

선수는 선수를 알아본다

십여 년 전에 임실에 있는 마암초등학교 앞을 지나다가 섬진강 시인 김용택 선생님을 뵈려고 학교에 들어갔다. 널찍한 운동장에서 바라보니 아름다운 운암호가 마치 한 폭의 산수화처럼 펼쳐져 있었다. 교실 복도 벽에는 아이들이 쓴 동시가 전시되어있는데 할아버지 흰 머리를 눈이 내린 것으로 묘사하는 등 내용이 천진난만하고 순진무구한 아름다운 시들이 많았다.

이런저런 얘기를 나누는 중에 김용택 시인이 박완서 작가를 만난 얘기를 하셨다. 하루는 박 선생님이 학교를 방문해 나처럼 동시들을 읽으면서 지나가시다가 한 동시 앞에 걸음을 멈추고 한참을 뚫어지게 보시더니 "이 아이의 동시가 너무 좋아서 나중에 크면 훌륭한 시인이 될 것 같다" 라고 하셔서 김 선생님이 "선생님, 그건 제가 지은 시입니다"하고 말씀드리고 서로 크게 웃으셨단다.

그 시가 바로 나중에 시집으로 나온 〈콩, 너는 죽었다〉 작품이다.

콩 타작을 하였다.
콩들이 마당으로 콩콩 뛰어나와
또르르 또르르 굴러간다.
콩 잡아라 콩 잡아라

굴러가는 저 콩 잡아라.

콩 잡으러 가는데

어, 어, 저 콩 좀 봐라.

쥐구멍으로 쏙 들어가네.

콩 너는 죽었다.

오랜 시간이 지나서 최근에 문득 그 동시들을 다시 읽고 싶어서 마암초등학교를 찾아갔다. 학교가 멋있게 새로 지어졌는데 복도에 있던 동시는 다 없어져서 혹시 창고에라도 있을까 하고 물어보았더니 아무도 아는 분이 없어서 아쉽게 발길을 돌렸다.

선수는 선수를 알아본다.

유네스코에 등록이 되어야

대한민국에서 "감사합니다"를 가장 많이 쓰는 분은 아마도 우리 아버지였을 것이다. 젊으셨을 때 미국에서 몇 년간 사신 영향도 있으시겠지만 도가 좀 지나치나 싶게 감사하단 말씀을 많이 하셨다.

밥상을 받으실 때도 항상 감사하셨는데 어릴 때 도시락을 못 싸가신 일, 식사하실 때 꽁보리밥에 짓국(김칫국물) 밖에 못 드신 일이 생각나서 항상 감사하시면서 식사를 하셨고 또 많이 드셨다.

어떤 분이 아버지가 식사하시는 것을 보고 "사자같이 드신다"고 말 할 정도였다. 수돗물을 허비하거나 안 쓰는 방의 불을 안 끄고 다니면 혼났고 양 쪽이 뾰족한 이쑤시개를 쓰시고 부러뜨려서 나중에 다른 쪽을 쓰셨던 분이었다.

요새 젊은이들이 들으면 믿지 않겠지만 치약을 짜서 더 이상 안 나올 때면 아래서부터 아이스크림콘을 먹을 때처럼 껍질을 벗겨서 박박 긁어서 마지막까지 다 쓰고 나서야 버렸다.

일 년에 한두 번 닭백숙을 해 먹을 때면 뼈만 남기고 연골까지 모조리 다 먹고 나서 긴 뼈는 양쪽 끝을 부러뜨린 후 젓가락을 집어넣어서 빨간 골수까지 빼드셨다.

우리는 이런 가난한 고생을 해보았기 때문에 요즘 세대들보다 더 모든 것에 감사하게 된다. 연세대병원 외국인 진료소 소장인 인요한 교수가 어린 아이들에게 집안일을 시키고 구두를 닦으라고 하고 용돈을 주기도 하지만 요즘 아이들에게 가난을 가르치기가 힘들다고 하는 말을 들은 기억이 난다.

어떤 목사님이 설교 중에 미국에서 가장 많이 쓰이는 말을 조사해 보았더니 "감사합니다" 였고 미국 가정에서 어린 아이가 식사를 하면서 포크를 떨어뜨리니까 엄마가 주워줬는데 아무 말도 안하니까 "Say something(뭐라고 해야지)"를 몇 번 반복하다가 아이가 마침내 무슨 말인가를 알아듣고 "Thank you(고마워요)" 하니까 그제야 "You are welcome(천만에)" 하더라는 말을 소개하셨다.

유태인의 탈무드에 "어린 아이들에게 말을 가르칠 때에 '고마워요'라는 말을 가르치기 전에는 아무 말도 가르치지 말라"는 말이 있다던데 아주 옳은 생각인 것 같다. 어떤 분은 더운 여름에는 겨울 같이 춥지 않아서 고맙고 추운 겨울에는 여름처럼 덥지 않아서 고맙다고 하신다.

아버지는 식당에서 식사를 하시고 나가실 때 주인에게 꼭 "아주 음식이 맛있습니다. 이런 집은 유네스코에 등록이 되어야 하는데" 라고 말씀하시곤 하셨다.

99세의 일기로 돌아가실 때 마지막 하신 말씀이 미국에서 그날 때 맞춰서 뵈러 온 딸에게 평소처럼 "네가 와줘서 참 고맙다" 를 반복하시더니 휠체어에 앉으신 채 주무시듯이 눈을 감으셨다.

추운 날씨에 따뜻했던 제주도 인심

나는 습관적으로 옷을 두껍게 입고 다니는 편이다. 겨울 내복도 남들보다 훨씬 일찍 입기 시작해서 늦게 벗는다. 더우면 하나 벗으면 되지만 추우면 방법이 없기 때문이다. 이런 내가 한 번 실수를 했다.

4월 초에 제주도에서 학회가 있어서 간 김에 젊은 동료 교수와 함께 올레길을 가기로 하고 짐을 싸는데 그 주에 날씨가 하도 더워서 반팔을 입을까 긴팔을 입을까 고민하다가 짐을 줄이자는 생각에 긴팔을 준비하고 얇은 바람막이를 입고 제주도로 향했다.

근데 당일의 온도를 확인하지 않고 간 것이 화근이었다. 금요일에 올레 20코스를 선택하여 김녕에서 내려서 열두 시부터 걷기를 시작했는데 해는 있었지만 춥고 바람이 어찌 세던지 사람이 날아갈 것 같았다.

손도 시리고 몸도 추워서 이가 덜덜 떨릴 지경이었다. 당장 포기하고 숙소로 들어가자고 하고 싶었지만 나이가 드신 분은 어쩔 수 없구나 생각할 것 같아서 이를 악물고 걸었다. 길가에서 '월정어촌계 식당 200미터' 라는 푯말을 보았는데 화살표가 앞쪽이 아니라 옆방향으로 되어 있어서 전화로 식당이 어디 있냐고 물었더니 지금 모시러 간다면서 전화를 끊자마자 저 멀리서 차가 오고 있었다.

차를 타고 잠깐 식당까지 가는 길에 슬쩍 보니까 사장님의 얼굴이 인자하게 생겼다. 별미인 점심을 따뜻한 곳에서 맛있게 먹으니 몸이 스르르 녹았다. 계산하면서 너무 추워서 걸어갈 수가 없으니 혹시 겨울옷이 있으면 좀 빌려줄 수 있겠느냐고 물었더니 물론이라고 하면서 등산용 파카를 내주어 입었더니 옷도 딱 맞고 따뜻하였다. 혹시 장갑도 있냐고 물었더니 실장갑 2개을 주셨는데 돈도 안 받으신단다.

걷는 동안에 장갑을 끼고 파카를 입어서도 따뜻했지만 그분의 따뜻한 마음이 가슴에 전해오는 것 같아 더 따스했다.

같이 걷던 김원 교수는 생면부지의 사람에게 옷을 빌려 입는 내 넉살에 놀라는 눈치였다. 덕분에 무사히 걷기를 마치고 다음날 숙소에서 파카를 택배로 부쳐드렸다. 세탁이라도 해서 보내드리는게 도리인 줄은 알지만 너무 늦어질까 봐 그냥 보내드렸다.

장영희 교수님 말대로 왜 나는 하필이면 여행가서 이렇게 좋은 분을 만나는 걸까? 이렇게 좋은 생각을 가진 좋은 임을 만나는 것이 바로 여행의 묘미이자 큰 소득이라고 생각한다.

조그마한 감사의 뜻으로 《좋은생각》을 1년간 정기구독해 드렸고 다음 제주도 여행 때 꼭 다시 들려야겠다고 마음 먹었다. 제주도가 천혜의 관광지로 주목을 받고 있는 것은 아름다운 자연경관뿐 아니라 이런 따뜻한 인심이 있어서이다.

제주도는 32년 전 결혼식이 끝나자 마자 125cc짜리 오토바이를 사서 신부를 뒷자리에 태우고 신혼여행을 왔던 곳이라서 가는 곳마다 아름다운 추억이 담겨있는 곳이다. 그때도 해안도로를 가죽잠바를 입고 달릴 때 바람도 세고 무지하게 추웠었는데. 이번에 일이 많아서 제주도 여행을 갈까 말까 망설이다가 갔는데 역시 갈까 말까 할 때는 갈까가 정답이다.

— 《좋은생각》 2014. 4

비행 중 기장이 잠이 온다니

27년 전 미국에서 근무할 때 일이다. 뉴욕에서 샌프란시스코로 가는 비행기를 탔다. 6시간 정도 걸리는데 잠도 안 오고 해서 책을 읽으며 지루하게 여행을 하고 있는 중이었다. 4시간쯤 지나고 있을 때 갑자기 "여러분, 저는 여러분을 모시고 샌프란시스코로 가는 기장입니다"로 시작하는 방송이 나오는데 난기류를 만나서 비행기가 흔들리는 것도 아니고 방송이 나올 때가 아니어서 상당히 의아했는데 다음 말은 더욱 예상치 못한 말이었다. "제가 네 시간을 안 쉬고 계속 비행하니까 무척 졸립습니다." 하는 것이었다. 이 소리를 듣고 깜짝 놀라서 '아이고 이거 큰일 났네. 나는 자려고 해도 잠이 안와서 고민인데 이 많은 승객을 책임지고 있는 기장이 잠이 오면 우리들은 어찌하라는 말인가?' 하고 정신이 바짝 드는 순간이었다.

다음 이어지는 말은 "그래서 잠을 쫓기 위해서 조그만 행사를 하고자 합니다. 저희가 여분의 고급 포도주를 가지고 있습니다. 여러분이 가지고 계신 사진 중에 제일 사람 수가 많은 분에게 이 포도주를 한 병 드리겠습니다. 그런 사진이 있으신 분은 승무원에게 사진을 보여주십시오"이었다. 그러자 야단법석이 났다. 가족사진 하나쯤은 지갑에 가지고 다니는 사람이 많기 때문에 다들 지갑을 뒤지거나 일어나서 천장에 달린 짐칸을 열고 가방에서 사진을 꺼내는 것이었다. 나도 부모님들과 찍은 6명이 있는 가족사진을 꺼내며 혹시나 하고 승무원에게 보여줬는데 잠시 후에 "예, 아무개 씨가 포도주의 주인공이 되겠습니다. 쇼핑몰에서 찍은 사진을 보여 주었습니다"하면서 나이 지긋한 승무원이 포도주를 가져다주자 할아버지 한 분이 활짝 웃으면서 승객들에게 일어나서 인사를 하고 수많은 승객들의 박수 속에 의기양양한 개선장군처럼 가방에 포도주를 챙겼다.

수 분 뒤에 승객들이 진정된 후에 다시 방송이 나왔다. "제가 잠이 덜 깼고 포도주가 남아있기에 이번에는 센트 동전 중에 제일 오래된 것을 가지신 분에게 포도주를 선물로 드리겠습니다."하자 아까와 똑같은 소란이 일어났다. 다들 동전을 꺼내어 행여나 하고 승무원에게 보이는데 지금 오래전 일이라 연도는 잊어버렸지만 앞줄의 승객이 엄청나게 오래된 동전이 있어서 포도주를 박수 속에 받았다.

나는 비행기를 탄 날이 생일 전날이라서 혹시 기장이 다음에 "오늘이 생일이신 분이나 제일 생일에 가까운 분이 계시면 축하하는 의미로 포도주를 드리겠습니다"하지 않을까 하고 기대했는데 그런 말은 없었다.

오래전에 일어났던 일이지만 가끔 그 기장의 재치있는 좋은 생각이 나를 혼자서 미소짓게 만든다.

—《좋은생각》2017. 1.

도깨비시장에서 천 원의 행복

전주 한옥마을 근처 전주천변 노천에 새벽시장이 열리는데 일명 '도깨비시장'이라고 불리운다. 일 년 365일 내내 새벽에만 열렸다가 10시가 넘으면 마치 도깨비처럼 깨끗하게 치워져서 없어져 버리기 때문이다. 시골에서 할머니들이 텃밭에서 가꾼 채소들을 가지고 새벽 4시부터 낯익은 손님을 기다리시곤 한다. 나는 이 도깨비시장을 십 년간 주말에만 나와서 사진을 찍고 있다.

한 아줌마가 시장에 처음으로 시금치를 가지고 나와서 팔고 있다. 손님이 큰 봉투째로 사는데 얼마냐고 물으니까 알아서 달라고 한다. 그냥 자기가 밭에서 기른 것을 가지고 나왔으니 값이야 상관없고 팔기만 하면 된다는 태도이다. 지나가던 내가 하도 답답해서 그래도 파는 사람이 대강이라도 값을 말해야 하는 것 아니냐고 하니까 그러면 오천 원만 달란다. 그러니까 손님이 너무 싸다고 생각해서 칠천 원을 주니까 아줌마가 그건 너무 많다고 손님과 실랑이를 하다가 정 그러면 조금 더 가져가라고 한 웅큼 집어서 넣어 주려는데 손님은 이것도 많다고 그냥 가버린다. 이런 것을 보는 재미로 도깨비시장에 온다.

어제는 40대 효자 아들이 뒷자리가 넓은 옛날 자전거에 70세가 넘은 몸이 불편한 어머니를 자전거 뒤에 모시고 걸어가면서 장을 보고 있었다. 고추를 보시고 간신히 아들의 부축을 받아서 내려 맘에 든 고추를 사려는데 주인은 이만

도깨비시장의 여명

천 원을 내라고 하고 할머니는 이만 원밖에 줄 수 없다고 흥정하고 있었다. 주인이 우리도 이만 원에 사온 것이라서 천 원을 도저히 못 깎아 준다고 했다. 나도 천 원을 드릴 맘이 있었는데 옆에서 고추를 구경하던 색안경 쓴 아저씨가 천 원을 후딱 고추 위에 내려놓고 가버렸다. 그러자 다들 만족해서 주인아줌마가 고추를 자전거 뒤에 실어드리고 할머니가 뒷자리에 타는데 부축해 드렸다.

이게 바로 사람 사는 '정(情)'이 아닌가 싶다. 한옥마을에 오시는 분들은 꼭 한번 새벽 도깨비시장에 들러서 백화점이나 마트에서는 도저히 느낄 수 없는, 영어로는 적절한 번역이 안 된다는, '정'을 한번 느껴보세요.

그걸 눈치 못 채고

2년 전 예술대학교 이은희 교수로부터 전체 교수에게 보내는 메일을 받았다. 내용인 즉 서울 이대 강당에서 이태석 신부님 추모 음악회가 열리는데 전북대학교 교수 합창단이 참여하기로 했는데 숫자가 부족하니까 교수님들의 적극적인 참여를 부탁한다는 것이었다. 나는 내과 망년회 때 노래를 부르다가 사회를 보던 문성기 전공의가 마이크를 꺼던 일이 있을 정도로 음치이다. 평소에 이태석 신부님을 존경하고 강의시간에 학생들에게도 이 신부님 사진을 보여주면서 우리가 닮아야 할 분이라고 소개하고 있기 때문에 합창단에 합류하여 열심히 연습하였다.

이태석 신부님 추모음악회 포스터

마침내 이태석 신부님 추모 음악회가 서울 이대 강당에서 열리는 날이 되었다. 의대에서는 5명의 교수가 참석하여 다른 교수와 학생들과 함께 전세버스에 올랐다. 서울로 가는 도중에 휴게소에서 잠시 정차를 하였는데 내가 급한 전화를 조금 오래 받고 차를 타려고 갔더니 이미 차가 가버리고 없었다. 아는 교수님께 전화를 걸었더니 이게 어찌된 일이냐

전북대학교 교수합창단의 공연

고 깜짝 놀라시며 방금 출발했는데 출발 전에 공대 교수 한 분이 머릿수까지 세어 확인하고 떠났다는 것이다. 그래서 공대교수들은 수학은 잘 하는데 산수는 잘 못 한다고 말하고 이 일을 어찌할꼬 하고 난감해 있는데 마침 휴게소에서는 좀처럼 찾기 어려운 빈 택시가 한 대 들어와서 잡아타고 버스를 쫓아갔다. 톨게이트에 서 있는 버스에 올라타니 소아과 조수철 교수가 떼어놓고 가서 미안하다고 택시 값을 주셔서 뭘 이런 것을 주시냐고 사양을 하면서 받았다. 서울에 도착하여 은혜 가운데 노래를 부르고 집에 돌아오니 밤 12시가 훌쩍 넘었다.

다음날 버스를 못 탄 이야기를 하자 둘째 딸이 하는 말이 걸작이었다. "아빠가 노래를 잘 하면 그분들이 왜 떼어놓고 갔겠어요? 아빠가 없으면 하모니가 더 좋겠다고 생각을 하니까 일부러 떼어놓고 간 것이지. 그걸 눈치를 못 채고 서울까지 따라가면 어떡해요?" 이런 소리를 듣고도 기가 안 죽고 다음에 전주에서 열렸던 제2회 추모음악회에도 같이 참여를 했고 지금까지도 열심히 참석해서 합창 연습을 하고 있다.

음식과 문화

내가 사는 전라북도는 인심이 아주 좋은 곳이다. 나는 평생 동안 밥 한 숟갈을 더 달라고 할 때 한 숟갈만 퍼 주는 분을 본 적이 없다. 한 번 주면 정 없다고 꼭 몇 숟갈을 더 퍼 줘야 직성이 풀리는 곳이 전북이다. 그러다 보니 전북의 한식 식당이나 막걸리집에서 접시 위에 접시가 놓일 정도로 반찬의 가짓수와 양이 많이 나온다. 한번은 일본 교수가 전주를 방문하여 일식집에서 저녁을 대접한 적이 있었다. 주방에서는 일본 손님이라니까 긴장을 해서인 듯 평소보다 음식이 더 나왔다. 손님은 나오는 음식을 보고 입이 딱 벌어져서 이것을 다 먹을 수 있겠느냐고 물었다. 내가 남겨도 된다고 하니까 남긴 음식은 버리느냐 혹은 재사용하느냐고 물어서 버린다고 하니까 버리는 것도 죄요, 재사용하는 것은 더 큰 죄라는 것이다. 그러면서 가까운 북한에서는 수많은 사람이 굶주리고 있다는데 이렇게 버리는 것이 죄라고 생각하지 않느냐고 묻는데 꼭 옳은 말이라 그렇다고 말하면서 얼굴이 화끈거렸다.

의학적으로 보면 이렇게 많은 음식을 먹으면 위장질환, 비만, 당뇨병, 고지혈증, 대사성증후군 등 심각한 질환에 걸리기 쉽다. 예로부터 소식이 건강의 지름길로 알려져 있고 의학적으로도 틀림없는 정설이다.

그 후로 일본을 방문했을 때 음식을 남기지 않는지 유심히 살펴보았는데 남길

만큼 음식이 많이 나오지 않아서 남기려고 해도 남길 것이 없었다. 우동을 주문하면 우동 한 그릇에 젓가락 한 쌍만 나오니 무엇을 남기겠는가? 주변을 보니 대부분 마지막 국물까지 다 마신다. 좀 큰 음식점은 다른가 하고 백년이 넘는 제법 큰 음식점에 가서 음식을 주문해도 반찬이 서너 가지 나오는데 얼마나 양이 적은지 단무지를 다 합해도 전주 단무지 한 조각과 비슷할 정도여서 한 접시 더 달라고 하니까 그것도 돈이 추가된다. 그런데 묘한 것은 음식이 적게 나오니까 귀하고 비싸고 맛있게 보인다는 것이다. 그리고 사람들이 비싸고 귀하니까 거의 음식을 남기는 것을 보지 못했다. 우리나라 구내식당에 가보면 음식물 쓰레기로 잔반통이 넘쳐나는데 일본의 대학교 구내식당에 가보면 밥공기도 대, 중, 소로 구분되어 있고 반찬도 접시 크기에 따라 값이 다르기 때문에 구태여 크고 비싼 것을 사서 돈을 낭비할 필요가 없기에 거의 음식물 쓰레기가 나오지 않는다.

통계에 의하면 우리나라에서 하루에 버려지는 음식쓰레기의 양은 일만 오천 톤에 이르고 이것은 전체 음식물의 칠분의 일에 해당한다. 그리고 이것들을 처리하는데 일 년에 약 20조가량이 드는데 이것은 경기도 일 년 예산과 비슷한 액수이다.

식당에서 반찬 가짓수와 양을 줄이지 못하는 이유는 두 가지이다. 경쟁 식당에 비해서 인심이 사납다고 혹은 짜다고 손님이 줄어들 것을 두려워하는 것과 손님이 더 가져달라고 하는 게 귀찮아서일 것이다. 손님들 입장에서 보면 작고 예쁜 접시에 적은 양이 나오면 우선 귀한 음식이라는 생각이 들고 적어도 이 식당에서 음식을 재활용하지는 않겠다고 안심이 되고 손님이 더 달라고 요구할 때 한 번 더 손님을 접대할 수 있기에 친절하게 대함으로써 단골손님을 확보할 수 있는 기회를 만들 수 있어서 일석이조라고 생각한다. 나는 음식을 담는 사람이 반드시 설거지할 때 무슨 음식이 주로 남는 가를 살펴보아서 많이 남는 반찬의 가짓수와 양을 과감하게 줄이라고 권고하고 싶다. 한번은 강진을 지나 자전거 길을 가는데 천변에 민물고기탕을 하는 음식점에서 점심을 먹었다. 탕이 본래 매운데 김치와 깍두기가 같이 나오는데 깍두기는 거의 안 먹기에 돈을 계산할 때 깍두기는 없어도 되겠다고 하니까 주인이 손님들이 먹고 남긴 상들을 보더니 마이크로 주방에 이제부터는 깍두기 내놓지 말라고 소리친 적이 있었다.

전주는 음식이 맛있기로 정평이 난 곳이다. 몇 년 전에 서울에서 손님이 와서 전남 출신의 교수님과 점심을 먹는데 그 교수님이 "음식은 역시 남도 음식이 최고지요"하자 서울 손님도 고개를 끄덕거렸다. 나는 바로 "선생님, 음식은 모름지기 전주 음식이 최고지요. 근거로 말씀하셔야지요" 하니까 "아니 박 교수는 도대체 어떤 근거로 전주 음식이 최고라는 거요?" 해서 "우리나라 식당 백서를 보면 지명을 딴 식당 이름 중에 제일 많은 것이 전주식당입니다. 전주 음식이 최고니까 전주식당이 제일 많은 것 아닙니까?" 하니까 다들 고개를 끄덕이며 수긍하였다.

전북 한식이 음식은 맛있고 건강식이지만 너무 많이 나와서 남길 수 밖에 없다는 평가에서 음식도 맛깔스럽고 건강해지고 딱 먹을 만큼만 나와서 좋더라 하는 평가로 바뀌었으면 좋겠다. 또한 정부에서 특히 환경부에서 다각도로 음식물 쓰레기를 줄이고 활용하는 방안을 만들어서 실행하고 있지만 제일 중요한 것은 가정에서는 꼭 먹을 만큼만 음식을 만들어서 다 먹고 식당에서는 손님들도 의식이 바뀌어서 먹을 만큼만 주문하고 남을 것 같은 밥이나 반찬은 반납하고 뷔페식당에서도 꼭 먹을 양만 담아서 다 먹음으로써 경제적으로도 큰 도움이 되고 우리나라가 음식물 쓰레기가 나오지 않는 나라로 바뀌었으면 하는 간절한 바람이다.

—《전라일보》 2019. 11. 13

못 말리는 엄마, 할머니들

그동안 코로나 환자들이 많이 생겼어도 나만 열심히 방역수칙을 잘 지키면 안전할 줄 알았다. 그래서 자주 만나던 친구들도 멀리하고 모임과 식당에도 잘 안 가고 직장과 집만 시계추처럼 왔다갔다 하면서 살았다. 최근에 초등학교에서 환자가 다수 발생하였는데 열 살 난 3학년 외손자 지훌이가 같은 반 학생이 감염이 되어서 2주간 자가 격리 명령이 떨어졌다. 아빠와 엄마도 직장에도 못 나가고 같이 자가 격리에 들어갔다. 동생 두 명은 할아버지 댁에 맡겨졌다.

자가 격리에 들어갈 때 지훌이와 부모는 검사상 음성이었는데 삼 일 뒤에 지훌이가 미열이 나면서 콧물을 보여 다시 검사해 보았더니 양성으로 확진이 되었다. 그래서 우리 부부를 포함하여 온 식구가 다 검사를 받았는데 다행히 다른 사람들은 다 음성이었다. 엄마는 지훌이와 같이 입원하고 싶어 했지만 의사 선생님이 음성인 엄마가 전염이 되기에 같이 들어가지 않는 것이 좋겠다고 한다. 지훌이가 입원하는 날에 처음에는 엄마랑 같이 입원하겠다고 떼를 쓰고 울다가 엄마가 나도 감염이 되더라도 같이 가겠다고 우니까 이번에는 자기가 혼자 입원했다가 오겠다고 우는 엄마를 달랬다. 그래서 집에 구급차가 와서 지훌이를 데리고 병원에 갔고 구급차에서 내려서 밀폐된 이동 수단에 들어가서 폐쇄 병동 1인실에 입원했다.

입원해 있는 동안에 의료진은 개인 보호 장비를 입고 하루에 4~6 차례만 들어와서 엄마 대신 지훌이를 정성껏 보살펴 줬다. 지훌이는 낮에는 책도 보고 티비도 보고 잘 지내다가 처음 이틀 동안 밤에 엄마가 보고 싶다고 울었다. 화상통화를 통해 엄마 보고 싶다고 울면 엄마도 따라서 같이 있고 싶다고 운다. 이런 딱한 이산 가족을 보고 있는 외할머니는 자기라도 병원에 가서 딸 대신 지훌이와 같이 있어줘야 되겠다고 밤마다 병원 주차장 차 속에서 두 시간 정도 기다리고 있다가 손자가 잠이 들면 집에 돌아온다. 가끔 핸드폰의 불을 켜서 서로 손을 흔든다. 정성도 이런 지극정성이 없다. 내가 들어가지도 못 하는데 무슨 소용이냐고 가지 말라고 해도 막무가내이다. 할아버지와 할머니를 따라 오빠를

손자에게 핸드폰을 흔드는 외할머니

할아버지, 할머니, 동생과 키발을 딛은 누이 동생

멀리서 바라보는 막내는 좀 더 가까이서 보려고 키발을 딛고 손을 흔들고 있다.

심한 외로움과 무서움을 잘 견뎌내고 드디어 지훌이가 십 박 십일일 만에 퇴원을 했다. 활짝 웃으며 병원을 나오는 지훌이가 개선장군 같고 아픈 만큼 훌쩍 커버린 것 같다. 이 시간에도 위험을 무릅쓰고 불철주야 고생하고 있는 의료진에게 고개 숙여 깊은 감사를 드린다.

선배 교수님의 하나 밖에 없는 늦둥이가 논산 훈련소에 입소하면서 엄마는 마치 전쟁터에 아들을 보내는 것처럼 하염없이 눈물을 흘리고 들여보냈다. 그 뒤에 엄마는 토요일만 되면 아빠에게 운전을 시켜 훈련소에 가서 혹시 내 아들을 한 번 볼 수 있을까 하여 담 너머로 훈련병들이 훈련하는 것을 멀리서 4주 동안 내내 지켜보았다. 아빠가 가서 아들을 볼 수 없다고 아무리 말해도 엄마에게는 소용이 없었다.

오래전에 서울에서 잘나가는 일식집을 하던 사람인데 아들이 전주 향토 사단에 배치가 되자 서울 가게를 처분하고 전주에 식당을 차렸다. 왜 그랬냐고 물었더니 만나지는 못하지만 아들과 같은 지역에 있다는 것만으로도 서로가 마음이 든든하고 아들이 혹시 외박이라도 나올 때 따뜻한 밥이라도 한 그릇 먹이고 집에서 재우고 싶어서 이사를 왔는데 돈은 서울만큼 못 벌어도 아주 행복하단다.

이런 엄마와 할머니들의 사랑으로 우리 가정과 사회가 유지되고 발전한다는 생각이 들면서 문득 극성 중에 극성이셨던 돌아가신 엄마가 보고 싶다.

아버지가 남겨주신 유산

나는 호기심과 어른스럽게 보이려는 어리석은 마음만으로 고등학교 2학년 때 부터 담배를 피기 시작했다. 주로 화장실에서 피다가 지도부 선생님께서 화장실을 단속하자 옥상에서도 피우곤 하였다. 참고서를 사야한다고 거짓말하고 담배 값을 마련하는 것도 한두 번이지 쉬운 일은 아니었다.

교회에서 장로이셨던 아버지께서는 그토록 믿었던 아들이 담배를 피운다는 사실을 아시고서 몹시 낙담하시곤 했다. 본인도 고등학교 시절에 담배를 피웠지만 나쁜 줄 알고 곧 바로 끊었다고 간곡하게 끊도록 종용하시면서 약속하라고 다그치셨다. 나는 부모님을 실망시킬 수 없어서 곧 끊겠다고 약속하여 안심시켜드리고 끊으려고 무단히 노력했으나 번번이 실패하였다.

술 담배를 끊는다는 약속은 안 지켜도 된다는 얄팍한 생각도 해보았고, 담배를 끊으려고 노력하며 고통을 받을 때 남들 아버지는 아들에게 담배 살 돈도 주신다는데 나는 담배하고 원수진 아버지를 두어서 이 고생을 하는가고 원망도 해보았다.

내과 의사가 되어서 담배를 피우다 한창 일할 젊은 나이에 폐암이나 심장병으로 돌아가신 환자들, 버거씨병으로 발가락이 썩어들어 가서 발목이나 무릎을 절단한 환자들을 수없이 보면서도 설마 나는 괜찮겠지 하고 생각하며 의지가 약해서 끊지 못했다.

아버지와 약속을 못 지킨 채 차일피일 십 년이란 세월이 흘렀다. 하루는 보다 보다 못한 아버지께서 나에게 폭탄선언을 하셨다. 환갑이 넘으신 분이 "내 평생 소원은 네가 담배를 끊는 것 밖에는 없다. 내가 죽을 때 너 담배 끊고 아버지와의 약속을 지키라고 유언을 하겠다"는 것이었다.

"노불신(老不信)" 이라고 나이 드신 분은 언제라도 돌아가실 수 있으니까 오래 사시리라고 믿지 말란 말씀을 자주 하신 어버지께서 돌아가신 후에 유언을 받들고 끊느니 살아생전에 끊어서 아버지와의 약속도 지키고 못 한 효도도 해보리라는 심정으로 1984년 1월 1일을 기하여 담배를 끊었다. "당신은 어떤 일이 있어도 약속은 지키는 사람이지 않느냐. 이번에는 예감이 꼭 끊을 수 있을 것 같다"는 아내의 격려를 받으며 진짜 독한 맘을 먹고 담배를 끊었다.

내 팔에는 시계를 차는 부분에 앞으로 담배를 피면 팔목에다 끈다고 결심을 하고 담뱃불로 지진 흉터가 7개가 있다. 담배를 끊는 괴로움은 담배를 끊어 본 사람만이 안다. 마치 한 팔이 떨어져 나가는 아픔을 겪으며 동고동락하였던 십 년지기 친구인 담배를 떠나 보냈다. 금단증상으로 일주일 동안은 주의 집중이 안되고 불안, 초조한 가운데서 담배를 피우고 싶은 생각을 플라스틱 가짜 담배를 물고 달래며 멍하니 지냈다.

새벽 2시에 깨어나 담배가 너무 피고 싶어서 잠을 못 이룬 때도 있었는데 이런 때는 아파트를 몇 바퀴씩 뛰며 이를 악물고 참았다.

삼 개월이 지나니까 그렇게 자주하던 기침도 사라지고 가래도 없어지고 몸무세가 3키로가 늘면서 체력이 몰라보게 좋아졌다.

학교 다닐 때 달리기하면 제일 마지막에 들어오고 그렇게 골골했던 내가 담배를 끊고 하프마라톤을 9번, 풀코스를 5번 완주할 정도로 건강을 회복하였다.

그래서 지금까지 35년 간 담배를 한 개피도 안 피고 버티어오고 있다.

지금은 의대 교수로서 전북대학교 의과대학, 치과대학 학생들에게 내가 담배를 끊은 경험담과 함께 담배의 해독에 대한 강의를 1시간씩 꼭 하고 있고 기회가 있을 때마다 중학교, 고등학교에 가서 학생들에게 담배는 시작하기는 쉬우나 끊기는 정말 어려운 것이니까 절대 담배를 시작하지 말라고 강조하고 있다.

본인의 의지로 끊는 것이 제일 좋지만 피운 지가 오래되어서 여러 차례 금연에 실패한 경우에는 보건소나 의사를 찾아가서 니코틴 패취나 약을 처방받아서 끊는 것도 좋은 방법이다.

이렇게 강박에 가까운 집념을 가지고 아들에게 담배를 끊게 해주신 아버지께 깊이 감사드린다. 내가 아버지로부터 가장 큰 유산으로 물려 받은 것은 담배를 끊게 해주신 것이다.

올해 99세이셨던 아버님께서는 술 담배를 안 하셔서 그런지 정정하게 사시다가 2월에 며칠 간 식사를 못하시다가 주무시듯이 눈을 감으셨다.

그야말로 흔히 나이드신 어르신들이 소원하신 구구팔팔 이삼사를 이루셨다.

"아버님, 늦게나마 약속은 지켰습니다. 35년 동안 한 대도 안 피웠습니다. 천국에서 편히 지내세요"

교토 식당 식탁에서 벌레가

오래전 학회 참석차 일본 교토에 갔다가 저녁을 먹으려고 관광안내 책자에 나오는 식당을 찾아 나섰다. 주소만 가지고 찾기가 어려워 근처 백화점에 들어가서 물어보니 직원이 친절하게도 인터넷에서 지도를 출력하여 설명을 해줘서 쉽게 찾아 들어갔다.

오래된 집이었는데 탁자가 나무에 홈을 파서 유리로 덮어놓은 것이었는데 자세히 보니까 바퀴벌레가 한 마리 있었다. 그래서 주인을 불러서 무시(벌레)가 있다고 보여주니까 얼굴색이 확 바뀌면서 유리 덮개를 열고 벌레를 잡은 뒤 고개를 몇 번을 숙이면서 미안하다고 하였다. 음식 맛은 소문대로 괜찮았다.

옆 테이블에는 직장인들 예닐곱 명이 회식을 하고 있었다. 술을 마시고 병의 약 오분의 일 정도가 남았는데 그것을 주인에게 나중에 마신다고 맡기고 가는 것을 보고 속으로 '우리 같으면 다 마시고 갈 텐데…….' 하는 생각을 했다. 이 친구들이 나갈 때 우리 부부에게 와서 큰 소리로 떠든 것도 아닌데 고개를 숙이며 떠들어서 미안하게 되었다고 공손히 말하고 갔다.

계산을 하려고 하는데 주인이 다시 고개를 깊이 숙이며 벌레 때문에 놀라게 해서 죄송하다며 우리 돈으로 약 8천 원 정도를 깎아 주었다. 과연 전통있는 맛집으로 소개될 만한 가게라는 생각이 들었다.

사복 교통경찰을 만들자

우리 주위를 살펴보면 가족이나 친구 중에 교통사고로 사망하거나 불구가 된 사람이 상상 외로 많은 것을 알 수 있다. 교통 정책의 개혁으로 교통질서를 바로 잡아서 무고한 인명의 피해를 막는 일이야말로 정부가 가장 관심을 기울여야 할 과제라고 생각한다. 한국의 교통사고 10만 명당 사망자 수는 세계 1위이며 차량 1만 대 당 사망자 수도 세계 3위다. 한마디로 교통사고 왕국이라고 해도 과언이 아니다.

과거 어떤 TV에서 재미있는 조사를 하여 방영한 일이 있었다. 하루 육교 밑을 불법 횡단하는 사람이 수백 명이었는데 어느 날 그 자리에 교통경찰 한 명을 세웠더니 불과 몇 명으로 줄어든 것이었다. 이 조사가 보여주는 것은 '법이 있어야 질서가 잡힌다'는 점이다. 아무리 교통 질서 지키기 운동을 펴도 법보다는 못하다. 그런데 교통질서를 지키게 하는 법이 제대로 집행되지 못하고 있는 면도 없지 않다.

모든 교통 신호 중에 가장 엄격하게 지켜야 할 것은 빨간 신호등이다. 하지만 일부 운전자들은 빨간 신호등이 켜졌는데도 둘러보아서 경찰관이 없으면 슬쩍슬쩍 지나가기가 일쑤다. 현재 우리나라에서는 신호등을 무시하고 달려도 음주 운전이나 과속을 해도 단속에 걸리지만 않으면 그만이다. 현실적으로 이런 사람들을 단속하기 위해 신호등마다 혹은 고속도로 구간마자 주야로 교통경찰을 배치할 수는 없는 노릇이다.

하지만 적은 수의 교통경찰로 그와 같은 효과를 거둘 수 있는 방법이 있다.

바로 사복 교통경찰과 그런 경찰이 탄 일반 승용차를 이용하면 가능하다. 사복 교통경찰이 일반 차량을 몰고 시내를 주행하면서 신호등을 무시하거나 과속하는 차량, 기타 교통법규를 위반하는 차량을 적발하는 것이다. 이 차량은 24시간 전국 방방곡곡에서 운행되어야 한다. 현재 캐나다에서 이 방법을 쓰고 있는데 큰 효과를 보고 있는 것으로 안다.

이렇게 되면 어떤 차량에 교통경찰이 타고 있는지 알 수 없기 때문에 모든 차량이 교통 법규를 지키며 조심 운전을 하지 않을 수 없게 될 것이다. 현재는 교통경찰관이 대개 일과 시간에 일정한 장소에 서서 단속을 하므로 오가는 차량들이 서로 신호를 하기도 하고 멀리서 발견하고 서행하기도 하여 위반 차량을 적발하기가 어렵다.

미국 교통경찰은 밤낮없이 차량으로 계속 움직이다가 위반 차량이 발견되면 뒤에서 따라붙어 단속을 한다. 따라서 운전자들은 언제나 신중을 기해 운전하지 않으면 안 된다.

일반 차량을 이용한 사복경찰제도가 정착되려면 위반차량에 대해서는 지위고하를 막론하고 위반증을 떼야한다. 그리고 위반증을 2년 내에 2개 혹은 3개 이상 받으면 면허를 취소시키는 등의 강력한 조치가 뒤따라야 한다. 한편 사복 경찰관을 감시하는 기구가 만들어져야 한다. 고위 공직자라고 해서 혹은 돈을 받고 단속 대상에서 제외해 주는 사례가 없도록 하기 위함이다.

교통규칙을 어기면 언제 어디서나 처벌을 받게 된다는 것을 철저히 인식시킴으로써 운전자들의 교통 규칙 준수를 유도해야 교통사고 세계 1위의 오명을 씻게 될 것이다.

— 《동아일보》 1995. 8. 23

미국에서 한복을 입은 할로윈데이의 추억

신문 기사 중에 할로윈데이라고 해서 이태원에 수많은 인파가 몰렸는데 그 중에 간호사, 승무원, 교복을 입은 사람이 많았다는 기사를 접하고 아득히 먼 옛일이 생각나 빛바랜 사진을 꺼내본다.

1989년부터 미국에서 2년간 근무한 적이 있었는데 마침 할로윈데이가 닥쳐서 초등학교 1학년에 다니는 딸아이의 의상을 어떤 것을 살까 하고 고민하고 있었더니 딸애가 "엄마, 나 한복 입고 가면 안 돼요?" 하는 것이었다.

귀신같은 검은 의상을 사려고 멀리 운전해 가기도 심란했고 한국에 돌아가면 다시 입을 일도 없고 돈도 아끼는 기특한 제안이어서 "그거 듣던 중 좋은 생각이다. 이번 기회에 아름다운 한복도 선전하고 그렇게 하자"하고 집에 있는 색동한복에다가 종이 마스크만 씌워서 학교에 보냈다. 아마도 그 학교뿐 아니라 미국 전역에서 한복 입은 아이는우리 딸 혼자였을 것이다.

당시 딸애가 반장이어서 반의 제일 앞에 서 있었는데 멀리서 한복을 본 스테이플턴 담임 선생님은 달려와서 꼭 껴안아 주며 한복이 너무 예쁘다고 같이 사진을 찍자고 제안했고 다른 아이들도 다 신기해서 모여들어 같이 사진을 찍었다. 딸애가 그 학교에서 제일 인기가 좋았던 날이 그날이었다

그 개성 만점이었던 딸이 어느새 시집을 가서 개성 만점인 세 아이를 씩씩하

할로윈데이에 한복을 입은 딸이 담임 선생님과 함께

게 키우고 있다. 그 딸이 대학교에 재직하고 있다가 일년 반 동안 방문교수로 온 가족이 지난달에 뉴욕으로 출국을 했는데 짐 속에 세 아이의 한복을 챙겼다. 짐도 많은데 왜 한복을 챙기냐고 물으니까 기특하게도 할로윈데이 때 자기처럼 한복을 입혀서 보내겠단다.

한복 대물림이다.

음주운전과 나

나는 평소에 술을 자주 마시진 않는다. 가끔 과에서 회식이 있든지 친구들과 식사 중에 분위기를 맞추기 위해 한두 잔 할 뿐이다.

그런데 2주 전에 맥주를 마신 후 음주 운전 단속에 걸려서 운전면허를 100일간 정지당하고 현재 100만 원 이하의 벌금을 기다리는 처량한 신세로 전락하고 말았다. 주위에서는 술도 잘 안 먹고 한 잔 먹으면 꼭 차를 놓고 가는 사람이 어쩌다 그리되었냐 하며 나를 동정하는 눈초리로 쳐다보지만 나는 오히려 기쁜 생각이 든다. 한마디로 예방주사를 맞은 기분이다. 뇌염 예방주사를 맞으면 맞을 때는 아프고 어떨 때는 열이 나고 몸살기가 있을 수도 있으나 뇌염을 예방하는 효과가 있는 것처럼 말이다.

내가 존경하는 분 중에 보요한 목사님이라고 미국에서 선교사로 오셔서 한국에 37년째 사시는 분이 있다. 하루는 그분이 푸념 비슷하게 던지는 말이 자기가 오랫동안 한국에 살아오면서 아직도 한국인을 이해할 수가 없는 점이 한 가지 있는데 왜 어떤 운전자들은 멈춤 표시나 빨간 불에 멈추지 않고 가냐는 것이다. 그 말을 듣고 올림픽을 개최했으나 선진국이 되려면 아직 멀었다는 생각이 들었다.

미국에 2년 있었을 때 첫 해는 가족과 같이 있었고, 이 년째는 아내가 자신이 근무하고 있던 병원 형편상 귀국해 홀아비 신세가 되었다. 그런데 마침 같은 의과대학에 근무하고 전공도 신장학으로 나하고 같고 비슷한 처지로 홀몸으로 미국의 같은 병원에 온 선배가 있어서 구내 기숙사의 집 한 채를 빌려 같이 살게 되었다.

나는 한국에 있을 때 해주는 밥만 얻어먹었지 해 먹어 보질 않아서 주로 밥과 반찬은 선배가 하고 나는 설거지만 일 년 내내 했다. 그러던 어느 날 저녁 캐나다에서 내과 선배가 일부러 찾아와서, 맥주를 딱 한 캔 마시고 실험실에 일을 잠깐 마치러 차를 몰고 가다가 멈춤 표시에서 완전 멈춤을 안 했다고 경찰에게 적발되었다. 평소에는 완전 멈춤을 했는데 아마도 술을 한잔해서 취하지는 않았으나 실수를 한 것 같다.

술 냄새도 그리 나지 않았기에 그냥 멈춤 위반으로 교통학교(traffic school)에 가서 16시간 동안 교육받아야만 했다. 이 교통학교라는 게 한국에서처럼 강의만 들으면 되는 게 아니고, 주로 서너 명의 분반 공부이고 이 공부 내용을 질의문답식으로 발표해야 되니 졸지도 못하고 죽을 맛이었다.

하루 4시간씩 4일간의 고문을 받고서 다시는 음주운전을 안하겠다고 결심하고 미국에 있을 때나 한국에 돌아와서도 맥주 한 잔만 마시면 어김없이 차를 놓고 다녔다. 내가 음주운전을 않기도 했지만 기회 있을 때면 다른 사람에게도 음주운전을 하지 말라고 충고까지 했었다.

그런데 운명의 날이 다가왔다. 미국에서 나를 일 년간 먹여살린 선배가 귀국한 것이다. 그것도 내가 부탁한 많은 실험기구에다가 24마리의 실험용 쥐까지 가지고 말이다. 너무 많은 신세를 졌기 때문에 미안해서 병원 가까운 음식점에서 저녁을 대접하고 미국에서 남자 둘이 고생했던 넋두리를 하며 맥주 3병을 나눠마셨다.

미국에 있을 때부터 쌀 가늠을 잘 못 해서 밥이 남으면 아까워서 버리지 못하고 둘이 억지로 다 먹고 씩씩거리던 기억도 있고, 요즘 음식 찌꺼기 남기지 말기 운동도 한창인지라 마지막 남은 술도 일어서면서 쭉 들이키고 9시쯤 문을 나섰다.

여느 때처럼 당연히 택시를 타고 가려고 두리번거렸더니 선배가 왜 차를 안 타고 가냐는 것이었다. 그래서 술을 먹었으니 택시를 타야지 않겠느냐고 하니까 2년 동안 한국에 없었기에 음주운전 단속이 강화된 것을 모르고 바로 앞에 병원까지만 태워다 달라고 부탁하는 것이었다.

술이 취할 정도로 마셨다고 생각되지 않고 병원까지 차로 2분밖에 걸리지 않아 너무 신세를 진 선배이기에 차마 거절을 못하고 핸들을 잡았다가 병원 앞에서 덜컥 단속반에 걸렸다. 풍선을 불라고 해서 부니 0.05부터가 위반인데 0.07이 나왔다. 아마도 일어나면서 마신 한 잔이 크게 작용한 것 같다. 다른 사람들과 함께 경찰서에 가서 조서를 썼다. 아내, 아이들 이름까지 대고 종교가 뭐냐고 묻길래 창피해서 교회 다닌다고 말은 못 하고 없다고 대답하고, 직업을 묻길래 의대 교수라고 하니까 조서 받는 분도 웃고 나도 웃고, 재일교포들이 그렇게 결사반대한 전과자의 상징인 지문까지 찍고 새벽 한 시가 넘어서 경찰서 문을 나섰다.

다음날 병원에 가서 음주운전으로 운전면허를 100일간 정지당했다고 말하자 레지던트들이 웃기 시작했다. 자기들이 인사차 우리 집에 왔을 때 내가 차를 운전했던 사람에게는 맥주 대신 콜라를 따라주었던 것을 기억하고 웃는 것이리라.

선생으로서 제자들에게 언행일치를 보여주지 못한 것이 미안해서 내친 김에 정년퇴직 때까지 금주를 선언했다.

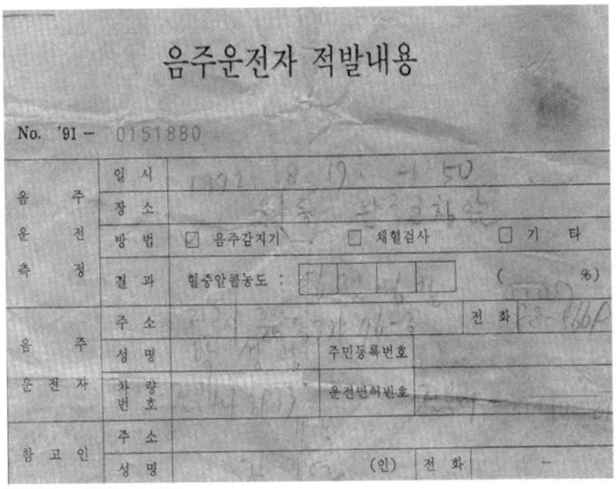

음주운전자 적발내용

No. '91 - 0151880

음주 운전 측정	일시				
	장소				
	방법	☑ 음주감지기	□ 채혈검사	□ 기타	
	결과	혈중알콜농도 :		(%)	
음주 운전자	주소			전화	
	성명		주민등록번호		
	차량번호		운전면허번호		
참고인	주소				
	성명	(인)	전화	-	

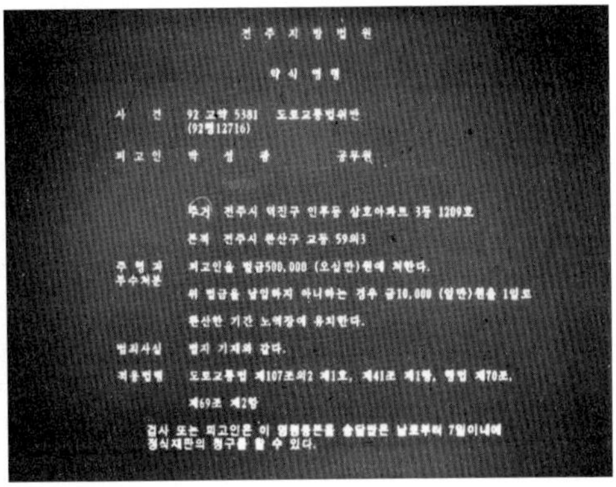

전주지방법원

약식명령

사건 92 고약 5381 도로교통법위반 (92형12716)

피고인 박 성 광 공무원

주거 전주시 덕진구 인후동 삼호아파트 3동 1209호

본적 전주시 완산구 교동 59의3

주형과 부수처분 피고인을 벌금500,000 (오십만)원에 처한다.
위 벌금을 납입하지 아니하는 경우 금10,000 (일만)원을 1일로 환산한 기간 노역장에 유치한다.

범죄사실 별지 기재와 같다.

적용법령 도로교통법 제107조의2 제1호, 제41조 제1항, 형법 제70조, 제69조 제2항

검사 또는 피고인은 이 명령등본을 송달받은 날로부터 7일이내에 정식재판의 청구를 할 수 있다.

나는 운전면허를 100일간 정지당하고 100만 원 이하의 벌금을 물겠지만 그래도 사람을 치어서 다치거나 죽이지 않은 것을 천만다행으로 생각하고 있다. 이 지면을 통하여 술을 즐기는 분들에게 몇 가지를 간곡히 권하고 싶다.

첫째는 술 먹기로 약속한 날에는 아예 차를 집에 놓고 가거나 일과 후에 갑자기 술자리로 갈 때는 차를 놓고 조금 늦더라도 택시를 타고 가라는 것이다. 음주운전으로 한 번 벌금 낼 돈이면 콜택시를 백 번도 넘게 탈 수 있다. 둘째로 음주 후에는 아무리 상사가 부탁하더라도 운전을 냉정하게 거절하라는 것이다. 상사에게 한번 찍히는 것이 상사, 동료, 후배들 모두에게 음주 운전자로 낙인찍히는 것보다 낫다. 셋째로 술을 마시고 설마 내가 걸리랴, 혹은 설마 내가 사고를 내랴는 생각은 아주 위험한 생각이다. 나는 이번에 설마가 사람 잡는다는 말을 직접 경험했다. 넷째로 나는 술을 조금 마시면 운전을 더 잘해, 혹은 맥주 한두 병 마시고 사고 낼 정도로 취한 것은 아니라는 생각은 아주 틀린 생각이다. 누구나 술을 마시면 판단력이 감소하여서 자기가 취하지 않았다고 생각하고 운전을 하지만 언제 어디서나 사고를 내 무고한 생명을 죽이고 패가망신할 수 있다.

끝으로 이번에 만취가 되어 뺑소니 치는 차를 위험을 무릅쓰고 몸으로 가로막으며 기어이 운전자를 끌어내려 적발한, 직업의식이 투철한 젊은 경관에게 머리를 숙여 경의를 표하고 앞으로 더욱 열심히 단속하여 음주 운전자의 차에 치어서 가족을 잃어버리는 불행한 일이 더 이상 발생하지 않도록 노력해 주길 바라며, 다시 한번 다짐해본다.

"내가 다시 술을 한잔이라도 먹고 핸들을 잡으면 사람 새끼가 아니다."

—《샘터》 1992년 11월호

'음주운전과 나' 이후

나는 음주운전으로 적발되어 50만 원 벌금과 100일 면허정지 처분을 받고 나서 남들 같으면 누가 알까 봐 쉬쉬할 텐데 교육공무원으로써 뻔뻔스럽게 샘터 1992년 11월호에 〈음주운전과 나〉라는 반성문을 장장 3쪽에 걸쳐 기고한 적이 있다. 맨 마지막에는 "내가 다시 술을 한 잔이라도 마시고 핸들을 잡으면 사람 새끼가 아니다"라고 썼는데 당시 7살짜리 딸이 동네 슈퍼에 가서 앞의 말은 빼고 "우리 아빠는 사람 새끼가 아니래요"하고 다녀서 주인이 무슨 말이냐고 물어 온 적도 있었다. 내게 100일 면허정지는 매우 뼈아픈 벌이었다. 그 당시는 야간에 택시를 잡기가 어려운 때라서 밤중에 병원에 응급환자가 생기면 미안하지만 잠자는 아내를 깨워서 병원에 나가곤 했다.

그러다가 나중에 토요일 오후에 교육받으면 면허정지를 20일을 면제해준다는 희소식이 왔다. 문제는 당시 토요일 오후에 강의가 있었는데 아무도 토요일 강의를 바꿔준다는 교수가 없었다. 처음으로 강의실 칠판에 '피치 못할 사정으로 휴강'이라고 써놓고 교육장에 갔는데 옆에 앉은 젊은이가 나를 보고 벌떡 일어나서 인사를 하는데 자기가 내 수업받는 학생이라는 것이었다. 이게 무슨 황당하고 어색한 만남이란 말인가? 그 시간에 마땅히 교실에 있어야 될 교수와 학생이 둘 다 음주운전으로 걸려서 사제지간에 나란히 앉아서 교육받았다. 이 학생은 별로 신경을 안 쓰는 모양인데 나는 긴장이 되는 것이 교육을 마치고 시험을 봐서 60점 이상이면 20일 면제이고 60점 미만이면 10일 면제이었다. 그래서 이왕 창피는 다 떨었고 시험 때문에 더 이상 창피는 피해야겠다 싶어서 열심히 필기해가면서 외어서 둘 다 영예의 20일 면제를 받았다.

그 후 학교에 소문이 확 퍼질 것은 자명한 이치여서 내가 선수를 쳐서 학생들에게 경찰에게 받은 스티커와 법원에서 온 '피고인 박성광'이라고 써진 범죄 사실을 기록한 약식명령을 슬라이드로 보여주면서 "펄펄 끓는 국을 마시다 혀를 데이고도 같이 국을 마시는 사람들에게 '국이 뜨겁다'는 것을 알리지 않는 사람은 정직하지 못한 사람"이라는 유고슬라비아 속담을 인용하면서 자수하였다. 그 뒤로도 28년간 내가 하는 모든 학생 강의와 외부 강의의 첫 슬라이드로 음주운전 스티커와 약식명령에 이어서 샘터에 출판된 내 글을 보여주며 나 같은 어리석은 사람이 되지 말라고 당부하였다.

오래전에 대한 내과학회에서 청남연구비 결과를 회원들에게 발표할 때도 스티커를 보여줬다. 그러면 청중들은 스티커에서부터 슬슬 웃기 시작하여 샘터에 기고하여 원고료로 십만 원을 받아서 벌금에 보탰다는 소리에 "빵"터지기 마련이다.

몇 년 전에 경찰서를 지나가면서 행여나 소멸되었나 하는 호기심에 내 전과를 조회해 보았더니 '1992년 음주운전'이 선명하게 기록되어 있었다. 나는 그때 일제단속에 음주운전으로 적발된 것을 다행으로 생각한다. 그때 안 걸렸으면 나중에 인명사고를 냈을지도 모른다. 인명을 구하고자 의사가 된 사람이 음주운전으로 인명사고를 내면 얼마나 끔찍한 일이겠는가? 음주운전은 내 경우처럼 패가망신의 지름길이고 잘못하면 살인자가 될 수도 있기에 "One drop, drop the key (술을 한 방울이라도 마셨으면 차 열쇠를 잡지 마세요)" 란 말처럼 음주운전은 절대로 해서는 안 된다고 다시 한번 강조하고 싶다. 작년에 정년퇴직 때 훈장 수여 대상이 되었으나 음주운전 경력이 있어서 포기했다. 주위에서 왜 미리 포기하느냐는 사람도 있었지만 음주운전 전과가 있는 사람이 훈장을 받으면 안 된다고 생각해서 정부포상 포기 확인서까지 쓰면서 포기했다.

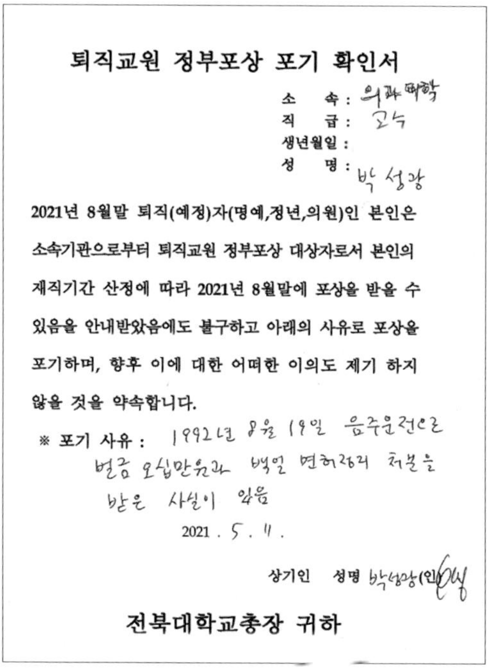

퇴직교원 정부포상 포기 확인서

소 속 : 의과대학
직 급 : 교수
생년월일 :
성 명 : 박성광

2021년 8월말 퇴직(예정)자(명예,정년,의원)인 본인은 소속기관으로부터 퇴직교원 정부포상 대상자로서 본인의 재직기간 산정에 따라 2021년 8월말에 포상을 받을 수 있음을 안내받았음에도 불구하고 아래의 사유로 포상을 포기하며, 향후 이에 대한 어떠한 이의도 제기 하지 않을 것을 약속합니다.

※ 포기 사유 : 1992년 8월 19일 음주운전으로 벌금 오십만원과 백일 면허정지 처분을 받은 사실이 있음

2021 . 5 . 11 .

상기인 성명 박성광(인)

전북대학교총장 귀하

Happy Wife, Happy Life

한국을 방문했을 때 여의도 광장에 오십만 인파가 몰리기도 했던 빌리 그레함 목사님에게 한 기자가 물었다. "목사님도 부부싸움을 하십니까?" 이것은 아주 대답하기 곤란한 질문이다. 한다고 대답하면 설교 때마다 부부간에 서로 사랑하라고 말씀하시는 분이 자기는 싸운다고 위선자라고 할 것이고 안 한다고 하면 거짓말쟁이라고 비난할 것이다.

목사님은 미소를 지으며 "내 머리 위에 동그란 천사표시가 보입니까?" 라고 반문했다. 나는 천사가 아니고 사람이니까 해도 이해해 달라는 명답으로 곤경에서 슬기롭게 빠져나갔다.

결혼생활에 있어서 내 신조는 "Happy Wife, Happy Life (아내가 행복하면 만사가 다 행복하다)이다. 우리 집은 서로 간에 결정할 일을 분명하게 정해놓고 있다.

중요한 일은 가장인 내가 정하고 소소한 일은 아내가 결정한다. 중요한 일이란 외교나 정치 혹은 선거 때 누구를 찍어야 할 것이냐 같은 대외적인 큰 문제이고 소소한 일은 오늘 무엇을 먹을까? 에서부터 애들 학교를 어디에 보내야 할까?, 어디서 살 것인가? 등 집안의 작은 문제이다. 서로 결정한 사항이 다르기 때문에 별로 싸울 일이 없다.

'나의 그리스식 웨딩' 이란 영화에서 보면 엄마가 딸에게 아버지는 집안의 머리이고 자기는 목이라고 말한다. 머리가 대외적으로는 중요한 것 같지만 결국은 목

아내에게 쥐어 지내는 모습

이 움직이는 대로 움직일 수밖에 없다. 사진에서 보다시피 나는 아내에게 쥐여 지내고 있다.

우리 부부도 40년째 결혼 생활에 딸 둘에 손자 다섯을 두고 있는데도 드물게 부부싸움을 할 때도 있다. 우리 부부싸움에는 몇 가지 원칙이 있다. 그 날 끝낸다, 옆집까지 들리지는 않게 한다, 우리 일에 국한되지 시집이나 친정집까지 거론하지 않는다 등이다.

어떤 부부는 싸우고 나니 더 사이가 좋아졌다거나 화해하고 나면 뒤끝이 없다는 소리를 하지만 부부싸움은 안 하는 것만은 못하다. 나는 부부싸움은 하얀 벽에 못을 박는 것과 똑같다고 생각한다. 빼고 나면 못은 없어지지만 벽에 있는 못 자국은 남기 마련이다.

우리 부부는 동갑이어서 48년간 서로 말을 트고 지내다가 최근에 부부싸움하고 나서는 안 되겠다 싶어서 내가 서로에게 경어를 쓰자고 제안해서 그 뒤로 지금까지 경어를 쓰고 있다. 그걸 보고 딸들이 "닭살 돋는다", "왜 66세나 되는 분들이 안 하던 짓을 하느냐?", "평소 살던 대로 사세요" 하고 놀리지만 경어를 쓰니까 싸우기가 매우 어색해서 시작하려다가 말곤 한다. 왜 이런 좋은 생각을 이제야 했는지 후회가 난다. 이 글을 읽는 여러분도 일단 한번 해보시면 부부간에 높임말을 사용하는 위력을 새삼 깨닫게 될 것이다.

2,900만 분의 1의 확률, '푸스파'와의 만남

2006년에 대학 OB산악회에서 네팔의 랑탕 고사이쿤트 트래킹을 갔다. 카트만두에서 내려서 랑탕으로 가는 길은 천 길 낭떠러지를 고물 타이어를 끼운 버스를 타고 꼬불꼬불한 좁은 길을 끝도 없이 올라갔다. 산사태로 길이 막힌 곳도 있었는데 그때는 저쪽에서 오던 버스하고 우리 버스하고 짐과 승객만 바꾸어서 되돌아가기도 했다. 가는 길에 염소나 닭을 싣기도 하고 자리가 모자라서 일부 짐꾼들이 짐과 같이 버스 지붕 위에 앉아서 갔는데 차가 하도 흔들려서 짐꾼들이 토하기도 하고 주전자나 대야가 지붕에서 떨어지면 버스가 서서 다시 올리고 가기도 했다.

거기서 셀파인 푸스파를 만났다. 영어를 조금하고 고산병으로 고생하는 우리를 위해서 마늘을 넣고 기가 막히게 맛있는 백숙을 끓여주기도 했다. 푸스파는 네팔에 갈 때마다 불러서 같이 다녔다.

한번은 안나푸르나 베이스캠프를 갈 때 다른 팀에 끼어서 갔는데 내가 돈을 따로 내고라도 푸스파를 데려가고 싶다고 했는데 팀이 달라 넣어줄 수가 없다고 해서 어쩔 수 없이 연락을 못 하고 네팔에 도착했다.

무사히 안나푸르나 트래킹을 마치고 카트만두에서 왕궁을 구경하는데 그 수많은 인파 중에서 딱 푸스파와 마주쳤다. 미안해서 정말 만나고 싶지 않은 사

랑탕 트레킹 중, 가운데가 푸스파

람이었는데 눈이 마주치자 푸스파도 깜짝 놀라고 나는 더 놀라고 미안해서 어쩔 줄 몰랐다.

사정을 얘기하니까 자기도 이해한다고 해서 그때부터는 같이 카트만두를 쏘다니다가 저녁을 먹고 안 받으려는 돈을 좀 쥐여 주고 헤어졌다. 그 뒤에는 트래킹을 못 갔는데 몇 년 전에 네팔에 대지진이 났을 때 집이 다 부서졌다고 메일이 와서 돈을 좀 부쳐주었다.

엊그제는 코로나바이러스 때문에 집 밖을 못 나가게 되어서 트래킹도 끊기고 다른 일거리도 없고 가족들과 살기가 너무 힘들다고 해서 또 돈을 좀 부쳐주었다. 지금도 네팔 인구 2,900만 명 중에 가장 만나고 싶지 않았던 사람을 번잡한 인파 중에 우연히 딱 마주친 일을 생각하면 참으로 신기하다.

당신이 명품

나는 사람들이 명품이라면 사족을 못 쓰는 게 이해가 안 간다.

나는 명품을 안 걸치고 안 가지고 다닌다. 사람이 명품이어야지 물건이 명품이면 모자라는 것을 명품으로 치장하는 것으로 보여서 오히려 사람이 하찮아 보인다.

초등학교에 다닐 때 어머니께서는 우리들이 입을 옷을 만들어 입히시곤 했다. 옷이 별로 없어서 나는 겨울에 매일 같은 점퍼를 입고 다녔다. 그 옷은 모양은 같은데 속과 겉이 색이 달라서 뒤집어서 입으면 2벌이나 다름이 없었다.

부잣집 친구가 "너는 왜 매일 그 옷만 입고 다니냐?" 하고 물었을 때 지금 같으면 "우리 집은 너희 집같이 부자가 아니라서 어머니가 옷을 많이 못 사줘!" 하고 대답했을 텐데 그때는 자존심이 있어서 "응, 나는 이 옷이 좋아"하고 대답했던 기억이 있다.

고등학교에 다닐 때 형으로부터 물려받은 찢어져 꿰맨 교복을 입고 다니다가 복장 검사에서 걸리기도 했다. 그래도 새 교복을 입은 친구들에게 전혀 주눅들지 않았다. 어머니가 이모네 집에 가서 얻어온 사촌들이 신던 신발을 신고 다니기도 했다.

나는 시계를 이제까지 전자시계만 차고 다닌다. 운동할 때 가볍고 야간에도 볼 수 있어서 아주 편하다. 대학에 다닐 때는 거의 일 년 내내 청바지에다가 상의는 검정색 스모르를 교복처럼 입고 다녔다.

스모르는 요즘 젊은이들은 잘 모를 텐데 미군 군복에다가 검정 물을 들인 것을 말한다. 미군의 스몰(small) 사이즈가 한국 남자에게 딱 맞아서 '스모르'라고 불렀다. 천이 튼튼해서 험하게 마구 입어도 되고, 검은 색이라 때가 안 타니까 자주 안 빨아도 되고 게으른 나에게는 딱 맞는 옷이었다. 나이가 들어서 주책이라고 할지 몰라도 지금도 병원에서 대학생 때처럼 주로 청바지를 입고 다닌다. 와이셔츠도 일부러 안 다려도 되는 것을 잘 입고 다닌다.

결혼할 때 아내에게 예물로 2만 원짜리 큐빅 반지를 해줬다. 사랑하는 마음이 중요하지 비싼 보석이 중요하다고는 생각하지 않았다. 아내도 나랑 성격이 비슷해서 다이아를 사 주지 않는 것에 대해서 전혀 신경을 안 썼다. 그런데 이 큐빅이 가끔 알이 빠져 산 집에 가서 다시 박아 넣어야 했다. 나는 무엇을 끼고 다니는 것을 싫어해서 반지도 안 했다. 시어머니가 결혼 때 며느리에게 옷을 해 입으라고 돈을 줬는데 아내는 아기 낳고 나면 체형이 변하니까 나중에 해 입는다고 안 샀다가 흐지부지 다 다른 곳에 썼다.

우리는 딸 둘을 키웠는데 시집간 딸들도 다 짝퉁 핸드백을 들고 다닌다. 내가 어릴 때부터 해준 말이 "품위가 없는 사람은 진짜 명품 백을 들고 다녀도 짝퉁같이 보이고 품위가 있는 사람은 짝퉁을 들고 다녀도 명품같이 보인다. 너희들은 내면에서 품위를 느끼게 해야지 명품으로 몸을 휘감고 다니지 마라. 그럼 천해 보인다." 고 교육을 시켰다.

큰딸이 대학에 들어갔을 때 내가 처음으로 한 말이 "대학생은 모름지기 공부에다 신경을 써야 한다. 화장은 나이를 먹은 사람들이 주름살을 가리기 위해서 하는 것인데 너희들은 젊음이 재산이다. 구태여 젊음을 진한 화장을 해서 가리면 너희들에게 손해다. 멋쟁이 옷과 구두를 신고 다니는 것보다 청바지에 운동화를 신고 다니는 것이 훨씬 대학생답고 청순해 보인다." 라고 골수 꼰대 같은 말을 했다. 하루는 볼멘소리를 하면서 "어떤 남학생이 나보고 '농촌지역 전형으로 들어왔어요?'" 라고 물었다는 것이다. 그래서 "그냥 너 입고 싶은 대로 입고 다니고 화장도 하고 싶은 대로 해라" 라고 말했다.

큰딸을 시집보낼 때 상견례를 하는데 아내가 마땅한 옷이 없다고 바지를 사야겠다고 말해서 백화점에 갈 줄 알았더니 전통시장에 가서 2만원짜리 바지를 사서 입고 나갔다.

상견례를 할 때 사돈댁에게 그 바지를 보여드리고 "우리는 이렇게 살고 있으니 비싼 혼수 같은 것을 하지 말고 서로 자기 것은 자기가 각자 하자."고 합의를 봐서 나는 입던 양복을 그대로 입고 혼사를 치루었다.

둘째 딸의 결혼식 때도 같은 식으로 해서 입던 양복을 다려서 입고 신던 구두를 닦아서 혼사를 잘 치루었다. 나는 비싼 옷을 사서 입지 않는 아내에게 가끔 "당신이 정말로 명품이야!" 하고 말하곤 한다.

아내가 내게 지어준 별명이 '말로만!' 이다.

교수님, 제 청진기는요?

내가 초등학교 때 하도 건망증이 심해서 하루는 학교를 가는데 숙제를 놓고 갔다가 집에 가서 가져오고, 또 도화지, 가위 하다가 보니 3번을 왔다 갔다 했다. 그래서 내가 의대를 갔을 때 어머니께서 "너는 외과의사는 하지마라. 행여나 환자 뱃속에 가위나 거즈를 놓고 꿰매면 어떻게 할래?" 하셔서 수술을 하지 않는 내과를 택했다.

학교에서 선생님께서 준비물을 안 가져온 애들을 불러서 매로 때리고, 청소 안 하고 도망간 애들 나오라고 해서 때리고, 떠든 애들 때리고 할 때마다 내가 나오니까 "저 녀석은 맞는데 한 번도 안 빠지니 약방에 감초 같구나!' 해서 내 별명이 '감초'가 되었다.

반갑게 인사를 하는 사람이 어디서 많이 본 사람인데 생각이 잘 안 날 때가 있다. 제일 난감한 때는 젊은 여성이 "선생님 저 모르시겠어요?" 하고 시험 보듯 물어볼 때이다. 모른다고 하면 내가 얼굴이 평범하게 생겨서 못 알아보시나 하고 서운해 할 것 같아서 "알지!" 하고 대답을 하고 서둘러 기억을 되살려 보면서 탐색을 한다. 40년 가까이 대학병원에서 일하다 보니까 제자, 환자, 보호자, 친구 딸…. 그중에 누구인지 아무래도 모르겠다. "그래, 하는 일은 잘 되고 있고?", "지금 어디서 일하고 있지?" 하고 질문을 던지면서 누구인가를 알아내려고 노력해

본다. 그래서 제일 고마운 사람은 "안녕하세요, 저 40회 졸업생 아무개예요." 혹은 "제가 아무개 환자 딸이예요." 하고 말하는 사람이다.

아내도 건망증이 나하고 비슷하다. 언젠가 병원에서 외부강의를 하러 가야되는데 차 열쇠가 없어져서 아내에게 전화를 해서 여벌의 열쇠를 빨리 가져다 달라고 부탁을 했다. 아내가 빨리는 왔는데 열쇠를 잊어버리고 안 가져와서 택시를 타고 강의를 나간 적이 있었다.

아끼던 물건을 잃어버렸을 때는 비관이 되는데 최근에 재미난 일들을 겪으면서 더 이상 비관을 하지 않게 되었다.

중국의 태산의학원에서 1년간 삼십 명 정도의 학생이 전북의대에 와서 위탁 교육을 받은 적이 있었다. 그중에 한국어와 영어를 잘하는 백우동(중국 이름, 유퉁)이란 여학생이 있었다. 내가 산을 좋아해서 가끔 태산의학원 학생들을 모악산에 데려갔는데 하루는 모악산을 올라가고 있던 중에 이 학생이 친구로부터 전화를 한 통 받고는 얼굴이 우거지상이 되었다.

한 친구가 방학 때 중국을 다녀오려고 우동이의 새로 산 여행 가방을 빌려서 갔는데 쇼핑을 하고 공항 검색대에 그 가방을 놓고가서 중국에 도착하여 보니 가방이 없더란 것이다. 그래서 내가 "우동아, 걱정하지 마라. 인천공항에서 검색대에다가 놓고 갔으면 절대 잃어버리지 않는다." 하고, 공항에 전화를 했다. 분실물 센터를 연결해 달라고 하니 두 군데가 있는데 쇼핑을 한 물건과 쇼핑을 안 한 물건에 따라 따로 있단다. 그래서 쇼핑을 한 곳에 물어보니까 그 곳에 얌전히 보관되어 있었다. 그래서 안심을 하고 그 학생이 한국에 다시 입국할 때 가지고 왔다. '20대 학생도 이렇게 정신이 없이 남의 귀중한 가방을 놓고 다니는데 60대인 나는 오죽하랴.' 하는 생각이 들어서 위안이 많이 되었다.

나는 평소에 8시경에 회진을 하는데 어떨 때 늦으면 방에 안 들르고 바로 병실로 갈 때 전공의의 청진기를 빌려 쓰고 돌려주곤 한다.

하루는 오후에 3년차 김영기 선생이 전화로 하는 말이 "교수님 아침에 제 청진기를 쓰시고 안 돌려주신 것 같은데요?" 하는 것이었다. 내가 회진 끝나고 돌려준 것 같은데 아무래도 젊은 사람 말이 맞을 것 같아서 내 방을 여러 차례 찾아보았는데 없어서 외래, 인공신장실, 영상의학과 등 하루 종일 다닌 곳을 돌아다니면서 "혹시 내가 청진기 놓고 가지 않았냐"고 물어보고 다녔다. 물어본 사람들의 반응은 '교수님이 정년퇴직이 가까워 오니까 무엇을 놓고 다니실 만하지.' 하는 표정이었다. 퇴근 무렵이 되자 그 전공의에게 전화가 와서 "교수님 죄송해요, 제 청진기를 응급실 바닥에서 찾았어요." 하는 것이었다.

나는 그날 응급실에는 안 갔기에 누명은 벗었고 다행이었다. 정신없는 사람은 나 혼자만이 아니었다.

내게 위안을 준 김영기 선생과 함께

친절 이어달리기

올해 34년간의 공직생활을 끝으로 정년퇴임을 하고 동갑인 아내와 함께 오랫동안 꿈꾸었던 제주도로 자전거 여행을 떠났다. 거대한 페리호에 자전거를 싣고 떠나려는데 매표소에서 헌혈을 한 사람은 한 사람의 승선료가 1+1행사로 무료라는 것을 보고 엊그제 헌혈한 것이 있어서 문의해 보니 헌혈증이 있어야 된다고 해서 아쉽게 생각하고 배에 올랐다.

자전거가 파도에 넘어질까 봐 선체에 묶어두려고 했더니 직원이 그냥 둬도 된다고 해서 묶지는 안 했지만 약간 불안한 마음이 있었다. 멀미도 걱정이 되고 했는데 출항을 하니까 배가 하도 커서 전혀 흔들리지 않아 직원의 말이 이해가 되었다.

제주에 도착해서 두 딸에게 자전거 여행을 왔다고 알리니까 둘 다 "아빠, 우리 큰 애도 데리고 가시지 그랬어요?" 하는 것이었다. 요즘은 체험학습으로 가족과 함께 여행을 가면 수업도 빼주는 모양이다. 다음날 아침에 초등학교 1학년, 3학년에 다니는 두 손자가 항공사 직원의 손을 잡고 출구에서 나왔다. 그 순간부터 우리의 환상 해안도로 일주 일정은 사라지고 두 손자의 자전거를 대여하여 네 식구가 천천히 달리면서 손자들이 좋아하는 곳을 갈 수밖에 없었다. 두 손자는 자전거 타는 것은 힘이 들지만 학교를 빠졌다는 즐거움에 한껏 들떠 있었다.

해안가 펜션에 짐을 풀고 아이들에게 "저녁으로 무엇을 먹을까?" 하고 물으니까 떡볶이와 어묵을 먹고 싶다고 해서 마침 제주 오일장이 열리는 날이라 피곤한 몸을 이끌고 자전거로 아이들과 함께 길을 나섰다. 그런데 이십 분을 달렸어도 거리가 멀어 시장이 다 끝날 수도 있고 날이 곧 어두워질 수도 있어서 자전거를 길 위에 세워두고 택시를 타고 시장에 도착했다. 애들은 떡볶이, 어묵, 핫도그 등을 잘 먹고 나와 보니 주위가 캄캄했다. 콜택시도 몇 번 불렀지만 감감 무소식이고 지나가는 차들에게 사정을 했지만 네 식구를 태워주려는 차는 없었다. 그러다가 승합차를 혹시나 하고 세웠더니 거기도 온 가족이 타고 있어서 자리가 충분치 않았는데 우리의 딱한 사정을 듣더니 아이를 보듬고 해서 자리를 만들어 주시고 자전거를 세워둔 자리까지 태워주셨다. 이분들을 못 만났으면 다리가 아프다고 칭얼대는 아이들을 데리고 밤길을 하염없이 걸을 뻔했다. 코로나가 무서운 시절에 천사같이 마음씨 고운 분을 만나게 되어 천만다행이고 아내는 "우리도 앞으로 곤란한 처지에 있는 사람을 잘 태우겠습니다." 하고 감사를 겸한 인사를 했다.

집에 돌아와서 비가 부슬부슬 내리는 날에 아내랑 차를 타고 가는데 외딴 곳에서 70대 어르신 두 분이 우리 차를 보고 손을 흔들었다. 차를 세우고 목적지를 물어보니까 방향이 달라서 미안하다고 말하고 그냥 가려다가 제주도 일이 생각이 나서 댁에까지 모셔다 드렸다. 형제분인데 산에서 내려와 콜택시를 불러도 안 오고 비에 옷이 젖었으니까 태워주는 차가 없어서 오래 기다리셨단다. 떠나려는데 동생분은 차를 지키고 형이 집에 가서 손수 만드셨다는 붉은 양파즙 50봉지를 주시는데 아무리 사양을 해도 소용이 없었다. 그리고 택시비까지 주신다고 해서 그것은 안 받고 와서 감사한 마음으로 양파즙을 잘 마셨다. 사랑은 돌고 도는 것이고 서로에 대한 배려가 있어서 살만한 세상인 것 같다.

정읍휴게소에서 배운 인생의 두 가지 교훈

오래전에 겪은 일이다. 추석에 호남 고속도로 하행선에 있는 정읍휴게소에서 아침을 먹고 정읍 출구로 빠져 나와서 고창에서 성묘를 하고 있는데 아내가 현금과 핸드폰이 있는 핸드백을 휴게소 식당에 놓고 왔단다. 식당에 전화를 해보니 보관하고 있다고 해서 안심하고 전화를 끊었다.

성묘를 마치고 핸드백을 찾을 수 있는 방법을 머릿속으로 그려 보았다. 정읍 입구로 고속도로에 진입하여 상행선을 타고 정읍휴게소를 지나 다음 출구에서 빠져나와 다시 고속도로 하행선에 들어와서 정읍휴게소에서 핸드백을 찾아가지고 상행선을 타야 되는데 추석이라 차가 밀려 약 두세 시간은 족히 버릴 것 같았다.

어떻게 할까 고민을 하고 있었더니 아내가 그 휴게소에 전화를 해서 어떻게 하면 제일 빨리 찾을 수 있는지 물어보라는 것이다. 그래서 내 머리로는 아무리 생각해도 그 방법밖에는 없는데 무슨 뾰족한 수가 있을 것 같지도 않지만 집사람 성화에 밑져야 본전이다는 생각으로 전화를 걸었다. 그랬더니 놀랍게도 상행선과 하행선의 정읍휴게소 사이에 언더패스(땅굴)가 있어서 이것을 통해서 사람이 물건을 가지고 통행한다는 것이다. 고속도로에서 휴게소가 마주 보고 있는 곳은 언더패스가 있고 떨어져 있는 곳은 없단다. 그래서 우리는 언더패스를

호남고속도로변의 정읍휴게소

왔다 갔다 하는 오 분만 손해를 보고 핸드백을 찾아올 수 있었다.

해마다 학생들에게 이럴 때 어떻게 하면 좋을까 하는 문제를 내면 "거기에 물어 본다." 든가 "언더패스가 있을 지도 모른다." 는 해결책을 맞추는 학생은 거의 없었다. 답을 알려주고 이 사건에서 얻은 교훈을 다시 물어보면 대개는 가까스로 한 가지만 맞춘다. 그러면 내가 이 사건을 통해서 얻은 두 가지의 교훈을 말해 준다.

첫째는 모르면 무엇이든지, 누구에게든지 잘 아는 사람에게 물어봐라.

둘째는 아내 말은 무조건 잘 듣는 게 좋다.

장인어른의 인사법

장인어른, 전주 경기전에서

장인어른(이기월 님)은 60평생을 전북 적십자사에서 근무를 하셨다. 1950년 한국전쟁이 터지자 적십자사의 돈과 장부를 소중히 들고 피난을 가셨다. 전쟁이 끝나자 한 푼도 모자람이 없이 그대로 반납하셨다. 이 돈의 액수가 당시 대충 비행기 한 대를 살 수 있는 큰 돈이었다고 하여 정년퇴직하실 때 적십자봉사장을 받으신 대쪽같은 분이셨다.

평소에 건강과 치아 관리를 잘 하셔서 93세의 일기로 돌아가실 때까지 치아를 한 개도 안 잃어버리시고 치과를 한 번도 가본 적이 없으셔서 건치상에 한번 도전해보려고 했는데 서울 시민만 자격이 있다고 해서 아쉬워 하며 포기한 적이 있었다.

신발을 벗으신 채 모자를 벗고
그 위에 안경을 올려놓고 절하시는 장인어른

오래전에 한복을 곱게 차려입으신 장인어른과 시골에 성묘를 갔다. 손위 어르신을 만나 인사를 하시는데 특이한 것이 먼저 안경을 벗어서 손에 쥐시고 가까이에서 중절모를 벗으시고 공손하게 "그간 안녕히 계셨습니까?" 하고 인사를 여쭙는 것이었다. 그리고 헤어지고 나서 안경과 모자를 쓰셨다. 궁금해서 장인어른께 여쭈어보았다. "아버님, 모자를 벗으시는 것은 알겠는데 왜 안경까지 벗으십니까?"하니까 "안경은 곧 나이 듦을 나타내는 것인데 어른 앞에서 건강 관리를 잘못해서 안경을 쓰고 있는 게 불경스러워서 벗는 거야."하고 말씀하시는 것이었다. "근데 멀리서 안경을 벗으시면 안 보여서 어긋나시면 어떻게 해요?" 하니까 "그러니까 오시는 방향과 속도를 봐서 거기에 맞춰서 나도 나아가면 딱 만나게 되지."하시는 것이었다.

산소에 도착하여 할아버지 묘에 절을 하실 때도 우선 잔디 위에 하얀 고무신을 벗으시고 모자를 벗고 그 위에 안경을 벗어놓으시고 절을 하셨다. 이런 장인어른의 예법을 보아온 터라 지나갈 때 마지못해 고개만 살짝 까딱하고 인사하는 후배나 제자를 보면 건강하게 사시다가 93세로 돌아가신 장인어른 생각이 새록새록 난다. 아버님, 오늘따라 평소에 좋아하시는 매실주 한 잔 가득 따라 올리고 싶습니다.

세상에 하나뿐인 '비포장'

전주시 중앙동 충경로에 세상에서 딱 하나뿐인 술집이 있다. 왜 하나뿐이냐고 반문을 하는 분이 있을 수도 있는데 아주 독특해서 비슷한 술집도 없다고 감히 말할 수 있다.

우선 술집을 찾기가 힘들다. 이층인데 조그만 간판에 '비포장'이라고 써 있고 올라가는 계단도 이름처럼 몇 년째 군데군데 타일이 벗겨졌는데 고칠 생각이 없다. 그리고 술집이 넓다. 그러나 테이블과 의자는 많지 않다. 가운데 넓은 빈 공간이 있다. 사장은 종업원을 겸직하고 있는 73세의 박주식 씨다. 청바지에 할리 데이비슨 혁대를 차고 작은 키에 수염을 기른 카리스마 만점의 그가 비가 오나 눈이 오나 음악을 틀어놓고 즐기고 있다.

한구석에는 피아노가 있고 사면의 벽에 2만 장이 된다는 빨간 벽돌에는 다녀간 사람들의 좌우명이나 한마디 글이 빼곡히 쓰여 있다. 명사들이 쓴 나무 판넬들도 있는데 노벨상을 수상한 독일의 생리학자인 Bert Sakmann 교수가 전북대학교 개교 50주년 행사에 참석하여 특강을 하고 저녁에 들러서 맥주를 몇 잔 하고 박 사장이 장구를 치고 Sakmann 교수는 징을 치고 놀다가 쓰고 간 글도 있다. 'Thank you for the wonderful Korean music and wonderful people. I will come back(훌륭한 음악과 사람들에 감사합니다. 또 오겠습니다.)' 그런데 아직까지는 안 왔다.

이 술집의 메뉴는 수십 년 동안 하이트 병맥주와 안주로는 새우깡 한 가지밖에 없다. 사장이 바쁘면 손님들이 냉장고에서 꺼내서 마신다. 한쪽 벽에는 음악 CD가 이천오백 장 정도 있고 진공관 앰프도 있고 비싼 스피커가 열 개도 넘게 있는데 다 합하면 수억 원이 된다. 각 테이블마다 선이 내려와 있어서 자기가 듣고 싶어서 핸드폰에 저장한 음악이 있으면 선을 연결해서 최고급의 스피커로 들을 수 있다.

겨울에는 무쇠 난로에 장작불을 지펴놔서 항상 따뜻하고 더운 여름에는 에어콘을 틀어놔서 항상 시원하다. 손님은 별로 없어서 가면 거의 90%는 박 사장이 혼자 지키고 있다. 그래서 내가 "전기세를 아끼게 혼자 있을 때는 에어콘을 좀 꺼 놓았다가 손님이 오면 켜면 어떠냐?" 라고 했더니 "언제 손님이 올지 모르니까 그래도 들어설 때 상쾌함을 느껴야 한다." 는 것이다. 그는 귀한 손님이 오면 기타를 치면서 노래를 부르기도 하고 장구와 대금에도 능숙하다.

수십 년 동안 본인은 작은 체구이지만 전주에서 제일 큰 오토바이를 타고 다녔다. 최근에도 인라인 스케이트 마라톤에도 나가고, 차가 있으면서도 항상 자전거를 타고 다닌다.

나는 술을 잘 안 마시지만 한 달에 한두 번 마셔도 꼭 비포장에서만 마신다. 제자들도 비포장에서 나를 불러내면 밤 11시나 12시에도 내가 나온다는 것을 안다. 요즘은 코로나로 인해 전북의대 관현악반의 정기연주회를 못하지만 그전에는 전야제 때 60여 명이 이곳에서 모이곤 했다. 그러면 각자의 악기로 독주를 하기도 하고 노래도 부르고 피아노를 치기도 했다. 의대생들이 졸업 여행으로 지리산 종주를 마치면 80명이 들이닥치는데 의자가 모자라서 가운데 멍석을 깔아 놓고 술을 마시기도 했다.

비포장의 박주식 사장

대학교수로 재직할 때 전공의들이 힘들어서 그만 두고 병원을 나갔을 때 이곳에 와서 술을 사주면서 다시 시작해 보자고 달래곤 했다. 그렇게 나갔다가 다시 들어온 전공의가 열 명 정도 된다. 박 사장이 적극적으로 돈을 벌려고 선전을 하지 않기에 아는 사람들만 찾아 온다.

주로 예술인 특히 음악을 하는 분들이 많이 온다. 어느 날 국악을 하시는 분이 술을 마시다가 흥에 겨워서 테이블 위에 올라가 정좌를 하고 판소리 한마당을 하여서 잘 감상을 했다. 겨울에는 무쇠 난로에다가 장작타는 냄새를 맡으며 고구마를 구워 먹기도 한다. 여기 벽돌에는 우리 신장내과의 역사가 다 적혀있다. 망년회나 중요한 일이 있어서 축하할 때는 항상 이곳에서 모여서 감회를 벽돌에다 썼다. 아내와 같이 왔을 때 내가 쓴 글은 "하나님, 하필이면 제게 이렇게 좋은 짝을 주셨나요?" 이었고 나의 좌우명은 "네 꿈이 끝날 때 네 청춘도 끝난다." 이다.

전주에 오시면 저녁에 한번 들러서 세상 어디에도 없는 분위기를 즐겨보시라.

참고로 박 사장의 전화번호는 010-3166-8458이다.

'바보 천치' 아버지

우리 아버지는 1921년생으로 생신이 지나서 99세이시다. 내게 제일 존경하는 사람이 누구냐고 묻는다면 나는 서슴없이 아버지라고 대답할 수 있다. 결혼 전에 예비 처갓집 사람들이 찾아왔을 때 어린 동생을 업고 마루를 닦고 계셔서 점수를 따서 결혼하셨단다. 고창에서 국회의원에 출마하여 낙선하신 경력이 있으셔서 한국전쟁 때 임실 처가에 피해 있다가 한밤중에 담장을 넘어온 사람들에게 잡혔다. 그 사람들이 "네가 국회의원 나왔지?" 하고 물었을 때 어머님이 국회의원이지? 로 잘못 들어서 "아니예요, 국회의원 아니예요, 사촌오빠가 국회의원이예요" 했을 때 "아냐 여보 그 말이 아니잖아. 내가 나왔었잖아"하고 순순히 시인을 하셔서 정직하다고 풀려나셨다고 들었다.

내가 초등학교에 내는 돈을 엄마가 안줘서 하루는 학교에 안 가고 뒷산인 오목대로 올라가서 실컷 놀다가 집에 들어가니 아버지가 어떻게 아시고 무서운 얼굴로 정원에 가서 맞을 매를 만들어 오라고 하셨다. 안 아프게 생긴 낭창낭창한 회초리를 만들어 가지고 드렸다가 매를 맞기 무서워서 냅다 오목대로 잽싸게 뛰었고 아버지가 잡으러 오시다가 넘어져서 무릎에 생채기가 생겼다.

전북대 교수로 계실 때 만나는 사람들에게 항상 먼저 인사를 하셨다. 이 습관을 평생 유지하셔서 미국에 사는 딸이 쌍둥이를 낳아 도움을 청해서 십여

잉꼬부부, 우리 부모님

년을 뉴욕 조그만 마을에서 사셨는데 아침에 산책하실 때 지나가는 모든 차에게 손을 흔들고 아침 인사를 하셔서 동네에서 모르는 사람이 없었고 모두가 반갑게 인사를 주고받았다.

결혼 60주년 회혼례를 미국 교회에서 하셨는데 목사님이 오랜 세월동안 잉꼬부부로 사신 비결이 뭐냐고 물으시니까 "나는 그저 바보 천치로 살았어요"라고 말씀하셔서 목사님이 설교시간에 "우리가 다 바보로 살아서 오래오래 행복한 결혼생활을 합시다"라고 3번이나 말씀하셨다.

99세 연세에도 날마다 휠체어를 타고 마트에 나들이를 가시는데 지나가는 모든 사람들에게 손을 흔드신다. 처음에는 사람들이 이상한 분을 다 보겠다는 표정이었는데 지금은 모두 반갑게 아는 체를 한다. 또한 몸이 불편하시니까 여러 사람의 도움을 받는데 그때마다 감사하다는 말씀을 하루에도 수십 차례 하신다.

사오십 년 전 내가 어렸을 때는 부부가 손잡고 다니는 사람이 거의 없었는데 두 분은 외출하실 때 손을 꼭 잡고 다니셨다. 경제권을 어머니가 쥐고 계셨기에 어려운 친구나 친척이 찾아오면 숨겨 놓으신 비상금을 살짝 주시곤 하셨다.

치매를 앓으셨던 어머님이 폐렴으로 몇 주간 입원하셨을 때 의료진이 90이 넘으신 분이 같이 병나시게 생겼으니 집에서 주무시라고 강력하게 권했는데도 아버님은 어머님이 치매로 식구들을 다 못 알아보고 아버님만 알아보는데 안 보이면 불안해 하신다며 주무실 때도 침대를 붙여놓고 어머님 손을 꼭 잡고 주무셨다. 오죽하면 간호사들이 "저런 남편하고 일주일만 같이 살아보면 소원이 없겠다"고도 말했다.

벽에는 세계지도를 붙여놓고 항상 세계를 바라보는 인물이 되라고 말씀하셨다. 평생 술 담배를 안 하셨고 날마다 가까운 산을 다니시면서 꾸준히 운동을 하면서 건강을 지키셨다. 작년에 흡인성 폐렴으로 2차례 입원하신 것을 빼고는 감기 한 번 안 걸리시고 건강하셨다. 항상 웃는 얼굴을 하고 계신 우리 아버지에게 백세까지 사시라는 것은 올해 돌아가시라는 말이 된다. 그래서 우리들은 "그저 건강하게 오래오래 사세요" 라고 말씀드렸다.

아버지의 마지막 아이스크림 나들이

같은 해에 며칠 동안 입맛이 없으시다고 하시면서 식사를 거르셨는데 돌아가시기 전날까지도 의식이 명료하셔서 큰누님, 형님과 내가 휠체어를 밀고 홈플러스로 모시고 가서 아이스크림을 사드렸다. 며칠 전부터 아버님이 식사를 거르신다는 소식을 듣고 뉴욕에서 누이동생이 집에 도착했는데, 오후에 그 딸과 아내와 함께 거실에서 휠체어에 앉아 계시다가 여전히 미소를 띤 채로 편안히 소천하셨다. 그 시각에 TV 화면에 트럼프와 김정은의 하노이 회담이 결렬되었다는 소식이 속보로 전해지고 있었다.

돌아가신 후에 나이 드신 여집사님이 아버님 속옷을 하나 달라고 하신다. 왜 필요하냐고 물으니까 이렇게 돌아가실 복을 타고 나신 분이 드물어서 그런 분 속옷을 입고 다니면 자기도 그렇게 된다는 말이 있단다. 그래서 그분에게 하나 드리고 나도 가끔 입고 다닌다.

천하에 그렇게 간이 큰 사람은 없어요

지리산을 좋아하는 두류패에서 이홍재 무성서원 부원장이 인솔하여 병산, 도산서원 기행을 갔다.

병산서원 앞에는 강과 모래사장이 마치 병풍처럼 펼쳐져 있는 아름다운 곳이었다. 마루에 앉아서 이수월 선생이 시를 낭송했는데 너무 분위기가 있었다.

다음날에 강가에 위치한 도산서원을 찾아갔는데 입장료도 받고 재정이 넉넉한 것이 부러웠다. 문패 가운데 산(山)자를 그림처럼 쓴 것이 이채로웠다. 저녁에 서원의 중진들이 모여서 퇴계학을 공부하는데 우리도 초대받아서 같이 공부하였다.

향약에 대해서 강사가 말씀하시는데 형제가 서로 싸울 때, 형이 잘못하고 아우가 옳으면 균등하게 벌하고, 형이 옳고 아우가 잘못하였으면 아우만 벌하며, 잘못과 옳음이 서로 비슷하면 형은 가볍고 아우는 중하게 처벌한다는 것이 흥미로웠다.

여러 가지 벌에 대해서 말씀하셨는데 향장(鄕長)을 능욕하는 자, 수절하는 상부(孀婦)를 유인하여 더럽히는 자는 극벌에 처하고, 이웃과 화합하지 않는 자, 동무들과 서로 치고 싸우는 자, 관가의 임명을 받고 공무를 빙자하여 폐해를 만드는 자, 구관(舊官)을 전송하는데 연고 없이 참석하지 않는 자는 중벌에 처하

도산서원에서

고, 문란하게 앉아 예의를 잃은 자, 좌중에서 떠들썩하게 다투는 자, 공회(公會)에 늦게 이른 자, 연고 없이 먼저 나가는 자는 약벌에 처한다는 것이다.

그래서 내가 손을 들고 질문을 한 것이 구관(舊官) 사또의 환송식에 불참하는 자는 중벌인데 신관(新官) 사또의 환영식에 불참하는 자는 무슨 벌에 처하느냐고 물었다. 강사 선생님이 껄껄 웃으면서 천하에 그런 간이 큰 사람은 있을 수가 없어서 처벌 규정이 없다는 것이다.

공부가 끝나고 다 같이 술을 마시면서 환담을 하고 잠자리에 들었다. 아침에 일찍 일어나서 같이 제사를 드렸다. 나중에 문경새재를 돌아보고 집에 왔다.

세 사돈 부부들의 좌충우돌 대만 여행기

옛 말에 '측간(화장실)과 사돈댁은 멀면 멀수록 좋다'는 말이 있는데 우리 부부는 딸 둘이 시집을 갔는데 같은 도시에 살기에 두 사돈댁과 자주 식사도 같이하고 제주도 여행도 같이 가고 했다. 3년 전에 대만으로 세 사돈 부부가 같이 여행하기로 하였다. 패키지여행을 하면 편했을 텐데 숙소만 딸들이 예약해주고 환갑을 넘긴 6명이 자유여행을 하기로 했다.

우리는 새벽에 택시를 타고 터미널에 도착했는데 사돈댁들은 우리 딸과 아들이 모시고 와서 역시 아들이 낫다는 생각이 들었다. 시작부터 일이 꼬이기 시작했는데 여행 가방이 터져서 보자기로 묶었다.

버스가 새벽 4시에 출발하게 되어 있는데 4시 35분에야 기사님이 머리를 푹 숙이고 와서 늦은 이유를 물어보니 자명종이 안 울려서 그랬다고 한다. 승객들이 비행기를 놓치면 책임지라고 항의를 했으나 우리는 커피를 사다 드리며 안전 운행을 부탁했다. 휴게소를 안 쉬고 달려서 인천공항에 예정보다 5분 늦게 도착했고 나는 고맙다고 기사님과 사진까지 찍었다.

대만에 도착하여 중앙역으로 가는 버스를 타려는데 줄이 길어서 6명이 바닥 난간에 앉아있는 모습이 티브이에서 보던 〈꽃과 할배〉 생각이 났다.

중앙역에서 택시 2대로 아파트를 간신히 찾아갔다. 짐을 풀고 허름한 식당을 찾아갔는데 점심 메뉴가 백 가지가 넘었다.

세 사돈부부의 비상

대만 국립박물관에 가서는 한국말 가이드를 쫓아 다니며 구경했다. 저녁에는 스린 야시장에 갔더니 인산인해여서 간신히 자리를 구해 볶음밥을 먹었다.

다음날 작은 식당에 가서 아침을 먹었는데 한국어(韓國魚)라고 한자로 써진 메뉴가 있어서 물어보니 오징어였다. 점심을 3천 원 주고 샀는데 우리가 어렸을 때 본 얇은 나무 도시락에 들어 있었다.

경천장 정자에서 점심을 먹고 할배, 할매 여섯 명 모두 다 같이 하늘로 점프하면서 사진을 찍었다.

저녁에는 안사돈 셋이 모여서 밤 늦게까지 도란도란 얘기를 나누다가 아내에게 왜 그렇게 혼수를 조금 해서 보냈냐고 농담을 하며 웃었다.

사위가 숙소에서 택시 타고 가라고 했는데 800원을 주고 전철을 탔다. 전철에서 학생들이 우리에게 자리를 양보해줘서 고마웠다. 택시를 탔으면 꽤 돈이 많이 들었을 것이다. 짐을 가지고 걸어서 전철역까지 가서 또 전철을 갈아타고 간다니까 딸들이 놀라서 마치 애들끼리만 소풍을 보낸 것처럼 맘이 불안하다고 했다.

그 후 화련까지 기차를 타고 가서 민박했다. 가다가 온천이 있어서 발만 담근다고 들어갔다가 손님이 우리밖에 없어서 반바지와 티셔츠만 입고 물에 들어가서 안사돈들은 노래하고 물장구치고 한참 놀다가 나왔다.

다음날 새벽에는 우리 부부가 주인 오토바이를 빌려 타고 신나게 돌아다니다가 길을 잃고 말았다. 출근시간이라 물어볼 사람도 없어 오토바이를 탄 사람을 세워서 민박주인 명함을 주니까 손목시계를 힐끔 보더니 따라오라고 해서 알고 보니 우리 민박집 바로 앞에 사는 사람이었다.

화련의 아름다운 관광지들을 둘러본 후에 다시 기차를 타고 돌아와서 공항으로 이동하여 한국에 도착했다. 공항 지하식당에서 육개장을 먹었는데 이번 여행 중 제일 비싼 식사였다.

애들을 나오지 말게 하자고 했는데 작은 딸 사돈이 연락을 하셔서 두 집은 모셔갔고 우리는 다시 택시를 타고 집에 돌아왔다.

슬슬 다시 같이 여행할 때가 되었는데 코로나 때문에 못 가고 이 사태가 끝나기만 기다리고 있다. 사돈댁은 가까워도 좋았다.

계란 프라이 한 개의 행복

나는 음식을 남기는 것을 아주 싫어한다. 그래서 남긴 음식은 되도록 싸가지고 집에 와서 다음 끼니에 먹으면 반찬 준비를 덜해서 좋고 음식 쓰레기도 덜 남기고 일석이조이다.

아버님께서는 평소에 "음식을 남겨서 버리는 것은 죄다." 라고 말씀하시곤 했다.

한국에 수십 년 계셨던 미국 보요한 선교사 님과 식사를 하면서 "한국 음식 중에서 제일 맛있는 음식이 무엇입니까?" 하고 물으면서 불고기나 갈비 등을 예상을 했는데 그 분은 "잡채가 제일 맛있습니다."하고 대답하셨다. 그 날은 양식집에서 드셨는데 스테이크를 드시고 남은 그레이비 소스를 빵으로 싹싹 긁어서 드시니까 접시가 깨끗해졌다. 아예 설거지 할 것이 없어 보였다. 그래서 "평소에도 그렇게 깨끗이 드십니까?" 하고 물었더니 "내가 어렸을 때 미국 대공황이 있었어요. 그때는 음식이 아주 모자랐어요. 그 때 부모님에게 이렇게 먹도록 교육을 받았어요." 하고 말씀하셨다.

오래전에 임상 실습을 나온 120명의 의과 대학생에게 모두 병원 식당에서 아침밥을 사주면서 음식을 조금도 남기지 않는 학생이 몇이나 되나 하고 보았더니 2명이 있었다. 그래서 아버지의 직업을 물어보았더니 둘 다 농사를 지으신다고 했다. 어렸을 때부터 밥을 남기면 혼나는 밥상머리 교육을 받았단다.

나는 식당에서 식사를 할 때 상에 내려놓기 전에 내가 못 먹을 음식은 바로 다시 가져가도록 한다. 상에 일단 내려놓으면 남은 것을 다 버려야 하기 때문이다. 식사를 마치고 음식이 남으면 다 포장해서 집에 가져다가 다음날에 먹는다.

주위에서 나를 근천스럽다고 말하는 사람도 있지만 나는 이것이 음식에 대한 예의라고 생각하고 식당에서도 일과 비용이 줄어드니까 고마워한다.

과거에 프랑스에서는 레시피가 새어 나갈까 봐 남긴 음식을 싸달라는 손님의 요구를 거부하는 식당도 있었는데 몇 년 전부터는 법으로 손님이 요구할 때는 무조건 남긴 음식을 싸 주도록 정해 놓았다.

얼마 전에는 장례식장에 가서 식사를 하는데 대개는 육개장이 나오는데 맛있는 황태국이 나와서 조금만 더 달라고 했더니 많이 줘서 먹고 남았다. 그래서 그것을 싸달라고 했더니 자기가 장례식장에서 오래 일했는데 남은 국을 싸달라고 하는 사람은 처음 보았다고 넉넉하게 싸주었다. 나가면서 상주에게 하도 맛있어서 남은 국을 싸간다고 보여주니까 고인이 얼마나 좋아하겠느냐고 오히려 고마워했다.

엊그제는 양식집에 가서 무슨 리조또를 시켰는데 계란 프라이가 덮여 있었다. 계란 프라이는 다 먹었는데 리조또가 남아 싸달라고 하니 종이 상자에다 싸 줘서 저녁 때 먹으려고 열어보았더니 새로운 계란 프라이가 덮여져 있었다. 주인의 정성어린 마음씨를 읽고 감동이 밀려왔다.

앞으로 이 집이 내 단골집이 될 것 같다.

담배 못 피우는 신병 훈련 때 금연 교육을

우리나라는 세계적으로 흡연율이 높은 나라 중 하나다. 흡연으로 인한 암이나 심장질환 같은 인명 손실은 물론, 그 치료비나 화재에 의한 손해도 천문학적이다. 현명한 정책은 결과적 피해에 대한 대처가 아니라 예방이다. 의학 발전으로 암이나 심장질환의 치료가 획기적으로 향상되었지만 질병 발생을 원천적으로 차단하는 것이 더욱 중요하다. 세계보건기구는 '생명 연장 활동 중 금연만큼 확실한 것이 없다'고 밝히고 있다. 나도 한때 10년간 담배를 피웠으나 이후 30년간 금연하고 있다. 금연이 어려운 것은 불안하거나 정신을 집중하기 곤란할 때 간절히 담배를 피우고 싶고, 끊으려 하면 두통·불면증·손 떨림 같은 금단증상에 시달리기 때문이다. 금단증상의 절정은 사흘째이고, 보통 보름 정도 지나면 사라진다.

금단증상은 한마디로 '담배 고픔'인데, 이는 운동하거나 다른 일에 열중하면 잊어버리기 쉽다. 마침 신병교육대에 입소하면 훈련병들은 5주간 담배를 피울 수 없다. 그래도 훈련이 고되기에 다들 참아낸다. 그런데 이 기간이 끝나면 대부분 다시 흡연을 시작한다. 안 피우던 병사들도 고참이 건네면 거절하지 못해 배우기 시작하는 경우가 많다. 실제로 대부분 학교나 군대에서 담배를 배웠다고 말한다. 흡연은 병사들의 건강을 해칠 뿐 아니라 전투력도 약화시킨다.

나는 입대가 강제로 만들어준 이 황금 기간에 교육이 중요하다고 생각해 전북대병원과 가까운 사단에 가서 훈련병들에게 흡연의 해독과 금연법을 가르치곤 했다. 이후 그 부대가 먼 곳으로 이전하자 군의관에게 자료를 주고 교육을 부탁했다.

사회에서 금연하긴 매우 어렵다. 담배를 언제 어디서나 살 수 있고 주위에 같이 피울 사람도 많은 탓이다. 담배를 일부러 끊기는 힘들지만 이미 금단증상이 없어진 5주간 금연 후 지속하기는 훨씬 쉽다. 그래서 5주 훈련 기간에 금연 교육을 필수로 편성하길 제안한다. 강사는 그 부대 군의관을 활용하면 된다. 보건소처럼 의무실에 니코틴 패치도 구비하고, 1년간 금연에 성공한 병사에게는 포상해도 좋을 것이다. 이렇게 군대에 가서 담배를 끊고 나오는 장병들에게 군대는 생명을 구한 곳이 될 것이다. 우리 군대가 담배를 배워 오는 곳이 아니라, 끊고 나오는 곳이 되면 모두에게 좋지 않은가.

—《조선일보》 2016. 12. 13

찰칵

청정 톳 말리는 제주 행원리 아지망들

지난 주말 아내와 찾아간 제주 구좌읍의 작은 마을 행원리에선 톳 말리기 작업이 한창이었습니다. 청정 제주 해안 도로에 갓 채취한 톳을 깔아놓고 바닷바람에 2~3일 바짝 말립니다. 톳으로 자녀 7명 모두 공부시켰다는 분부터, 여든다섯 살이지만 아직 거뜬하다는 최연장자까지 총출동하는 마을 공동 작업입니다. 제철 맞은 톳이 올해도 효자 노릇 톡톡히 하는지 마을에 웃음소리가 끊이지 않습니다.

— 《조선일보》 2016.04.29

3부

세상만사 — 브라보 마이 라이프

아버지

겨울 지리산에서 스틱 인심

나는 전주에 사는데 차로 두 시간쯤 걸리는 지리산은 마음이 울적할 때 훌쩍 떠나기 좋은 산으로 이제까지 학생들하고 한 종주까지 합치면 백 번 정도 산행을 한 것 같다. 80년대에는 지금처럼 등산 스틱이 보편화 되어 있지 않아서 나는 눈이 많이 쌓였을 때는 스키용 스틱을 가지고 산행하곤 했다. 한번은 천왕봉을 올라갔다가 장터목 산장에서 쉴 때 눈더미에 스틱을 박아놓고 깜빡 잊어버리고 산을 내려왔다. 전화해보니 그대로 있다고 해서 보관을 부탁하고 다음 날 다시 올라가서 찾아온 적도 있었다.

오래전에 모처럼 한겨울의 토요일에 혼자 지리산에 갔다. 백무동에서 올라가서 1653m에 있는 장터목 산장까지 갔다가 내려올 예정이었다. 백무동 계곡 입구에서 올라가다가 보니 깜빡 잊어버리고 등산 스틱을 안 가져왔다. 올라갈 때는 괜찮은데 내려올 때 무릎에 무리가 갈 텐데 하고 걱정하다가 다 내려 온 사람에게 스틱을 빌려보자는 기발한 생각을 했다. 그래서 맘 좋게 생긴 아저씨가 내려오길래 "안녕하세요? 어디서 오셨어요?" 하고 물어보니 여기 백무동에 사신다고 해서 잘 되었다 싶어서 "제가 무릎이 안 좋은데 스틱을 안 가져와서 미안하지만 그 스틱을 좀 빌렸다가 하산 길에 돌려 드리면 안 될까요?"하고 사정하니까 한참을 머뭇거리다가 "그럼 쓰시고 이 앞에 있는 가게에 맡겨 놓고 가시면 됩니다. 근데 산행하다가 혹시 그 스틱 어디서 났느냐고 물어보는 사람이 있으면 내가 빌려줬다고 하면 안 됩니다."

해서 이렇게 등산객들이 수도 없이 많은데 괜한 걱정을 하시네 라고 생각을 하고 "잘 알았어요. 염려하지 마세요" 하고 받아보니 비싼 스틱이었다.

그래서 장터목 산장까지 눈길을 밟으며 즐거운 산행을 하고 취사장에서 점심을 해 먹고 하산 길은 사람들이 대부분 길이 있는지도 모르고 지금은 막혀 있는 한신지계곡으로 잡았다. (참고로 이 길은 공원에서 산행을 금지하는 길이고 산행을 하다가 적발되면 비싼 벌금을 물어야 하는데 사람이 안 다니니까 위험한 길이기에 지금은 다니면 안 된다.) 눈길을 걷고 있는데 뒤에서 도사 같은 분이 같이 가자고 해서 반갑게 얘기를 하면서 내려오는데 앉아서 쉴 때 내 스틱을 찬찬히 쳐다보더니 " 그 스틱, 선생님 것이에요?" 하고 묻기에 무심결에 "아니요, 내 것을 집에 놓고 와서 입구에서 여기 사시는 분이 내려오는 것을 보고 사정을 해서 빌렸어요" 했더니 "나쁜 사람, 내가 빌려달라고 할 때는 안 빌려주더만" 하는 것이 주인하고 아는 사람이었다. 그래서 이 사람을 만날까봐 말을 하지 말라고 당부를 했는데 나는 수많은 사람 중에 설마 이 사람을, 사람도 잘 안 다니는 길에서 만날 줄은 꿈에도 모르고 실수를 해 버린 것이다. 그분이 처음에는 안 빌려준다고 해서 내가 무릎이 고장 난 환자라고 사정사정해서 간신히 빌렸노라고 하면서 내가 빌렸다는 말을 안 한다고 약속했는데 실수를 해서 그분에게는 화를 내지 말라고 신신당부하고 헤어졌다. 그 후에 두 분 사이가 어떻게 되었는지는 지금도 잘 모르겠지만 은혜를 갚지는 못할망정 그 쉬운 약속도 못 지킨 것이 두고두고 미안하고 마음에 걸린다.

어느 해 겨울에 안나푸르나 트레킹을 갔는데 하산이 끝날 무렵 빙판길을 내려오는데 중국 여자가 아이젠도 없이 미끄러져 가면서 올라오고 있었다. 지리산 스틱 생각이 나서 내 아이젠을 풀어 그냥 줬다. 중국 여성은 내 호의에 놀라서 고맙다고 몇 번 인사하고 올라갔는데 내 동료들은 속도 모르고 그 여성이 미인이라서 줬다고 나를 놀렸다.

날마다 오늘만 같아라

올해 중국 태산의학원 지도학생은 뢰흔호 군과 류윤소 군이다. 일 년을 지내는 동안 한국 문화를 체험해 보게 하고 싶어서 의대 관현악단 연주회, 교수합창단 정기발표회, 보통 결혼식, 향교에서 전통 결혼식, 금산사, 금산 교회, 마이산, 천등산, 모악산, 경각산 등을 데리고 다녔으나 제일 보여주고 싶었던 곳은 지리산 천왕봉이었다.

내가 등산을 좋아하니까 등산을 가는 게 쉬워서 중국 학생 여러 명과 모악산을 가끔 갔다. 뢰흔호 군은 어머니가 한국을 방문했을 때 함께 모악산을 다녀왔다.

산행은 우여곡절 끝에 태산의학원생 20명과 의대생 15명을 포함한 42명이 확정되었다. 플래카드도 중국인들이 좋아하는 빨간색으로 했는데 빨간색으로 플래카드를 만드는 것은 처음이었다.

5시 10분 전에 내가 기숙사에서 중국 학생들을 먼저 태우고 5시 5분에 학교에 도착하였다. 학교에서는 전날 준비한 김밥, 빵, 음료수, 과일, 과자 등을 바리바리 챙겨 주었다. 7시 50분에 중산리에 도착하여 미리 시켜놓은 시래기 해장국을 먹었는데 중국 학생들 것은 맵지 않게 미리 주문을 해둔 덕에 게걸스럽게 그릇을 비웠다. 산행을 시작한지 30분도 안되어서 태산의학원 여학생이 숨을 헐떡거리길래 더 갈수 있냐고 물으니까 가겠다고 하여 앞세우고 천천히 걸었다 그런데 10분

만에 주저앉아서 혼자 내려보낼 수는 없어서 전경태 산꾼에게 식당까지 데려다 주고 올라오도록 하고 산행을 계속하였다. 3학년 차하은 학생은 중국에서 몇 년 동안 학교를 다녀서 중국 학생들과 대화를 할 때는 전북의전원생인지 태산의학원생인지 구분이 안 갈 정도의 유창한 중국어 실력 덕분에 내려보내기로 결정하는데 큰 도움이 되었다.

법계사에서 잠깐 쉬고 산행을 하는데 젊어서 그런지 다들 잘 따라오고 있었다. 가는 길목에 얼레지가 흐드러지게 피었다. 힘들게 천왕샘까지 왔는데 앞을 보니 가파른 돌계단 끝에 천왕봉이 자태를 보였다.

천신만고 끝에 12시 20분에 1,915미터 천왕봉 꼭대기에 도착하였다. 천왕봉에는 휴일을 맞아 많은 사람들이 줄지어 사진을 찍고 있었다. 우리 일행도 천왕봉 표지석을 배경으로 인증 사진을 찍었다. 의전원 3학년 이형석 군에게 부탁을 하자 오보에를 꺼내서 바위 위에서 영화 '미션' 주제 음악으로 감동을 준 '가브리엘 오보에'를 연주하기 시작했다. 사람들이 전혀 기대하지 못했던 낭랑하고 애잔한 천상에서 내려오는 듯한 소리에 탄성을 자아내며 넋을 놓고 듣고 있었다. 한반도에서 제일 높은 지리산 천왕봉에 오보에 소리가 울려퍼진 것도 처음이었을 것이고 이형석 군도 많은 연주회에서 오보에를 연주했지만 대한민국 국립공원 제1호인 지리산 꼭대기에서 아무것도 모르고 있던 등산객들에게 깜짝 선물을 선사한 것도 멋진 경험이었으리라 생각된다.

이어서 감염내과 황정환 교수가 베리나인 30년산을 꺼내서 정상주를 한 잔씩 했는데 중국 학생들이나 한국 학생들도 이 술이 비싸고 귀하다는 것을 알고 감지덕지하며 마셨다. 빈 속에 독주가 식도를 타고 짜르르하게 흘러내리는 것을 느끼면서 "캬"하는 소리를 내었다.

천왕봉에 하늘을 받치고 있는 기둥이란 의미로 '天柱'라는 글씨가 바위에 새겨

천왕봉에서

진 곳에서 지나가는 분에게 단체사진을 부탁했더니 파이팅하고 한 장을 찍고는 파이팅 소리가 작다고 다시 찍었는데 사진에 소리가 나오는지 궁금하였다.

제석봉에서 싸가지고 온 김밥과 빵으로 점심을 먹고 나서 쉬고 있는데 그 위로 까마귀가 무리지어 날고 있었다. 박진우 교수가 들꽃을 찍으면 이름을 가르쳐 주는 앱이 있다고 하여 이창섭 교수 얼굴을 찍어보았더니 "맞는 이름이 없음"이라고 나왔다.

하산 길은 대체로 순조로웠다. 가끔 계곡 물줄기가 폭포를 이루고 있어서 장관이었다. 칼바위를 지나서 내려오는데 폭포가 있고 물이 길 옆에 흐르고 있어서 다들 족욕을 했는데 물이 얼음장같이 차가왔으나 피곤이 저절로 풀리는 기분이었다. 여학생들은 폭포 쪽에서 삼사오오 사진을 많이 찍었다. 저녁 6시 반경에 내려와서 보니 한 태산학생은 감격했는지 눈물을 흘렸다.

전주에 9시경에 도착하여 매년 지리산 종주 후에 뒤풀이 장소인 충경로에 있는 '비포장'에 도착하였다. 여느 때처럼 비포장은 텅 비어 있어서 전세를 낸 것처럼 우

천왕봉에서 오보에를 연주하는 이형석 군

리끼리 즐길 수 있었다. 다들 남한의 반도에 있는 산 중에 제일 높은 천왕봉을 하루에 찍고 온 후에 이야기 보따리를 풀어놓고 있었다. 다시 이형석 군에게 부탁하여 마르첼로 오보에 협주곡 2악장을 눈을 지그시 감고 감상하였다.

태산 주시무 군은 자기 핸드폰으로 웅장한 스피커를 통해 좋아하는 바이올린 곡을 감상하였다. 채수완 교수님이 태산 지도학생을 자주 못 만나서 미안하다고 술값을 계산하였다. 몇몇 학생들이 기념하는 글을 썼는데 '완벽한 날씨와 완벽한 오보에 연주' '아름답고 잊지 못할 추억' 등이었다. 버스로 기숙사에 태산의학원생들을 데려다 주고 집에 오니까 12시였다. 몸은 천근만근 무거웠지만 마음 속으로는 '날마다 오늘만 같아라'였다.

여행을 갈까 말까 망설일 때는 가는 것이 정답이다.

내가 즐겨 찾는 술집 '비포장'의 벽에는 이렇게 써있다. '여행은 망설이는 자에게는 무덤이요, 저지르는 자에게는 축복이다'

병 주고 약 준 스쿠버 다이빙

내과에 주연미라는 여자 전공의가 있었다. 인물도 좋은데 아주 독특하고 남다른 데가 있었다. 환자도 잘 보고 항상 웃는 얼굴인데 이 친구가 스쿠버에 필이 꽂혀서 병원에서 수련받기 전에 일 년을 쉬면서 해외에서 스쿠버 강사까지 할 정도로 스쿠버를 좋아했다. 내가 육십이 되었을 때 나에게 스쿠버를 배우라고 권유를 했다. 다른 사람들에게도 권유를 했는데 다들 흘려들었는데 나는 '그것 참 재미있겠다.' 라는 생각이 들었다.

그 후 인도네시아 발리에서 학회가 있어 참석하게 되었을 때의 일이다. 오전에만 일정이 있었기 때문에 오후에 바닷가에 나가서 스쿠버 강습을 받았다. 혼자서 받기가 뭐해서 다른 사람들과 같이 받으려고 얘기를 해 보았는데 다들 화들짝 놀라면서 무서워서 못 하겠단다. 처음에 얕은 곳에서 기본 연습을 마치고 배를 타고 깊은 바다로 들어갈 때는 솔직히 조금 무서웠는데 현지 강사가 개인지도로 가르쳐 주기에 안심을 하고 배웠다. 바다 속의 세계는 육지에서 상상하던 것과는 전혀 다른 진풍경이 펼쳐지고 있었다. 끝없이 펼쳐진 아름다운 산호와 수족관에서만 보았던 형형색색의 물고기, 소용돌이치듯 유영하는 거대한 물고기 떼들의 진귀한 풍경에 입이 저절로 딱 벌어질 지경이었다.

시간이 있었으면 여유를 가지고 배웠을 텐데 비행기를 타기 24시간 전에는 바다에 들어갈 수가 없어서 조금 무리를 해서 잠수를 하다보니까 침에 피가 조금 섞여서 나왔다. 그 고생을 하고 드디어 "Open Water Diver" 자격증을 땄다. 공항에서 체크인을 하느라 줄을 서 있을 때 내가 스쿠버를 배웠다고 하니까 다른 병원의 젊은 교수들이 다들 부러워하면서 자기들도 배울걸 하고 후회를 했다.

귀국을 해서 보니 전에는 몰랐는데 전주에도 수심 5미터의 풀장을 갖춘 스쿠버 강습소가 있었다. 마침 피지에 있는 제자 오충현 선생이 꼭 아내와 함께 다녀가라고 해서 간 김에 나보다 수영을 잘하는 아내에게 혼자 보기 아까운 피지 바다 속을 보여주려고 안전하니까 스쿠버를 배우라고 살살 꼬드겼다. 처음에는 탐탁치 않게 생각을 했던 아내도 실내 풀에서 강습을 받고 자격증을 땄다. 그런데 내가 발리에서 배울 때는 Buddy Breathing(짝호흡)이라는 것을 배웠는데 이 곳에서는 그것을 안 가르쳤다는 것이다. 모든 호흡기에는 문어발 같은 호

피지에서 아내와 함께

스가 2개 있는데 하나는 자기가 쓰고 혹시 짝이 산소가 떨어지는 응급 상황이 되면 다른 하나를 줘서 같이 사용하라고 만들어 놓았다.

짝호흡은 상대방이 입에 문 호스를 떼고 자기의 여벌의 호스를 상대방에게 주는 행위여서 나는 꼭 가르쳐 주려고 물 밖에서 설명을 해주고 강사님이 사무실에 들어갔을 때 납벨트를 메고 둘이 풀의 바닥으로 들어갔다.

그래서 우선 아내에게 숨을 참으라고 하고 호흡기를 뗀 후에 내 호흡기를 아내 입에 물려주었다. 그리고 아내가 마우스피스 앞을 탁 치면 호스 안에 있던 물이 다 빠져 나오면서 공기를 호흡할 수 있는데 아내가 당황해서 탁 치는 것을 잊어버리고 호흡을 하자 물이 기도로 확 들어갔다.

아내가 패닉해지고 나도 따라서 패닉해지고 시간은 흘러가는 긴박한 상황이 되었다. 내가 전문가라면 침착하게 대처를 했겠지만 나도 아마추어라서 '이러다가 풀장에서 익사하겠구나!' 하는 생각이 들어서 배운 대로 납벨트를 벗겨서 비상 탈출로 수면으로 올라와서 바닥에 들어 누웠다. 선무당이 사람 잡는다고 내가 아내를 가르치다가 홀아비가 될 뻔해서 무척 미안한데 아내는 나를 생명의 은인으로 생각하고 있으니 참으로 난감한 일이다. 아내는 다시는 스쿠버를 안 하겠다는 것을, 평생 악몽으로 시달리지 말고 넘어진 자리에서 다시 일어나야 된다고 달래고 또 달랬다.

그 결과 아내는 피지에 가서 수심 20미터까지 무사히 잠수를 마치고 다이버로 입문을 했는데도 그 뒤부터는 다시는 바다에 들어갈 생각을 하지 않는다.

번지 점프를 하다

오래전에 우리 부부가 해외 패키지 여행으로 호주에 갔다. 시드니에서 관광버스가 쉬는 곳에 배에서 바다로 뛰어드는 번지 점프를 하고 있었다. 당시 우리나라에서는 번지 점프를 하는 곳이 별로 없었기 때문에 아내를 졸라서 허락을 얻고 배에 올라갔다. 돈을 내기 전에 안전하냐고 묻고 번지를 하다가 중상을 입거나 죽은 사람은 없느냐고 물었더니 전혀 없단다. 안심하고 돈을 냈더니 받자마자 사인을 하라고 종이를 내미는데 읽어보니 번지를 하다가 중상을 입거나 사망을 해도 회사에게 책임을 묻지 않는다는 서약서 내용이었다. 아까 절대 그런 일이 없다는데 그러면 이런 서류에 서명을 받을 이유가 없다는 생각에 실소를 금할 수 없었다.

아무튼 줄의 길이를 조절하기 위해 우선 체중을 쟀다. 그리고 물에 어느 정도 빠뜨려 주길 원하느냐고 물었다. 손끝만 닿게도 하고 팔까지 들이가게 하거나 퐁당 빠지게 할 수도 있다고 해서 이왕이면 퐁당 빠지게 해달라고 했다.

드디어 점프대에 올라가서 밑을 보니 까마득했다. 무서워서 내려갈 생각도 해보았는데 환불도 안 된다고 해서 눈을 딱 감고 뛰어내렸다. 바닷물에 들어가는 순간에 코로 물이 확 들어오고 다시 잡아당겨져서 오르락 내리락을 몇 번 하고 갑판 위로 다시 올라왔다. 의자에 앉으라고 하고 포도주를 한 잔 줘서 마시

번지 점프하는 필자

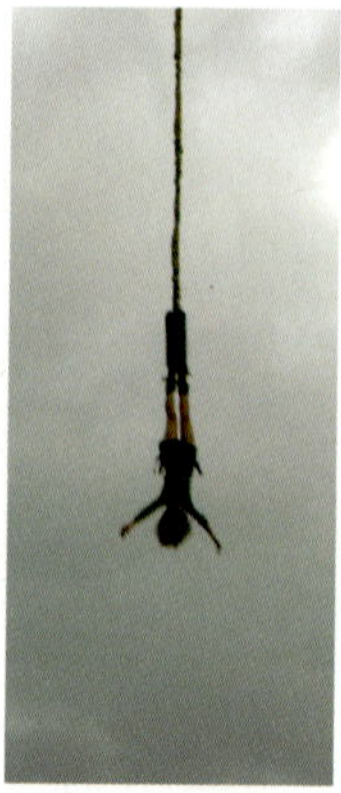

큰딸

작은딸

고 나니 기분이 알딸딸하니 좋았다. 조금 있다가 하강 시 찍은 사진을 바로 현상해서 증명서와 함께 주면서 다음에 번지 점프를 할 때는 어느 곳에서 하든지 회원이 되었기에 할인이 된다는 말을 듣고 속으로 한 번 했으면 충분하지 또 할 필요는 없다는 생각이 들었다.

몇 년 뒤에 청풍으로 가족 여행을 가면서 한국에서 가장 높다는 번지 점프대를 보았다. 그래서 두 딸에게 번지를 권했다. 아내는 펄펄 뛰면서 위험하다고 했지만 내가 좋은 경험이라고 강권하니까 어쩔 수 없이 둘이 점프대로 올라갔다. 동생은 눈 딱 감고 잘 뛰어내렸는데 언니는 뛰어내리려고 시도했다가 무서워서 뒷걸음질을 치고 또 시도했다가 후퇴하고를 반복했다. 마침 뒤에 기다리는 사람이 없었기에 진행 요원들이 천천히 준비되면 하자고 격려를 해줬기에 언니도 점프를 했다. 아내는 옆에서 무서워서 울고 있었다. 딸들에게 어땠냐고 물어보았더니 할 때는 무서웠는데 하고 나니까 아주 기분이 좋았단다. 몇 주 뒤에 번지 점프를 하다가 사망한 사건이 있은 후 국내에서 번지 점프하는 곳이 거의 없는 것 같다. 그러고 보니 나는 강압적인 나쁜 아빠였다.

우정어린 산행

나는 전북의대 내과 교수로써 15년간 졸업 여행을 3박 4일의 일정으로 칠팔십 명의 학생들과 함께 지리산 종주를 해왔다. 그 중에 가장 기억에 남는 2000년도 산행을 소개하고자 한다. 둘째 날에 세석산장에서 오후 2시경에 한 학생이 무릎을 다쳐서 계단을 내려오지도 못하고 있었다. 정형외과 송경진 교수와 전화로 상의를 했더니 이틀 남은 산행은 무리가 되니 즉시 내려보내라고 했다. 본인은 중도에서 포기하기를 매우 싫어했으나 의사의 권고대로 내려보내기로 했다. 문제는 일단 지리산 종주 코스에 들어오면 하산하는데 빨라도 서너 시간이 걸리고 그 정도 부상으로는 헬기를 부를 수도 없어서 별수 없이 업고 내려갈 수 밖에 없었다.

그래서 학생 중에서 평소에 체력에 자신이 있고 다친 학우를 업고 내려갔다 다시 올라올 정도로 힘이 넘치는 사람이 있으면 나와 보라고 했더니 주로 공수부대, 특공대 출신인 5명(김준호, 이공근, 정상룡, 최병렬, 최우성)이 자원을 했다. 동기를 위해서 고생을 마다하지 않는 학우들이 무척이나 고마웠다. 5명이 번갈아가며 업고 바윗길을 내려가서 차가 다니는 거림까지 데려다 주고 다시 올라오라고 하고 나머지 학생 일행은 일정상 기다릴 수가 없어서 장터목 산장으로 출발을 시켰다. 그 중 한 학생은 한쪽 등산화 밑창이 다 떨어져 나가서 다친 학생과 등산화를 바꿔 신겼다. 밤이 점점 깊어가고 하염없이 기다리는데 10시가 되어서야 5명이 완전히 지친 상

세석 오인방

태에서 소주 대두병 2병을 들고 나타났다. 시간이 없어서 10분간 쉬는 동안 요기를 시키고 다시 각자의 무거운 배낭을 메고 야간 산행을 했다. 야간 산행은 일정에 없어서 플래쉬도 두 명이 하나씩 쓰고 촛대봉, 연화봉을 넘는데 달빛이 교교하여 절벽과 능선을 넘는 몽환적인 경치는 천하의 장관이었다.

밤 12시에 장터목에 도착하여 초조히 기다리는 나머지 학생들과 애써 사온 소주잔을 기울이는데 옆에서 놀던 공전 대학생들이 한참 신이 났는데 술이 떨어지자 우리가 소주를 마시는 것을 구경하다가 마치 사막을 걷다가 오아시스를 만난 여행객처럼 내게 다가와서 "교수님, 저희에게 소주를 좀 파실 수는 없나요?" 하고 물어보기에 젊은 학생들이 얼마나 술이 고팠으면 저럴까 싶어서 그냥 대두병 소주를 공짜로 줬더니 고맙다고 머리를 여러 번 조아리고 갔다.

우리는 하늘에 떠 있는 달과 별들이 아까워서 내내 하늘을 보고 누웠다가 다음 날도 하루 종일 걸을 것을 생각해서 한 시경에 잠자리에 들었다.

나중에 종주를 무사히 마치고 그때 그 고생을 해서 내려 보낸 환자가 궁금해서 잘 걸어다니냐고 학생들에게 물어보았더니 그 학생은 잘 뛰어다니는데 그때 업고 갔다 왔던 다섯 명이 절뚝거리고 다닌다고 하니 안쓰럽기 짝이 없었다.

오랜 세월이 지났지만 그 다섯 명 학생들의 우정이 아련한 추억으로 남아있다.

히말라야 석청 쇼크 사건

학생들과 지리산 종주 중에 벽소령에서 비박을 하는데 새벽에 딸에게서 전화가 왔다. 엄마가 시내를 걸어가다가 눈앞이 캄캄해지면서 시야가 좁아지고 안 보이면서 갑자기 혈압이 90/40으로 떨어지고 맥박이 40대라서 예수병원 응급실에 입원을 했다는 것이다.

부랴부랴 짐을 싸고 채수완, 박진우 교수에게 학생들을 부탁하고 전주로 왔다. 심장내과에 입원해서 가보니 멀쩡하니 앉아있는데 혈압과 맥박도 다 정상이었다. 아내는 괜찮으니 나를 보고 다시 지리산으로 올라가라는 것이었다. 몸은 여기 있는데 마음은 온통 학생들이랑 있으니까 차라리 산으로 가라는 것이다.

여기서 속으면 평생 고생을 한다. 나는 속마음은 굴뚝 같지만 그럴 수 없다고 딱 잡아뗐다. 그랬더니 정말 괜찮다고 올라가라는데 못 이기는 체하고 다시 지리산으로 갔다. 노고단 산장에 도착하니까 학생들이 아내가 응급실로 실려 갔다는 소식에 걱정을 하고 있다가 내가 나타나니까 좋아서 박수를 쳤다. 학생들은 기분이 좋아서 술을 몽땅 마시고 무사히 종주를 마쳤다. 아내도 원인을 모르는 채 좋아져서 퇴원을 하였다. 몇 주 뒤에 이십대의 딸이 똑같은 증상으로 길을 가다가 주저앉아서 응급실로 실려왔다.

젊은 애가 이럴 수는 없다고 병력을 들어보니까 내가 네팔에 갔다가 사 온 히

말라야 석청을 미숫가루에 타서 마신 것 때문이었다. 딸애도 금방 좋아져서 퇴원한 후에 검색을 해보니 그 석청은 3,000 미터 이상의 고지대에서 자라는 꽃에서 벌이 만든 것으로 독이 있다는 것이다. 그래서 많이 먹으면 사망할 수도 있단다. 식약처에서는 반입금지로 되어 있었다. 속에서 파스 냄새가 난다고 했는데 아닌 게 아니라 박하 냄새가 난다고 되어 있었다. 그래서 혹시 또 누가 먹을까 봐 개수대에다 버렸더니 그 말을 듣고 전북 산악계의 대부인 조연 선생이 "왜 그 귀한 것을 버렸냐? 차라리 나를 주지." 하고 아쉬워했다.

학생들과 함께한 지리산 졸업 여행

나는 어릴 때부터 운동 신경이 둔해서 공을 가지고 하는 운동에는 젬병이었다. 키가 작지는 않으나 배구를 할 때 내가 끼면 상대편이 더 좋아하고 공이 주로 나에게로 오기 일쑤였다. 근데 등산은 운동 신경이 필요 없기에 가끔 근교의 산을 올라 다니곤 하였다.

교수가 된 후 내 지도 학생 중 한 명이 등산을 좋아해서 하루는 나에게 지리산에 가보지 않겠느냐고 하는 것이었다. 그래서 그 높은 산을 어떻게 하루에 올라가느냐고 했더니 가능하다고 했다.

새벽 5시에 기차를 타고 남원역에 내려서 버스를 타고 인월을 거쳐 백무동 계곡을 통해 올라가서 본 지리산 천왕봉은 도시와 전혀 다른 황홀경을 보여주었다. 그 뒤에 그 학생과 다른 지도 학생들이랑 이박삼일로 지리산 종주를 마쳤을 때는 내 자신이 너무 자랑스러웠다.

나를 지리산에 입문시켜준 학생은 결혼 후에 아내가 산을 싫어해서 그 후에 한 번도 지리산을 못 가보았다고 못내 아쉬워한다.

지리산은 노고단에서 천왕봉에 이르는 주능선만 해도 42킬로미터쯤 된다. 이 아름다운 지리산을 나만 즐길 것이 아니라 제자들에게 보여주고 싶어서 이십 년 전에 출혈성 신증후군을 강의하다가 학생들과 아주 불공정한 내기를 했다. 증상 중에 facial palsy(안면 신경 마비)가 나오는데 palsy(마비)의 발음을 정

천왕봉 일출을 보고 환호

확하게 하는 학생이 한 명이라도 있으면 내가 전체 학생들에게 점심을 사고, 없더라도 내게 밥을 살 필요는 없다고 했다. 그랬더니 한 학생이 일어나서 'pɔː lzi'(폴지) 발음을 정확하게 했다. 문제는 그 학생이 책상 밑으로 사전을 찾는 것을 내가 보았다는 것이다. 그래도 내기는 내기라서 120명을 20명씩 6조로 나누어서 학교 앞 식당에서 밥을 사줬는데, 그때 이번 졸업 여행을 지리산 종주로 하면 좋겠다고 꼬드겼다.

학생들도 반칙으로 밥을 얻어먹고 미안하니까 그 해부터 지리산으로 삼박사일 종주를 하게 되었다. 그 후로 수업시간에 지리산의 절경을 찍은 사진을 보여주면서 권유를 하여 행선지 투표를 하면 두 번을 빼고는 지리산이 일등을 해서 십오 년간 지리산 종주로 졸업 여행을 다녀왔다.

항상 책임 교수는 나였고 5,6명의 교수님들이 동행하였다. 해마다 80여 명의 학생들을 인솔하여 산에서 4일을 지내는 일은 긴장의 연속이었고, 이제까지 큰 사고 없이 다녀온 것은 큰 다행인데 지금 생각해 봐도 아슬아슬한 순간이 많았다.

많은 인원이 움직이기 때문에 항상 다 같이 가려고 내가 선두에 서고 가장 체력이 좋은 이창섭 교수가 후미를 맡아서 워키토키까지 가지고 산행을 했다.

해질 무렵에 한 선배 교수님이 빨리 도착해서 술을 들고 싶다고 내 앞을 지나갔는데 7명의 학생이 뒤따라서 나를 앞질러 갔다. 밤 늦게 산장에 도착해 보니 7명이 사라지고 없었다. 사고가 났다 싶고 앞이 캄캄해져서 산장 직원에서 실종 신고를 하고 구조 요청을 하였다. 직원이 달려가는 길을 따라가 보았더니 학생들이 길을 잘못 들어서 한참을 내려갔는데 절벽에 막혀서 내려가지도 못 하고 기진맥진하여 올라가지도 못하고 옹기종기 모여 있어서 데리고 올라왔다. 그 인연으로 눈이 맞아서 남녀 학생이 사귀다가 나중에 결혼까지 골인을 하였다.

한 번은 한 여학생이 현기증이 나서 혈압을 재보니 80/50 이어서 심장내과 이경석 교수에게 전화를 했더니 혈관미주신경성실신이라고 하고 본인도 괜찮다고 해서 조심조심해서 종주를 마친 적도 있었고, 항상 봉합사 키트와 진통제 주사를 가지고 다니며 필요시에 사용하곤 했다.

어느 해에는 출발 당일 9시경에 예년과 다르게 고사를 지냈는데 내가 수업 방해하지 않게 조용히 해야 된다고 부탁을 했음에도 불구하고 농악대 복장으로 서너 명이 멍석 위에 앉아서 꽹과리를 치고 있는 가운데 버스에는 '왕따 없는 전북의대 졸업여행!'이란 대형 플래카드 밑에 돼지머리를 포함한 제사상이 차려있고 고사가 시작되었다.

총대 임진한과 안규환 졸업여행 추진위원장이 절을 하고 교수님들도 일제히 나와서 돼지머리에 절을 하고 돼지 입에다 5만원 지폐를 물리면서 무사히 여행이 끝나길 빌고 학생 67명을 포함하여 총 75명이 버스에 올라탔다. 나중에 안 일이지만 농악단은 동아리 '뻴' 후배들이었고 수업도 빠지고 선배를 위해 연주해주고 수고비를 받아서 술 한 잔 거나하게 먹었단다.

졸업 여행을 인솔할 때 제일 무서운 것은 아찔한 절벽이나 짐승이 아니고 술이다. 마지막 날 노고단 산장에서 잘 때는 동참하지 못한 학우들이나 의대 직

지리산 천왕봉에서

원들이 돼지고기와 소주를 바리바리 사가지고 오기 마련인데 이때 학생들이 만취해서 자다가 밖에 나가서 안 돌아오면 얼어 죽을 수가 있기에 제일 긴장이 되는 순간이다. 불침번 조를 짜서 한 시간마다 두 사람씩 현관문에서 보초를 서는데 다들 술을 많이 마시기에 안심을 못 하고 내가 자주 나가 보아야 했다. 그래서 해마다 내가 하는 일은 술을 살짝 훔쳐다 사무실에 떠들어서 미안하다고 주는 일이었다. 하산 후에는 구례에서 개원하고 있는 신훈상 원장이 15년간 학생 대표에게 점심값, 술값, 목욕비를 줬다.

6년 전에 마지막으로 80명을 인솔하고 갔는데 장터목 산장에 예약을 60명밖에 할 수가 없었다. 항상 예약을 못해도 복도나 바닥에서 잘 수 있었기 때문에 걱정을 안 했는데 그 해부터 예약제를 철저히 준수한다고 빈 자리가 있는데도 20명이 저녁 9시에 4시간에 걸쳐서 하산할 수밖에 없었다. 한 학생은 하산해서 4시간을 자고 다시 올라와서 합류를 하였다. 순발력이 빠른 학생들이 모여서 모의 연습도 하고 재빨리 컴퓨터로 신청을 했는데 왜 60명밖에 예약을 못 했는가 의아했는데 산행 도중에 그 이유를 알 수 있었다. 대안학교 학생들이 그 때쯤 종주를 많이 하는데 대학생들이 중학생이나 고등학생들에게 순발력에서 밀린 것이었다. 그 후로는 예약 문제로 지리산 종주를 졸업 여행으로 가지 못하고 제주도로 가게 되었다.

종주를 마치고 오는 길에 지리산 온천에 들러서 단체로 온천욕을 하기도 했다. 남학생들은 기차처럼 일렬로 앉아서 등을 밀어주고 "뒤로 돌아" 해서 거꾸로 밀어주곤 했다. 전주에 도착하면 학장님께 여행 종료 신고를 하고 술집 '비포장'을 전세내서 바닥에 멍석을 깔고 술을 마시고 밤늦게 귀가를 했다.

오래전에 서울에 있는 병원에서 초청을 해서 강의를 하고 저녁을 먹는데 전북의대를 졸업한 여선생이 하는 말을 듣고 깜짝 놀랐다. 자기가 총대단에 있었을 때 졸업 여행지를 정하는 투표를 했는데 지리산이 몇 표 모자라서 이등이었는데 하도 가고 싶어서 서로 눈짓을 교환하고 지리산을 일등으로 발표를 해서 종주를 했다는 것이다. 기가 막혀서 왜 개표부정을 해가면서까지 그 힘든 종주를 했느냐고 물었더니 "남학생들은 맘만 먹으면 언제든지 종주를 할 수 있지만 여학생들은 남학생들이 짐도 들어주고 밥도 해주고 물도 길어다주고 뒤쳐지면 손도 잡아주고 도와주니까 이 기회가 아니면 평생 종주를 하는 것이 불가능하다."해서 그랬다는 것이다. 그래서 "전체 학생들을 속인 것은 나쁜 일이지만 덕분에 다른 학생들이 좋은 경험을 했다." 면서 웃었다.

네팔 랑탕 트레킹도 해보고 안나푸르나 베이스 캠프 트레킹도 해 보았지만, 지리산만큼 아름답고 포근한 산을 보지 못했다. 이제까지 지리산 종주는 25회 정도했고 지리산행은 약 백 회 정도 해보았지만 아식노 학생들과 같이 부대끼면서 종주를 한 추억이 대학에 있었던 가장 큰 즐거움으로 아련히 남아있다.

헬기 출동 달마산행

매월 셋째 주 토요일에 출발하는 전북대병원 산악회에서 '남도의 금강산'이라고 불리는 달마산을 간다고 하여 덜컥 신청을 하였다.

산행을 하기 전날은 운기조식을 위해서 일찌감치 자리에 누웠는데 겨울 동안에 산행을 안 했기에 초등학교 일학년 때 소풍을 간다고 마음이 들떠서 잠을 못 잤던 것처럼 봄바람을 맞을 생각에 봄처녀같이 맘이 싱숭생숭하여 통 잠을 이룰 수 없었다.

병원 주차장에 도착해서 버스에 탔다. 응급의학과 이제백 교수에게 같이 가자고 전화를 했었는데 그 때는 시간내기가 어려울 것 같다고 했는데 버스에 타길래 반가웠다. 속으로 이 교수가 있으니까 응급환자가 있더라도 걱정 없겠다고 생각했다. 말이 씨가 된다고 이때까지는 산에서 무슨 일이 벌어질지 전혀 예측을 못했다.

드디어 26명의 회원을 태운 버스가 출발 했다. 주차장에 도착해 보니까 다른 팀은 동그랗게 모여서 체조를 하고 있었다. 우리도 저렇게 몸을 풀고 올라갔으면 좋겠다는 생각을 잠깐 했는데 초보도 아니고 프로들이 그럴 필요가 있겠나 하고, 산행을 시작했다. 초입에 '달마산 미황사'라는 현판이 날아갈 듯 휘갈겨 써져 있어서 역시 호남은 서예의 고장이라는 생각이 들었다.

바다를 바라보며 비빔밥 도시락을 먹었는데 강된장에 비벼먹는 맛은 말 그대

헬기로 구조 중

로 꿀맛이었다. 거기다 다들 막걸리까지 한 잔 걸치고 나니 세상에 부러울 것이 하나도 없었다. 나는 후미에서 산행을 했는데 정상에 가까운 능선은 뾰족뾰족한 바위로 이루어져서 한 발 한 발 조심해서 디뎌야했다.

그런데 장영남 선생의 안색이 안 좋아서 쉬어가자고 제안을 하고 바닥에 주저앉자마자 다리에 쥐가 나기 시작했다. 마침 응급의학과 이제백 교수가 옆에 있어서 바로 편히 누이고 다리를 주무르며 응급 처치를 시작했는데 좀처럼 좋아지는 기미를 보이지 않고 번갈아가며 양발에 쥐가 나는데 움직일 때마다 비명을 지를 정도로 심했다.

이때 지나가던 베테랑 산악인이 의협심이 발동하여 등산 중에 쥐가 났을 때는 이렇게 해야 한다는 듯이 발을 왼쪽 오른쪽으로 사정없이 비틀었다. 장 선생은 도와주고 있는데 싫다는 말도 못하고 꼼짝없이 앓고만 있었다. 내가 우리는 병원에서 왔고 아까 주무르던 분이 응급의학과 교수라고 말을 하고 싶었는데 차마 아무 말도 못했다.

장 선생은 산악인이 만지고 나서 더 아프다고 하고 한 시간이 지나도 호전은커녕 악화되고 있어서 고심 끝에 내가 119로 전화를 걸었다. 교환원이 위치를 확인하고 나서 한 첫 마디는 "환자를 절대 움직이게 하지 말고 그 자리에 그대로 있어

라. 우리가 간다." 였다. 나는 전문 산악구조대원들이 들것을 가지고 나타날 것을 기대하면서 능선길이 좁고 순전히 바윗길이고 험해서 어떻게 내려갈 것인가 걱정이 되었는데 한 이십 분 정도 지나서 헬기가 가고 있다는 전화와 함께 하늘에서 헬리콥터 소리가 들렸다.

조금 후에 헬기가 보이고 봉우리에 가까이 오려고 했는데 워낙 바람이 세니까 다시 한 바퀴 멀리 돌아서 접근해서 구조대원 한 명이 지상으로 내려왔다.

환자의 상태를 파악한 후에 구조복을 입히는 와중에 내가 넉살좋게 "혹시 주차장에 버스가 기다리고 있는데 거기에 환자를 내려 줄 수 있나요?"하고 물으니 "지금은 주차장에 차가 많아서 위험합니다. 차로 30분 거리에 있는 운동장 한가운데 내려드리면 구급차가 기다리고 있다가 병원으로 모셔다 드릴 겁니다." 하고 말한 후 환자와 함께 하늘로 올라갔다. 도르래로 끌어올려져 헬기 안으로 들어가서 저쪽 하늘로 사라지는 것을 보면서 '내가 낸 세금이 제대로 쓰이고 있구나!' 하는 생각이 들었다.

환자를 후송하고 나니 홀가분한 마음으로 발길이 가벼웠고 내려오는 길이 험해서 헬기로 후송하길 잘했다는 생각이 들었다. 5시경에 주차장에 도착하여 해남병원에 들러 수액을 맞고 있는 장 선생을 퇴원시켜서 버스에 타니 회원들이 박수로 무사 귀환을 환영하였다. 장 선생에게 헬기 사건으로 좋은 경험을 했고 달마산행 때 본인은 아파서 괴로웠겠지만 모두에게 절대 잊어버릴 수 없는 뜻깊은 추억거리를 만들어줘서 고마웠다고 말하고 싶다.

마라도에서 바람과 함께 하룻밤을 지내 보셨나요?

나는 본래 배멀미가 심해서 배를 타고 멀리 나가는 것을 싫어하지만 제주도에 왔다가 김영갑갤러리에서 마라도에서 찍은 바람의 사진을 보고 마라도에서 하룻밤을 보내고자 마지막 배에 몸을 실었다.

김영갑 작가의 사진집에는 바람에 머리칼이 몹시 휘날리는 여자의 사진이 있는데 제목이 '바람맞은 여자'였다.

가기 전에 마라도에 대해 검색을 하고 민박집을 찾아서 전화를 했더니 할아버지가 받으셨다. 내가 예약을 좀 하고 싶다고 말씀을 드리자 그냥 오라고 하신다. 혹시 바다낚시꾼들이 몰려서 방이 없을까 봐 예약 명단에 써달라고 하니까 막무가내로 그냥 오면 된단다. 그래서 배에 올랐는데 왜 예약이 필요 없는지를 알 것 같았다. 그 큰 배에 섬에 사시는 서너 분을 빼고는 관광객이라고는 우리 부부 둘뿐이었다.

배를 탄 지 삼십 분 후에 마라도에 노착하니 사정없이 센 바람이 우리를 환영해 주고 조금 해안을 따라서 걸으니 어렵지 않게 그 민박집을 찾을 수 있었다.

할아버지와 할머니가 반갑게 맞아 주셨는데 방은 미리 불을 때 놓으셔서 따끈따끈하여 기분이 아주 좋았다. 저녁을 차려 주시는데 해물을 한 상 가득히 내 오시는데 바다 향기를 물씬 맡을 수 있었다.

저녁을 먹고 섬을 한 바퀴 도는데 동네 개들이 밤중에 돌아다니는 외지인이 신기한 듯이 다 모여서 우리를 따라 다녔다.

아름다우면서도 조그마한 교회를 비롯하여 집들과 모든 것들이 아기자기하게 한 곳에 모여 있었다. 관광객이 넘쳐나는 제주도와는 달리 우리들을 바다에 빠지게 할 것만 같은 무시무시한 소리를 내는 바람 빼고는 적막 그 자체였다.

따끈한 방에서 숙면을 취한 뒤 새벽에 파도 소리에 잠을 깨어 다시 한 번 섬을 돌아보았는데 바람만 빼고는 어제 저녁과는 완전히 다른 섬의 모습과 체취를 즐길 수 있었다.

아침밥은 할아버지와 함께 성게미역국에다 밥을 말아서 생선과 함께 먹었다. 아침에 배를 탈 때 부두가 두 개가 있는데 어느 부두로 나올 것인가는 제주도 선사에 전화를 해서 확인을 해야 된다는 얘기를 기억하고 선사에다 전화를 걸었다. 전화를 거는 소리를 듣고 할아버지가 무슨 전화를 거느냐고 물으셔서 부두 얘기를 하니까 웃으시면서 그 제주도 사람들은 여기 사정을 알 수가 없기 때문에 날마다 아침에 자기한테 전화를 걸어서 물어본다고 하시면서 부두를 가르쳐 주셨다. 아닌 게 아니라 제주도 사람이 마라도 파도를 어떻게 알겠는가?

아들이냐 딸이냐

부인은 남편이 회사 중역이고 부자여서 계모임 같은 데 가서는 선망의 대상이었다. 그런데 아들 얘기만 나오면 입을 꽉 다물어버린다. 이것만은 맘먹은 대로 안 되는 것이어서 딸만 내리 넷을 낳았기 때문이다.

다섯째는 꼭 아들을 낳으려고 마음먹고 임신 중에 초음파를 했더니 아들이라고 해서 집안에 큰 경사가 났다. 애도 낳기 전에 남편은 회사에서, 시어머니는 노인정에서, 본인은 동창계에서 득남턱을 여러 차례 냈다. 마침내 산통이 와서 K시 산부인과 병원에 입원하였다.

아들 낳을 기쁨으로 통증도 찡그림 반 웃음 반으로 참아내고 친정어머니에게 "엄마, 나 아들 낳고 나올게" 하고 여유있게 남편 손을 잡고 분만실에 입장하였다. 그런데 낳고 보니 딸이었다. 놀란 남편은 오진을 하고 미안해 하는 의사에게 자기 부인 평소 성미로 보아서 지금 딸인 줄 알면 산후회복을 못하고 죽을 것 같다고 사정해서 산모에게는 아들이라고 속이고 차트에도 아들이라고 썼다.

며칠 동안 아들 보고 싶다는 것을 황달이 있어서 형광등을 쏘이고 있으니까 조금만 참으라고 달래 놓았다가 퇴원할 때 사실대로 알려주자 그 부인은 대성통곡을 하고 내가 여섯이든지 일곱이든지 아들 낳을 때까지 낳겠다고 말하고 퇴원하였다. 그 뒤 들리는 말로는 막내딸 기저귀 갈아 줄 때 가끔 '에이, 그 고추 하나 달고 나왔으면 얼마나 좋아' 하고 한숨을 푹푹 쉬었다고 한다. 이것은 병적인 남아선호 사상의 좋은 예이다.

어머니 뱃속에서 자라고 있는 생명체는 3개월이 넘으면 벌써 초음파로 남자인지 여자인지 알 수 있을 만큼 되고, 그 후 달이 차면 드디어 고고한 울음을 터뜨리고 환한 바깥 세상으로 나오는데 이때 어떤 사람들은 무릎을 치며 좋아도 하거니와 더러는 섭섭한 마음 한 구석을 애써 감추느라 표정이 일그러지기도 한다.

아들이냐 딸이냐, 그것이 문제였던 것이다. 오랜 진통 끝에 초주검이 되어 출산한 경우에도 산모의 안부보다 태어난 아기가 "아들이냐"고 먼저 물어보는 진풍경이 우리에겐 예사이다.

얼마 전에 후배가 멀리서 첫 딸을 낳았다. 그래서 축전을 치느라 "득녀를 축하한다" 고 말했더니 교환 아가씨가 "득남 아니냐?"고 묻는 것이었다. 그래서 득녀라고 했더니 자기들끼리 킥킥거리면서 득녀를 축하한다는 축전은 처음 본다는 것이었다.

우리 집은 첫째 애를 난산으로 제왕절개해서 딸을 얻었다. 순산도 아니고 수술을 해서 딸을 가졌는데 고작 축하인사가 "첫딸은 살림 밑천이다."느니 "다음에는 꼭 아들일거다."는 소리뿐이었지 축하한다는 소리는 별로 못 들어보았다.

다음에 둘째도 제왕절개해서 건강한 딸을 얻어서 정작 우리 부부는 기뻐하고 있는데 주위에서 서운해 하고 "삼시 세 판"이라고 하질 않나, 더 낳으라는 소리가 들리고 해서 곧바로 정관수술을 해버렸다.

전체 인구에서 남녀 비율이 비슷해야 정상인데 교육부 통계에 의하면 88년 전국 취학 아동 수는 남아가 44만 1천명 여아가 41만 6천명으로 남아가 여아보다 2만 5천여명이 많았다. 그렇다면 성비 불균형의 원인은 무엇이며 그 결과는 어떻게 될 것인가. 근래에 와서 남아선호 사상'이 여전한 상황에서 아이를 하나나 둘만 낳다보니 미리 성별을 알아보아 아들이면 낳고 딸이면 유산시켜야하는 절박감을 느끼는 사람이 생기기 시작했다. 그래서 이제는 양수검사, 초음파라는 의학적인 해결 방법을 만나 마치 물고기가 물을 만난듯이 산전 성별 식별방법과 여아 낙태가 활개치고 있는 것이다. 이런 폐단을 없애기 위해 초음파로 성별을 알려주는 것을 법으로 강력하게 금지시킨 후 여아 낙태가 현저히 줄기는 했으나 완전히 사라지지는 않은 것 같다.

1988년 6월호 『리더스 다이제스트』는 '아직도 아들만 원하는 아시아 사람들'이란 제목 하에 남아선호 사상으로 인도, 중국, 한국 등에서 여아들이 출산 전에 죽음을 당하고 있음을 지적하고 있다. 또한 1986년 2월에 한국의학협회가 태아의 성별 판정을 자율적으로 규제하기도 했으나 한국에서 돈만 주면 태아 성별 검사와 중절수술을 받을 수 있다는 것은 누구나 아는 사실이다. 남아선호 사상은 남존여비의 소산이기도 하겠지만 여성지위 향상이 수반되지 못한 오늘날의 사회적 현실 때문이다. 예컨대 부계중심의 가족법, 직장에서 취업·승진·임금·정년 등 사회구조적 부조리들이 제거되지 않고서는 남아선호 사상이 불식되기 어려울 것이다.

우리는 아들이든 딸이든 간에 새 생명이 건강하게 태어남을 감사드리며 조그만 빵조각도 빵인 것처럼 모체 안에 있는 조그만 태아도 분명히 인간 생명을 지닌 개별적인 인간이다. 그 태아가 한 인간이라는 사실이 분명한데 사회적인 의미를 가질 나이에 도달하지 않았고 자기 스스로 반격할 수 없는 생명이라는 이유로 고의적으로 죽이는 것은 분명 살인이다.

끝으로 의사들의 도덕적 강령인 '히포크라테스 선서' 중 '나는 누가 원할지라도 치명적인 약을 주지 않을 것이며 마찬가지로 나는 어떤 여성에게도 낙태할 기구를 주지 않겠다'라는 대목을 상기하면서 '잘 기른 딸 하나, 열 아들 부럽지 않다'라는 명언을 되새겨본다.

—《월간조선》 1993년 2월호

월드컵 열기 이젠 프로 축구로

2002한일월드컵에서 우리가 얻은 것은 내노라하는 강호들을 격파하여 우리 국민이 '우리들도 할 수 있다'는 자신감을 느끼게 된 것과 또한 거리 응원에서 보여준 단합된 한국의 힘을 온 세계에 떨친 것이라고 할 수 있다. 필자는 아이들이 하도 쇼 프로그램에 몰두하는 바람에 집에 TV를 두지 않아 어쩔 수 없이 매 경기를 거리에서 볼 수밖에 없었다.

필자를 감동하게 한 것은 카리스마를 가진 거스 히딩크 감독과 부상을 무릅쓰고 눈물겹게 사력을 다해 싸운 선수들, 거리응원에 나선 700만의 인파였다. 그러나 시합이 끝나고 많은 사람이 누가 시켜서가 아니라 자발적으로 쓰레기를 줍고 심지어 빗자루로 쓸어야만 될 것 같은 작은 종잇조각까지 줍는 것을 보고는 값은 감명을 받았다. 대부분은 학생과 젊은이였지만 어르신들도 있었다.

지난달 미국인 교수와 청소에 관한 얘기를 나눈 적이 있었다. 미국에서는 초중고교 시절 교실 청소를 청소부가 하고 학생들은 손가락 하나 까딱하지 않지만, 한국에서는 청소 시간이 있어서 학생들이 교실 바닥과 유리창을 닦는데 이런 것은 한국의 교육 제도가 더 좋은 것 같다고 하니까 그 교수도 필자의 말에 동의한다고 했다. 그러면서 어렸을 때부터 그렇게 버릇을 잘 들여놓은 학생들이 왜 대학교에 가서는 휴지와 종이컵, 담배꽁초 등을 아무 곳이나 함부로 버려 학교를 지저분하게 만들어 놓는지 이해가 되지 않는다고 했을 때 변명할 말이 없었다.

며칠 전 신문에서 미국 로스엔젤레스에서 우리 교민 8,000명이 모여서 단체로 응원하고 나서 쓰레기를 다 치워 교통경찰이 "응원단이 모이기 전보다 더 깨끗해졌다"고 감탄했다는 기사를 읽고 또 라디오에서 세계 곳곳에서 교민들이 모여서 응원했는데 끝나고 다 스스로 청소했다는 소리를 들었다.

국제축구연맹(FIFA)의 순위뿐 아니라 한국인의 시민의식이 현저히 향상된 것을 느꼈다. 이것이 바로 월드컵의 큰 소득이라고 생각한다.

미국 사람들에게 어떤 스포츠를 좋아하느냐고 물으면 "보는 것 말이냐 혹은 직접 하는 것 말이냐?"고 반문하는 경우가 종종 있다. 이 사람들은 상당히 많은 사람이 보는 스포츠와 직접 하는 스포츠가 다른 경우가 많다.

우리나라 사람들은 대부분 자기가 직접 할 줄 아는 경기를 본다. 그러나 이번 월드컵 축구에서 수많은 여성 붉은 악마들이 열광하는 것을 보면 우리 관중들도 이 후에 관람 문화가 바뀔 가능성을 보여준다.

흔히 한국인은 냄비 속성이 있다고 한다. 쉽게 끓고 흥분하다가 금방 식는다는 말이다. 앞으로 수십 년간은 한국에서 월드컵이 개최되는 일이 없을 것이다. 이제는 이 열기를 어떻게 승화시킬 것이냐 하는 문제가 남아 있다.

한국의 등록선수는 우리에게 패한 외국의 수십 분의 일도 되지 않는다. 필자는 '전북 현대 모터스' 서포터스에 가입하기로 했다. 이번 월드컵에서는 700만이 넘는 인파가 장외 응원을 하고 월드컵이 끝나고 나서 감독, 공격수, 수문장만큼 화려한 언론의 집중을 받지 못했지만 이번 월드컵의 진정한 영웅인 최진철, 김태영, 김남일 선수 등을 예전처럼 텅 빈 프로 축구 경기장에서 뛰게 할 수는 없다.

나는 앞으로 철벽 수비의 주역인 최진철 선수의 "형님 부대"가 되어서 프로 축구 경기장에서 그의 경기를 즐길 것이다. 홍명보 선수가 일억 원이 넘는 거금을 쾌척하여 축구 장학회를 만든 것도 우리를 감동케 한다.

필자도 가난한 시골 초등학교 축구팀을 찾아서 축구공과 축구화를 선물하고 싶다. 우리에게 평생 처음 맛보는 엄청난 환희를 가져다준 한국 축구를 위하여 조그마한 힘이라도 보태고 싶다.

다음번 월드컵에는 명장 히딩크 감독도 관중석을 가득 메운 '붉은 악마'의 홈그라운드의 이점도 없다. 우리가 이 열기를 어린 꿈나무 발굴, 선수층 저변 확대, 프로 축구의 활성화 같은 축구의 기반 확대에 쏟지 않는다면 이번과 같은 좋은 성적은 다시는 거둘 수 없을 것이다.

—《동아일보》, 〈여론마당〉, 2002. 7. 1

장애우 배려 아직 후진국

필자는 1989년부터 2년간 미국에서 근무할 때 장애우를 대하는 미국 사회를 관찰할 귀중한 기회를 가졌다. 미국에 있는 모든 공공건물은 경사로를 설치해 휠체어가 마음대로 들어갈 수 있다. 모든 주차장에서 출입문에 제일 가까운 몇 자리는 장애우 전용이다. 그곳은 대개 텅 비어 있지만 장애우 이외에는 사용할 수가 없다. 아무리 급하더라도 비장애우(정상인)가 이 자리에 주차를 했다가 걸리면 예외 없이 비싼 벌금을 물어야 한다.

미국에서 교통법원을 견학할 기회가 있었다. 장애우 스티커 없이 장애우 주차장에 주차했다가 벌금을 부과받은 여성이 "그때 다리를 다쳐 기브스를 했기 때문에 어쩔 수 없었다"고 의사 진단서를 첨부해 억울하다고 호소했다.

판사가 판결하기를 "당신의 처지는 충분히 이해하지만 임시 장애 스티커라도 신청을 해서 부착했어야 하며 우리 사회는 장애우를 위하는 사회이고 또 다른 사람들에게 경종을 울리기 위해서 벌금을 당연히 내야 된다"고 선고했다.

과거 한국에서는 장애우에 대한 대우가 너무 형편없었다. 장애우들은 자기 차가 있어도 우체국에 가서 우표 한 장 살 수 없고, 동사무소에 가서 주민등록 등본 한 통 뗄 수 없었다. 왜냐하면 우체국이나 동사무소에 들어가려면 높은 계단을 지나야 하는데, 휠체어로는 들어갈 수가 없기 때문이다. 지금은 신축 건물에 경사로가 생겨 이런 불편이 많이 해소되었으나 완전하진 않다. 오죽하면 과거에 한 휠체어를 타는 장애우가 서울시장에게 인도에 휠체어가 다닐 수 있도록 커브를 없애달라고 편지를 보내고 자살하는 일까지 생겼겠는가?

곧 선거철이 돌아오는데 휠체어 장애우들은 국회의원 선거나 대통령 선거를 할 수도 없다. 투표권이 없어서가 아니라 투표장에 경사로가 없고 계단만 있기 때문이다. 혹자는 투표소에 사람들이 많이 있으니까 서너 명이 계단으로 들어 올리면 되지 않겠느냐고 쉽게 생각할 수 있지만 장애우들은 다른 사람들의 동정이나 도움을 받기 싫어하기 때문에 그렇게 구차하게 한 표를 행사하기보다 아예 포기해 버리는 분들이 많다.

장애우들은 택시 타기도 어렵다. 모든 운전사들이 다 그런 것은 아니겠지만 같은 요금을 받고도 타고 내리는데 시간이 걸리고, 휠체어를 싣고 내리기가 어려우며 싣다가 좌석을 더럽힐 수도 있어 여러모로 귀찮기에 손을 들어도 못 본 척하고 지나가 버리기 때문이다.

식당들이 모든 사람들에게 문을 열어 놓고 있는 것 같으나, 실상 휠체어를 타는 장애우들에게는 그림의 떡이다. 대부분의 큰 식당조차 계단만 있지 경사로가 없어 휠체어를 타고 혼자의 힘으로 출입할 수가 없고, 화장실에도 갈수가 없다.

그러나 이것은 약과이고 오늘 신문에서 기가 막히는 기사를 읽었다. 서울교대에서 한쪽 눈을 실명한 특차합격생을 불합격 처리했다는 것이다. 해명은 예체능을 가르쳐야 하기 때문이라는데 어째서 한 눈 가지고는 예체능을 가르칠 수 없는지를 의사의 입장에서 또한 학부모의 입장에서 도저히 납득할 수 없다. 만약 오늘이라도 서울교대 교수님이 혹은 초등학교 선생님이 교통사고나 질병으로 한쪽 눈이 실명하게 된다면 사표를 내고 교직을 떠나야 하는지 묻고 싶다. 현실적으로 우리나라의 국정 책임자인 김대중 대통령도 장애우이지 않은가? 교육자를 양성하는 대학에서 이렇게 지극히 비교육적인 모순을 저질러서는 안 된다. 이런 것을 대수롭지 않게 여기고 그냥 넘겨버리면 이제부터 선생님들은 한 쪽 눈에 시력장애가 있지만 나중에 교사가 되고 싶어하는 초등학생에게 너는 꿈을 아예 접으라고 설득해야만 될 것이다.

십수 년 전에 모 의과대학에서 시험에 합격한 소아마비 학생들을 탈락시켰다가 어렵게 복학시킨 일이 기억난다. 미국 등 선진국에서는 휠체어를 타는 장애우뿐만 아니라 눈이 전혀 안 보이는 장애우, 목 이하로 전혀 움직이지 못하는 장애우까지 입에다 문 것으로 컴퓨터 자판을 눌러가며 의대에 입학해 우수한 성적으로 졸업해 각 분야에서 전문의사로서 활동하는 것을 보았다.

어떤 비장애우들은 장애우들을 자기와 딴 세상의 버림받은 사람으로 착각하는데 자기가 오늘이라도 교통사고가 나서 장애우가 될 수도 있다는 사실을 왜 모르는가? 우리가 세계를 둘러볼 때 선진국일수록 장애우를 우대하고 후진국일수록 장애우를 차별하고 홀대하는 사실을 깨닫게 된다.

필자는 선진국이란 GNP가 높아서 되는 것이 아니고 장애우를 차별하지 아니하고 오히려 우대함으로써 비로소 선진국이 될 수 있다고 생각한다.

장애우와 비장애우가 어울려 공존하는 사회, 아니 장애우가 차를 타거나 줄을 서서 차례를 기다릴 때 우대하는 사회, 또한 시험이나 직장에서 장애우를 우대하는 사회 바로 이런 사회가 우리가 후손들에게 떳떳하게 물려주어야 할 성숙한 사회라고 생각한다.

—《동아일보》 2000.2.28.

더불어 사는 세상

10여 년 전 미국에서 2년간 근무할 때 여러 가지 잊을 수 없는 추억을 간직하고 있지만 그 중에 가장 기억에 남아 있는 것은 도착하자마자 형님에게서 포니 엑셀을 선물 받고 운전하고 갈 때였다.

형님은 내가 온다고 하니까 쓰던 차를 내게 주고 새로 차를 샀다. LA 근교의 Anaheim을 찾아가는 길도 낯설지만 지도도 눈에 잘 들어오지 않아서 어떤 집 앞에 앉아 있는 남자에게 주소를 대며 길을 물었다.

그가 설명하다가 내가 잘 알아듣지 못하는 것을 눈치채고 조금만 기다리라고 하더니 차고에서 차를 꺼내 따라오라고 해서 그 차만 따라갔다. 한참 후에 그 집을 찾아 주고 주인이 있는 것을 확인까지 하고 돌아갔다. 낯선 동양인에게 친절을 베푸는 것을 보고 미국에 대해 좋은 첫인상을 가지게 되었고 지금까지도 그 친절을 가끔 회상하게 된다.

몇 달 전 미국에서 같이 지냈던 친구가 병원에 입원했다고 해서 문병차 대구에 들렀는데 고속도로 출구에서 나와서 친구가 가르쳐 준 대로 사방을 두리번거려도 날은 어두워졌고 좀처럼 길을 찾을 수 없었다. 신호등에 멈춰 서 있을 때 옆에 있던 승합차 운전자에게 동산의료원을 물어보니 이쪽, 저쪽 길을 따라서 이렇게 저렇게 가라고 했다. 내가 알아듣지 못하는 표정을 보이자 자기 차를 따라오다가 손으로 방향 표시를 하면 그 길을 쭉 따라가다가 다시 물어보라고 했다.

그래서 한참 따라갔는데 신호등에 멈춰 섰을 때 내 차의 전북 번호판을 보고 이 사람 길 찾느라 고생깨나 하겠다 하는 생각이 들었는지 아예 동산의료원까지 데려다줄 테니까 따라오라고 하는 것이었다.

동산의료원을 막 지난 신호등 앞에서 감사의 말도 제대로 못 전하고 《좋은생각》한 권과 명함을 드리며 전주에 오면 비빔밥이라도 대접할 테니 꼭 연락을 주시라고 하고 헤어졌다.

아직 연락은 안 왔지만 그 고마움을 온 식구가 가슴 깊이 간직하고 있다는 것을 알아주시고 대구7도 1670 기사님, 전주 오시면 꼭 한 번 연락해 주십시오.

일본은 '코무덤'부터 반환해야

조선일보 2007년 7월 21일 자에 '일본 정부가 강제 병합 100주년을 맞이하여 그동안 약탈했던 문화재를 반환할 계획을 가지고 있다'는 기사를 읽고 만시지탄(晩時之嘆)이지만 쌍수를 들어 환영하는 바이다. 보도는 조선 왕실의궤가 우선 반환 대상으로 고려되고 있다고 했지만 더 급한 것이 있다.

일본 교토의 도요쿠니 신사 앞에 있는 '귀 무덤(코 무덤)'이 그것이다.

임진왜란 때 도요토미 히데요시 휘하의 무장들은 예로부터 전공의 표시인 적군의 머리 대신 부피가 덜 나가는 귀나 코를 잘라 소금에 절여서 일본으로 가져갔다. 이후 '비총(鼻塚)' 대신 '이총(耳塚)' 이란 이름으로 무덤을 만들고 그 위에 석탑을 쌓았다. 그 앞에 있는 안내판 말미에는 "전쟁은 막을 내렸으나 전란이 남긴 이 귀 무덤(코 무덤)은 전란하에 입은 조선 민중의 수난을 역사의 교훈으로써 오늘날까지 전해지고 있다"고 한글 설명까지 쓰여 있다.

어떻게 학살과 만행을 명령한 도요토미 히데요시의 사당 앞에 그 부하들에 의해 비참한 죽음을 당한 우리 수천 명의 병사와 무고한 농민들의 코와 귀 무덤이 놓여져 있을 수 있을까?

미국은 1990년 조지 부시 대통령 시절 '원주민 묘지보호 및 반환법'을 제정하여 그동안 박물관에 안치되어 있던 유해를 원주민에게 송환하도록 결정하였다.

코무덤

과거에 일본의 한 절에 안치되어 있던 다른 귀 무덤(코 무덤)은 한 스님의 부단한 헌신적인 노력으로 한국으로 반환된 적이 있으나 이 교토의 코무덤은 지방문화재로 등록되어 있어서 나라 간의 특단의 조치가 없으면 반환이 불가능하다.

조선 민중 수난의 역사적 교훈은 침략한 나라에 있어서는 안 되고 침략 당한 나라에 있어야 한다.

우리 조상의 코와 귀가 일본의 관광지에서 외국인들의 조롱을 받으며 방치되어서는 안 된다. 한국으로 모셔와 정중한 예식 후에 국립현충원에 안치되어 전쟁을 대비하지 못하여 모진 수난을 당한 역사의 생생한 교훈으로 삼아야 한다.

미국은 모든 노력을 기울여 60년 전 한국에서 전사한 병사들의 유골을 발굴하여 국립묘지에 안치시키고 있지 않은가?

귀 무덤(코 무덤)은 한국 국민에 대한 일본 정부의 진정한 사죄와 함께 의궤를 비롯한 어떤 문화재보다 먼저 반환되어야 한다.

— 《조선일보》 2010. 07. 27

내가 만난 천사

내가 무척이나 좋아하는 고 장영희 교수님의 글 중에 〈천사를 찾습니다〉 라는 제목의 글을 읽은 적이 있다.

『내가 번역한 《바너비 스토리》 라는 소설의 작가 앤 타일러를 인터뷰한 적이 있다. 거동이 힘든 노인들을 돕는 심부름센터에서 일하는 서른 살 난 청년 바너비가 빗나가고 의미 없어 보이는 자신의 삶에 회의를 느끼고 자기를 구원해 줄 천사를 기다린다는 데서 이야기가 시작된다. 그래서 인터뷰 도중 나는 타일러에게 재미삼아 "천사를 만나 보신 적이 있습니까?" 라고 물었다. 나는 그가 "아니요, 어디까지나 소설 속 상황이지요"라고 답을 할 줄 알았는데 타일러는 그런 우문이 어디 있느냐는 듯, 눈을 크게 뜨며 "아, 물론이지요. 이제껏 살아오면서 수많은 천사를 만났습니다. 당신은 나의 천사이고, 또 나도 당신의 천사가 될 수 있습니다. 우리는 모두 서로에게 천사가 될 수 있으니까요."라고 답했다.』

가장 기억에 남는 천사 한 분 얘기를 하고 싶은데 때는 1990년 12월이었다. 전북의대 교수로 있던 나는 미국 스탠퍼드 의대에서 펠로우로 근무하고 있었다.

일주일 간 한국에서 지내다가 토요일 오후에 부모님을 모시고 미국으로 출국을 하고자 김포공항에서 비행기표를 항공사 직원에게 내밀었다가 청천벽력 같은 소리를 들었다. "선생님은 관용여권을 가지고 있으니까 외무부의 출국 허가

가 있지 않으면 비행기를 타실 수 없습니다. 출입국관리소에 가보시죠" 하는 것이었다. 머리를 망치로 한 대 맞은 듯 해서 가보니 직원이 소속 대학교에서 외무부로 공문을 올려서 허락이 나야 출국을 할 수 있는데 오늘이 토요일이니 월요일에 서류를 올려서 화요일이나 갈 수 있을 것 같다는 말이었다. 나 없이 연로하신 부모님만 가시게 할 수도 없고 월요일에는 중요한 발표가 잡혀있어서 오늘 꼭 가야한다고 사정을 해보았지만 직원은 듣는 척도 하지 않았다.

지푸라기라도 잡는 심정으로 외무부 당직실에 전화를 거니 여직원이 받았는데 사정을 얘기하니까 딱하게는 되었는데 자기도 어떻게 해 줄 수가 없다는 대답이었다. 그래서 우선 나를 보내주고 월요일에 공문을 작성해서 올릴 테니까 한 번만 사정을 봐줄 수 없겠느냐고 물어보니 그런 적이 없었고 그럴 수가 없다는 것이다.

근데 그 직원의 목소리가 상냥하고 마음이 착해 보여서 끈질기게 붙들고 늘어지면서 사정을 하였다. 몇 번 전화를 끊으려고 하는 것을 계속 사정하니까 직원도 차마 매정하게 끊지 못했다. 마침내 월요일에는 꼭 서류를 보내줄 수 있겠느냐고 물어서 틀림없이 보내드리겠다고 하니까 그러면 자기가 책임을 지고 보내드리겠다고 하면서 출국을 허락하는 서류 번호를 알려 줘야 하니까 출입국관리소 직원에게 당직실로 전화를 하라고 하여서 몇 번 감사의 말을 했다. 출입국관리소 직원에게 외무부 당직실로 전화를 좀 해달라고 하니까 그 직원이 퉁명스럽게 "내가 왜 전화해야 합니까? 그 사람보고 나에게 전화하라고 하십시오" 해서 다시 그 여직원에게 그 말을 전하니까 웃으면서 알았다고 자기가 걸겠노라고 해서 출입국관리소에 다시 가니까 저번에는 그렇게 불친절하던 직원의 태도가 180도로 변해서 공손하게 도장을 찍어주면서 "아주 높은 분을 아시는 모양이지요?" 하는 것이었다. 아니라고 대답하고 가다가 생각하니 장관님이 우리 형님입니다라고 하면 얼굴색이 확 변했을 텐데 라고 생각하고 서둘러 달려가서 간신히 시간에 맞추어서 부모님을 모시고 비행기를 타고 출국하였다.

예정대로 중요한 발표도 잘 마쳤고 부모님도 구경을 잘 하시고 귀국하셨다. 미국에 한국 외무부에서 파견 나온 분이 있어서 그 얘기를 했더니 휴일에 당직하고 있으면 높은 사람은 아닌데 당신이 나쁜 짓을 하고 도피하는 사람일 수도 있는데 목소리만 듣고 책임질 일을 하다니 믿을 수가 없다는 반응이었다.

그 뒤로 은인인 그 여직원에게 감사의 표시로 샘터를 이 년간인가 보내드리고 연락이 끊겨서 지금껏 이십 년간 이름도 잊어버린 채 못 찾고 있다. 귀국을 해서 이제까지 병원에서 근무를 하면서도 누가 나에게 부탁을 하면 그 여직원 생각을 하곤 한다. 나는 아무리 바빠도 나에게 진찰받기 위해 멀리서 온 사람을 예약환자가 밀렸으니까 다음에 오란 소리를 하지 못한다. 환자가 부탁을 하면 병을 부풀려서 진단서를 써 달라는 것 말고는 거절해 본 적이 거의 없다.

학생이 어려움을 당해서 찾아왔을 때 공부를 안 하고서 성적 올려달라는 것 말고는 부탁을 거절해본 적이 없다. 아내는 나보고 남자가 왜 마음이 그리 약해서 남들이 부탁할 때 딱 부러지게 못 하겠다고 거절하지 못하냐고 핀잔을 준다. 그것은 왜냐하면 이보다 몇십 배 아니 몇백 배 더 어려운 부탁을 들어주었던 얼굴도 모르는 천사에게 은혜를 입은 적이 있기 때문이다. 그분은 내가 이십여 년 동안 공무원으로서 근무하면서 어떻게 대민봉사를 해야 하는가를 확실히 보여준 내 인생에서 큰 선생님이 되었다.

혹시라도 그분이나 친구가 이 글을 읽고 그분과 다시 연락이 되면 전주에 모셔서 한옥마을 구경도 시켜드리고 맛있는 비빔밥도 한번 대접하여 신세를 조금이나마 갚고 싶다.

—《샘터》 2012년 12월

안전 외면한 지리산 산장의 횡포

얼마 전부터 지리산 국립공원은 산장 예약제를 시행하고 있다. 하지만 지난 주말 지리산 장터목 산장에서 일어난 일은 도저히 이해할 수가 없다.

한 50대 여성이 13시간 산행 후 탈진 상태로 오후 5시가 넘어서 산장에 도착했다. 지친 여성은 다리 통증과 피로를 호소하며 하룻밤 묵을 수 있게 사정했지만 젊은 직원은 강압적으로 하산을 요구했다. 예약을 안 한 등산객의 책임이라며 안 되겠으면 119라도 불러서 하산하라는 거였다.

직원의 태도는 안하무인이었고 완장을 찬 갑(甲)의 표본이었다. 그 여성은 눈물을 머금고 다른 등산객의 도움으로 천신만고 끝에 무사히 하산했다. 산 아래 주민들도 이런 일이 비일비재하다며 산장 예약제로 과거보다 등산객이 줄어 불만이라고 했다. 지리산은 국립공원관리공단 직원의 개인 소유가 아니다. 예약제를 실시하더라도 환자나 탈진한 여성과 노약자는 배려해야 한다. 적어도 비예약자를 밤중에 강제 하산시킬 때에는 직원이 동행하거나 입구의 상주 직원이 안전한 하산을 확인하는 절차가 필요하다고 본다.

— 《조선일보》 2013. 11. 01

비행기에 오토바이를 싣고 신혼여행을

전공의 1년차 때는 결혼을 안 하는 게 불문율이었다. 그래서 나는 2년차 첫날에 결혼을 했다.

우린 교내 커플로 7년간 연애를 했는데 "우리 신혼여행을 오토바이로 다녀올까?" 하고 물으면 설마하고 그냥 "응, 응"하고 지나쳤다. 결혼식 전날까지 신혼여행지에 대해서 아무 것도 예약을 하지 않았다.

1982년 3월 1일 전주 예수병원 예배실에서 David Seel(한국명, 설대위) 원장님의 주례로 결혼식을 끝내고 양가 어른들께 인사드리고 나니 오후 5시쯤 되었다. 오토바이 상회에 들러서 125cc짜리 '마신 베스파' 오토바이를 100만 원이란 거금을 주고 사서 아내에게 "타세요" 했다.

가다보니까 날이 어두워져서 전주를 벗어나지 못하고 시내 여관에서 첫날밤을 보냈다. 다음날 겹내복에 청바지에 가죽 잠바를 걸치고 달리는데도 삼월 초라 꽤 추웠다. 점심 때 목포에 도착했는데 제주도로 가는 페리호가 하루 한 번 떠난다고 해서 부두로 가 보았더니 배가 자동차를 싣는 갑판을 거의 다 올리고 떠나려는 판이었다. 나는 오토바이 경음기를 계속 울려대고 선장에게 바다에서 조난당한 사람같이 두 팔을 흔들며 신호를 보내자 선장이 마침 우리를 보고 거의 다 올렸던 갑판을 다시 내려줘서 오토바이를 타고 뱃속으로 들어가자마자 출항하였다.

오토바이를 사느라 여행비를 거의 다 써버려서 제주도에 가서도 고급 호텔은 꿈도 못 꾸고 하루 만 원짜리 장급 여관에서 잘 수 밖에 없었다. 제주시에서 개원하신 김진석 내과에 찾아가서 저녁을 고기로 잘 얻어먹었는데 밤중에 토사곽란이 나서 원장님을 깨워서 그 병원에 가서 주사를 맞고 나왔다. 원장님께는 지금도 미안한 마음이다. 그 당시 제주도는 차가 별로 없어서 오토바이 여행에는 안성맞춤이었다. 용두암, 성산일출봉, 목석원, 성판악, 천지연폭포, 아름다운 해수욕장 등 세계에서 제일가는, 신혼여행지로 환상적인 코스를 오들오들 떨면서 즐겼고 아무 계획도 없이 쉬고 싶으면 쉬고, 먹고 싶으면 먹고, 자고 싶으면 잤다. 근데 오토바이 뒤가 엄청나게 불편한 자리라서 저녁에 여관에 다다르면 아내는 온 삭신이 다 쑤시고 안 아픈 데가 없어서 끙끙 앓았으니 이건 신혼여행이 아니라 완전히 신혼 고행이었다.

하루는 비가 와서 택시를 타고 관광을 했는데 비옷을 입고 오토바이를 타는

제주도에서 오토바이로 신혼여행중 아내와 함께

부부도 보았다. 저녁에 516도로를 가는데 초등학생이 아버지를 찾는다고 혼자 걸어가고 있어서 시내까지 데려다 주었다.

제주도를 다 구경하자 나는 혹시나 하고 항공사에 오토바이도 비행기에 실어 주냐고 물으니 신기하게도 승객 한 사람의 돈을 더 내고 휘발유만 다 빼면 실어준단다. 그래서 휘발유를 아주 조금만 남기고 다 뺀 후 비행기로 부산 수영비행장으로 날아갔다.

부산에서 경주까지 가서 고도의 고분군과 박물관을 구경하고 진주를 거쳐 전주로 향했는데 시간이 모자라서 저녁 열 시까지 달리다가 여관을 못 구해서 발을 동동 구른 적도 있었다.

주말에 결혼하면 당연히 월요일 아침에 출근하는 게 불문율인데 나는 윗분에게 언제까지 돌아오면 되느냐고 물었더니 월요일에 출근하라는 소리를 들었다. 우리는 전속력으로 달렸어도 시간이 모자라서 월요일 오후 다섯 시에 직장에 도착했을 때 국기 하강식이 거행되고 있었다. 가죽잠바에 청바지 차림으로 돌아왔다는 신고를 하고도 늦은 데 대해 미안한 마음이 없는 것이 월요일까지 오긴 왔으니 지시를 어긴 것은 없다는 것이다. 그 후부터 우리 과에는 신혼여행 후 월요일 아침까지 출근해야 한다는 규칙이 신설되었다.

문제는 집에 돌아오니 어머님이 식음을 전폐하고 누워 계셨다. 직장 동료 박용배가 우리가 여행 떠난 뒤 궁금해서 전화로 진짜로 오토바이로 신혼여행을 떠났냐고 물었다는 것이었다. 아내가 시집 눈치도 보이고 해서 간곡하게 오토바이는 위험하니 팔라고 사정을 했으나 자식 이기는 부모가 없다는 말처럼 나도 같이 밥을 굶고 누워 있다가 어머님을 간곡히 설득해서 수년간 오토바이를 타고 다니다가 자동차와 충돌 사고가 났다. 상대 차가 과실이 컸는데 차는 문짝만 찌그러지고 나는 어깨를 다쳐 억울해서 오토바이를 팔고 차를 샀다.

그 뒤 한참 지나서 몇 번을 떨어진 끝에 대형 오토바이 면허를 땄다.

결혼 25주년 기념으로 이번에는 대형 오토바이를 빌려서 다시 제주도로 여행을 가려고 같은 항공사에 비행기에 오토바이를 실을 수 있냐고 물으니 "세상에 어떻게 그런 생각을 할 수 있냐?" 고 이런 괴짜가 있나 하는 식으로 반문했다. 25년 전에는 실어줬다고 했더니 잘 믿으려고 하지 않았다. 그래서 페리에 싣고 가려고 했는데 아내가 오토바이 타기를 강하게 거부했다. "왜 그때는 타고 이번에는 안 타냐고?" 물으니까 "그때는 홀몸이었지만 지금은 자식이 둘이나 있어서 위험해서 못 탄다"는 것이다.

지금은 공휴일 새벽인데 우리는 아무 계획이 없다. 틀림없이 "갑시다" 하고 휭 하니 아내와 차나 전기자전거를 타고 어딘지는 모르지만 계획 없이 아무 데나 갈 것이다. 과거에 오토바이를 타고 제주도, 지리산, 무주구천동, 진해군항제, 안면도, 여수 오동도, 고창 선운사, 동호 바닷가를 갈 때처럼. 우리 부부의 여행에는 계획도 없고 목적지도 없다.

비행기 회항을 막다

오래전에 미국에서 한국으로 돌아오는 비행기 안에서 일어난 일이다. 샌프란시스코 공항을 이륙한 지 한 시간쯤 지났을 때 환자가 있으니까 승객 중 의사나 간호사가 있으면 승무원에게 알려 달라는 기내 방송이 있었다.

국제선 여객기에서 이런 방송이 나오면 의사가 선뜻 나서기가 쉽지 않다. 십중팔구 내 전공이 아닌 환자이기가 쉽고 의사 소통도 어렵기 때문이다. 그러나 기장이나 승무원의 입장에서는 의료진의 도움이 절대적으로 필요한 상황이다.

나는 내과 의사이기에 다른 과도 어느 정도 알고 응급 환자를 많이 다뤄본 경험이 있기에 손을 들어서 내가 내과의사라고 밝혔다.

환자는 외할머니와 같이 탄 6세 정도의 어린아이였는데 갑자기 복통이 생기고 토하니까 한국까지 갈 수 있는지 혹시 응급 수술을 요하는 병이어서 미국으로 회항을 해야 되는지 판단해 달라는 부탁이었다.

응급키트 속에는 청진기, 상처 소독 물품, 타이레놀 정도가 있었다. 내가 진찰해 보고 생명에는 지장이 없고 응급수술을 요하는 병은 아니어서 비행을 충분히 견딜 수 있다니까 수석 승무원의 얼굴이 밝아지며 바로 기장에게 연락을 했다.

기장은 공항에 구급차를 대기시키고 가족들에게 연락하여 안심시켰다. 잠시 뒤에 승무원이 와서 외할머니가 불안해 하시는데 혹시 선생님이 자리를 이코노미에서 비지니스 석으로 이동을 해주실 수 있겠느냐는 부탁이었다. 나로서는 감지덕지로 좌석을 어린 환자 가까운 곳으로 옮겨서 편히 여행을 했다. 내릴 때 승무원이 고맙다고 포도주 2병을 배낭에 넣어줬다.

나는 옛말에 '아이보기를 부탁받았으면 엄마가 올 때까지 잘 보라.'는 얘기처럼 같이 공항 출구까지 동행하여 아이 엄마에게 인계를 해 드렸다. 아이 엄마는 내게 "아이가 아프다고 해서 걱정을 많이 했는데 기내에 내과 선생님이 계셔서 봐주셨다고 해서 안심을 했습니다. 대단히 감사합니다." 하고 말했다.

오늘 나도 밥값을 한 것 같아서 기분이 좋았다.

인도의 매력

인도에서 이식학회가 있어서 참가 신청을 하는데 호텔까지 예약을 하게 되어있었다. 초록을 발표하면 학회에서 숙박비가 나오기 때문에 비싼 곳을 예약해도 되지만 좋은 호텔은 어디나 똑 같기에 인도를 경험하기 위해 제일 저렴한 호텔을 골랐다.

저녁 늦게 호텔에 도착해보니 불 켜진 곳이 별로 없었다. 프론트에 가보니 평상복을 입은 친구가 두툼한 숙박부를 내밀고 적으라고 해서 오랜만에 처음으로 펜으로 숙박부에 이름, 전화번호와 주소 등을 적었다. 방에 들어가 보니 매캐한 냄새와 함께 전등이 깜박거리고 이중창 사이에 오래된 거미줄이 있었다. 화장실을 들어가려 하니 잠겨있어서 전화로 열어달라고 하니까 젊은 친구가 열쇠를 가져오는 것이 아니라 드라이버를 가져와서 씩 웃으며 손쉽게 열어주고 갔다. 아침에 난과 카레로 식사를 하는데 전등이 꺼졌다 켜졌다 한다.

전철에서 《좋은생각》을 읽고 있는데 옆에 앉아 있던 젊은 인도 여자가 "안녕하세요? 한국 분이세요?" 하고 인사를 한다. 맞다고 하고 어떻게 한국말을 잘하느냐고 물었더니 내가 재직하고 있는 전북대학교 공대에서 박사학위를 받고 인도 대학에서 교수로 있단다. 좁은 세상이다. 그리고 자기는 교수님들이 잘 가르쳐주셔서 한국에서의 4년이 너무 행복했단다.

길을 가다가 보니 상어 같은 것을 들고 다니며 캠페인을 하고 있어서 자세히 보니 비닐로 만든 사람 모형이 누워있었다. 옆에 사람에게 물어보니 비닐을 없애서 환경을 지키기 위한 캠페인을 하고 있다는 것이다. 지구촌 어디나 같은 문제로 몸살을 앓고 또한 문제 해결을 위해 노력하고 있는 것을 보았다.

시내에서 한 여인이 장구 같은 인도 악기를 연주하고 있고 어린 딸이 재주를 넘고 있다. 그냥 구걸을 하는 것이 아니고 공연을 해서 돈을 좀 주고 왔다. 엄마의 무표정한 얼굴과 딸의 시커먼 발이 고단한 삶을 말해 주는 것 같았다.

4일 동안을 지내다보니 모든 것에 적응이 되고 직원들이 다 친절하고 아침도 맛있어서 4일 후에 체크아웃할 때는 직원들과 기념사진도 찍고 아쉬운 마음으로 작별을 했다. 이것이 바로 사람들이 말하는 인도의 매력인가?

다음에 델리에 가면 또 그 호텔로 가서 잘 것 같다.

길거리에서 모녀의 공연

중국 여행 중에 응급실을 두 번이나 가다니

약리학 교실의 채수완 교수님 환갑 기념으로 7명이 내몽골 답사여행을 떠났다. 중국 전문 여행가인 윤태옥 씨가 인솔을 했는데 처음 만났을 때 『어얼구나 강의 왼쪽』이라는 책을 소개하는데 아내가 그 책을 읽었다고 하니까 깜짝 놀랐다. 아내가 전에 홍지서림에 가서 책을 한 권 소개해 달라고 했더니 주인이 그 책을 소개해 줬다고 한다.

첫 번째 답사는 거란의 후예라고 알려진 다워얼 족의 자치지역인 모리다와에 도착하였다. 저녁에 징기스칸 요리를 먹었는데 아마도 해물이 잘못 됐는지 밤에 수십 번을 토했다. 한국에 있었으면 진즉 응급실에 갔을 텐데 혼자는 못 가고 또 사람들을 깨우기가 미안해서 새벽 네 시까지 참다가 못견디고 윤 선생에게 전화를 했다.

중국을 70여 차례 여행한 윤 선생도 중국에서 처음으로 응급실을 가본단다. 이십분쯤 운전을 해서 250병상 정도 되는 큰 병원에 갔는데 자기네는 외국인 전용병원이 아니라며 2시간을 차 타고 가라고 한다. 그런데 내 상태가 너무 기진맥진하여 죽어도 못 간다고 하고 56세 된 내가 35세 운전사 이름으로 등록했다.

도착 당시 혈압이 90/60mmHg로 도저히 걷지도 못하고 끙끙 앓으면서 양팔을 부축해주어서 응급실 침대에 누웠다. 피검사를 하고 돈을 내고나서 검사실에 보호자더러 가져다 주라고 하고 수액도 돈 내고 사서 가져오면 남자 간호사가 놔주는 체계가 한국과 많이 달랐다. 간호사가 수액을 너무 천천히 놔주어서 간호사가 가면 내가 빠르게 들어가게 하면 들어와서 눈을 크게 뜨고 놀라서 다시 천천히 들어가게 잠그고를 반복했다. 1000 cc를 맞으니까 살 것 같아서 또 1000 cc를 달고 퇴원했다. 버스 내에서 다른 사람들은 본인들은 아프지 않고 내 덕분에 중국 병원도 구경했다면서 함박웃음을 터트렸다. 내가 몸 상태가 아직 완전히 회복을 하지 못해서 호텔에서 하루를 더 쉬어가는 것으로 일정을 조정할 수밖에 없어서 일행들에게 미안했다.

다음 날 초원에 홍수가 나서 꼭 지나가야 하는 다리길이 끊어진 지 이틀째라서 차들이 길게 늘어서 있었다. 보니까 강물의 수위가 엄청나게 높아져 있었다. 몇 시간을 기다렸고 아마 해 떨어지기 전에는 건널 것 같았다. 중국에서 아주 드물게 만나는 별일이 딱 오늘 일어났다. 그래도 내가 아프기 다행인 것이 어제 왔으면 건너지도 못하고 하루를 꼬빡 버스에서 기다려야 하는데 우리는 다행히 호텔에서 기다렸다. 다들 내게 고마워했다. 다행히 물이 빠져서 간신히 버스가 지나갔는데 버스 안에까지 흙탕물이 들어왔다.

나의 병원차트

5일째에 아오

내몽골에서 말타기

바오 초원에 있었다. 아침 이슬이 세상을 촉촉하게 적셨다. 아쉽지만 초원 여행의 마지막 아침이었다. 점심 때 초원을 보니 말이 있어서 타보고 싶은 생각이 간절했는데 아내가 옆에서 못 타게 하는 것을 간신히 허락을 받았다. 가서 좀 타보자고 하니까 이 말은 자기들만 타는 말이지 손님은 못 탄다고 하는 것을 내가 한국에서도 말을 좀 탔다고 하고 담배를 주고 사정해서 탔다. 그런데 말이 정말로 사나워서 내가 타다가 넘어졌는데 오른쪽 갈비가 아팠다. 직감적으로 골절이 생긴 것을 알 수 있었다. 내일 비행기를 타고 귀국해야 하기에 다시 응급실에 가서 사진을 찍었더니 갈비뼈 3대가 부러졌다. 그리고 신장에 손상을 받아서 현미경적 혈뇨가 나오고 있었다. 우리는 적혈구라고 하는데 중국에서는 홍세포라고 부른다. 다행히 폐는 손상이 없어서 내일 비행기는 탈 수 있어서 안심이었다. 그래서 호텔에 와서 쉬었다.

현미경적 혈뇨는 귀국해서 바로 그쳤고 내가 학생들에게 혈뇨를 강의하고 있는데 외상성 혈뇨에 대해서 설명할 때 자료로 내 소변검사를 보여주곤 했다. 다들 내게 불행 중 다행이라고 하면서 일주일 여정에 응급실을 두 번이나 간 것이 특별한 추억으로 남아있다.

나의 낙선은 아내의 기쁨

외과 양두현 교수께서 전북대학교병원 신임 원장으로 임명이 되었는데 나의 은사이신 안득수 교수님이 나를 진료처장을 시키면 좋겠다고 추천을 하셨단다. 나는 양 교수님으로부터 진료처장 제의를 받고 능력도 안 되고 해서 내가 학장 선거에 나설지도 모른다고 사양을 했다.

막상 선거철이 돌아오자 양 원장님께 한 말도 있어서 안 나올 수도 없고 해서 출마를 했다. 내과의 선배 교수님과 동기인 생리학 교실의 김선희 교수와 세 명이 경쟁을 하게 되었다.

의대 전 교수들에게 인사하느라 한 바퀴를 돌았는데 내가 딱히 내세울 것도 없고 또 같이 나온 두 분이 다 훌륭한 분들이라서 "다른 분들도 다 좋은 분들이어서 누가 학장이 되어도 학교는 좋아질 것이다"라고 했다. 그리고 신장 내과에 같이 있는 세 명의 교수들을 불러서 "절대로 나를 위해 선거운동하지 마라. 그것은 나를 위한 것이 아니다. 만약 운동한다는 소리가 내 귀에 들리면 내가 가만히 있지 않을 것이다" 라고 엄포를 놓았다.

시간이 흘러서 어느새 투표일이 되었다. 개표를 하니까 1등은 김선희 교수였고 내가 3등이었다. 그래도 개표하는 동안에 같은 과의 김원 교수가 옆자리에 앉아 있어줘서 큰 위안이 되었다. 끝나고 여러 교수들이 위로를 하는데 나는 별로 상심이 되진 않았다. 그날 저녁에 '비포장'에 가서 같은 과 교수들이랑 술 한 잔을 마시고 집에 들어가니 줄곧 학장에 입후보 하는 것을 말렸던 아내는 좋아서 난리가 났다. 내 평생 아내가 귀가하는 나를 이렇게 전쟁에서 살아 돌아온 남편을 대하듯이 반가워하는 것은 처음이었다.

김선희 교수와 나는 둘 다 기초와 임상에서 신장을 전공하고 있었고 호남 신장 학회의 회원이었다. 선거 다음 날 호남 신장 학회가 열렸다.

이번에는 회장을 전주에서 맡아야 하는 차례인데 둘 중에 하나가 호남 신장 학회 회장을 맡아야했다. 그래서 내가 마이크를 잡고 멘트를 날렸다. "여러분 학회에 좋은 소식과 나쁜 소식이 있습니다. 먼저 좋은 소식은 김선희 교수가 국립의대 역사상 처음으로 여성 학장에 당선되었습니다." 하자 큰 박수가 터져 나왔다. 이어서 "나쁜 소식은 제가 그 학장 선거에 떨어졌다는 것입니다" 하자 더 큰 박수와 함께 폭소가 터져 나왔다. 이런 농담을 한다는 것은 서로 간에 앙금이 없기 때문이다.

회장은 자연스럽게 내가 맡았다. 김선희 교수는 나보다 술도 훨씬 잘 마시고 지도력도 뛰어난 여장부라서 학장이 되어서 학교를 아주 잘 이끌었다. 나는 김 학장의 임기 중에 한 번도 교수회의에 빠진 적이 없었다.

선거가 끝나고 얼마 안 있어서 5년간 십억 이상의 연구비를 주는 '국가지정연구실'이라는 큰 사업이 떴다.

우리 실험실은 내가 총괄 책임자가 되어서 이 사업에 응모를 했고 김 학장은 연구계획서를 쓰는 일 뿐 아니라 여러 모로 도움을 줬다. 운이 좋게도 연구비를 수혜해서 신장재생연구실이 탄생을 했고 그럴 일도 없었겠지만 내가 만일 학장이 되었다면 이 사업에 응모를 못 했을 것이다. 나는 학장 선거에 떨어진 것이 하나님이 내게 주신 위장된 축복(blessing in disguise) 이라고 믿는다.

멀리서 온 뜻밖의 손님들
— 자네트 버거와 빌 버거

수년 전 전북대학교 의과대학 신장내과에 근무하고 있을 때 미국을 방문하고 귀국 길에 멕시코의 피라미드 격인 '치첸 이트사'라는 유적지를 구경하고 있었다. 지나가던 한 외국인 부부가 영어로 한국에서 왔느냐고 물어서 그렇다고 하니까 부인이 1968년도에 Peace Corps (평화봉사단)로 2년간 강릉에 있는 중학교에서 근무한 적이 있었다고 해서 무척 반가웠다.

나도 중학교에 다닐 때 평화봉사단으로 온 미국 여선생님에게 영어를 배웠다고 하면서 먼 한국까지 와서 봉사를 해주셔서 대단히 감사하다고 말하고 혹시 한국에 다시 올 일이 있으면 전주에 들르시라고 명함을 드렸다.

그리고 그 해에 연하장을 한 번 주고 받았고 연락이 끊어졌다. 그 후 5년이 지나서 다 잊어버렸을 즈음에 이메일이 한 통 왔다. 한국 정부와 한국 국제 교류재단에서 과거에 평화봉사단으로 한국에서 일했던 분들을 배우자 동반해서 일주일간 초청을 해서 한국에 가게 되었는데 전주에 2박 3일 정도 들러도 되겠냐고 해서 물론이라고 꼭 들르시라고 답장을 했다.

다음 날에 호텔 예약을 해야 되느냐고 메일이 와서 고민에 빠졌다. 아내에게 우리 집에서 묵게 해도 되냐고 물어보니까 잘 아는 사람이냐고 해서 멕시코에서 잠깐 만났다고 하니까 "이 세상에 어떤 사람이 외국 관광지에서 10분 만난 사람을 집에서 3일간 묵게 하는 사람이 있냐?" 하길래 "10분이 아니다" 하니까 "그럼 몇 분이냐" 해서 "2분이다" 고 대답하니 기가 막혀 "당신 맘대로 하시라" 해서 "우리 집에서 묵으실 거니까 호텔 예약은 필요 없다." 고 답장을 보냈다.

문제는 최근에 미열이 있었는데 그분들 오기 전날 가슴 사진을 찍어보니 경미한 폐렴이 생겨 있었다. 당장 입원할 정도는 아니어서 항생제를 먹으면서 고속버스 터미널에서 두 분을 만났다. 빌 버거 (Bill Berger) 와 자네트 버거 (Janet Berger) 두 분 다 백발이 성성하고 70이 넘으셨는데 오랜 여행에도 전혀 피곤한 기색이 없었다.

미국에서 과거 평화봉사단원 40명을 포함한 가족 80여 명이 비행기 값만 지불하고 오셔서 서울 호텔에 묵으면서 한국의 평화봉사단격인 KOICA에도 가보고 고궁과 통일전망대도 보시고 통역과 함께 전에 계셨던 강릉까지 가서 그때 하숙집 아줌마와 또 같이 지냈던 분들을 다 만나고 오셨단다. 자기들이 왔을 때는 몹시도 가난해서 외국에서 원조를 받던 한국이 이렇게 발전을 해서 이제는 다른 나라를 원조해주는 세계에서 유일한 나라가 되었다고 감격스러워 하셨다.

전주에 오셨으니까 우선 점심을 비빔밥으로 대접해 드리자 무척 좋아하시며 고추장도 김치도 거리낌없이 잘 드셨다. 나는 당시 폐렴으로 몸 상태가 좋지 않았는데 마침 미국에 사는 형님이 아버님을 뵈러 잠깐 전주에 와 계셔서 형님이 두 분을 모시고 고창 고인돌공원에 갔다. 두 분이 고인돌을 둘러보고 너무 신기해하고 좋아하셨다고 하는 소리를 듣고 흐뭇했다. 나도 이제까지 미처 몰랐는데 고창이 세계에서 제일 고인돌이 많이 모여있는 곳이란다. 저녁이 되어서야 집에 모시고 왔는데 아내가 집을 깨끗하게 치워놓느라 고생이 많았겠다고 생각했다.

삼계탕과 김밥

저녁은 한식으로 김밥, 삼계탕, 샐러드를 대접했는데 한국 음식을 꽤 좋아하셨다. 남편분은 남미에서 평화봉사단원으로 계셨었는데 이 분이 포도주를 좋아한다고 해서 아프다고 말도 못하고 포도주를 조금 마셨다. 디저트로는 배를 내놓았는데 이렇게 맛있는 배는 처음 먹어본다고 하셨다.

둘이 같이 잘 수 있는 침대는 우리가 자는 안방에만 있어서 안방을 내어 드리고 우리는 작은방에서 잤다.

다음날 일찍 일어나서 남부시장 옆 천변에 있는 도깨비 시장에 갔다.

주로 시골에서 할머니들이 직접 기르신 채소, 과일 등을 가지고 와서 천변에 길게 앉으셔서 파는데 나는 주말마다 사진을 찍고 있어서 상인들을 거의 다 잘 알고 있다. 이분들은 포장마차에서 서서 순대도 드시고 복숭아, 단감 등을 공짜로 얻어 먹으면서 무척 신기해 하셨다.

온가족과 함께

아침은 시장 내 장터국밥집에서 시래기국과 모주를 맛있게 드시고 벽에 유명인들이 싸인해 놓은 옆에다 이름까지 쓰셨다. 그날은 일요일이라 우리는 아버님을 모시고 교회에 가야되는데 마침 부인이 교회를 다닌다고 해서 잘 되었다 생각했는데 남편은 교회에 안 가겠다고 해서 어쩔 수 없이 다시 형님에게 얘기했다. 형님이 교회 안 다니는 사람끼리 'non-church-goers union' 이라고 좋아하면서 둘이 자전거를 타고 신리까지 논밭사이로 신나게 돌아다니다 왔다.

남편은 하도 머리가 커서 내 헬멧이 들어가지 않아서 큰 것을 빌리느라 힘들었다. 나는 부인을 모시고 예배를 드린 후에 한국교회가 어떠냐고 물으니까 다 좋은데 설교가 너무 길다고 하신다.

교회에서 식사를 마친 후 두 분을 모시고 유명한 천년고찰 금산사를 방문하여 국보 62호인 미륵전을 구경하였다. 그리고 그 옆에 우리나라에 거의 남아 있지 않는 'ㄱ자 교회'인 금산교회를 구경하였다.

금산교회를 지은 1908년 당시에는 '남녀칠세부동석'이어서 남자와 여자가 ㄱ자 사이에 커튼으로 분리된 공간에서 예배를 드렸고 출입문도 따로 있는 특이한 교회이다. 남자석의 천장 상량에는 한문으로 성경말씀이 쓰여 있고 여자석에는 언문(한글)으로 쓰여 있다.

저녁에는 두 딸과 사위들 그리고 손자 네 명이 와서 온 식구가 다 모였다. 어린애들은 식사 시간에도 뛰고 떠들고 집이 아수라장이 되었다.

두 분은 가방을 열고 손자들에게 다 하나씩 장난감 선물들을 주셨다. 애들은 고맙다는 인사는 하는둥 마는둥 하고 자기 것보다 남의 것이 더 좋다고 바꾸자고 하고 안 된다고 하니까 울고 난리가 나서 조금 창피했다.

저녁은 한국에 와서 계속 한식만 먹었다고 해서 무지개 피자와 파스타를 만들어 드렸더니 역시 포도주와 함께 무척 많이 드셨다. 식사 후에는 다들 모여서

전주 한옥마을에서 자네트 버거와 빌 버거

사진을 찍고 월요일에는 경주로 가신다고 해서 숙소인 경주 고택에 전화를 해서 시내 관광을 예약하고 야간관광도 예약을 하려니까 주인 아주머니가 야간에는 안압지 등이 자기 집에서 가까우니까 자기가 구경을 시켜주신단다.

월요일 아침에 나는 일찍 출근을 하고 두 분은 집에서 식사를 한 후에 아내가 한옥마을로 모시고 가서 부부간에 곤룡포와 왕비복장을 하고 사진도 찍고 서예체험관에서 본인의 한국이름인 '지미령은 한국을 좋아한다'고 붓글씨도 썼다. 한옥마을을 다 구경한 후 그 유명한 '베테랑'에서 칼국수로 점심을 먹고 경주행 버스에 짐을 실어드리고 우리 접대는 끝났다.

경주에 가서도 주인 아주머니가 영어를 잘 못하기에 통역이 필요하면 내게 전화가 왔다. 경주에서도 다음날 시내관광 중에 미국에서 산 적이 있는 한국 사람을 만나서 그 분이 영어로 설명도 해주고 점심도 사주고 했단다.

저녁에는 주인이 같이 두 시간가량 야간 관광도 시켜주어서 아주 좋았고 다음 날에 같이 묵었던 한국 손님이 터미널까지 차로 모셔다 드렸단다.

영어 표현에 "Guests and fish stink after 3 days (손님과 생선은 3일이 지나면 악취를 풍긴다)"라는 말이 있다. 나는 이분들에게 한국에는 "Guests bring good fortune (손님은 행운을 가져온다)"는 말이 있다고 내가 지어낸 말을 하였다.

이분들을 사흘간 모시면서 몸은 좀 힘들었지만 좋은 분들이랑 재미난 얘기도 많이 나누고 한국에 와서 봉사한 분에게 빚을 조금이나마 갚았다는 뿌듯한 맘이 들어서 좋았다. 미국에 도착하여 감사하다는 전화가 와서 폐렴 얘기를 했더니 더 깜짝 놀라며 고마워하였다.

3일 동안 생면부지의 외국손님들을 대접하느라 고생한 아내가 무척 고맙고 내가 이 세상에서 제일 결혼을 잘한 남편이라고 자부하고 "하나님, 못된 저에게 하필이면 이렇게 마음씨 착한 짝을 주셨나요?" 라고 감사한다.

안중근 의사 표지석 설치와 함께 관람도 보장되길

박근혜 대통령이 중국 방문 때 시진핑 주석에게 안중근 의사의 기념 표지석을 설치하자고 제안한 것은 꼭 필요하고도 시의적절했다. 이 문제에 대해 일본 아베 총리는 안 의사의 저격으로 사망한 이토 히로부미가 "존경받고 있는 위대한 인물"이라며 "그 점은 한·일 양국이 상호 존중해야 한다"고 망언을 해 한국민의 공분을 일으킨 바 있다.

중국을 70여 차례 방문하고 최근 《당신은 어쩌자고 내 속옷까지 들어오셨는가》라는 중국 가옥에 대한 책을 쓴 중국통인 윤태옥 선생의 인솔하에 달포 전에 하얼빈을 방문했다.

나는 하얼빈에 온 김에 안 의사가 이토 히로부미를 저격한 장소만큼은 꼭 보고 싶다고 했다. 하지만 윤 선생은 과거에는 역에서 입장권을 사서 볼 수 있었으나 현재는 차표를 사서 1번 플랫폼으로 가야 되는데, 어디로 가는 열차가 1번 플랫폼에서 출발하는지를 알려 주지 않기 때문에 작년에도 보려고 역에 가서 몇 시간을 헤매고 다니다 결국 못 봤다며 난색을 표했다.

나는 "이 먼 곳을 언제 또 오겠느냐, 다른 것은 다 못 봐도 좋으니 그 장소만은 꼭 보게 해달라"고 계속 졸랐다. 견디다 못한 윤 선생이 역에 가서 또 몇 시간을 돌아다니다가 역장 당직실을 찾아가서 고생 끝에 차량을 알아냈고, 또 몇십 분

삼각형으로 표시된 안중근 의사의 저격장소

동안 줄을 서서 차표를 샀다. 설레는 가슴을 안고 열차 출발 1시간 전에 대합실에 가서 기다린 끝에야 거사 장소를 볼 수 있었다.

안 의사가 총을 쏜 자리와 약 열 걸음 떨어진 곳에 이토 히로부미가 저격당한 자리에는 각각 세모와 네모로 바닥에 표시되어 있을 뿐이었다. 이 두 개의 세모와 네모 외에는 그 어디에도 여기가 그 역사적인 현장이라고 말해주는 표시가 없었다. 우리 일행은 기념사진을 찍고 묵념을 한 뒤 기차는 타지 않고 빠져나왔다.

지금 이대로라면 1번 플랫폼에 안중근 의사 표지석이 건립된다고 해도, 기차를 타고 내리는 중국 사람들만 볼 수 있을 뿐, 방문하는 한국 사람들이 그 표지석을 보기란 매우 어렵거나 거의 불가능하겠다 싶었다. 중국과 외교적인 노력을 통해 하얼빈 역에서 안 의사의 거사 장소를 관람하러 오는 사람들을 몇 시간 동안 기다리는 일 없이 관람료를 내고라도 바로 관람할 수 있도록 해야한다.

—《조선일보》 2013. 07. 31

찰칵

바닷물이 아직 찰 텐데… 해운대 새벽 수영객들

지난 주말 '새벽 수영 동아리' 회원들이 부산 해운대에 모였습니다. 모래사장에서 체조 한 뒤 스노클을 물고 물갈퀴를 찬 뒤 입수하고 있습니다. 물갈퀴 저항을 줄이려고 뒷걸음으로 들어갑니다. 일 년 열두 달 주말 새벽마다 바다로 가는데, 회원은 20대부터 70대까지 다양합니다. 저편에 공사 중인 대형 건물은 인허가 비리로 시끄러운 부산엘시티입니다.

— 《조선일보》 2017. 04. 07

2편

심장이 멎기 전, 안녕 내 사랑

동행

1부

아름다운 사람들을 위한 기도

황혼

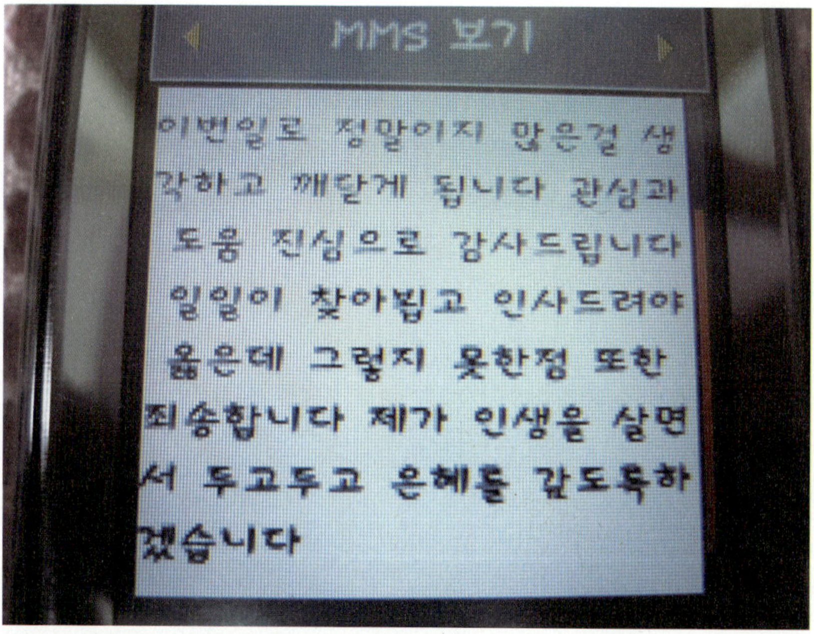

기증자의 가족이 보낸 메시지

누군가 눈을 뜨면

나는 장기 기증을 담당하는 의사다. 뇌사에 빠진 환자 가족들에게 환자 상태와 장기 기증에 대해 설명한다. 이십 년 동안 수많은 사람을 만났는데 그중에서도 유독 생각나는 분이 있다.

수년 전에 다른 병원 중환자실로부터 연락이 와서 달려갔다. 삼십 대 여성이 교통사고를 당해 목뼈 골절로 뇌사 상태에 빠진 것이다. 심폐 소생술을 세 번이나 받았지만 안타깝게도 세상을 떠나고 말았다.

나는 가족들에게 이런 경우 장기 기증은 어렵고 각막만 기증할 수 있다고 설명했다. 그러자 동생이 말했다.

"엄마, 언니 마지막 가는 길 좋게 보내자. 응?"

사랑하는 딸을 가슴에 묻은 어머니의 대답은 뜻밖이었다.

"눈이 안 보이는 게 세상에서 제일 서러운 거여. 얼마나 갑갑하겄냐? 그런 사람이 우리 딸 덕분에 눈을 뜨면 그보다 좋은 일이 어디 있겄냐?"

어머니는 눈물을 흘리며 기증 동의서에 서명했다. 그분의 각막으로 두 명이 시력을 되찾았다.

"내 자식 잘 먹이고 입히지도 못했는데 곱게 보내야지." 하며 기증을 꺼리는 경우가 많다. 그래서인지 그 어머니의 결심이 더욱 기억에 남는다.

박성광 님 | 전북 전주시

좋은 생각 2019년 4월호

새 생명을 찾게 해준다는 것, 어떤 일보다 값진 일

— CBS 김현정의 뉴스쇼 화제 인터뷰 (2014.11.3)

정진아 (4세, 여)

한 아이가 자신의 장기를 4명에게 나눠주고 세상을 떠났습니다. 이 아이는 올해 고작 4살밖에 되지 않은 여자아이였는데요. 물론 아이의 목숨을 잃은 상태에서 장기기증을 결정하는 경우도 대단합니다마는 이 아이의 경우는 아이가 산소호흡기를 단 채 뇌사상태에 빠진 경우였습니다. 4살 아이의 산소호흡기를 부모가 뗀다. 이게 언뜻 생각해도 쉽지 않은 일인데요. 부모는 아이가 짧은 삶을 살고 떠나지만 값진 인생을 만들어주고 싶었다라고 말을 했답니다. 새해부터 정말 많은 이들의 가슴을 울렸던 이 사연, 저희가 부모께 인터뷰 요청을 했습니다마는 이 부모님은 정중히 사양을 하셨고요. 대신 이 부모의 장기기증 결정을 지켜본 전북대학교 장기기증센터 박성광 센터장 오늘 화제인터뷰로 연결해보죠. 센터장님 안녕하세요.

◆ 박성광〉 안녕하세요.

◇ 김현정〉 아이의 이름이 진아예요?

◆ 박성광〉 네, 정진아입니다.

◇ 김현정〉 4살 정진아. 도대체 아이가 무슨 일을 당한 겁니까?

◆ 박성광〉 아이가 전날 저녁까지는 괜찮았어요. 통닭도 먹고 그랬다고 하는데 새벽에 갑자기 청색증이 오면서 심장마비가 와서 그때 심폐소생술을 하면서 병원에 들어왔습니다.

◇ 김현정〉 아니, 전날 치킨까지 먹은 사람에게 갑자기 그렇게 심장마비가 올 수 있습니까? 그것도 아이인데?

◆ 박성광〉 그럴 수가 있습니다.

◇ 김현정〉 소아에게 나타나는 심장마비가 있나보죠?

◆ 박성광〉 네.

◇ 김현정〉 그러면 병원에 올 때부터 의식을 잃은 상태였어요?

◆ 박성광〉 네, 의식이 없었습니다.

◇ 김현정〉 그런 상태로 병원에서 며칠이나 있었던 거죠?

◆ 박성광〉 병원에 15일간 있었는데 제일 마지막 2일은 뇌사조사를 하고 장기기증 수술할 때 있은 것이었고 13일 동안 혼수상태로 있었습니다.

◇ 김현정〉 13일 동안 혼수상태라는 게 어떤 상태인 거죠?

◆ 박성광〉 의식이 없는 상태입니다.

◇ 김현정〉 산소호흡기 떼면 자가 호흡이 안 되는 상태?

◆ 박성광〉 제일 처음에는 본인 호흡이, 자가 호흡이 있었습니다. 점점 약해

지면서 뇌사에 빠지기 직전에는 전혀 없었습니다.

◇ 김현정〉 아무리 그렇다고 하더라도 뇌사면 어쨌든 산소호흡기로는 숨을 쉬는, 목숨이 붙어 있는 상태인데. 그걸 부모 손으로 생명줄을 놓는 결정을 한다는 게, 이게 쉬운 일은 아니잖아요.

◆ 박성광〉 절대 쉬운 일 아닙니다. 이건 세상에서 제일 어려운 일이라고 저는 봅니다.

◇ 김현정〉 형제도 아니고 부모가. 그런데 이 부모님은 어떻게 결정을 하신 걸까요?

◆ 박성광〉 만나보니까 두 분이 아주 좋은 분들이었습니다. 그런데 이분들이, 본인들도 두 분이 다 장기 기증 서약을 하신 분이었습니다. 그래서 아이가 회복이 불가능하다는 소리를 듣고 "이렇게 딸아이가 짧은 생애였지만 값진 의미를 주고 좋은 일을 하고 보내고 싶다" 하는 말씀을 먼저 꺼내셨습니다.

◇ 김현정〉 의료진이 권한 게 아닌거죠, 전혀?

◆ 박성광〉 의료진은 회복이 불가능해서 생존이 불가능하다 하는 얘기까지만 드렸습니다. 이런 경우는 아주 드문 경우로 보겠습니다.

◇ 김현정〉 4살이 아니라 20살, 30살인 경우도 부모님이 이런 결정하기는 어려운 건데요. 그래서 "아이에게 값진 인생을 만들어주고 싶다"라는 말과 함께 이런 결정을 내릴 때 부모님 심경은 어땠을까요?

◆ 박성광〉 아주 힘들었다고 봅니다... 그런데 아기가 사망을 하면 아기를 대개는 화장을 하지 않습니까? 그러면 이 세상에서 영원히 사라지는 것인데 장기 기증을 함으로써 진아의 간장과 심장이 어느 누구인지는 모릅니다마는 몸속에서 돌아다니고 있다고 생각하면 영원히 지구상에서 사라지는 것보다는 그래도 위안이 되지 않을까 이런 생각이 듭니다.

◇ 김현정〉 직접 만나신 거죠, 부모님을? 결정을 내릴 때 눈빛이 기억나세요, 부모님들.

◆ 박성광〉 그럼요. 이 세상의 제일 힘든 결정이셨을 텐데. 계속 우셨죠. 뵐 때마다 우셨는데 특히 어머님은 항상 눈물을 달고 사셨죠. 그런데 지금 죽어 가고 있는 다른 아이의 부모님 심정을 생각하면... 생명을 얻고 얼마나 기쁘시겠어요. 그런 부모님들 생각해서 이렇게 기증을 결정하셨다고 저는 생각이 듭니다.

◇ 김현정〉 부모님이 15일 내내 우셨군요. 그러면서도 우리 아이로 인해서 다른 부모의 눈물이 마를 수 있다면, 아이의 장기를 나누어주겠습니다, 이렇게 말씀하신... 저도 진아 사진을 인터넷에서 봤거든요. 아마 성탄절에 무슨 축제를 하고 있었던 모양이에요. 산타 모자를 쓰고 4살 아이 진아가 환하게 웃고 있는 모습이 그냥 천사더라고요.

◆ 박성광〉 저는 살아 있을 때는 본 적이 없지만 부모님 말씀으로는 진아가 목소리가 우렁차고 아주 밝고 쾌활한, 똑똑한 아이였다고 해요.

◇ 김현정〉 똑똑하고 밝은 아이, 건강한 아이... 하지만 의료진이 가망 없다고 하자 바로 장기기증 의사를 밝히신 겁니까?

◆ 박성광〉 네. 병원에 온 지 며칠 지나서 회복 불가능이라는 말씀을 듣고 부모님이 그런 말씀을 먼저 꺼내시더라고요.

◇ 김현정〉 그렇군요. 수많은 장기기증자를 보셨을 텐데, 우리 센터장님. 이런 경우가 있었습니까, 전에도?

◆ 박성광〉 드물죠. 드물었습니다.

◇ 김현정〉 4살짜리 이렇게 어린아이의 경우는 특히.

◆ 박성광〉 5살짜리가 있었습니다, 준호라고.

◇ 김현정〉 이름도 기억하세요? 준호?

◆ 박성광〉 몇 년 전입니다마는 부모님들이 결정하시기 힘들었죠. 굉장히 힘들었습니다. 그런데 마지막으로 참 피를 토하는 심정으로 기증을 해서 또 여러 사람을 살리고 아기한테 쓴 편지를 보내오셨어요.

◇ 김현정〉 준호에게 쓰는 편지요?

◆ 박성광〉 준호에게 쓰는 편지 해서... "이렇게 짧은 인연이었지만 참 못해준 것을 좀 더 잘해 줄 걸 그랬는데 우리 더 좋은 천국에 가서 만나자. 그때 더 예뻐해줄께" 하는 편지를 보내온 적이 있었습니다.

◇ 김현정〉 참 세상에 천사 같은 부모님들도 많으세요. 이 진아의 부모님도 역시 젊은 부모들인 거죠, 30대?

◆ 박성광〉 그렇죠. 젊습니다.

◇ 김현정〉 그런데 이미 본인들의 장기기증 서약까지 한 분들. 대단합니다. 진아의 장기, 어떤 부분이 어디로 간 거죠?

◆ 박성광〉 심장은 만성 심장질환을 앓는 아기한테로 갔습니다.

◇ 김현정〉 심장마비로 숨졌는데 심장이 갈 수 있나요?

◆ 박성광〉 그리고 나서 회복이 돼서 기능검사를 했는데 심장기능이 괜찮아서 기증을 할 수 있었습니다.

◇ 김현정〉 마비가 왔다가 다시 회복이 돼도, 이미 뇌는 다친 상태기 때문에 뇌사가 되는 거군요?

◆ 박성광〉 심장기능이랄지 그런 기능들이 다 회복을 했습니다마는 뇌기능만 회복을 안 해서 다른 장기를 기증할 수 있었던 것입니다.

◇ 김현정〉 심장은 다른 아이에게 갔고. 그리고요?

◆ 박성광〉 신장은 하나는 아이에게 갔고 하나는 젊은 여성한테 갔습니다.

◇ 김현정〉 신장 두 쪽이 서로 다른 사람에게 하나씩?

◆ 박성광〉 예, 그리고 간장은 만성 간질환을 앓는 성인 남성에게 갔습니다.

◇ 김현정〉 성인 남성 하나, 여성 하나, 아이 둘 이렇게 살리고 갔네요. 진아, 아마 하늘에서도 "엄마, 아빠 고맙습니다. 의사 선생님 고맙습니다" 하고 있을지도 모르겠어요... 센터장님, 장기기증센터에는 얼마나 계셨습니까?

◆ 박성광〉 20년 되었죠.

◇ 김현정〉 장기기증 일만 20년. 많은 분들이 장기기증 운동에 동참하실 수 있도록 센터장님이 꼭 하고 싶은 말씀이 있으시다면서요.

◆ 박성광〉 한 분이 기증을 함으로써 9명이 혜택을 본다고 하거든요.

◇ 김현정〉 9명이나요?

◆ 박성광〉 췌장도 있고 폐도 있고 그러다 보니까 장기를 기증함으로 인해서 새 생명을 찾게 해 준다는 것은 어떤 일보다 더 값진 일이라고 생각합니다.

장기기증의 진행 절차

뇌사가 의심되는 혼수상태가 되면 뇌파를 촬영하여 뇌파가 없는 것을 확인한 후에 보호자에게 환자 상태를 설명하게 된다. 보호자는 상태를 듣고, 선순위 보호자가 장기기증 동의를 하게 되면 장기기증을 하기 위한 절차(뇌사조사)가 시작된다.

뇌사 조사는 총 2번 실시하게 되어있으며 6시간 간격으로 실시된다. 뇌사조사 시 신경과 전문의 1명을 포함한 뇌사 관리 의사(내과의사) 참여로 이루어지며 신경과 의사는 신경학적 검진을 통해 외부 자극에 반응이 전혀 없는 깊은 혼수상태인지, 반사 등이 모두 소실되었는지 확인하며, 스스로 숨을 쉴 수 없는지를 보는 무호흡 검사를 시행하여 자발호흡이 없는 것을 확인하게 된다.

1차 뇌사조사를 시행하면서 혈액검사, 복부 초음파, 엑스레이 촬영, 심장초음파 등을 실시하여 결과를 국립장기조직혈액관리원에 보고하면 기증자 정보를 확인 후에 각 장기의 이식대상자 선정을 시작한다.

2차 뇌사 조사를 시행하며 1차 조사와 같은 내용을 재시행한다. 2차 조사 이후에 30분간 뇌파를 촬영하여 평탄뇌파를 확인하게 되면 뇌사 조사가 완료된다.

뇌사 판정위원회가 열리는 데 이때 뇌사판정이 완료되는 시각이 기증자의 사망진단서상의 사망시각이 된다. 뇌사판정위원회의 구성은 신경(외)과 전문의가 포함된 2명의 전문의와 비의료인(본원은 신부님)이 1명 포함 된다.

뇌사 판정까지 완료가 될 때까지 장기의 수혜 병원이 결정되고 전국의 각지에서 수혜 병원의 적출 의료진이 장기기증자가 누워있는 병원으로 와서 장기를 적출하게 되는데 평균적인 수술 시간은 5-6시간 정도 소요 된다. 적출 팀은 수혜자가 입원해 있는 병원으로 적출한 장기를 이송하여 촌각을 다투며 급박하게 이식까지 이루어지게 된다.

기증자는 수술 후에 봉합을 마친 후에 원하는 장례식장이 있다면 그곳까지 인도되며, 인도 후에는 유족들께서 장례 절차를 진행하게 된다.

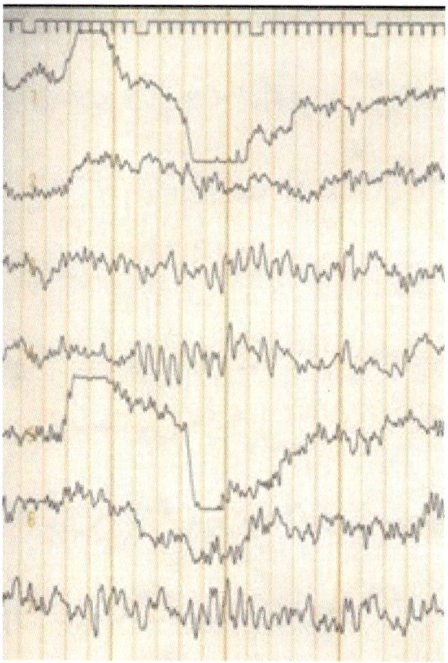

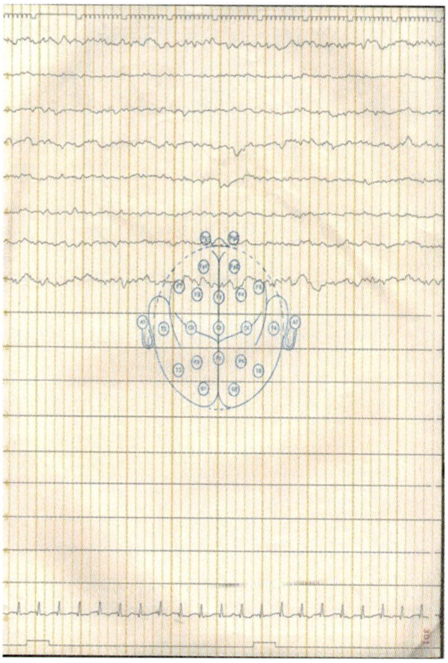

정상인의 뇌파 (왼쪽)와 뇌사자의 평탄뇌파 (오른쪽)

수많은 의료진 및 여러 과의 협조로 장기기증이 이루어질 수 있다

내과 의사 뇌사자 관리 전담 의사 2인

신경과 교수 2인 및 전공의(뇌사 조사) 포함 2인

신경외과 교수 및 전공의 포함 2인

응급의학과 교수 및 전공의 포함 2인

영상의학과 교수(기증을 위한 검사) 1인

심장초음파 검사자 및 심장내과 전문의(심장 기증을 위한 검사 및 판독) 2인

초음파실(복부 초음파 등) 판독 의사 2인

진단면역검사실 기사 및 판독 교수 2인

분자유전검사실 기사 및 판독 교수(유전자 검사) 2인

병리과 기사 및 판독 교수(간 조직검사) 2인

외과 전문의 및 전공의(적출 수술 진행) 5인

뇌사자관리 담당 간호사(코디네이터) 2인

수술실 간호사(적출 수술) 3인

마취과 전문의 및 간호사 2인

중환자실 의사 및 간호사(장기기증자 검사 진행 및 간호) 6인

응급실 간호사

뇌파 촬영기사 및 판독 의사 2인

사회복지팀 1인

뇌사 판정위원회 총 5인

소아청소년과 의사 1명

감염내과 의사 1명

신부님 1분 으로 약 50명 정도이다.

신장이식 수술팀

최요삼 효과

이식을 담당하는 의사들이 쓰는 '니콜라스 효과'란 말이 있다. 1994년 이탈리아의 작은 마을에 가족과 함께 관광을 왔던 7살 난 니콜라스 그린이란 미국 아이가 차에서 강도의 총에 머리를 맞고 뇌사 상태에 빠졌다.

아이의 부모는 장기 기증을 결심했고 7명의 환자들이 새 생명을 얻었다. 이를 계기로 당시 다른 유럽 국가들에 비해 크게 저조했던 이탈리아의 장기기증이 폭발적으로 몇 배 증가했다. 또 이탈리아에서만이 아니고 전 세계에 파급되는 효과를 가져왔기 때문에 이것을 '니콜라스 효과'라고 부른다.

올해 초에 고 최요삼 선수가 권투 경기를 마치고 뇌사 상태에 빠짐으로써 전 국민을 안타깝게 만들었다. 가족들은 장기기증을 결심했고 6명이 새 생명을 얻었다. 우리나라 이식수술의 성공률은 세계적으로도 최상위권에 있다. 그러나 우리나라에는 뇌사자 장기를 받고자 학수고대하는 환자들이 약 1만 5,000명 정도가 있으나 작년에 불과 148명의 뇌사자가 장기를 기증하는 데 그쳤다. 한국의 인구 100만 명당 장기기증률이 미국, 스페인의 10분의 1 수준이다.

최요삼 선수의 장기기증은 몇 가지 큰 의미를 가진다. 첫째로 전 국민들에게 장기 기증을 홍보하고 권장한 효과다. 희망적인 것은 최요삼 선수의 장기 기증이 모든 신문, 잡지, 라디오, 텔레비전을 통해 전국에 보도된 후에 뇌사자 가족의 태도가 많이 달라졌다는 점이다. 많은 가족들이 자발적으로 먼저 의료진에게 장기 기증의사를 비쳤고 의료진이 최요삼 선수를 예로 들며 설득하면 더 많은 승락을 얻을 수 있었다.

이번 기회에 까다로운 뇌사자 장기 기증에 관한 법도 정비되어야 한다. 예를 들면 현행법상으로는 정신질환자는 뇌사자로서 장기를 기증할 수 없게 되어있다. 그 결정이 올바른 정신 상태에서 이루어진 것이 아닐 수 있기 때문이다. 그러나 경증의 정신질환자가 뇌사에 빠졌을 경우 본인이 생전에 원했고 가족이 원한다고 해도 장기를 기증할 수 없도록 한 현행법은 개정되어야 한다.

또 한 가지 새 정부에 건의하고 싶은 것은 외국에서처럼 장기 기증의 길을 일반인들에게 활짝 열어 놓자는 것이다. 필자가 미국 캘리포니아에서 1998년에 운전면허증을 발급받을 때 교통사고로 인해 뇌사자가 되었을 경우를 대비하여 면허증에 장기 기증 스티커를 붙이거나 안 붙일 권리에 대해 설명을 들었다. 우리나라도 하루빨리 장기기증 의사가 있는지를 자동차나 오토바이 면허증에 반드시 표시하는 것을 검토해야 한다.

—《한국일보》2008.03.13

운전면허증 신청 때 장기기증 의사 표시를

2011년 5월 21일자 A12면에 미국 장기이식센터 사무국장이 "장기기증 쉽지 않은 한국, 사회적 공감대가 필요해"라고 했는데, 옳은 말이고 공감대 외에 약간의 제도 보완이 꼭 필요하다고 본다. 그는 미국에서는 작년에 8000여 명이 장기를 기증했는데 한국에서는 268명만 기증한 데 대해 안타까워했다. 김수환 추기경의 선종 이후 장기기증 서약이 대폭 증가했다고 하는데도 이제까지 서약한 사람은 77만 명 정도로 전 인구의 2%에도 못 미치는 실정이다. 현재 우리나라에는 장기를 기증받고자 학수고대하는 환자들이 1만7000여 명에 달하지만 한국의 인구 100만 명당 장기기증률은 스페인에 비해 약 7분의 1에 불과해 뇌사자 장기기증의 확대가 절박한 실정이다.

현장에서 일하다 보면 많은 뇌사자 가족들이 기증을 권유받으면 본인이 생전에 그에 대한 언급이 없었다고 거부하는 경우가 많다. 그래서 뇌사자 장기기증이 증가하려면 본인이 생전에 의사를 밝혀놓는 게 중요하다. 가장 손쉬운 방법은 운전면허증에 기증의사를 표시하는 것이다. 미국 뉴욕 운전면허증의 뒷면 절반은 장기 일부 혹은 전부의 기증 여부와 서명하는 난이 차지하고 있다. 또 미국 버지니아주에서는 자동차면허증 소지자의 절반 이상이 면허증에 기증의사를 표시하고 있다. 현재 국내에는 2658만 명이 자동차 면허를 소지하고 있으며 해마다 127만 명이 면허를 취득하고 있다. 지금은 면허시험장 민원실에 신청하면 면허증 왼편 하단에 장기기증 글자를 표시할 수 있는 좋은 제도가 생겼지만 이를 아는 사람도 드물고 이렇게 표시한 운전자는 극소수에 불과하다. 왜 이런 좋은 제도가 정착되지 못했을까? 홍보가 부족해 이런 제도가 있다는 것을 잘 모르고 있고, 운전자들이 시험에 합격하면 마음이 바빠서 본인이 따로 서류를 기입해 제출해야 하는 번거로움과 시간 소모로 장기기증 표시 신청을 꺼리기 때문이다.

만약 자동차나 오토바이 면허증 발급·갱신 시 주소·생년월일 등을 기입하는 신청서에 운전자가 불의의 사고를 당해 뇌사 상태에 빠졌을 때 장기기증 의사가 있는지 여부를 표시할 수 있는 칸을 하나 더 만든다면 훨씬 더 많은 사람이 기증의사를 밝힐 수 있을 것이고, 뇌사자 장기기증이 미국이나 스페인처럼 활발해져 장차 본인이 될 수도 있는 꺼져가는 생명을 많이 구할 수 있게 될 것으로 확신한다.

—《조선일보》 2011.05.24

뇌사 판정 받았다면 절대 깨어날 수 없어

2012년 10월 20일 조선닷컴에는 영국 신문의 보도를 인용해 '뇌사 판정받고 장기 적출하기 직전 깨어난 10대 소녀'에 관한 기사가 실렸다. 오랫동안 뇌사자의 장기기증에 관여해 온 의사로서 또한 장기기증을 서약한 한 사람으로서 오해의 소지가 있어 견해를 밝힌다. 우선 뇌사 판정을 받았다면 만에 하나라도 그녀와 같이 깨어나서 퇴원한다는 것은 절대 불가능하다. 이 소녀는 교통사고로 뇌를 심하게 다쳤는데 의사가 "만일 상태가 악화되어 뇌사 상태에 빠진다면 장기기증을 고려하면 어떻겠냐?"고 보호자에게 말했던 것으로 추측되지만 뇌사판정을 받은 적은 없었다.

우리나라에서도 뇌사 판정 과정은 매우 엄격하고 까다롭다. 완전 혼수상태면서 자발 호흡이 전혀 없고, 외부 자극에 대한 반응이나 반사작용이 없으며, 뇌파가 평탄한 환자의 가족들이 장기를 기증하고자 하면 뇌사 조사를 받게 된다. 신경과 전문의가 환자의 상태를 확인하고 두 차례에 걸쳐 무호흡 검사를 시행한 뒤, 다시 30분간 뇌파 검사를 통해 뇌파가 평탄함을 확인한다. 이런 엄격한 조사를 마친 후 여러 명의 전문의와 법률가나 종교인을 포함한 뇌사판정위원회에서 모든 자료를 신중하게 검토한 후에 최종적으로 뇌사 판정을 하게 된다.

기사 속의 10대 소녀 환자는 자발 호흡이 있었기 때문에 뇌사 조사에 들어갈 수도 없고, 이런 상태에서 뇌사 판정을 받는다는 것은 불가능하다. 담당의사의 성급한 장기기증 권유가 있었다지만 뇌사 판정을 받지 못하면 장기 적출도 불가능하다. 따라서 '적출수술을 받기 직전'이란 말은 적절하지 않다. 이번 보도로 인해 꺼져가는 생명을 살리고자 숭고한 결심을 하고 뇌사 판정을 받고 장기를 기증한 환자 가족분들이나 장차 뇌사에 빠졌을 때 장기기증을 약속한 분들이 오해를 하지 않기 바란다

—《조선일보》 2012. 10. 25

'기적의 남자'.. 뇌사 판정 美 60대, 연명장치 떼니 깨어나

(서울=연합뉴스)
입력 2019.01.06. 10:43

치명적 뇌졸중 아닌 뇌병증후군으로 밝혀져.. 입원 1주일 만에 퇴원

뇌사 판정을 받은 미국의 60대 남성이
생명유지 장치를 떼어낸 후 의식을 되찾아 '기적의 남자'라는 별명을 얻었다.

기적적으로 되살아난 T. 스캇 마(오른쪽)와 그의 딸 프레스턴

고충처리 신청서

신 청 인	성명	박성광	생년월일	
	주소	전북 전주시 덕진구 건지로 20, 전북대학교병원 신장내과	휴대전화	
	E-Mail	parksk@jbnu.ac.kr	집전화	
기사(사진) 제목	‘기적의 남자’…뇌사판정 美 60대, 연명장치 떼니 깨어나			
송도(보고) 일자	2019.1.6			
피해사실	올해 1월 6일 연합뉴스에서는 미국 매체의 보도를 인용해 “'기적의 남자'..뇌사 판정 미 60대, 연명장치 떼니 깨어나”라는 제목으로 뇌사 판정을 받은 미국의 60대 남성이 의식을 되찾아 '기적의 남자'라는 별명을 얻었다고 보도하였다. 오랫동안 뇌사자의 장기기증에 관여해 온 의사로서 또한 장기기증을 서약한 한 사람으로서 큰 오해의 소지가 있어 뇌사판정에 대한 설명을 하고자 한다. 우선 뇌사 판정을 받았다면 만에 하나라도 이 분과 같이 깨어나서 퇴원한다는 것은 절대 불가능하다. 이 남자는 뇌졸중으로 쓰러져서 병원에 이송되었는데 의사가 뇌부종이 심해지자 뇌질환이 악화될 경우 뇌사상태에 빠질 위험성도 있다고 보호자에게 성급하게 말했던 것으로 추측되지만 뇌사 판정을 받은 적은 없었다.미국 매체의 원문 제목도 “Nebraska man thought nearly brain-dead recovers, leaves hospital (뇌사에 가까운 상태로 생각되었던 네브라스카 남자가 회복되어 퇴원하였다.)”이다. 우리나라에서도 뇌사 판정 과정은 매우 엄격하고 까다롭다. 의식이 전혀 없는 완전 혼수상태면서 자발 호흡이 전혀 없고, 외부 자극에 대한 반응이나 반사작용이 없으며, 뇌파가 평탄한 환자의 가족들이 장기를 기증하고자 하면 먼저 뇌사 조사를 받게 된다. 신경과 전문의가 환자의 신경학적 상태를 확인하고 6시간 이상의 간격을 두고 두 차례에 걸쳐 무호흡 검사(자발호흡이 있는지를 확인하는 검사)를 시행한 뒤, 다시 30분간 뇌파검사를 통해 뇌파가 평탄함을 확인한다.				

피해사실	이런 엄격한 뇌사조사를 마친 후 여러 명의 전문의와 의사가 아닌 법률가나 종교인을 포함한 뇌사 판정위원회에서 모든 자료를 신중하게 검토한 후에 최종적으로 뇌사 판정을 하게 된다. 이렇게 뇌사 판정을 받은 후에 국립장기이식센터에서 배정된 장기 이식 팀이 수 시간 후에 도착하여 장기를 적출할 때 심장이 멈추게 된다. 일반인들이나 일부 이식에 관여하지 않는 의사들의 생각과는 달리 법적으로 사망진단서에는 사망시간을 심장이 멈춘 시간을 쓰는 게 아니라 뇌사판정을 받은 시간을 쓰게 되어있다. 따라서 이 기사가 만일 사실이라면 병원에서 사망진단서를 발급받은 환자가 병세가 호전되어 퇴원했다는 말이 된다.영어로 된 원문에 보면 기사 속의 남자 환자는 자발 호흡이 있었기 때문에 뇌사 조사에 들어갈 수도 없고, 이런 상태에서 뇌사 판정을 받는다는 것은 절대 불가능하다. 우리나라에서 현재 뇌사자의 장기를 학수고대하며 기다리는 환자분들은 3만여명에 이르지만 작년 한해에 장기를 기증한 뇌사자 분들은 449명에 불과하다. 따라서 일부의 운이 매우 좋은 환자들만이 장기를 받아서 새 생명을 찾고 대부분의 환자분들은 장기를 못 받고 돌아가시는 형편이다. 얼마 전에 우리 병원에서도 4년 동안 혈액투석을 받으면서 뇌사자로 부터 장기기증 받기를 기다렸던 30대 여자환자분이 뇌출혈로 뇌사 판정을 받고 장기이식을 기다렸던 심정을 생각해서 가족 분들이 장기기증에 동의했다. 이런 분들의 가족들에게 의료진은 회복의 가능성이 전혀 없음을 설명하고 장기기증을 권유하는데 이런 잘못된 기사가 나오면 환자가족들은 의사를 불신하여 기증을 거절하게 되고 기증을 약속한 분들이 철회할 수도 있고 이미 기증한 가족들도 기증을 후회하는 일들이 벌어질 수 있다. 이런 피해는 고스란히 뇌사자로부터 장기이식 받기만을 기다리는 말기 중환자 분들과 그 가족들이 입을 수밖에 없다.		
처리요구 사항	법적으로 뇌사 판정을 받는 절차는 아주 엄격하게 이루어지고, 뇌사로 판정받은 환자는 회복의 가능성이 전혀 없음에도 불구하고, 매스컴의 놀라운 파급력 때문에 단순한 번역의 실수로 인한 기사 제목이 미치는 영향이 너무나 커질 수 있다고 생각한다. 이번의 보도로 인해 꺼져가는 생명을 살리고자 어렵고도 숭고한 결심을 하고 뇌사 판정을 받고 장기를 기증한 환자 가족 분들이나 장차 뇌사에 빠졌을 때 장기기증을 약속한 분들이 불필요한 오해를 하지 않도록 잘못된 번역을 반드시 정정보도해주기 바란다.		
청구사항	정정보도청구 ☑	반론보도청구	청구사항 없음

정정보도

연합뉴스

뇌졸중으로 쓰러진 美60대, 연명장치 떼고 깨어나 '기적의 남자'

기사입력 2019-01-06 10:43 최종수정 2019-02-07 18:25 기사원문 스크랩 본문듣기 · 설정

2 3

요약봇 가

<<기사 제목과 내용 중에서 '뇌사 판정'을 '뇌사로 이어질 수 있을 정도로 심각해 회생 가능성이 희박하다는 진단'으로 바로 잡습니다.>>

(서울=연합뉴스) =뇌졸중으로 쓰러진 뒤 회생 가능성이 희박하다는 진단을 받은 미국의 60대 남성이 생명유지 장치를 떼어낸 뒤 다시 의식을 찾아 '기적의 남자'라는 별명을 얻었다.

장기기증은 신의 선물 나누는 것

박성광 전북대 신장내과 교수(57·장기이식센터장)는 새벽 2시에 잘못 걸려 온 전화가 있다면, 되려 감사해한다. 환자들이 위급한 상황은 아니기 때문이다.

2년 전 전북대병원 장기이식센터장을 맡은 그는 손꼽히는 신장 전문의면서 장기기증운동 전도사다. 내과 전문의로 합병증으로 고생하는 말기 신부전증 환자를 치료하면서 장기기증의 필요성을 적극 공감했다.

"말기 간암이면 시한부 생명이고, 콩팥이 나빠지면 평생 투석을 해야 합니다. 그런데 그 환자에게 누군가 간이나 신장을 기증했을 때, 수술 2주 뒤 건강을 되찾고 웃으면서 퇴원합니다. 의사인 나로서도 기적이라고 할 수밖에 없습니다."

국립장기이식관리센터·이식학회에 따르면 국내 장기기증 희망자는 1991년 이후 80만 명이 넘었으나 여전히 이식 대기자들의 수요를 따라잡지 못하고 있는 것으로 알려졌다. 2010년엔 전국적으로 770명이 이식을 기다리다가 숨을 거두기도 했다. 그러나 다행스러운 것은 '신체발부 수지부모(身體髮膚 受之父母)'를 강조하는 유교 사상으로 장기기증 희망자가 늘지 않았다가 3년 전 김수환 추기경 선종(善終)으로 생명 나눔 희망자가 크게 늘었다는 대목이다.

"장기기증에 대한 오해 중 하나가 혹시라도 다시 살아날 가능성이 있는 사람들의 장기를 떼어내는 게 아니냐는 겁니다. 그런데 의사들이 모여 '뇌사' 판정을 내리면, 90% 이상 일주일 안에 심장이 멈춥니다. 생존의 가능성은 전혀 없습니

다. 대신 장기기증을 하면 누군가의 삶을 열어주게 됩니다. 신으로부터 인간이 받은 최고의 선물을 나눠주는 것이라고 봅니다."

1989년 최초로 생체 신장이식 수술을 시작한 전북대병원은 1998년부터 뇌사자 장기이식 수술에 성공한 뒤 전국적으로 이를 활발하게 이어오고 있는 곳이다. 지난 24일까지 전북대병원이 집계한 전국 장기기증자는 54명. 이 중 7명(12.9%)이 전북대병원 기증자다. 신경외과 의료진의 생명 나눔에 대한 관심과 적극적인 협조, 코디네이터들 덕분이다.

아쉬운 대목은 뇌사자 가족들이 병원으로부터 기증을 권유받으면, 본인이 생전에 그런 언급이 없었다는 이유로 거부하는 경우가 많다는 것이다. 이런 연유로 전주대 영상애니메이션학과에 재학했던 이근우 씨를 떠올리곤 한다. 그는 새벽까지 졸업작품전을 준비하다가 불의의 사고로 뇌사에 빠졌는데, 부모님께 장기기증을 제안했더니 하루도 안 돼 선뜻 동의했다. 박 교수는 새 생명을 얻게 된

왼쪽 하단에 장기조직기증이 표시된 운전면허증

환자들을 보면서 전주대에 근우 씨에게 명예졸업장을 수여해달라는 편지를 보내기도 했다. 그렇다면 뇌사자 장기기증을 활성화하기 위한 대안은 없는 걸까? 그는 운전면허증에 장기기증 의사를 표시할 것을 제안했다.

"미국 뉴욕 운전면허증의 뒷면 절반은 장기 일부 혹은 전부 기증 여부를 서명하는 난이 차지합니다. 미국 버지니아주는 자동차면허증 소지자 절반 이상이 면허증에 기증 의사를 표시하죠. 지난해 기준으로 2,658만 명이 자동차 면허를 취득했는데, 운전면허증 왼편 하단에 장기기증 여부를 적는 제도를 아는 이들은 극소수입니다. 또 절차가 까다로워 알고도 안 하는 이들이 상당수죠."

이 때문에 "운전면허증 신청서에 운전자가 장기기증 의사 여부를 표시하는 칸을 만들어놨으면 한다."고 주장해왔으나 제도화되지 못했다면서 언론이 앞장서서 인식이 전환될 수 있도록 도와달라고 당부했다.

— 《전북일보》 2012. 02. 26

장기기증 유족·수혜자, 간접 교류라도 허용을

장기기증 담당 의사로서 조선일보 기사 〈4명에게 새삶 주고 간 아들… 자식 4명 얻었죠〉(7월 28일 자 A12면)를 감명 깊게 읽었다. 뇌사자의 장기를 학수고대하는 많은 환자에게 희망을 주었다고 생각한다. 뇌사자 가족은 가끔 "제 아이의 장기를 받은 사람을 만나볼 수 있나요?"라고 질문한다. 특히 심장 기증인 경우 그렇다. 그러나 '장기기증에 관한 법률' 제31조는 '부작용'을 우려해 의료기관

아들의 심장을 기증했던 신부가
기증받은 청년의 가슴에 청진기를 대고 아들의 심장 박동을 듣고 있다

아버지의 심장을 기증받은 신사와 결혼식장에 입장한 미국 여성

이 기증자와 수혜자 정보를 서로에게 주지 못하게 하고 있다.

전통적으로 사람들은 심장에 영혼, 즉 마음이 있다고 믿고 있다. 몇 주 전 SNS에서 퍼진 "결혼식 신부가 받은 선물. 숨진 아들의 심장 소리"라는 제목의 사진이 많은 사람을 울렸다. 결혼식장에서 신부가 처음 만난 청년의 가슴에 청진기를 대고 심장 소리를 들으며 감격의 눈물을 흘리는 사진이다. 2년 전에 신부가 사고로 뇌사에 빠진 아들의 장기를 기증하였는데, 신랑이 심장을 이식받은 청년을 결혼식에 초대해 떠난 아들의 심장 소리를 듣게 한 것이다.

작년에는 "10년 전 돌아가신 아버지의 맥박 생생히 느꼈어요."라는 제목의 사진이 감동을 선사하였다. 미국의 한 신부가 결혼식장에서, 강도의 총에 돌아가신 아버지의 심장을 이식받은 신사의 팔을 잡고 입장하는 장면이다. 이런 일이 가능한 것은 미국에선 기관의 중재 아래 유가족과 이식 환자가 편지를 주고받고, 이후 2~3년 지나 서로 만나도 부작용이 없겠다고 판단되면 대면도 허용하기 때문이다. 이번 기사처럼 자식을 가슴에 묻은 아버지가 새로 얻은 자식 4명과 만나볼 수 있거나 간접 교류라도 할 수 있다면 얼마나 위로가 될까. 우리 병원에서도 얼마 전에 다섯 살 딸의 장기를 기증한 아빠가 "이식받은 집의 형편이 곤란하면 내가 조금 여유가 있으니 도와주고 싶다"고 한 적이 있다. 법으로 기증자와 수혜자에게 정보를 주거나 만나게 할 수는 없지만, 수혜자가 이식센터로 감사 편지나 조그마한 선물을 보낸다면 전달해 줄 수는 있을 것이다.

—《조선일보》 2017. 08. 02

'생명 나눔' 장기기증 문화 확산시키자

오랫동안 장기 기증자를 애타게 기다리는 말기 중환자들을 의료 현장에서 많이 본다. 전북대병원은 1998년부터 올해까지 뇌사자 215명에게서 모두 768개 장기를 기증받아 중증 환자들에게 새 생명을 선사했다.

현재 장기이식 대기자는 전국적으로 3만9000여 명에 이른다. 하지만 생존 시 기증과 달리 많은 장기를 기증할 수 있는 뇌사 기증자는 올 들어 350여 명에 불과하다. 이식 대기자는 매년 2,000~3,000명 정도로 늘어나는 반면 기증자는 줄어들어 장기이식 대기자의 대기 시간도 늘어나고 있다.

이식 희망자가 많은 간장, 신장 등은 4~5년 이상 기다려야 한다. 간장은 2018년 대기 환자는 4,577명인 데 반해 기증자는 369명에 불과해 많은 환자가 기증을 받지 못하고 사망했다.

뇌사자 장기기증 시 가족들은 피눈물을 흘리며 기증에 동의한다. 환자 얼굴에 아직 혈색이 돌고 심장도 뛰고 있지만 회생 가능성이 없다는 진단에 따라 다른 사람이라도 살리자는 숭고한 마음으로 결심하는 것이다.

이들은 "당시 어렵게 결정했지만 나중에 생각해 보니 기증하길 잘했다."고 이야기한다. 우리나라는 기증자와 이식자의 정보 교류가 금지되어 있다. 하지만 장기를 기증받고 새 생명을 얻은 사람이 기증자 가족에게 보내는 감사 편지 등을 병원 장기이식센터에 맡기곤 한다.

이런 경우 기증자 가족에게 연락하면 "그렇잖아도 장기를 받은 환자가 건강하게 회복되었는지 궁금했었다"고 한다. 그러면 병원 측은 이 편지를 이식자 이름과 주소를 지우고 기증자 가족에게 전달하곤 한다. 장기기증에 대한 긍정적인 인식이 확산되어 더 많은 말기 중환자가 새 생명을 얻으면 좋겠다.

―《조선일보》 2019. 10. 30

뇌사자 신장이식을 받으신 환자 가족의 편지

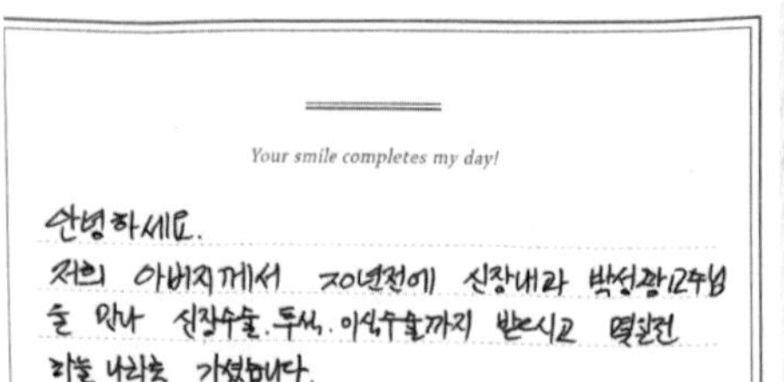

Your smile completes my day!

안녕하세요.
저희 아버지께서 20년전에 신장내과 박성광 교수님
을 만나 신장수술, 투석, 이식수술까지 받으시고 몇일전
하늘 나라로 가셨습니다.
저희 아버지께서 20년을 더 연장해서 사셨던건 신장내과
박성광 교수님을 비롯한 김형관 교수님, 비뇨기과 박종관 교수님과
전북 대학 병원 여러 의료진 덕분이라 생각합니다.
신장내과 박성광 교수님께서 퇴직 하시는날 아버지
병실에 찾아오셔서 마지막 인사를 하시는날 저는 그 자리
에 없었지만 어머니께 이야기를 들으면서 저희 가족들은
고마움과 감사의 눈물을 흘렸습니다.
수없이 많은 환자들이 있었을 텐데 퇴직 마지막 날 까지
잊지 않으시고 환자에게 위로와 희망을 주셔서
아버지께서 정신적 위안을 받으셨습니다.
가족처럼 세심하게 치료 해주셨던 신장내과 김형관
교수님 어려운 상황에서도 힘든 수술을 결정해 주신
비뇨기과 박종관 교수님 너무 감사 합니다.
부족한 글솜씨로 감사의 마음을 표현 하긴 많이
부족하지만 이렇게 훌륭하신 의사선생님과 의료진들이
계셔서 많은 환자들이 의지하고 있습니다.
정말 정말 감사하고 고맙습니다.

박성광 교수님 안녕하세요, 전북대병원 발전후원회 담당자입니다.

교수님께서 정년퇴직 하시던 날에 진료해주셨던 송검현 환자의 자녀분께서 얼마 전 교수님과 저희 병원에 감사함을 표하고자, 병원 발전기금 100만원 기부와 함께 손편지를 전달해주셨습니다. 교수님께 손편지 내용을 공유해드리는 것이 도리라고 생각해 문자로나마 전달해드립니다.

코로나19 등 어려운 환경 속에서도 변함 없으셨던 교수님의 노고에 진심으로 감사드립니다.

- 전북대병원 발전후원회 드림

여보, 당신 뼈 잘 부러진거야

이 말이 얼마 전에 자전거를 타다가 넘어져서 쇄골과 갈비뼈 3개가 골절되어 수술받고 퇴원한 지 얼마 안 된 아내에게 남편이 한 소리라면 누가 믿을까? 세상에 이런 간 큰 남자가 있나 할 것이다. 사건의 전말은 이렇다. 우리 부부는 동갑내기로 올해가 환갑이다. 아내의 취미는 자전거타기이다. 소아과 레지던트 시절에는 혼자 오토바이를 타고 다닐 정도로 타고 달리는 것을 좋아한다. 자전거를 타다가 넘어져서 발과 손목이 골절된 적이 두 번이나 있었다. 그래서 대개는 내가 앞장서서 자전거를 탄다. 내가 의생명연구원장을 맡아가지고 남들 다가는 환갑여행은 커녕 휴가 여행도 못가고 있다가 추석 연휴에 모처럼 삼박사일로 해외여행을 가기로 했다. 일주일 전에 내가 퇴근이 늦은 저녁에 아내가 혼자 좁은 천변길을 타고 가다가 차를 피하려다 쿵 넘어졌는데 다행히 헬멧을 쓰고 있어서 머리는 안 다치고 쇄골과 갈비뼈 3개가 골절되었다. 거의 집에 다 왔을 때 전화를 받고 달려가니 아파서 움직이지도 못하는 아내의 첫 마디가 "나 나으면 다시 자전거 탈거야"였다. 그래서 "물론이지, 사람이 하고 싶은 걸 하고 살아야지" 하면서도 속으로는 "이런 의지의 한국인을 봤나, 자전거협회서 이런 사람에게 표창장이라도 줘야 되는데"하였다. 해외여행은 자동으로 취소되었다. 여행을 떠나기로 했던 다음 날에 장진원 전임의선생에게 전화가 왔다. 교수님이 보시는 50세의 이식환자가 뇌동맥류 파열로 거의 뇌사상태에 빠졌단다. 나는 18

년 전부터 뇌사환자의 가족을 설득하여 장기를 기증하도록 권유하는 일을 하고 있다. 환자는 10년 전에 신장이식을 받은 분으로 부인도 내가 설득을 해서 장기를 받게 된 것을 알고 있고 10년 동안 외래를 같이 다녀서 잘 아는 분이였다. 그래서 쉽게 동의를 받고 간과 각막을 기증해서 세 사람에게 새 생명을 주고 돌아가셨다. 내가 외국에 있었다면 남아있는 이식 교수가 설득을 하겠지만 나처럼은 환자 가족과 유대감이 없어서 못 할 수도 있었겠다 하는 생각이 들자 골절 때문에 여행 못 가기 잘했다는 생각이 들었다. 그래서 아내에게 "여보, 당신 뼈 잘 부러진거야. 안 부러졌으면 이번에 간이식을 받은 사람은 장기를 못 받고 사망했을거야. 이게 다 오묘하신 하나님의 섭리가 아니고 뭐겠어" 했더니 아내도 "그러니까 내가 뼈가 부러지면서 세 사람을 살렸네"하고 좋아하면서 수술 받은 자리가 덜 아픈 눈치였다.

나는 학생들에게 의료윤리와 의료인문학 시간에 2시간에 걸쳐 뇌사자 장기기증에 대해서 강의를 하고 있다. 브라질의 기행을 일삼는 갑부가 수억을 호가하는 페라리를 며칠 후에 정원에 묻어버린다고 선언하자 전 세계에 이목이 집중되었다. 이 장면을 취재하려고 헬기까지 동원되었는데 묻기 직전에 "이 비싼 차를 묻는다고 사람들이 다 나보고 미쳤다고 하는데 왜 이 시간에도 많은 사람들이 이 차보다 훨씬 비싸고 귀중한 장기를 기증하지 않고 묻어버리나요?" 하고 말하는 동영상도 보여준다. 이 동영상으로 인하여 브라질의 뇌사자 장기 기증이 대폭 증가했다.

— 《신장학회 뉴스레터》 2016.11.2

나사로 반사

뇌사에 빠진 환자들은 자발적인 움직임은 전혀 없고 꼬집었을 때 통증에 대한 반사도 거의 없지만 드물게 자극을 줬을 때 손이나 발을 약간 움직이는 경우가 있다. 보호자들이 이런 것을 목격하면 이런 움직임이 뇌가 살아서 기능을 하는 것이다 하고 오해를 할 수도 있다. 실제로 우리 병원에서도 뇌파까지 평탄해서 가족들이 기증에 거의 동의를 했는데 아버님이 딸의 발을 주물러 주다가 발이 조금 움직이니까 기증을 거부한 경우가 있었다.

우리가 손이 불에 데었을 때 뜨거운 자극이 척수를 통해서 뇌에 전해져서 운동신경을 통해서 움츠리는 것은 시간이 걸리기 때문에 감각신경의 자극이 뇌까지 가지 않고 바로 척수를 중추로 해서 척수궁을 통해서 운동신경을 자극해서 일어나게 되는데 이것을 '척수반사'라고 한다. 몇 해 전에 한 환자 분이 간장만 기증하는 환자인데 우리 병원에서는 대기자가 없어서 서울에서 온 타 병원 수술팀이 적출 수술을 하려고 수술실에서 대기하고 있는데 환자를 이동침대에서 수술침대로 옮기면서 내려놓을 때 팔을 움직였다. 수술실에 있는 간호사들이 이 광경을 보고 "아직 살아있다" 고 수군거리고 분위기가 어수선 하니까 집도하려던 외과교수도 수술을 시작하지 못하고 머뭇거린다고 연락이 왔다.

내가 부랴부랴 수술복을 걸쳐 입고 수술실에 들어가서 외과교수에게 'Lazarus reflex(나사로 반사)'라고 성경에서 예수님이 죽은 청년을 살리셨는데 그 청년 이름이 나사로라고 해서 붙여진 반사인데 뇌사환자에게도 일어날 수 있는 척수반사이니까 염려하지 마세요. 나중에 혹시라도 문제가 되면 내가 다 책임질 테니 안심하고 수술을 시작하세요" 라고 하여 성공적으로 장기 적출 수술을 무사히 마치고 상경하여 간이식수술도 성공적으로 마친 후 나중에 환자의 경과도 좋았다고 전해 들었다.

피스메이커

아버지는 항상 "너희는 언제나 평화를 만드는 피스메이커가 되어야 한다"고 말씀하셨다.

1999년 전주 예수병원에서 신장이식 수술을 처음으로 시작하려고 준비를 다 마쳤다. 내 동기인 신장내과 이광영 과장은 영국의 Hammersmith병원에서 이식을 배우고 왔고 외과 박 과장은 세브란스병원에서 이식수술을 배우고 왔다. Hammersmith병원은 수술을 마치고 바로 신장 내과에서 환자를 맡아서 보는 반면에 세스란스병원에서는 수술을 마치고 계속 이식외과에서 환자를 본다. 그래서 신장 내과와 외과 과장이 준비는 다 끝났는데 서로 자기가 배워온 병원의 방식을 주장하고 언제부터 환자를 보내느냐는 문제에 합의가 안 되어 수술을 시작하지 못하고 있었다.

그 소식을 듣고 내가 안타까워 두 사람을 만나자고 제안해서 밥을 사면서 수술 후 외과에서 보다가 일주일이 지나면 신장 내과로 넘기는 중재안을 내놓았다. 두 사람이 다 동의를 해서 신장이식수술이 시작되었고 지금까지 그 방식대로 잘 해나가고 있다.

성공적으로 중재를 한 날 퇴근해서 아내에게 "여보, 나 오늘 밥값을 했어요" 라고 큰소리를 쳤다.

한 방의 남녀 두 환자

20여 년 전에는 국립장기이식센터가 생기기 전이라서 뇌사자가 생기면 수혜자를 병원 자체에서 정해서 이식수술을 했다. 한번은 이식외과에 수술을 할 수 있는 팀이 한 팀밖에 없어서 한 뇌사자의 신장 두 개를 두 명의 환자에게 이식수술을 진행하는데 한 명을 먼저하고 나서 다른 한 명의 이식수술을 할 수밖에 없었다. 두 번째 이식받는 환자는 적출된 신장이 몸 밖에서 몇 시간 더 혈액이 공급되지 않는 상태에 있기에 이식 후 경과가 좀 덜 좋을 수 있다.

누가 먼저 수술을 받느냐는 의료진이 정해야 되는 문제였다. 대개는 둘 다 임상경과가 좋은데 첫 번째로 수술한 5세 남자아이는 수술 후에 소변이 콸콸 쏟아져 나온 반면에 두 번째로 한 23세 여성은 수술 후에 전혀 소변이 나오질 않아서 의료진의 애를 태웠다. 그런데 입원실 사정이 여의치 않아서 수술 일주일 후 두 사람을 2인실에 같이 입원을 시킬 수밖에 없었다. 현재는 남녀가 절대로 같은 방에 입원할 수 없지만 당시에는 피치 못할 경우에는 가능했다. 그런데 남자아이는 소변이 잘 나오고 여자 환자는 소변이 나오지 않아서 한 달 동안 계속 혈액투석을 받아야했다.

나는 회진하러 그 방을 들어가기가 항상 무척 고통스러웠다. 여자 환자의 어머니가 내게 원망의 눈길을 보내는 것이 정말 부담스러웠다. 하루는 대놓고 내게 물었다. "남자아이가 교수님과 친척이거나 개인적으로 아는 사이예요?" 해서 "전혀 아닙니다. 친척 관계도 아니고 개인적으로 만난 적도 없습니다." "그 아이의 집이 부자인가요?" "글쎄요, 제가 알기로는 집안 형편이 넉넉하지는 않습니다." 하고 대답했더니 "제 딸을 먼저 해 주시면 안 되었나요? 그랬으면 소변도 잘 나오고 혈액투석을 하느라 저 고생을 안 해도 되었을 텐데요" 해서 내가 "저희들이 소아인 경우에는 무조건 먼저 해 주도록 되어 있습니다. 왜냐하면 소아는 투석을 받고 있으면 성장에 장애가 옵니다. 그런데 이식을 받으면 정상적으로 성장을 하거든요. 따님은 이미 키가 커서 그런 걱정을 안 하셔도 됩니다. 그래서 아이를 먼저 한 것을 이해해 주십시요" 하고 말씀을 드리니까 이해는 하지만 그래도 서운한 마음을 감추지 못하셨다.

남자아이는 2주 후에 퇴원을 했고 여자 환자는 한 달 뒤에 소변이 쏟아져 나와서 퇴원을 할 때는 어머님이 활짝 웃는 얼굴로 고맙다고 담요를 한 장 주고 가셨다. 오랜 세월이 지나 남자아이는 키가 180cm 정도로 컸으나 이식한 신장이 8년 정도 기능을 잘 하다가 거부반응이 와서 다시 투석을 하고 있고, 여자 환자는 이십여 년을 그 신장으로 잘 지내고 있고 지금은 6살짜리 아이를 잘 키우고 있다. 나중에 외래에 와서 얘기를 하는데 나는 환자가 한 달 동안 소변이 안 나와서 속이 바짝바짝 타들어가고 스트레스를 엄청나게 받았는데 정작 자기는 작정 새벽기도를 40일을 하고 있어서 하나님이 다 알아서 해주시겠지 하고 걱정을 하나도 안 했단다.

합력하여 선을 이루는 기적, 뇌사자 장기기증
— 2021년 제21회 한미수필 우수상

말기 간질환, 심장질환, 폐질환을 앓고 있는 환자들이나 투석을 받고 있는 만성신부전 환자들에게는 뇌사자 장기이식만이 유일한 희망이다. 중환자실에서 신음하던 이런 분들이 장기이식을 받고 일이주일 만에 건강해진 몸으로 웃으며 걸어서 퇴원하는 것을 보는 것은 의사로서 큰 보람이고 마치 마술이나 기적을 보는 것 같다. 이식을 받고 병상에서 엄지척을 하고 이제는 살게 되어 로또 일등에 당첨된 것보다도 더 기쁘다는 환자도 있었다.

나는 이제까지 이십년 동안 뇌사가 의심되는 환자의 보호자 분들을 만나서 뇌사상태와 장기기증의 절차에 대해서 설명하고 가족의 장기를 기증하여 이식수술밖에 희망이 없는 말기중환자들에게 새 생명을 주시라고 권유하는 일을 해왔다. 전북대병원에서는 1998년부터 이제까지 232명의 뇌사자를 관리하고 총 822개의 장기를 기증받아서 말기중환자들에게 새 생명을 선사하였다.

대부분의 뇌사자 장기기증자의 가족들은 말 그대로 피눈물을 흘리면서 기증에 동의하신다. 얼굴에 아직 혈색이 돌고, 심장도 뛰고, 체온을 유지하고 있고, 소변이 펑펑 쏟아지고, 호흡기에 의존해서라도 숨을 쉬고 있으며, 따뜻한 체온이 유지되고 있는 자식, 형제 혹은 부모님을 뇌파가 평탄해서 뇌사에 빠졌고 만에 하나라도 회복할 희망이 없다는 의사의 말을 믿고 덜컥 장기를 기증하려고 하는 사람이 얼마나 있겠는가? 다만 이미 전혀 희망이 없다니까 죽어가는 다른 사람이라도 살리자는 숭고한 이타심에서 어렵게 기증을 결심하는 분들이 대부분이다.

가족이 며칠 내에 사망해서 화장이나 매장을 하면 영원히 이 세상에서 사라지게 되지만 그 심장, 폐, 간, 신장, 췌장, 소장, 각막 등이 죽을 수밖에 없는 환자들의 생명을 살리고 그 누군가의 몸 속에 있으면서 이 땅 위를 걸어 다니고 있다는 사실이 큰 위안을 주기 마련이다. 나는 이제까지 수많은 가족들을 기증 전후에 만나 보았지만 그 때는 어렵게 결정을 했지만 나중에 생각해 보니까 정말 기증하기 잘했다는 분들이 대부분이었지 조금이라도 후회가 된다는 분은 만난 적이 없다.

장기기증을 권유하는 일은 20년을 넘게 해 왔어도 무척 어려운 일이다. 뇌사환자의 가족들이 의사로부터 가장 듣기 원하는 말은 상태가 아무리 비관적이더라도 기적이라도 바라보고 최선을 다하겠다고 하는 말이지 희망이 없으니까 포기하고 다른 사람을 살려달라는 소리는 전혀 아니다. 그래서 기증이라는 말이 나오자마자 화를 버럭 내고 자리를 박차고 나가는 분도 있고 어떤 아버지는 아드님의 장기를 기증해 줄 수 없겠느냐고 하자 "박 교수가 지금 당장 장기를 기증하면 내 아들 장기도 기증하겠소" 해서 "저는 아직 살아있고 지금 장기를 기증하면 죽게 되는데요" 하니까 "그건 내 아들도 마찬가지요"라는 대답을 들은 적도 있었다.

장기기증 문화가 옛날보다 확산되기는 하였지만 우리나라는 아직도 '부모님께 받은 신체를 훼손하지 않는 것이 효의 시작이다'라는 전통적인 유교사상으로 인해 복부를 열고 장기를 기증한다는데 대해 강한 거부감을 가지고 있다. 때문에 유럽이나 미국에 비해 훨씬 어렵다.

얼마 전 전북대병원에 자택에서 의식저하와 사지 강직을 보인 61세의 남자환자가 구급차로 이송되었다. 누워있던 베개에 혈흔이 묻어있는 것을 아내가 발견하여 119에 신고했다고 했다. 사고 당일 지인과의 폭행 사건이 있어 피해자 신분으로 고소를 진행 중인 환자였다. 환자는 도착 당시 반혼수 상태여서 응급으로 두개골절제술과 혈종제거 수술 후 중환자실에서 의식의 회복이 없이 혼수상태가 지속되며 자발호흡이 없어 호흡기에 의존한 채 9일이 지나서 뇌파검사상 평탄한 뇌파를 보여 뇌사로 추정되는 상태가 되었다.

의료진으로부터 환자 상태가 회복이 불가능하고 며칠 새에 사망하실 수밖에 없다는 설명을 듣고 장기를 기증하기 원하는 가족들의 동의를 받아 하루에 걸쳐 뇌사판정 및 장기기증 절차를 진행하였고, 뇌사 판정위원회에서 최종 뇌사로 판정을 받아서 우리 병원과 타병원에 간과 신장을 수혜 받을 환자들이 학수고대하던 이식수술의 희망을 가지고 입원하였다. 이 후 환자분의 사인이 병으로 인한 것이 아니고 외인사여서 야간에 응급으로 전주지검에 검시 전 적출 승인을 요청하였으나 환자가 형사사건의 피해자로 사망과 범죄행위의 인과관계 등을 확인할 필요가 있고 향후 부검이 필요하여 적출이 불가하다는 통지를 받았다. 이 통지는 최후통첩의 성격을 띤 것이고 이제껏 재심의를 요청한 적도 없어서 담당 코디네이터는 어렵게 장기 기증을 결정한 뇌사자의 가족들과 장기이식대상자로 선정되어 수술만을 기다리다 낙망할 대기 환자들에게 어떻게 설명해야 할지가 막막하여 안절부절 못하고 있었다.

그래서 새벽 1시에 다급한 마음에 내가 전주지검에 달려가서 당직 중인 여검사님을 만났다. 죄진 것은 없어도 평생 처음으로 검찰에 가니까 왠지 주눅이 들고 검사님이 무서운 분으로만 생각이 되었는데 내 명함을 드리니까 수고가 많으시다고 하며 소파에 앉으라고 하고 차를 권해서 마음 놓고 사정 얘기를 했다. 간장을 기다리는 환자는 수술을 못 받으면 죽을 수밖에 없고, 기증자도 혈압이 감소하여 승압제로 혈압을 유지하고 있는 응급상황이라 오늘이라도 사망할 수도 있으며, 환자의 사인은 뇌출혈이고, 기증할 장기는 사인과 관계가 없는 간과 신장이기에 만약 가능하다면 복부를 절개하여 장기적출 수술을 시행한 후에 부검을 진행해주시면 좋겠다고 간청하였다. 다행히 검사님께서 상황을 이해하시고 가족들에게 향후에 장기적출에 동의한 문제, 상해사건 본건 협의문제가 불투명해지더라도 장기기증에 동의한 부분에 크게 이의가 없다는 확인서를 요구하여 서둘러서 작성, 서명하여 제출하니 바로 부검 영장 신청을 내주셨다. 환자가 촌각을 다투기에 아침에 법원 민원실에 달려가서 담당자에게 급한 사정을 말씀드렸고 그 자리에서 영장담당 판사님께 전화를 걸었는데 당시 재판을 진행중이시라서 다른 부장 판사님께 찾아가게 되었고 급한 사정을 또 한 번 말씀드리자 검토하고 바로 영장을 발부해주셔서 다시 검찰에 가니 검사님께서 즉시 장기적출 승인을 해주셔서 바로 국립장기이식관리센터를 통하여 타 병원 수술 팀에게 연락하고 서둘러 적출수술에 들어갈 수 있었다.

환자의 간장은 복막을 열어본 결과, 수술 전에 초음파 검사로 확인한 것보다 심한 간경화가 있어서 적출하지 못했고, 2개의 신장과 2개의 각막을 적출한 후에 뼈, 심장판막, 혈관 그리고 피부 등 조직까지 적출했는데 이 조직들은 냉장보관을 했다가 필요시에 뼈임 환자나 화상 환자 등 필요한 수많은 환자들에게 이식되게 된다. 조직기증까지 끝난 후에 1시간 정도에 걸쳐 부검이 실시되었고 이후 가족들에게 시신이 인도되어 무사히 장례를 치를 수 있었다.

검찰에서 합당한 이유로 적출 승인이 불가하다는 통지를 받으면 번복하기가 매우 어렵고 설사 번복되었다 해도 부검 영장이 신청되면 접수해서 판사님께 배당하여 검토되어 발부되는데까지 상당한 시간이 걸리는 것으로 알고 있다.

환자의 사건을 담당하셨던 전주지검의 검사님, 전주법원의 부장판사님을 비롯한 직원들이 절박한 상황에서 생명이 꺼져가는 환자들의 입장을 헤아려서 적극적으로 신속하게 처리해주셨기 때문에 성공적으로 장기기증을 할 수 있었다.

장기 구득을 하기 위해서는 수술이 시작되고 나서부터 심장이 멈추기 전까지 최소한 3-4시간 정도가 필요한데, 승압제를 투여하며 겨우 심폐 기능을 유지하고 있던 환자는 수술실로 이송한 지 한 시간 정도 되었을 때 갑작스럽게 심장이 멈추는 응급상황이 발생했다. 즉시 심폐소생술을 시행하여 간신히 맥박이 돌아와 긴박하게 수술이 진행되었다. 다행히 환자는 신장 2개, 각막 2개를 기증하여, 국립장기이식관리센터에서 선정한 환자들에게 성공적으로 이식되었다. 만약 검찰과 법원에서 적출 허가를 받는 과정에서 한 시간이라도 더 늦어졌더라면 기증자가 사망하여 수술이 불가능했을 거라고 생각한다. 그 뒤 신장과 각막 이식수술을 받은 환자들은 다행히 경과가 좋아져서 퇴원하였다.

본래 상해사건에서 부검이 필요한 경우에는 부검 전에 사체가 손상되면 정확한 부검에 지장이 있을까봐 장기기증을 못하는 것으로만 알려져 있다. 4명의 말기 환자분들과 조직을 받은 수많은 환자들에게 새 생명을 얻게 해주신 유족들과 담당검사님을 비롯한 검찰관계자 분들, 부장판사님을 비롯한 법원관계자 분들 그리고 '하늘은 스스로 돕는 자를 돕는다'는 말이 있듯이 마지막 순간까지도 포기하지 아니하고 최선을 다하여 합력해서 선을 이룬 수많은 의료진들에게 깊은 감사를 드린다.

현행법에는 혹시 생길 수 있는 부작용을 우려하여 장기기증자 가족과 기증받은 환자가 서로 알 수 없도록 법으로 정하고 있다. 그러나 가끔 장기기증을 받고 새 생명을 얻은 환자들이 기증자 가족들에게 보내는 감사 편지나 조그만 감사선물을 우리병원 장기이식센터에 가져오시는 일이 있다. 그러면 우리는 먼저 기증자 가족에게 이식자로부터 받은 편지를 전해드려도 좋을지 전화로 여쭈어보는데 대개 대답이 그렇지 않아도 우리 애의 장기를 받은 환자분이 건강하게 회복이 되셨는지 지금까지 잘 살고 계신지 궁금했었는데 고맙다고 말씀하신다. 그 후에 우리가 이식 환자분의 이름은 지우고 우편으로 기증자 가족에게 보내드린다. 기증자 부모님들은 편지를 받았을 때 기증한 자식을 만나는 듯 가슴이 뛰기 시작했다고 반가워하시면서 부디 건강하고 행복하시라는 답장을 수혜자에게 보낸다. 장기이식센터가 우체부 역할을 함으로써 뇌사자 장기기증 가족들에게 작게나마 위로가 되길 바란다. 또 기증을 하길 잘 했다는 생각이 더욱 확산되길 바란다. 국가와 지방자치단체, 그리고 이식의료기관들이 저마다 할 수 있는 부분에서 좀 더 노력하고, 장기기증에 대한 긍정적인 인식이 확산되어 뇌사자 장기기증이 활성화가 되어서 더 많은 말기 환자들이 새 생명을 얻었으면 하는 바람이다.

이 글을 쓰면서 삼가 장기를 기증하신 고인들의 명복을 빌고 가장 거룩한 생명의 보시인 한 번 만난 적도 없고 얼굴도 모르는 말기 중환자들에게 장기를 기증하는 어렵고도 숭고한 결정을 해준 가족 여러분들에게 새 생명을 받은 수많은 환자들을 대신하여 고개 숙여 깊은 감사를 드린다. 기증자와 유가족 분들의 뜻이 헛되지 않도록 밤낮을 가리지 않고 애써주시는 많은 분들께도 진심으로 감사를 드리는 바이다.

〈수상소감〉 박성광 함께하는내과 원장

나는 초등학교 때부터 이제까지 글짓기 상을 한 번도 받아 본 적이 없었기 때문에 수상 소식 메일을 받고 깜짝 놀랐다. 그리고 이 글을 읽고 다른 병원의 후배 의사들 중에 이 귀한 일을 담당해 줄 의사가 생기면 좋겠다는 생각이 들어 뛸 듯이 무척 기뻤다.

몇 달 전에 고등학교에서 학생들에게 의사라는 직업을 소개해 달라는 요청으로 강의를 했다. 한 학생의 "오랜 의사생활에서 가장 보람이 있었을 때와 가장 실망했을 때는 언제입니까?"라는 질문에 나는 주저하지 않고 "뇌사자 가족들을 설득하여 어렵게 기증 승낙을 받아 이식외의 치료법이 없는 말기환자들이 새 생명을 얻었을 때 가장 보람이 있었고 설득에 실패했을 때 가장 실망이 컸다"고 대답했다.

41년간 의사 생활을 하면서 "내가 아니었으면 사망했을 환자를 살렸다"라고 말할 수 있는 환자는 많지 않았다. 내가 아니어도 나보다 더 훌륭한 다른 의사가 살렸을 것이기 때문이다. 그러나 기증을 생각하지도 않았거나 망설이는 가족들을 설득해 기증받은 장기로 새 생명을 얻게 된 얼굴도 모르는 환자들은 내가 살리는데 큰 도움을 줬다고 감히 말할 수 있다. 나중에 내가 죽어서 하나님이 나에게 "너는 죄가 이렇게도 많은 데 혹시 무슨 선한 일을 한 적이 있으면 말해 봐라" 하고 물으실 때 "저는 뇌사자 가족들에게 가끔 심한 욕을 얻어먹기도 했지만 장기를 기증하도록 끈질기게 설득하여 말기환자들이 새 생명을 얻게 하고자 노력을 했습니다" 하고 말씀을 드려 볼 예정이다.

마지막으로 40년 동안 옆에서 도와주면서 글을 쓰도록 독려해 준 'Soulmate'인 아내에게 이 영광을 돌리고 이 글에 나오는 백수진 검사님과 강두례 판사님에게 깊은 감사를 드린다. 이 시간에도 내 뒤를 이어 뇌사자 가족들을 만나서 기증을 설득하고 있는 전북대학교병원 이식센터장 이식(李植) 교수님을 포함한 이식의료진들과 신경외과 교수님들에게 깊은 감사를 표하고 싶다. 그리고 상금은 전북대학교병원에 기증하여 도움이 필요한 이식환자들의 진료비로 사용될 예정이다.

박성광 전 전북대병원 교수, 전북대병원에 이식 환자 진료비 후원금

전북대학교병원(병원장 유희철)은 전 신장내과 박성광 교수가 500만 원을 병원에 이식 환자 진료비 후원금으로 기부했다고 22일 밝혔다.

박 교수가 이번에 기부한 500만 원의 후원금은 의료계 신춘문예인 제21회 한미수필문학상에서 '합력하여 선을 이루는 기적, 뇌사자 장기기증'이란 제목의 수필로 우수상을 수상하고 받은 상금 전액이다.

— 《전북일보》 2022. 3. 22

2부

생명의 보시 - 뇌사자 장기 기증

배려

예비신랑의 장기가 이웃에게 기증돼 '새 생명'으로

박배영 (37세, 남)

박배영 씨는 1998년 결혼을 2주 앞두고 신방을 꾸미다 2층 난간에서 떨어져 뇌사상태에 빠졌다. 이 예비신랑의 장기가 이웃에게 기증돼 '새 생명'으로 다시 태어나게 됐다. 사랑의 주인공은 토목기술자인 박배영(전북 완주군 용진면) 씨.

박 씨의 가족은 병원 측으로부터 회생이 불가능하다는 말을 듣고 평소 박 씨의 뜻대로 신장, 안구, 심장 등 모든 장기를 필요한 환자에게 기증하기로 결정했다.

박 씨의 신장은 전북대와 원광대병원에 입원중인 두 환자에게, 심장은 삼성서울병원의 한 환자에게 각각 이식됐다. 각막도 두 명의 시각장애자에게 이식됐다. 간은 서울 삼성병원에 헬기로 후송되었다.

아버지 박진남 씨는 "배영이가 평소 '사고를 당하거나 병으로 죽게 되면 장기를 모두 기증하고 싶다'는 말을 해왔다."며 "하늘나라로 간 아들도 이를 알면 기뻐할 것으로 믿는다."고 말했다.

2남 4녀 중 장남인 박 씨는 88년 어머니가 숨지자 아버지의 재혼과 동생들의 결혼을 위해 자신의 결혼을 미뤄오다 최근에야 약혼녀 윤 모 씨와 결혼 날짜를 잡았을 정도로 효심이 깊었던 것으로 알려졌다. 그는 어머니가 일찍 돌아가셔서 가정을 책임져야 할 어깨가 무거운 큰아들로써 동생들의 뒷바라지를 다 했다고 한다. 동생들의 보약까지 챙기고 특별한 날에는 소고기를 사가지고 와서 파티를 하는 등 동생들에게는 “엄마 같은 형이고 오빠였다.” 고 한다.

전에 동생들과 TV를 같이 볼 때 화면에 뇌사에 빠진 사람이 장기를 기증하는 장면이 나오자 “죽으면 썩어지는 것이 인생인데 죽어가는 사람들을 살리는 것은 좋은 생각이다. 우리들도 그렇게 해야겠다.” 하고 말한 적이 있었다. 그리고 친구들과 등산을 갔을 때에 마치 본인이 자기 운명을 알고 있었던 것처럼 “나도 뇌사에 빠지면 장기기증을 해야겠다”고 말했다고 한다. 그는 호탕한 성격을 가지고 있었고 친구들을 잘 돌보아 주었는데 특히 부모님이 돌아가시고 안 계신 친구들에게는 음식점에서 음식도 싸주고 김치도 담가주고 맛있는 것이 있으면 친구에게 가져다 주고 하는 자기보다 남을 더 챙기는 사람이었다. 아버님은 큰아들이 갑자기 사망을 하고 굉장히 슬퍼하셨다가 4년 후에 돌아가셨다. 큰아들을 사고로 잃으신 후에 아버님은 매우 힘들어 하셨는데 자식들이 본인 눈에 안 보이면 걱정을 많이 하시고 퇴근 시간 무렵까지 자식들이 귀가하지 않으면 불안해 하시고 전화를 걸곤 하셨다.

박 씨의 시신은 화장하여 평소에 즐겨 다니던 산에 뿌려졌다.

삼대독자의 살신성인

김윤식 (가명, 21세, 남)

김윤식 (가명)씨는 삼대독자였다. 오토바이를 타고 가다가 전신주와 충돌하는 사고로 중환자실에서 뇌사 추정 상태에 빠져 있었는데 내가 장기기증 얘기를 꺼내니까 어머니가 너무도 완강한 반대를 하시며 그 후에는 의사들이 자기가 없는 새에 아들의 장기를 떼어 갈까 무섭다며 아들 침대 옆을 떠나지 않으셨다.

1주일을 거의 포기상태에서 기다렸는데 어머니의 심경에 조그만 변화가 있다는 소리를 듣고 바로 병원에 달려가서 어머니를 만나서 어려운 설득을 시작했다. 간을 기다리고 있는 사람은 현재 수명이 2-3주밖에 안 남았고 사경을 헤매고 있으니 그 사람을 살려달라고 사정을 했다. 또한 어머니에게는 아직 시집을 안 간 딸이 있었는데 혈액투석을 받고 있는 딸과 비슷한 나이의 젊은 여자 환자를 데려다가 투석 시에 바늘을 찌르는 혈관통로도 보여주고 지금 혈액투석을 받는 상태에서는 월경도 없고 불임이 와서 아이를 낳을 수가 없는데 이 환자가 아드님 같은 뇌사자로부터 신장이식을 받으면 시집가서 애기도 낳을 수 있다고 호소했다.

그래서 평소에 부모를 잘못 만나서 고생만 시켰던 아들의 몸에 칼을 대는 것은 두 번 죽게 하는 것이라고 장기기증에 극구 반대하던 어머니가 아들의 장기들이 죽고 나서 땅에 묻히거나 화장해 버리면 이 세상에서 완전히 사라지지만 기증을 하면 누군가의 몸 속에서 이 땅 위를 걸어 다니고 있을 테니까 이렇게 여러 사람을 살리는 것이 더 좋겠다고, 장기를 기증하기로 결심하셨다. 동의서에 눈물로 싸인을 하셔서 환자는 뇌사 판정을 받고 간장, 2개의 신장, 그리고 2개의 각막을 5명의 환자들에게 기증하여 새 생명을 주고 돌아가셨다.

청각장애 소녀의 말보다 귀한 사랑

이성미 (13세, 여)

앵커〉 뇌사상태에 빠진 초등학교 6학년 어린이가 장기를 기증하고 이승에서의 짧은 삶을 마쳤습니다. 전주 MBC 김한광 기자입니다.

기자〉 전주 선화초등학교 6학년 이성미 양. 성미 양은 말 못하는 청각장애에 가정형편도 어려웠지만 언제나 쾌활함을 잃지 않은 다섯 자매의 막내였습니다. 그런 성미 양은 새벽 폭우로 무너져 내린 지붕에 머리를 다쳐 전북대학교 병원으로 긴급 후송됐습니다. 그리고 닷새간의 사투, 성미 양은 끝내 가족들의 간절한 바람을 외면하고 말았습니다. 믿기지 않는 뇌사 판정에 망연자실 하던 가족들은 성미 양이 영원히 사는 길을 찾았습니다. 장기기증, 오늘 짧은 삶을 마감하면서 성미 양은 6명에게 건강한 생명을 주었습니다.

아버지〉 나보다 더 어려운 사람 있듯이 우리 애 하나로 많은 사람 살릴 수 있다면 보람되죠.

기자〉 가정 형편만 넉넉했었더라도 일어나지 않았을 사고사, 각박한 세상에 한줄기 빛 같은 고귀한 희생이었지만 가족들은 막내딸을 떠나보내는 안타까움에 끝내 말을 잇지 못 했습니다

어머니〉 가는 데에도 도움주지 못하고 했으니까 저 좋은 길로 가게끔 하고 싶은 마음밖에 없어요.

기자〉 평생 불평 한마디 말로 표현하지 못했던 농아 소녀의 짧은 삶, 성미 양은 마지막 가는 길에 천 마디 말보다 더 귀한 이웃 사랑을 몸소 실천했습니다.

다른 사람을 통해서라도 다시 태어나기를 바라는 마음에서

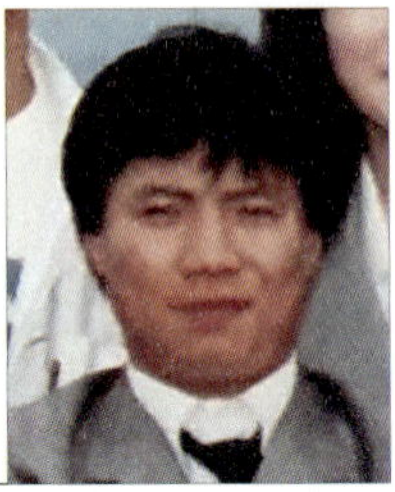

정희철 (35세, 남)

교통사고로 뇌사 판정을 받은 30대 청년이 장기기증을 통해 5명에게 새 생명을 주고 자신은 저 세상으로 떠났다.

주인공은 용접공으로 일해온 정희철(전북 군산시 대야면) 씨.

전북대병원에서는 정 씨의 신장과 각막, 간 등을 분리하는 적출수술이 진행됐다. 정 씨의 신장은 만성신부전증으로 이 병원에 입원중인 환자에게 이식됐고, 각막, 간 등은 각각 전주예수병원과 서울중앙병원으로 옮겨져 4명에게 이식되었다.

정 씨는 오후 11시경 밤늦게 일을 마치고 오토바이를 타고 귀가하다 전북 군산시 대야면 복교리 주유소 앞길에서 트럭과 충돌하여 중상을 입고 병원으로 옮겨졌다.

정 씨의 가족은 정 씨가 뇌사 판정을 받자 다른 사람을 통해서라도 다시 태어나기를 바라는 마음에서 장기기증을 결정했다.

4남 1녀 중 셋째 아들로 홀어머니를 모시고 살아온 정 씨는 용접 일을 하며 집안을 꾸려가느라 결혼도 미뤄온 것으로 알려졌다.

정 씨의 도움으로 신학대학원을 졸업하고 목사 수업 중인 동생 만철 씨는 "형님은 누구보다 성실하고 착하게 살아온 분." 이라며 말을 잇지 못했다.

당신이 사람이냐?

이미라 (가명, 8세, 여)

지방에 사는 아버지가 가족들을 드라이브 시켜 준다고 자가용에 태워서 전주로 오는데 중앙선을 넘은 덤프트럭에 치여서 아버지는 복강 내 출혈, 대퇴골 골절로, 딸은 두부 손상으로 인한 뇌사상태, 다른 두 가족도 뇌출혈 등 중상을 입고 일가족 네 명이 중환자실에 있었다.

박성광 교수가 임상실습 학생들에게 "너무 가족 상황이 처절해서 차마 입이 안 떨어지는데 장기를 받을 말기중환자들을 생각하면 말을 해야겠는데 아버지에게 말을 하는 것이 너무 잔인하게 느껴져서 기증 얘기를 할까 말까 판단이 안 선다." 했더니 한 학생이 "그래도 새 생명을 얻을 환자를 생각하면 거절을 당하더라고 말을 해봐야 되지 않겠습니까? 여기서 아버지가 거절한다고 해도 잃어버리는 것은 없지 않습니까?" 라고 했다. 그래서 "네 말이 백번 옳다." 하고 용기를 내서 "현재 신경외과 교수님이 말씀한대로 딸은 완전 혼수상태이고 뇌사로 추정되는 상태이어서 회복이 불가능합니다. 딸의 장기를 기증해서 여러 환자들을 살려주세요."라고 말을 했다가 "당신이 사람이냐? 우리 집 상황을 뻔히 잘 알면서 딸의 장기를 기증하라는 소리를 할 수가 있느냐?"라고 거세게 항의를 해서 실컷 욕을 얻어먹었다.

아버지의 반응은 예상한 대로였고 대퇴골 골절로 뼈에 연결된 무거운 쇠로 된 추를 침대 밖으로 달고 있어서 움직일 수가 없어서 그랬지 움직일 수 있었으면 한 대 맞았을지도 모를 정도였다.

며칠이 지나 병세가 호전되어서 아버지가 8층 정형외과 병실로 올라간 후 아버지는 2층 중환자실에 있는 딸을 더 이상 볼 수가 없었다.

장기 기증을 염두에 두어서가 아니라 아버지가 딸을 너무 보고 싶어하는 것 같아서 실습학생들을 시켜서 아버지 침대를 밀고 중환자실 면회를 하루에 두세 차례씩 시켜드렸다. 며칠이 지나서 아버지가 면회 동안에 전혀 움직이지 않는 딸을 보고 또 여러 환자들을 살릴 수 있다니까 맘이 변하여 나를 만나자고 해서 기증하겠다고 말했다. 그래서 신장 2개와 각막 2개를 기증하여 4명의 환자들에게 이식되었고 팔뼈는 8살 먹은 골육종을 앓고 있는 아이에게 이식되었다. 침대 머리맡에는 친구들이 쾌유를 빌면서 접은 종이학이 가득한 병이 놓여 있었다.

신의 한수였지요
— 전북대 치과 대학생이 각막과 시신을 기증

김대현 (22세, 남)

신경외과 중환자실에 뇌사 장기기증자가 있음을 연락받고 달려갔을 때 이미 환자는 혈압상승제를 주입하면서 수축기혈압이 65 mmHg, 맥박 180회로 위중한 상태이고 심정지가 언제 올지 모르는 상황이었다. 환자는 치과대학생으로 키도 크고 건장하였고 방학 때 봉사활동을 한 번도 빠진 적이 없는 그야말로 모범생이었다. 상태가 좋지 않아 서둘러서 뇌사 판정을 진행했으나 연락받은 지 5시간 만에 심장이 정지되어서 각막과 시신을 기증할 수밖에 없었다. 이와 같이 각막은 사후에 기증의사를 확인하여 6시간 이내에만 적출하면 각막 이식수술이 가능하다. 간호사였던 어머님께서 모든 장기를 기증하기를 바라셨는데 교수님들이 너무 건강했던 학생이고 믿어지지 않아서 며칠만 기다리자고 해서 우리가 연락을 늦게 받은 것이 참으로 안타까웠다. 이 일이 있은 후부터 연락이 오기만 기다리지 않고 우리가 환자가 발생할 수 있는 응급실, 신경외과중환자실, 중환자실에 적극적으로 뇌사 추정환자를 찾아다니기 시작했다. 그래서 날마다 전임의 선생에게 뇌사추정자에 대한 보고를 받았다. 이번 기증을 전환점으로 전북대학교병원의 뇌사자 장기기증이 획기적으로 증가했다.

어머니가 말씀하시길 "우리 대현이는 너무 완벽한 아들이었어요. 착하고 순진하고 유머러스했지요. 대단한 노력파였지요. 고등학교 때 체육시험을 보면 다른 애들은 그냥 보는데 대현이는 밤에도 나와서 열심히 연습을 했지요. 키가 178 센티에다가 운동은 농구를 비롯해서 모든 스포츠, 특히 익스트림 스포츠를 좋아했어요.

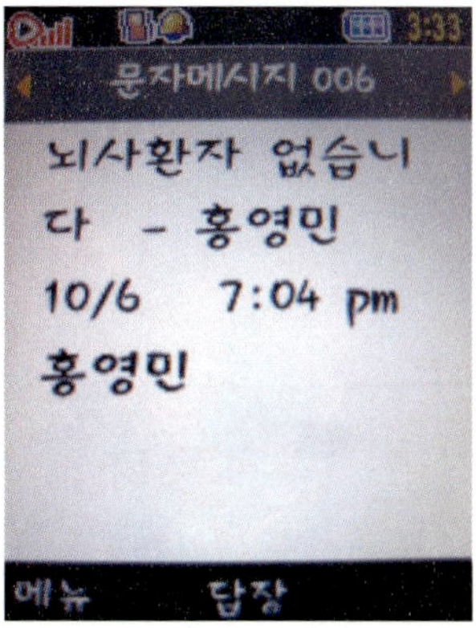

전임의의 보고 메시지

바이크 타는 것을 좋아했지요. 그 날도 오토바이를 타고 나갔다가 사고가 났어요. 천주교 신자였고요. 어릴 때는 복사(미사에서 신부님을 돕는 소년)도 하고 그랬어요. 장례식 때는 신부님이 소나무 밑에서 미사도 봐주셨지요. 수능 성적이 좋았어요. 사실은 지방에 떨어져 있는 것이 싫어서 다음 해에 시험을 다시 봐서 서울에서 데리고 있고 싶었어요. 그러기로 했는데 전주에 내려가서 며칠 안가서 전주에서 학교에 다니는 것으로 맘이 싹 바뀌었어요. 아마도 첫째는 오리엔테이션이 너무 재미있었고 둘째는 부모에게서 멀리 떨어져서 간섭을 안 받고 사는 게 좋았나봐요. 방학 때는 농촌활동에도 참가하고 학생회 일도 하고 했지요. 나는 대현이의 모든 장기를 기증하려고 했는데 시간이 너무 흘러서 상태가 안 좋아서 각막밖에 기증할 수 없었던 것이 안타까웠어요. 장례식장에서는 전혀 안 울었어요. 나도 식이 끝나면 대현이를 따라서 죽으려고 했거든요. 그때는 대현이가 없는 인생은 내게 아무 의미가 없었어요. 그런데 전북대학교 의과대학에 시신을 기증한 것이 나를 살렸어요, 신의 한수였지요. 나는 학생들 실습이 끝나고 뼈가 나오는데 그렇게 오래 걸리는 줄을 몰랐어요. 3년을 기다렸어요. 그 동안에는 대현이 유골을 내가 받아야 하니까 못 죽었지요. 일남 일녀를 두었는데 당시에 여동생이 중국어를 전공해서 몇 달 후에 중국 유학을 가기로 되었는데 주위에서 "너 가면 네 엄마는 죽을거야."라고 말렸어요. 그래서 효녀인 딸이 마음을 바꿔서 안 갔지요. 3년을 기다리는 동안에 딸도 있고 해서 죽으려고 한 내 맘도 서서히 바뀌었지요. 대현이 기일이 가까웠는데 교수님한테 오랜만에 반가운 전화가 오네요."

사랑은 서로 주고받는 것

유상현 (가명, 60세, 남)

만성신부전으로 복막투석을 받는 환자였는데 뇌출혈로 인해 신경외과와 신장 내과에서 치료를 받으시다가 결국 사망하였다. 가족에게 사후 장기기증에 대해 설명을 드리자 흔쾌히 각막 기증의사를 밝혔다. 공교롭게도 2001년에 아드님께서 전북대학교병원에서 뇌사자로부터 제공받아서 각막 이식수술을 받았었다니 사랑은 서로 주고받는 것인가 보다.

자랑스런 아버지로 기억되기 위해

최장호 (37세, 남)

두 아이의 아버지였으나 불의의 사고로 뇌사자가 된 가장이 환자 5명에게 새 생명을 주고 눈을 감아 안타까움과 더불어 감동을 주고 있다. 최장호 씨(정읍시 농소동)는 공사현장에서 추락해 뇌사에 빠져 전북대학교병원에서 뇌사판정을 받고 간, 신장, 각막을 기증해 5명의 환자에게 새 생명을 주고 세상을 떠났다. 최장호 씨가 2006년 정읍시내의 한 노인회관 공사를 맡았을 때, "할아버지 할머니가 쉴 곳인데 빨리 공사를 끝내야 한다."며 악천후를 무릅쓰고 지붕에 올라갔다가 갑자기 불어온 돌풍으로 5m 높이에서 몸을 지탱하지 못하고 추락, 의식을 잃은 지 닷새 만에 뇌사 판정을 받았다

그의 사고 소식을 들은 가족들은 최 씨가 특공대를 제대하고 각종 무술과 운동으로 몸을 단련해 병원 한 번 가본 적 없었기에 더욱 놀랄 수밖에 없었다. 평소 가정적이고 다정다감했던 최 씨는 6세 된 환희와 4세 된 웅이를 남달리 아꼈다고 한다. 최 씨의 부인 양연자 씨는 "생전에도 그가 장기기증의 뜻을 사주 비쳤다."며 "그의 죽음을 헛되게 하고 싶지 않고 아이들에게 아버지의 자랑스러운 모습을 심어주기 위해 장기기증을 결심했다."고 말했다. 한편, 박성광 전북대 신장내과 교수는 "수술이 잘 돼 최장호 씨의 장기를 이식 받은 환자들은 매우 양호한 상태"라며 "최 씨와 같은 고귀한 희생이 계속될수록 장기 기증을 기다리는 환자와 그 가족들에게는 더 큰 희망이 생길 것"이라고 말했다.

새 생명을 주고 하늘나라로

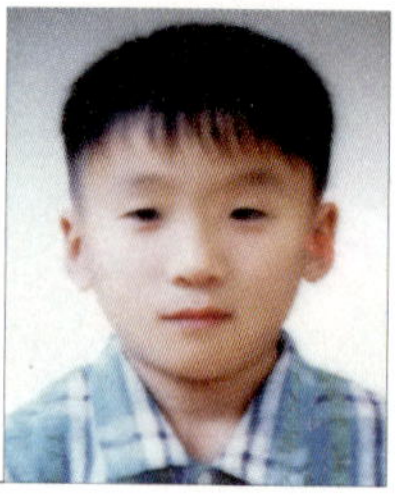

정충정 (13세, 남)

고마우신 분께!
감사의 글을 올립니다.

제가 전북대학교병원에서 박성광 교수님으로부터 신부전으로 처음 진단을 받은 때가 "2001"년 무렵으로 혈액투석을 6년 정도 하던 중, 어느 고마우신 분의 신장기증으로 절망적인 상황에서 벗어난 게 벌써 13년의 세월이 흘렀습니다.

제 나이 38되던 해에 큰아이가 초등6년, 둘째가 초등3년, 막내가 초등1년이었습니다.
하루하루가 긴장과 우려속, 그리고 가슴이 미어지는 생활이었습니다.
어느 날 병원으로부터 연락이 왔습니다. 바로 다음 날 병원에 입원하여 이식외과 유희철 교수님의 집도로 수술을 마치고, 신장내과 박성광 교수님의 진료를 통하여 새로운 삶이 시작되어 ~ 13년!!

오늘날 현재 큰아는 30살, 둘째는 28살, 막내는 26살로 어엿한 사회인의 한 사람으로 제 역할을 하고 있으며, 저 또한 아내와 함께 건강한 모습으로 지내고 있습니다.

제 몸 안에 들어왔던 열네살 소년이, 이제 27살의 청년으로 살아있습니다. 저는 저 혼자가 아닌 ~ 사랑이 많으신 소년의 부모님 - 그리고, 청년이 되어 제 안에 존재하는 사람으로서 - 오늘 하루도 살아갑니다. 하나님의 은혜가, 항상 고마우신 분들께 있기를 기원하며 ~

2014년 6월 23일 저녁

정충정 군은 아들만 4명 중에 막내로 태어나서 부모님의 사랑을 듬뿍 받고 자랐다. 또래보다 키는 조금 작았으나 성격이 낙천적이고 인사성이 매우 밝아서 이웃에 사는 사람들의 귀여움을 많이 받았다. 어머니는 아이가 착해서 한 번도 부모를 힘들게 한 적이 없었다고 한다. 교통사고로 인한 뇌출혈로 응급실로 내원하여 중환자실에 입원을 해서 수술을 받았으나 상태가 악화되어 일주일 후에 뇌사상태가 되었고 여러 의료진들이 장기기증을 권했으나 나이도 어리고 해서 처음에는 기증 권유를 받아들이기가 쉽지 않았다. 그러나 일단 사망을 하면 모든 것이 끝나는 것이고 여러 죽어가는 환자들을 살릴 수 있다니까 어렵게 결심을 했고 특히 장기이식 코디네이터의 도움을 많이 받았다. 그래서 간장과 신장 2개를 기증해서 3명의 말기 중환자들에게 새 생명을 주고 하늘나라로 떠났다. 신장수혜자가 감사편지를 보냈고 어머님이 보고 수혜자에게 답신을 보냈다.

안녕하세요, 충정 엄마입니다.

교수님 전화를 받고 망설였는데 다시 힘을 주시네요.

저희 가족은 남편과 세 아들이 있었지요. 그 당시 집 가까이에서 전기재료를 판매하는 가게를 했어요,

가게 문을 닫고 집에 가면 충정이는 가끔 욕실청소를 깨끗이 해놓아 미소를 짓게 했고 자신의 서랍 속을 잘 정리해 놓는 아이였지요.

우리와 함께 드라이브를 나갈 때면 자가용 뒷좌석이 무대인양 노래를 부르며 즐겁게 해 준 모습이 떠오르네요.

항상 잘 웃고 밝은 아이였어요.

지금은 곁에 없고 마음에 남은 아들이지만 아들과 함께 했던 행복했던 시간을 회상하게 해주셔 감사합니다.

Flower way

LET'S ONLY WALK ON A FLOWERY PATH.

안녕하세요?

따가운 햇볕아래 시원한 그늘을 찾게되는 7월의 어느날

뜻밖의 전화로 수혜자분의 편지 소식을 알게 되었습니다

편지를 받게 되었을때는 아들을 만나는듯 가슴이 뛰기 시작했어요.

지금은 지인들과 가끔 지난날 아들을 생각하며 아들얘기를 하면서

지내긴 하지만 글을 받게되니 고마울뿐 입니다

제 소개를 하자면 아들만 넷을낳았지만 현재 둘이 있구요

13년이 지나버렸지만 28살이 되어버렸네요. 우리집 막내였거든요.

편지글에서 청년으로 살아 있다는 그말처럼 언제나 건강하시길...

같은 또래의 아들을 두셨으니 더 젊게 생활하세요

건강한 모습으로 가족과 함께 계시니 이 얼마나

큰 행복입니까?

힘들게 건강 찾으신만큼 몸관리 잘하시고 항상 웃을수있는여유로

행복하시길 정말 진심으로 바랍니다

저도 미약하나마 글로라도 '힘내십시오' 전해드리고 싶네요.

가족과 행복하고 좋은시간 되시길 다시한번 전하면서 인사드립니다

하느님의 사랑 함께하시길

PINKFOOT

예비 대학생이 교통사고로 5명에게 장기 기증

김일수 (가명, 18세, 남)

대학 입학을 앞두고 부모가 운영하는 치킨집에서 배달 일을 돕던 중 불의의 교통사고로 뇌사상태에 빠진 예비 대학생이 5명의 환자들에게 새 생명을 나눠주고 세상을 떠나 훈훈한 감동을 주고 있다. 전북대병원은 뇌사 판정을 받은 김일수 군의 장기를 부모의 뜻에 따라 5명의 환자에게 성공적으로 이식했다고 밝혔다.

강원도 원주 정보공업고 졸업을 앞두고 경북전문대학 경호학과에 합격한 김 군은 오토바이를 타고 가다 교통사고를 당해 입원, 전북대병원에서 최종 뇌사 판정을 받았다. 순창에서 부모가 운영하는 치킨집 배달 일을 나갔다가 변을 당한 것. 원주에서 고향 근처인 순창으로 이주, 치킨집을 새로 차린 부모에게는 청천벽력 같은 소식이었다.

중·고교 때 야구 선수로 활동할 만큼 활발하고 건강했던 장남의 사고로 실의에 빠졌던 아버지 김기춘 씨는 "우리 아이의 죽음이 다른 사람의 생명으로 이어졌으면 한다."고 장기 기증의 뜻을 병원 측에 전했다. 이에 따라 김 군의 간과 신장·심장·췌장은 전북대병원과 서울 아산병원 등에서 나눔의 손길을 간절히 기다리고 있던 환자 5명에게 이식됐다.

김 군 가족의 친지는 "일수가 부모의 만류에도 불구, 배달 일을 돕다가 불의의 사고를 당했다."며 "대학교 때까지 레슬링 선수 생활을 했던 아버지가 다른 생명을 통해 아들의 활발했던 모습을 보고 싶다며 장기기증을 결심했다."고 말했다. 전북대병원 이식팀은 "수술은 성공적으로 이뤄졌고, 장기 이식을 받은 환자들의 상태도 양호하다"고 밝혔다. 8~9년 동안 신장질환으로 고생하다 전북대병원에서 신장이식 수술을 받은 환자 가족들도 김 군 부모에게 감사의 뜻을 전했다. 화장으로 치러진 장례식에는 고교 친구 10여 명이 원주에서 찾아와 김 군의 마지막 모습을 눈물로 지켜보았다.

김영곤 전북대 병원장은 "장기 기증을 기다리는 환자는 많지만, 기증은 여전히 부족한 상태." 라며 "김 군과 같은 고귀한 희생이 장기 기증을 기다리는 수많은 환자와 그 가족들에게 큰 희망을 주게 될 것"이라고 말했다. 대학 입학을 앞두고 불의의 교통사고로 뇌사 판정을 받아 간과 신장·심장·췌장 등의 장기를 5명의 환자들에게 나눠주고 영면한 김일수 군에게 대학 측에서 명예 입학증서를 수여하기로 했다.

올해 김 군의 입학이 예정된 경북전문대학은 "수시 1학기 모집을 통해 경찰경호행정계열에 합격한 김 군은 예비대학 캠프에도 참가, 열정을 보였다."며 "예비 신입생인 김 군의 아름다운 영면을 기리기 위해 명예 입학증서를 수여하기로 했다"고 21일 밝혔다. 대학 측은 또 "김 군은 1지망과 2지망에 모두 경찰경호행정 계열을 써 낼 정도로 장래 목표가 뚜렷했고 예비대학에서는 입학 후 교내 야구동호회에 참가하겠다고 의욕을 보여 깊은 인상을 남겼다."며 "2년 후에는 명예 졸업증서를 수여할 계획"이라고 덧붙였다. 한편 김 군이 재학했던 원주정보공업고는 다음달에 열리는 졸업식에 부모를 초청, 졸업장을 전달할 계획이다.

오늘따라 왠지 집사람이 더 보고 싶다

고연숙 (40세, 여)

고연숙 씨는 독실한 기독교 신자로서 평소 성격이 정이 많고 깔끔한 성격이었는데 남편과 TV에서 뇌사에 빠져 장기기증하는 화면이 나왔을 때 우리도 저런 경우가 닥치면 기증을 하자고 말했다. 전주 신일교회에 출석을 했는데 노래를 잘하고 좋아해서 부부가 오랫동안 성가대에서 봉사를 했다. 어느 일요일 최임곤 목사님이 설교시간에 기독교인이 뇌사상태에 빠지면 장기기증을 하자는 말씀을 듣고 기증하기로 맘을 굳혔는데 몇 달 후에 이런 일을 당했다.

평소에 건강했던 분이었는데 남편이 사업차 서울에서 일을 하다가 전주로 내

려오고 있는 중에 중학교에 다니는 아들에게서 엄마가 목욕탕에서 쓰러지셨다고 전화가 와서 119를 빨리 부르라고 하고 방금 도착한 남편이 함께 전북대학교 병원 응급실로 옮겼으나 모야모야병으로 진단받았다. 그러나 출혈이 손을 쓸 수가 없도록 심해서 수술을 못하고 뇌사상태에 빠졌다.

남편이 처가 식구들과 상의를 해서 본인의 뜻대로 모든 가능한 장기를 기증하기로 결정하고 뇌사 판정을 받아서 심장, 간장, 신장 2개, 각막 2개를 기증하고 소천하셨다.

남편은 그 후에 혼자 중학교 3학년이었던 아들과 1학년이었던 딸을 잘 키워서 아들은 대학시절에 물리전자학을 전공하고 단대 학생회장까지 했고 현재는 천안 아산에서 IT업체에서 일하고 있고 딸은 연대 임상과를 나와서 적십자병원에서 근무하고 있단다.

엄마가 천국에서 아이들을 돌봐주시고 남편에게 혼자서 아이들을 잘 키웠다고 대견스럽게 생각하고 고마워하고 있을 거라고 하면서 오늘따라 왠지 집사람이 더 보고 싶다고 한다.

No.

안녕 하세요
저에게 신장을 기증해 주신 기증자와 가족
여러분께 감사합니다
저는 신장을 이식 받아 어언 13 년을 지나고
살아가는 사람 입니다
7년 이란 세월 동안 저는 투석을 하면서 살았습니다
인간의 생명은 유로 되어 있지만 전혀 소변을 보지
못하고 살아 가는 저에게 신장을 기증해 주신
가족 여러분께 감사함을 글로 표현 합니다
나의 몸 속에는 기증자의 신장이 저를 지탱해
주고 있습니다
투석할 때 물도 제대로 마시지 못하고
갈증이 나면 조그만한 얼음 조각이나 물고
살았습니다
너무너무 감사 할 따름입니다
전북대 병원 신장내과 선생님께도 감사합니다
물심 양면으로 도와 주신 은혜 감사합니다
앞으로 좋은 일 착한 일 하면서 살겠습니다

WOO JIN

저와 남겨진 세 딸에게 영원히 훌륭한 아빠로 기억될 것

홍순영 (42세, 남)

남편 홍순영 씨(전주시 호성동)를 갑작스러운 뇌출혈로 떠나보낸 최기숙 씨 주체할 수 없는 슬픔이 밀려왔지만, 남편이 다른 사람들에게 새로운 삶을 선사하고 영면에 든 만큼 슬픔을 참아낼 수 있다고 말한다.

세 딸 은진, 은하, 은희, 그리고 아내 최기숙 씨와 함께 행복하고 단란한 가정을 꾸리고 살던 홍순영 씨는 갑작스러운 뇌출혈로 쓰러졌다. 평소 특별한 질환도 없었고 건강했기에 가족들에게는 더할 수 없는 충격이었다. 홍 씨는 전북대학교병원에서 응급 수술을 받았지만 되돌리기에는 너무 늦은 상태였다. 결국 뇌사 판정을 받았다.

예기치 못하게 남편을 잃은 슬픔은 너무도 컸지만, 아내 최 씨는 남편과의 약속을 지키기로 결심했다. 부부가 함께 장기기증을 하기로 남편의 생전에 약속을 했었다. 홍 씨의 심장, 췌장, 간, 신장, 각막 등이 기증되었다. 그래서 총 5명의 환자가 새 생명을 얻었다. 5개의 장기 가운데 간과 신장이 전북대병원에서 치료를 받고 있는 환자에게 기증돼, 이식 수술이 이뤄졌다.

전북대병원 이식 수술팀은 "수술은 성공적으로 시행됐고, 수술 받은 환자들의 상태도 양호하다."고 전했다. 심장, 췌장 과 나머지 신장, 각막은 서울아산병원 등 장기기증을 애타게 기다리고 있는 다른 지역 환자들에게 전해져 수술이 성공리에 끝났다. 장기 이식 과정을 지켜본 전북대병원 한 관계자는 "환자의 마지막 길은 가족들뿐만 아니라 의료진들마저 눈물을 글썽이게 할 만큼 안타까웠다."며 "보는 이들을 숙연하게 하는 고귀한 이웃사랑을 실천하는 유가족의 모습에 큰 감동을 받았다."고 말했다.

교수님, 안녕하세요. 남편에 대해 몇 자 적었어요.

남편은 2남 2녀 중 첫째로 태어나 부모님과 동생들에게 자상하고 효자 아들이었으며 좋은 형이며 오빠였다.

학교에 다닐 때는 늘 상위권 성적을 유지하며 친구들과의 관계도 좋았고 친구들에게 인기도 많았는데 형편이 어려워서 대학 진학을 못해 아쉬워하였다. 나중에 안 사실이지만 남편 성적이면 전북대학교를 4년 장학생으로 다닐 수 있었는데 원서를 내지 않고 바로 군입대를 했다면서 가끔 이야기해 주었다

결혼해서는 아내와 자녀들에게 올인하여 세상에 둘도 없는 남편과 아빠노릇을 하였다. 그때 당시만 해도 산후 조리원이 보편화 되어 있지 않아 출산 후 집에서 산후조리를 하였는데 첫째와 둘째 산후조리를 처형들에게 부탁해 죄송하다고 셋째는 남편이 직접 산후조리를 해 주었다. 일하면서 미역국을 끓여주고 아이를 씻기고 설거지며 집안 일을 한 달 반 동안 해주면서 저에게 절대 찬물을 못 만지게 해줘서 편하게 산후조리를 할 수 있었고 아이 셋을 낳은 후에 모유 수유가 끝나고는 고생했다고 건강 해야 한다며 보약을 꼭 해 주었다.

지금 생각하면 그렇게 짧은 결혼생활을 하려고 그렇게 혼신의 힘을 다해서 살았나 하는 생각도 든다.

아이들에게는 더없이 자상한 아빠여서 놀아주고 책을 읽어주고 함께 많은 시간을 보냈다.

어느 눈이 오는 겨울 일요일 아침에는 우리 가족이 동물원에 갔다가 한 사람

도 다녀가지 않은 눈 위를 밟으며 눈싸움도 하고 눈사람도 만들며 시간을 보냈던 기억이며 송광사 벚꽃길을 걷고 진안 마이산을 등반한 기억 등 추억이 새록새록 마음 한 켠에서 눈물과 함께 나온다. 장기기증에 대한 생각도 TV에서 오상진 씨의 두 번째 생일을 축하하며 홍보영상을 보며 함께 이야기했었다. 우리도 나중에 꼭 장기기증을 하자고 좋은 일을 하며 살자고 이야기했던 일이 그렇게 빨리 다가오리라고는 생각하지 못하였다. 그게 우리 인생인 것 같다.

좋은 아빠 덕분에 딸아이들이 훌륭하고 반듯하게 자라주어서 감사하고 또 감사하다. 큰딸아이는 원광보건대학에서 치기공을 전공하여 치기공소에서 5년차 근무 중이고 둘째는 한국외국어대학 미디어커뮤니케이션학과와 중국어 전공을 하고 취업 준비 중이며 셋째는 백석전문대 졸업 후 학원 행정실에서 근무하고 있다. 이렇듯 각자의 자리에서 제 몫을 해 주는 아이들에게도 감사하다.

감사의 글

먼저 감사하고 고맙습니다.
저는 댁의 고인으로 부터 신장이식을 받은 60대 중반의 남성입니다.
오늘 이렇게 감사의 마음을 글로서 표현해 봅니다.

10여년전 만성신부전으로 생명유지를 위해서는 하루 3~4회 복막투석을 하는 삶였습니다.
그러던 어느날 병원으로부터 저의 조직과 맞는 신장공여자가 있다는 연락을 받고 여러가지 검사후 무사히 신장이식을 받게 됐습니다.
그렇게
신장이식을 받은지 가 10여년이 지났습니다.
저는 매일매일 감사하며 하루하루 지내고 있습니다.
10여년전 제게 신장을 공여해주신 가족분들께서는 그때 당시 어렵고 힘든 상황에서 기증이라는 결정을 하기가 결코 쉽지 않았을텐데,
힘든 결정을 해주신 덕분에 제가 운이 좋게도 기증을 받아 새로운 삶을 살수있게 되었습니다.
너무 고맙고 감사드립니다.
다행히 지금까지도 소중하게 잘 간직하며 별탈없이 잘 살고 있습니다.

공여자분과 공여자 가족분들을 생각하면 마음이 무겁습니다.
이 글을 쓰면서도 혹여 다시금 마음의 상처를 드리지 않나해서 조심스럽기도 합니다.
공여 해주신 분께는 항상 명복을 기원하고 있습니다.
가족분들 모두 건강하시고 댁내 행복하시기를 기원합니다.

군 입대를 앞두고 6명에게 새 생명을

유상규 (18세, 남)

유 군은 남원에서 고등학교를 졸업하고 몇 개월 후에 군 복무를 위해 논산훈련소로 입소하게 되어 있었는데 그 기간 동안에 피자 가게에서 아르바이트를 하면서 오토바이로 배달을 나갔다가 교통사고로 뇌출혈이 생겨서 뇌사에 빠지게 되었다. 2남 1녀 중 막내 아들인 유 군은 운수업을 하시는 어려운 아버지를 도와서 성실하고 공부도 잘하고 다 자기 앞가림을 하는 자립심이 강한 아들이었다고 한다. 당시 아버지의 사업도 어렵고 해서 용돈 한 푼이라도 더 벌어서 쓰려고 일을 했다고 한다.

아버지께서는 “유복한 가정에서 태어났으면 이런 일이 있었겠느냐? 어려운 부모를 만나서 이런 것도 자신의 운명이라고 생각하고 언젠가 한 번은 죽어야 하는데 이렇게 여러 명을 살리고 가니까 보람이 있다고 생각한다.”라고 말했다. 유 군은 간장, 심장, 신장 2개, 각막 2개를 기증하여 6명에게 새 생명을 선물하고 영면하였다.

DEAR.

건강을 자신하던 20대를 상아탑에서 보내고 사회로 나아갈 준비를 하던 시기에 갑자기 이상 증상을 발견하였습니다.

예후도 느끼지 못하였고 원인도 알 수 없었기에 여러 병원을 거쳐 판정받은 만성신부전증은 저에게는 너무 생소하였고 의료진으로부터 들은 병증과 투석에 대한 얘기는 '왜 내게 이런 시련이 찾아왔는가'라는 암담한 생각이 들게 하였습니다.

오랜 투석과 아들의 병을 당신들 탓으로 자책하시는 부모님을 보며 심신이 지쳐가고 합병증까지 발병하려던 힘든 시간동안 몹쓸 생각도 들었습니다.

오매불망 기다리던 신장이식수술은 저와 제 가족에게 어둠 속의 한 줄기 빛이었습니다.

이식 후 제가 받은 도움을 잊지 않고 주변의 어렵고 힘든 이웃들을 돕고자 새로 사회복지를 공부하고 사회복지사로서 소명을 가지고 열심히 일하고 있습니다.

DEAR.

기증인과 그 가족분들이 힘들고 지쳐있던 저에게 베풀어 주신 사랑과 온정을 주변의 소외된 분들을 위해 일하는 것으로 키워나가면서 건강관리에도 신경쓰고 있습니다. 말로 다 표현할 수 없는 큰 사랑에 감사드립니다.

신장이식 수혜자 올림.

신장 수혜자의 감사를 기증자에게 전달

이도행 (가명, 14세, 남)

한창 뛰어놀 14세 소년이 뇌출혈로 응급실로 내원하여 뇌사 판정을 받고 간장, 심장, 신장 2개를 기증했다. 정읍에 사는 신장 수혜자가 외래진료실로 감사 편지와 함께 매실 엑기스와 복분자 3병을 가져와서 기증자 가족에게 전해달라고 부탁을 했다.

퇴근길에 그 주소를 찾아서 무거운 짐을 들고 갔는데 승강기가 없는 아파트 5층이었다. 집에 아무도 없어서 못 만나고 다시 그 짐을 차에 싣고 다음 날은 저녁 열 시에 찾아가서 보니 또 안 계셔서 계단에 앉아서 30분을 기다리다가 포기하고 돌아가는 길에 아파트 입구에서 만나서 전해 드렸다. 어머님이 수고했다고 복분자주를 한 병 주셨다.

안녕하세요

이렇게 오랜 세월이 지나 서면으로 인사드립니다
저는 전북대학병원에서 신장을 이식받고 새생명을
살게 된 사람입니다
저는 30대 젊은나이에 신장이 망가져 복막투석을
8년동안 하며 복막염도 걸리고 위장병도 생겨 힘들게
살고 있었습니다. 그러던 중 병원을 통해 신장을
이식받아 점점 몸도 회복되고 이제는 혈압약도
끊고 건강하고 살고 있습니다
이일로 저에게는 새 생명이 였지만 누군가에게는
큰아픔인것을 알기에 대학병원에서의 감사
편지권유에 많이 망설였습니다
이 편지로 인해 지난날의 아픔을 다시 상기시킬
까봐 많은 염려와 걱정으로 선뜻 쓰지 못하고
고민하다가 가족분들의 사랑과 용기 있는 결단으로
새 생명을 얻어 살아가고 있다고 감사를
전하는것이 도리인것 같아 용기를 내었습니다
덕분에 한 가정의 아내로 엄마로 잘 살고
있습니다 하루 하루 살면서 늘 마음으로
감사하며 살았지만 이제야 그 마음을
전하게 됨을 죄송스럽게 생각합니다
저뿐만 아니라 가족분들의 그 결단으로 여러

생명이 이땅에서 살아가고 또 그들이 저와
같이 다른 방법으로 다른 사람들을 돕는일에
작은 힘이라도 보태고 살아가고 있다고 믿고
작은 위안이 되었음 하는 바램입니다.
앞으로의 가족분들의 삶이 큰 기쁨과 감동이
있기만을 기도합니다
다시 한번 감사드립니다
내내 평안 하세요 ~

추신 : 작은 성의로 직접 담근 매실(친환경)
액나 복분자주 기타…
같이 넣어 드립니다

중학생 아들 장기, 6명에 기증

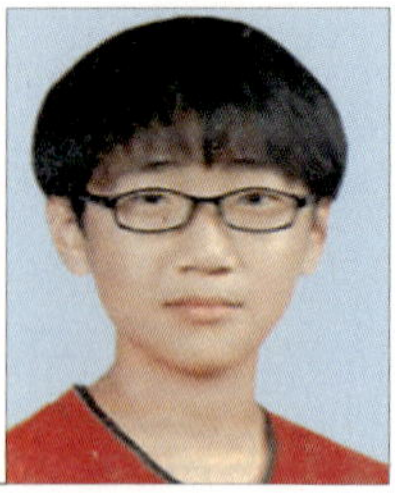

백승기 (13세, 남)

"귀한 아들의 죽음, 헛되지 않기를 바랐습니다."

'눈에 넣어도 아프지 않을' 어린 아들의 죽음으로 슬픔을 억제할 수 없는 가운데 장기기증을 결정한 50대 아버지의 소식이 감동을 주고 있다.

백남식(전주시 효자동, 전주시청 근무)씨의 늦둥이 아들 전주 효정중 1년 승기 군이 체육시간에 오래달리기를 하다가 갑자기 '어지럽다'며 쓰러졌다. 평소 축구 등 운동이라면 못하는 게 없고 오래달리기 1등도 도맡아 했기 때문에 같은 반 친구들도 장난인 줄 알았다.

중학교 1학년 어린 나이지만 키 172cm의 건장한 체격에다 운동선수를 해 보는 게 어떻겠느냐는 말까지 들었던 운동 잘하고 건강한 아들이었기에 심장마비로 추정되지만 백 씨가 받은 충격은 너무나 컸다.

장기기증을 담당하는 박성광 교수가 병원 2층으로 가는 계단을 올라가는데 어떤 사람이 가족이 혼수상태인데 생존할 희망이 없다는데 이럴 때는 누구랑 상의를 해야 되냐고 물어봐서 박 교수가 바로 나라고 말하고 상담을 했다.

백 씨는 그날 이후 승기 군이 뇌사 상태에 빠진 현실을 도저히 받아들이기도, 인정하기도 어려운데다 더욱이 장기기증에는 일부 친지들의 반대도 많았다.

위로 딸 셋을 낳고 8년 만에 얻은 아들을 잃게 생겼는데 장기기증까지 하겠다니 장남인 백남식 씨에게 큰 부담이 아닐 수 없었다.

하지만 백남식-하정희 씨 부부는 아들의 죽음으로 여러 사람의 생명을 살릴 수 있다는 숭고한 믿음에 가족들을 설득했고, 결국 장기기증을 하기로 결정했다.

공직에 있는 입장에서 절망에 빠진 사람들에게 희망을 주고, 타의 모범이 된다는 생각도 어려운 결정을 하는데 큰 힘이 됐다는 게 주위의 해석이다.

승기 군의 장기는 전북대병원에서 적출돼 곧바로 장기기증만을 애타게 기다리는 6명의 환자들에게 간과 췌장, 신장, 각막 등이 전해진다.

신장은 전북대병원에서 이식 수술이 이뤄질 예정이며, 췌장과 간 등은 서울대병원을 비롯한 타 지역 환자들에게 이식될 계획이다.

백남식 씨는 "그렇게 귀하게 키운 아들이 이제는 내 곁에 없다는 사실을 받아들이기 힘들다."면서도 "그래도 누군가에게 새 생명과 기쁨, 희망을 줄 수 있고, 또 그 사람 속에 내 아들이 살아있다고 생각하니 위안이 된다."고 말했다.

모두를 숨막히게 했던 더위가 물러가고 아침, 저녁 선선한 바람이
불어오는 가을입니다.
이제 막 끝난 추석 명절에 모였던 가족들이 흩어지며 허전한
마음이 드는 날이네요. 가족들이 모두 모인날 멀리 떠나버린 한 사람의
빈 자리가 보인다면 형언할수없는 슬픔이 심장을 저려오게 할 거란
생각이 듭니다. 웃고 있어도 눈물을 머금은 웃음일거란 생각이 듭니다.
제게 신장을 준 학생의 부모님 마음일 거란 생각이 듭니다.

안녕하세요. 저는 2007년 10월 아드님의 신장을 이식받은
___ 라고 합니다. 진즉에 감사인사 드렸어야 했는데 늦은 인사
죄송한 마음입니다.

20대 후반에 만성신부전증 진단을 받았습니다
그 때는 그 병이 무엇인지 몰랐고 병원 치료로 완치될수 있는
병이라 생각했습니다.
그러다 투석이 시작되었고, 그때부터 제게 악몽같은 시간들이
시작되었습니다. 일주일에 3번 하루 4시간씩 두개의 바늘에 제 몸을
맡긴채 힘든 시간들을 보내게 되었습니다.
먹는것도 제약이 많아 마음대로 먹지 못했고 주변 사람들과 어울리는
시간도 줄어 혼자가 되어 갔습니다.
오직 병원과 집을 오가며 숨만 쉬는 삶을 살았습니다.

제일 괴로웠던건 물을 마음대로 마시지 못하는 거였습니다.
그때의 제 바램은 마음껏 물 마시는 거였습니다.
평범한 사람들이 마음껏 누리는 것들이 제게는 간절함이 되어 있었습니다.
투석이 끝날때쯤 찾아오는 고통도 제겐 감당하기 힘들었습니다.
어느순간 저를보니 아무 의미 없이 숨만 쉬며 살고 있더군요.
그렇게 고통스런 날들중에 신장이식이라는 기회가 됐습니다.

이식이 끝나고 빠른 회복이 되었습니다
튼튼한 신장을 이식 받았다고 했습니다.
이식 후 10여년이 흘렀지만 그때 느꼈던 감사한 마음을 잊지 않았습니다. 어려운 결정을 해주신 부모님과 가족분들께 진심으로 감사드립니다.
아드님의 신장을 이식받은 저는 새 삶을 선물 받았습니다.
어떤 말로도 표현할수 없는 고마움을 가슴에 안고 살고 있습니다.
물도 마음껏 마시고, 친구들도 만나며 하고 싶었던거 마음껏하며 보통의 사람들처럼 살아가고 있습니다.
무엇보다 따뜻한 마음과 사랑을 품은 사람이 되려 노력하고 있습니다
그런 사람의 마음으로나마 제 감사함과 고마움을 갚아나갈수 있다는 제 좁은 생각때문입니다.
아드님을 잃은 슬픔은 어떤 위로로도 치유되지 않겠지만
어떤 시간의 흐름으로도 희미해지지 않겠지만 아드님이 주신 생명으로 열심히 살아가는 제가 있다는 것으로 작은 위로나마 되었으면합니다.
감사합니다. 잊지않겠습니다.

감사한 마음으로 몇자 적어 보았습니다.
댁내에 항상 평안함이 있길 기도하겠습니다.

2019. 9. 16

드림

아들, 좋은곳으로 갈 겁니다

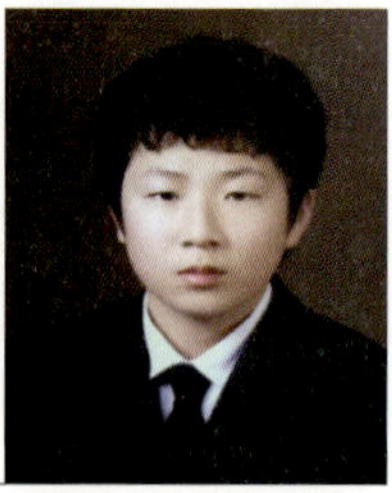

양병준 (17세, 남)

고등학교 1학년이었던 양병준 군은 착하고 밝은 학생이었다. 어릴 때 심장질환인 WPW증후군을 가진 것으로 진단을 받았다. WPW증후군은 심장의 심방과 심실 사이에 비정상적인 회로가 존재하는 부정맥의 일종이다. 그래서인지 평소에 몸이 좀 약했다. 그 또래 학생들이 다 그랬듯이 게임을 무척 좋아했다.

하루는 학교에서 돌아와서 방에 있다가 오랫동안 안 나와서 보니까 움직이질 않아서 구급차를 불러서 응급실에 실려 왔다. 아마도 WPW증후군 때문에 발작성 심실빈맥이 온 것으로 추정된다. 입원한 지 9일 만에 뇌파 검사 상 평탄파를 보여서 뇌사 판정을 받고 심장은 지병이 있어서 기증을 못 하고 간장과 신장 2개를 기증하고 영면하였다.

어머니는 독실한 불교신자로 2남 1녀 중에 장남인 병준이를 다 키워놓고 운명이 그것밖에 안 되어서 보내는데 너무 마음이 아팠지만 '좋은 일을 해야지 아들이 좋은 곳으로 갈 것이다.' 라고 생각해서 어렵게 장기를 기증하기로 결정을 했다.

신장이식 10여년을 맞아 저에게 신장을 기증한 어느 젊은이의 가족분들에게,
감사의 마음을 전하는 것이 도리일 것이라는 생각에 이렇게 펜을 들게 되었습니다.
제게 새 생명을 준 젊은이와 가족 분들에게, 그리고 신장이식을 집도한 의사
선생님과 10여년을 계속해서 주치의로서 건강을 챙겨 주시는 박성광
교수님께 항상 감사하는 마음으로 제 삶을 살고 있습니다.

66년의 삶을 살면서 몇 번의 위기를 맞았지만, 미국에 이민간 둘째
동생에게 신장을 기증하고 나서 10여년 만에 하나 남은 신장마저 망가져서
투석을 했을 때가 제 자신의 삶에서 가장 힘들 때였던 것 같습니다.
1남1녀의 자녀를 두고 있는데, 투석 당시 두 놈이 모두 대학 4년생이라서
"그 놈들의 앞날을 챙겨 주지 못할 것이다"는 불안감이 제 자신을
힘들게 했고, 또한 다른 투석 환자들과는 달리 육체적으로는 제 자신이
투석생활에 적응을 못했고 정신적으로는 외상후스트레스로 힘든 상태여서
더욱 더 힘들었던 때였습니다.
그런데 10여년 전 어느 저녁에 전북대병원 신장이식 코디네이터의 전화가
와서, 어느 젊은이의 신장 기증으로 신장이식수술을 받고 오늘 이 시간까지
건강하게 삶을 살고 있습니다. 그 젊은이를 생각해서라도 건강하게 열심히
살려고 노력하고 있습니다.
그 젊은이가 아니었으면 아내의 환갑도, 아들과 딸의 결혼도, 두 손자
놈의 모습도 이 두 눈에 담지 못했을 것인데.....
항상 감사하는 마음으로 살고 있습니다.
저 자신도 어느 젊은이의 기증이 헛되지 않도록 죽는 날까지 건강하게
열심히 살겠습니다. 우리 어느 젊은이의 가족 분들께서도 항상 건강
하시고, 하시는 일에 큰 기쁨만이 있으시기를 간절히 기원합니다.
다시 한 번 이 은혜를 뭐라고 감사드려야 할지 모르겠습니다.

2019.07.07 어느날 저녁에

안녕하세요

이 편지를 읽고 그간 어떻게 지내시고 계셨는지 머리속에

떠 올리며 읽을수 있었는데 잘 지내시고 계셨던거 같아

다행이기도 하고 한 편으로는 감사 하기도 합니다

어떤 마음으로 이 편지를 쓰셨을지도 너무나도

잘 느껴졌습니다

매 순간은 아니지만 종종 아들이 생각 나는 것은

어쩔수 없는 도리인가 봅니다

어쩌면 이제는 나와 우리 가족이 아니면 아무도

아들을 기억하는 이가 없을 것이라고 생각했는데

제가 잘못 생각 했던것 같아 부끄러워 집니다

여전이 아들을 잊지 않고 기억해 주시고 매 번 의미있는

시간들로 가득찬 하루를 보내주셔서 감사 합니다

저희 가족의 행복을 빌어 주신 것처럼 어르신과

가족분들 모두에게도 항상 즐거움이 가득했으면

좋겠습니다 관리 잘 하셔서 항상 건강하게

사시길 빌께요

언젠가는 우리 다시 만날 수 있기를

양병준 군 어머니께 딸이 넣어준 핸드폰의 컬러링이 심금을 울린다.

지울게 너에게 남겨줬던 추억까지도, 바랄게 너와의 기억도 남지 못하게, 더는 다가갈 수 없어 네게, 이런 마음이 너무 두려워, 너의 기억 모두 가져가 줘, 다 지워줘, 깨끗이 지워질 수 있을까, 널 벗어날 수 있을까, 사랑했던 기억도 다 비워낼 수 있을까, 더 이뤄질 수는 없어, 난 다가갈 수 없어, 미친 듯이 뛰어가, 너 없는 곳에 가, 사랑은 갔고 남겨진 추억들은 아팠고, 네가 내게 남겨줬던 기억은 가시가 됐고, 다 사라졌으면 해, 모두 지워졌으면 해, 나 쉴 수 있게 널 떠날게, 가질 수 없는 너란 걸 알고 있어, 보낼게 너와의 기억 모두 다 버릴게, 더는 다가갈 수 없어 네게, 이런 마음이 너무 두려워, 너의 기억 모두 가져가 줘, 다 지워줘, 나의 기억에서 떠나가 줘, 너의 추억들도 가져가 줘, 지워줘 너의 그리움까지도, 그리워도 그립지는 않게, 모든 순간들을 잊어볼게 다 잊을게, 너의 작은 흔적까지도, 지울게 너에게 남겨줬던 추억까지도, 바랄게 너와의 기억도 남지 못하게, 더는 다가갈 수 없어 네게, 이런 마음이 너무 두려워, 너의 기억 모두 가져가 줘, 다 지워줘, 너를 떠날 수밖에, 멀어질 수밖에 없으니까, 이런 나를 제발 용서해줘, 언젠가는 우리 다시 만날 수 있기를

-'호텔 델루나'에서, 펀치의 Done For Me -

새 생명을 얻은 환자들을 대신하여

김영철 (가명, 36세, 남)

김영철 씨가 전북대학교병원에 응급환자로 이송되었다. 환자가 상태가 악화되어 뇌사상태에 빠지자 가족들 모두 장기기증에 동의하여 장기기증 절차를 밟게 되었다. 뇌사 조사를 마치고 병원내의 뇌사판정위원회에 뇌사 판정을 의뢰하였는데, 위원회에서는 경찰에 신고를 해서 환자의 타살 가능성이 없음을 확인하고, 검찰의 장기 적출 승인이 나야만 뇌사 판정을 해 줄 수 있다고 하였다. 절차상 뇌사판정이 나와야만 경찰서에 변사처리 접수를 하고, 검시 전 적출 승인을 요청할 수 있기 때문에 이러지도 저러지도 못하는 상황에 빠지고 말았다. 지푸라기라도 잡는 심정으로 유정호 검사께 장기를 못 받으면 죽을 수 밖에 없는 환자가 있다고 간절하게 도움을 청했다.

유 검사가 뇌사판정위원장과 전화로 통화를 하고 뇌사 판정 전에 뇌사 조사서와 관련 서류들을 모두 검토한 후 구두 적출 승인을 먼저 해줬다. 승인 직후에 뇌사 판정을 받고 그후 정식으로 검찰 승인을 받고 환자는 성공적으로 장기기증을 할 수 있게 되었다. 환자는 심장, 간장, 각막 2개를 기증하였고, 각각 서울과 전주의 환자 4명에게 성공적으로 이식되어서 모두 건강을 회복하였다. 말기환자들의 생명을 구하기 위하여 융통성을 발휘하여 구두 승인을 해주신 유 검사께 새 생명을 얻은 환자들을 대신하여 깊은 감사를 드린다.

잠재 뇌사자 기증 실패 사례

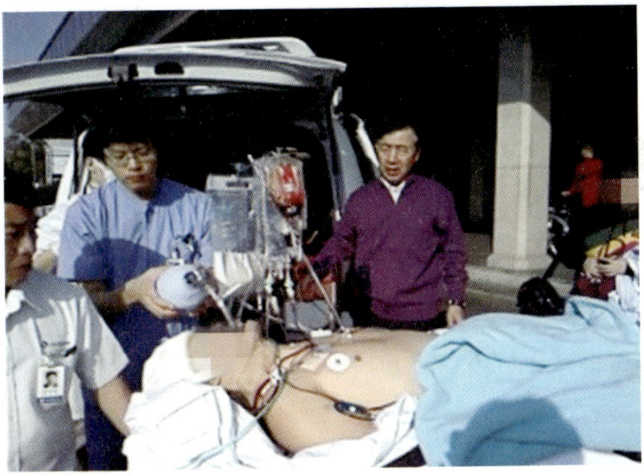

직접 타 병원에 가서 장기기증을 위해 환자를 이송하는 박성광 교수

잠재 뇌사자: 이승훈(가명, 39세, 남)

2008년 기도 폐색으로 구급차로 이송되는 도중에 의식을 잃고, 타병원 응급실에 도착하여 심폐소생술을 시행 후 뇌사상태에 빠졌다. 가족들이 장기를 기증할 의사를 밝혀 전북대병원으로 이송하였으나 지적장애가 있었음이 밝혀져 (전북대병원 치료경력 없음) 기증하지 못하고 이전 병원으로 다시 이송하였다.

가족들은 지적 장애인이 뇌사기증을 할 수 없도록 한 법률에 대해 납득하지 못하겠다고 하였으나 어찌 수 없이 기증을 포기하였다. 생체간 이식이라면 이해가 가지만 의료진들도 이 법에 대해서는 납득을 할 수 없었다.

현재는 이 법이 폐기되었다.

스물세 살 못다 이룬 정치가의 꿈

노정진 (23세, 남)

"꿈과 희망이 참 많은 아이였는데, 이런 아들을 먼저 보낸다는 것이 가슴이 찢어질 듯이 아프지만, 아들의 희생으로 새로운 삶을 사는 분들이 앞으로 아들 몫까지 건강하게 좋은 일 많이 하면서 살기를 진심으로 바랍니다"

전북대병원 2층 수술실 앞 보호자 대기실.

여느 때와 마찬가지로 많은 사람들이 모여 있지만 서로 아무런 대화를 나누지 않고 있어 적막감이 흐른다.

대기실 한쪽에서는 20여명의 청년들이 눈시울을 붉히며 연신 흐르는 눈물을 훔치고 있다. 이들은 운동 중 갑작스레 쓰러진 뒤 의식불명에 빠졌다가 이날 장기기증을 하고 세상을 떠나는 전북대학교 시스템 공학부 4학년 노정진 씨의 마지막 가는 길을 함께하기 위해 모였다. 수술실 앞에서 친구와 후배의 마지막 가는 길을 지킨 이들은 정진 씨의 수술이 끝난 뒤 전북대병원 영안실에 마련된 빈소로 자리을 옮겨 고인의 마지막 가는 길을 지켰다.

평소 리더십이 강하고, 친구들과의 친화력이 좋아 많은 이들의 인기를 한 몸에 받았던 정진 씨는 부모님에게 용돈을 받아쓰는 것에 대한 미안함 때문에 용돈을 벌기 위해 막노동도 마다하지 않았던 착한 청년이었다. 특히 내년 초 학사장교로 군 입대를 앞두고 있는 상황에서 사회에서의 경험을 좀 더 쌓겠다며 벤처기업에 입사할 정도로 꿈과 희망이 많았던 청년이었다는 게 지인들의 설명이

다. 이런 정진 씨가 의식불명에 빠진 것은 친구들과 전주시내 한 초등학교에서 축구경기를 마친 뒤 걸어오던 중 갑자기 바닥에 쓰러졌다.

이후 응급조치를 받고 병원으로 옮겨져 치료를 받았지만 정진 씨는 가족과 친구들의 간절한 바람에도 소생하지 못했다.

정진 씨 아버지 노관래 씨는 "아들이 쓰러졌다는 소식을 듣고 소생하기를 기다렸지만, 소생 가능성이 없어 평소 헌혈을 많이 하는 등 남을 돕기를 좋아했던 아들의 성품을 생각해 장기기증을 결심했다."며 눈시울을 붉혔다.

이날 수술을 통해 정진 씨의 몸에서 적출된 간은 아주대병원, 신장은 전북대병원과 부산백병원, 각막은 전북대병원의 환자들에게 이식됐으며, 정진 씨의 피부와 뼈 등은 대한인체조직은행에 보관된 후 이식을 필요로 하는 환자들의 소생에 사용된다.

대전에 사시는 정진 씨의 어머니는 아들의 이야기가 나오자 울먹이며 잠깐 말을 잇지 못했다. "어디다 내놔도 뒤지지 않는 훌륭한 아들이었어요. 아들을 먼저 보내고 집안이 풍비박산이 되었어요. 아무 일도 못했지요. 슬퍼하시다가 몇 년 후에 할머니도 돌아가시고 아버지도 돌아가시고 했지요. 아들 둘을 뒀는데 어릴 때부터 둘 다 착했지요. 둘이 우애가 얼마나 좋았는지 남자 애들이 한 번도 싸운 적이 없었어요. 초등학교 때는 내가 몸이 좀 아파서 공부에 신경을 못 썼어요. 그래도 성적이 나쁘지는 않았지요. 중학교 때는 교회를 열심히 다녔어요. 그래서 중등부 회장도 하고 전도왕도 되고 그랬지요. 성적은 중간 정도 했는데 1등하는 애하고 친구가 되면서 성적이 좀 올랐어요. 중 2때 학생회장을 하고 싶어 했는데 "엄마 나 돈 들어가면 회장 절대 안 할래" 라고 했어요. 그 때 의사 아들이 나와서 학교에 무엇을 해준다고 하기도 했어요. 정진이는 자기 사진을 넣은 선거운동 포스터를 만들어 가지고 쉬는 시간에 학급을 돌았지요. 워낙 친화력이 있어서 1등하는 애부터 일진 애들까지 나서서 선거운동을 도왔어요. 그래서 선거 때 88%를 얻어서 학생회장이 되었지요. 끝나고 애들에게 내가 애썼다고 짜장면을 사줬어요. 중 2,3 학년 때 회장을 했어요. 고등학교 때는 사춘기라 공부는 그럭저럭하고 지나갔지요.

충남대에서 오라고 했는데 전북대에 항공우주과가 있어서 전주로 갔지요. 그때 대전에 데리고 있었을걸 하고 후회를 많이 했어요. 대학교 때는 커서 정치를 하고 싶다고도 했어요. 학생회장에 나가려고 했다가 공부를 못 할 것 같아서 포기를 했어요. 그 때 벤처기업을 조금씩 다녔어요. 사장님이 자취집으로 와서 차를 태우고 다니면서 일을 했지요. 그래서 방학 때도 집에 못 왔어요.

그 때 아이와 시간을 같이 못 보낸 것이 후회가 돼요. 방학 때 얼굴이라도 봐야하는데. 아들을 보내고 아버지가 큰 소리로 통곡을 했어요. 저는 그런 모습을 처음 보았어요. 저희는 아들을 따라 죽으려고도 했어요. 큰아들이 있어서 못 죽었어요. 큰아들도 동생을 잃고 거의 멘붕이 왔지요. 동생이 보고 싶어서 한동안 우울증으로 힘들었어요. 저도 잊으려고 무척 노력을 했는데 도저히 잊혀지질 않네요."

하늘에서 가장 반짝이는 별이 된 노정진님 부모님께...

안녕하십니까. 저는 2008년 7월 18일 아드님께 신장이식을 받고 새생명을 얻은 사람입니다. 갑작스럽게 글로 인사를 드려 송구합니다.

저는 현재 전북대학교병원에서 재직중이며, 아드님의 숭고한 희생과 부모님의 어려운 결정에 누가 되지 않기 위하여 건강관리를 열심히 하며 능력이 되는한 타인에게 도움이 되는 사람이 되려고 노력하며 살고 있습니다.

저희 가족들도 항상 아드님께 감사하는 마음을 잊지않고 있으며, 아드님께서 늘 하나님곁에서 가장 건강하고 축복받고 계실거라고 기도하며 또한 부모님께서도 늘 건강하시고 은혜와 축복이 가득한 삶을 사시라고 기도합니다. 아드님께서 실천해 주신 사랑과 희생에 비하면 아주 작은것이겠지요.

저 또한 힘들때마다 휴대폰 사진란, 가족이라는 사진첩에서 아드님을 보고, 또한 생각하며 마음을 다시 잡곤 합니다. 두서없는 글에 폐가 되지는 않았나 죄송스럽습니다. 다시 한번 지금 감사드리며 글을 마치겠습니다.

아드님으로부터 새생명을 받은, 그리고 열심히 사는 사람이 올립니다.

검사의 도움으로 5명의 환자들에게 성공적으로 기증

김대선 (가명, 39세, 남)

대전의 자택에서 불의의 사고를 당한 남성이 뇌사상태에 빠졌다. 대전, 충남 지역에는 뇌사 판정대상자 전문관리 의료기관이 없고, 환자의 부모님이 전주에 살고 계시기 때문에 전북대학교병원으로 옮겨서 장기기증을 할 수밖에 없는 상태였다. 그러나 환자를 이송하면 관할 지역을 벗어나기 때문에 대전의 경찰서에서는 대전지검 지휘를 받아야만 환자를 이송할 수 있다고 하였고, 뇌사 판정 전에는 사망진단이 내려질 수 없기 때문에 대전의 병원에서는 검찰 지휘를 요청할 수도 없는 상황이었다.

환자 이송도 하지 못하고 뇌사 판정을 받지도 못하는 교착상태에 빠지자 박성광 교수가 전주 지검의 유정호 검사께 이런 어려움을 호소하며 도움을 요청하였고, 유 검사로부터 환자를 전주로 이송하고 뇌사 판정 절차를 밟으면 전주지검의 지휘를 받을 수 있도록 해주겠다는 허락을 받고, 환자를 일단 전주로 이송하였다. 뇌사 판정을 받는 동안에 대전의 경찰서에 변사 신고를 하여 대전지검에서 변사지휘를 받아서 진행하였고 유 검사의 도움으로 적출 승인을 받아서 장기기증 수술을 진행하였고, 환자가 기증한 간, 신장 2개, 각막 2개의 장기는 각각 전주와 광주의 5명의 환자들에게 성공적으로 이식되었다.

기증하고 마음에 큰 위안을, '동행'이라고 표현하는 신장 수혜자

정찬인 (49세, 남)

정찬인 씨는 평소에 차분하고 누구에게나 잘 해 주고 책임감 있게 일을 하는 분으로 중화요리점을 운영하고 있는데 그 날도 오토바이를 타고 퇴근하는 중에 어지럽다고 하면서 쓰러져서 대학병원으로 이송되어 뇌출혈로 진단을 받았으나 상태가 악화되어 뇌사로 판정을 받았다.

본인은 가톨릭 신자였고 형제들이 모여서 상의를 하고 장기기증을 결정하고 다른 사람들을 살릴 수 있다는 생각으로 간장과 신장 2개를 말기환자에게 기증하여 새 생명을 얻게 하였다. 형제들이 기증을 하고 마음에 큰 위안을 받았다고 한다.

No. 1/5

동 행

안녕하십니까?
저는 11년전 저와 함께 동행하고 있으신 분의
가족분들께 충히 안부인사를 드립니다.
많이도 마음아파 하셨을 가족분들께 다시 한번
진심으로 고마움과 감사한 마음을 전해 드리고 싶습니다.

저는 오늘도 잠에서 깨어나 식탁위에 있는 물 한 잔을
마시는 일로 하루를 시작합니다.
건강한 사람들은 그저 아무런 생각없이 무심코 마실지
모르지만 저는 이 한 잔의 물이 얼마나 소중한
것인지를 항상 생각하면서 이 한 잔의 물을 마음놓고
마실수 있게끔 저를 일으켜 세우고 동행하여 주신 분에게
매일 매일 고마움과 감사함을 느끼며 살아가고 있습니다.
하루 하루를 그 분과 같이 동행하는 시간이 그저 고맙고
감사한 마음 뿐 입니다.

제가 신장이 나빠져서 혈액투석으로 힘겹게
살아갈때는 세상 원망도 참 많이 했었습니다.
세상을 살아오면서 남들에게 폐를 끼치거나
나쁜일을 한 적이 한번도 없었는데 내가 왜 이런

고통을 받고 살아야 하는지 많이 힘들었습니다.
이렇게 하루 하루를 힘겹게 살아 가면서
"이것이 나의 운명이구나" 하는 생각으로
시간과 세월을 잊으며 그렇게 살아 왔었습니다.
목이 타면 숟가락으로 물을 떠 먹고 그래도 목이
타면은 물에 젖은 거즈로 입술을 적시며 갈증을
해소하면서 더운 여름날에는 시원한 수박 한 조각이
그렇게도 그리웠습니다.

그렇게 힘들어 하며 혈액투석 생활을 하던 중
어느 날 교수님으로부터 신장 기증자분이 나오셨으니
같이 동행 할 수 있게끔 준비하라는 저에게는
꿈 같기만 했던 이야기를 듣고 얼마나 기뻤는지
모릅니다.
그렇게 이식 수술을 받고 십여년이 지난 지금까지
저와 같이 동행하여 주신분의 고맙고 감사하고 고귀한
마음을 한 시도 잊은적이 없습니다.

수술 받을 당시에는 제가 참 너무 이기적이었던것
같습니다.
저의 힘든 생활만 생각했지 저와 동행하여
주신 분과 가족분들의 안타깝고 아픈 마음을 미처

No. 3/5

헤아리지 못했습니다.

병실에서 몸을 조금씩 회복해 가면서 그 때서야
동행하여 주신분의 고마움과 가족분들이 얼마나
힘든 시간을 보내셨을까 하는 고맙고 안타까운 마음에
하염없이 눈물이 나더군요.
그때의 조용히 흐르던 눈물을 지금도 잊을수가
없습니다.

이제는 저와 한 몸이 되어주신 그 분과 동행할수
있도록 마음을 열어주신 가족분들께 고맙고
감사한 마음을 영원히 잊지 않고 살아 가려 합니다.

저 한테는 세상에 이 보다 더 소중하고 귀중하고
값진 고마움이 없을것 같기에 고맙고 감사한 마음을
전해드리기에는 감히 그저 고개만 숙여집니다.
정말 고맙고 감사합니다.

진작에 연락을 드리고 식사라도 같이 하면서
가족분들과 아픈마음 슬픈마음 그리고 고맙고 감사한
마음을 나누고 싶었지만 사정상 그러질 못해서
너무 죄송하고 미안한 마음 뿐입니다.

No. 4/5

하지만 제 안에 기증자분의 고귀한 삶이 항상 함께 하기에 늦게나마라도 이렇게 지면으로 가족 여러분들께 안부 인사를 드리게 되어 얼마나 고맙고 감사한지 모르겠습니다.

저와 동행하시는 분과 가족 여러분의 고맙고 감사한 마음으로 제 가족들도 같은 동행자가 되어 건강한 삶을 살아가고 있습니다.

날씨가 많이 추워졌습니다.
하지만 저와 동행하시는 분의 보살핌이 있기에 항상 따뜻하게 살아가려 합니다.
고맙고 감사한 마음을 가족분들께 이렇게 편지로 전해 드리게 되어 그저 너무 송구하고 죄송스러운 마음뿐입니다.

오늘도 저는 동행하시는 분의 보살핌으로 따뜻한 하루를 보냈습니다.

저는 저와 동행하여 주신 분과 서로를 어루만지고 보살피며 생의 마지막까지 아름다운 동행으로 이어가겠습니다.

No. 5/5

가족 여러분!

저와 같이 동행하시는 분의 간절한 마음으로
가족 여러분의 건강하심과 안녕하시기를
감히 고개숙여 기원드립니다.

많이 고맙습니다.
안녕히 계십시오

11년전 동행자를 만난 사람이 올립니다.

청천벽력 같은 의사의 말

김정임 (51세, 여)

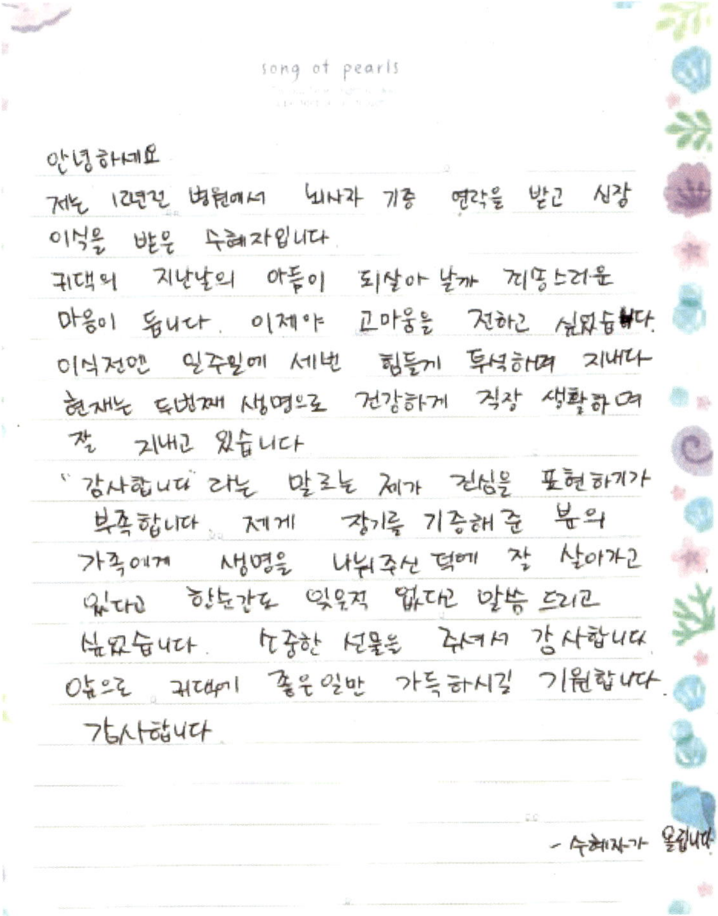

song of pearls

안녕하세요
저는 12년전 병원에서 뇌사자 기증 연락을 받고 심장
이식을 받은 수혜자입니다
귀댁의 지난날의 아픔이 되살아 날까 죄송스러운
마음이 듭니다. 이제야 고마움을 전하고 싶었습니다.
이식전엔 일주일에 세번 힘들게 투석하며 지내다
현재는 두번째 생명으로 건강하게 직장 생활하며
잘 지내고 있습니다
"감사합니다" 라는 말로는 제가 진심을 표현하기가
부족합니다. 제게 장기를 기증해 준 분의
가족에게 생명을 나눠주신 덕에 잘 살아가고
있다고 한순간도 잊은적 없다고 말씀 드리고
싶었습니다. 소중한 선물을 주셔서 감사합니다
앞으로 귀댁에 좋은일만 가득하시길 기원합니다.
감사합니다

- 수혜자가 올립니다

남편 안정식 씨는 "아내는 독실한 천주교 신자로서 평소에 부모님을 모시고 살면서 효도를 극진히 했고 온순한 성격으로 봉사활동에도 열심히 참여했다. 아들 네 명을 키우느라 고생을 많이 하면서 훌륭하게 키웠다.

평소에 건강했는데 두통이 있어서 대학병원에 가서 머리 사진도 찍어보고 했는데 이상이 없다고 했었다가 이렇게 갑자기 뇌출혈로 인하여 뇌사에 빠져서 가족들은 청천벽력 같은 의사의 말에 실의에 빠졌다. 그래도 많은 사람을 살리고 보내드리기 위해 장기 기증을 결심을 하고 간장, 신장 2개, 각막 2개를 기증해서 5명에게 새 생명을 선사하고 소천했다."고 말했다.

두 번째 인생을 살게 해주신 그분께 진심으로 감사

김일중 (가명, 59세, 남)

전북 고창에서 농사를 지으면서 가족을 부양하던 김일중 씨가 공공근로 도중 간식으로 나온 삶은 계란을 먹다 목에 걸려 호흡이 정지됐고 저산소성 뇌손상을 입어 그로부터 10일이 지난 날 뇌사 판정을 받고 간장과 신장 2개를 기증하고 영면하였다.

안녕하세요

저는 2003년 어느 날 뇌졸증으로 갑자기 의식을 잃고 쓰러져 119에 실려서 연세대학교 세브란스병원 응급실에 수술을 받았습니다. 정신을 차리고 보니 머리는 삭발이 되었고 붕대로 칭칭 감겨 있었습니다. 만성 신부전증, 뇌졸증으로 지금도 왼쪽은 조금 불편하지만 머리 수술도 잘되고 3개월 만에 퇴원을 해서 제 고향인 김제로 와서 전북대학교 병원에서 치료를 받고 혈액 투석을 일주일에 3번 화요일, 목요일, 토요일, 하루에 4시간 받기 시작했습니다. 처음에 대학병원에서 투석 치료를 위해서 수술을 하고 투석 한 번하고 병실에 와서 오른쪽 가슴에 있는 호스도 다 떼어버리고 죽으려고까지 했습니다. 너무도 힘들고 정신적으로 고통스러웠습니다. 저에게는 이미 큰 형님과 둘째 형님이 두석생활을 하시거나 이식수술도 하셨고 저 또한 평생을 투석을 해야 한다고 생각하니 앞이 캄캄했습니다. 그래도 어쩔 수 없이 다시 투석을 하기 위해서 재수술을 받았습니다. 그리고 김제에 와서 투석을 했습니다. 투석 일년 만에 저에게 전북대학교병원 장기기증센터에서 한 통의 전화가 왔습니다. 저는 2순위인데 1순위 환자분이 건강이 허락지 않아 수술을 받을 수 없다고 해서 기증을 받을 수 있었습니다. 다행히 수술은 잘돼서 퇴원도 수술 10여 일만에 하게 됐습니다. 지금은 건강하게 생활하고 있습니다. 저에게 두 번째 인생을 살게 해주신 기증자 가족분에게, 지금은 하늘나라에 계신 그분께 고개 숙여 진심으로 감사드립니다. 앞으로도 건강관리 잘해서 그분을 대신해서 더 열심히 살기를 소원합니다. 감사하고 고마우신 가족분에게 항상 건강하시고 행복하시게 사셨으면 합니다.

감사합니다.

7명을 살리고 천국의 화가가 되다

이솔휘 (9세, 여)

이솔휘는 교통사고로 인한 뇌출혈이 심하여 혼수 상태로 군산의료원 응급실로 이송되었다. 너무 상태가 좋지 않아서 수술도 할 수 없고 뇌사상태로 생각되어서 박성광 교수가 어렵게 장기기증을 권했고 부모님들이 독실한 기독교 신자인데 너무 허망하게 귀여운 딸을 떠나 보내지만 여러 사람들을 살릴 수 있다는 말에 기증을 결정했다. 솔휘 어린이는 간장, 소장, 폐, 신장 2개, 각막 2개를 기증하고 애통하는 부모 곁을 떠나 하늘나라로 갔다.

어머니가 솔휘가 그린 그림들과 함께 메일을 보내주셨다.

솔휘는 2000년 밀레니엄 세대로 시끌벅적 태어나서 2009년 삶을 마감했다. 몇 분인지는 모르지만 힘든 이에게 희망을 준 딸이다.

흔히 하늘에서 데려가는 사람은 야무져서 그곳에서 필요해서란다. 그만큼 나무랄 데가 없고 부모 입장에서 아까운 아이다. 지금도 눈을 뜨면 초등 3년에 멈춰버린 그리고 지금 현재 모습을 더하며 막막한 아이의 모습을 그려본다.

그림을 잘 그리고 시를 잘 썼다. 지금도 아빠의 일터 책상 밑에 있는 스케치북에 버리기 아까운 그림들이 많나.

표현력이 생활과 그림에서 풍성했다.

지금 돌이켜서 생각해보면 참 잘했고 위로가 되는 건 솔휘가 떠난 그달 첫째

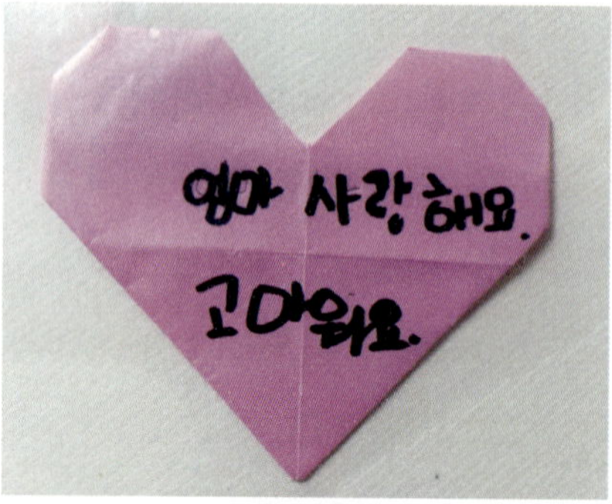

주 월요일 학교 앞에서 만나서 화방을 들러서 미술도구를 사 준거다. 의아해하며 좋아하던 표정이 기억난다. 아이들 셋을 키우며 적극적으로 하고 싶다는 것을 넉넉하게 해주지는 못했다. 피아노를 전공하겠다며 열심인 언니를 쫓아다니며 시간을 더 들였다. 솔휘한테는 미술을 지원해줘야겠다는 마음만 있었는데 미루고 있었고 가운데서 끼여 있는 딸이 엄마 눈에 안쓰러웠기에 몸소 행동으로 보이며 응원하는 첫 걸음이었다. 그런데 그 물건들이(벼루, 먹, 화선지, 스케치북, 물감, 붓) 고스란히 집으로 돌아왔다. 그림물감 외에도 해줄게 많았는데 말이다.

1남2녀 중 가운데 둘째로 무척이나 에너지 넘치고 '피스 메이커'랄까? 형제들 분위기를 화기애애하게 역동적으로 이끌어가는 아이였다.

위로는 언니한테 대들거나 싸우지 않았고 밑으로 남동생을 잘 챙기며 돌보고 웃고 떠들며 자랐다. 3형제를 키우며 육체적으로 힘들다는 생각은 없었고 마냥 행복했다. 하나님께서 주신 행복한 가정천국이었다. 친구들과 친화력이 좋았던 솔휘는 이하윤과 동네 절친이었다. 하윤이는 우리와 같은 맘으로 슬퍼했고 친구에게 친절했던 솔휘를 그리워했고 힘들어 했다. 결국엔 인천으로 이사했고 그곳에서 잘 극복해서 지금은 미술전공 대학 3학년인 하윤이를 볼 때마다 딸아이를 생각하며 응원한다.

아침에 학교 가겠다며 보라색 원피스를 챙겨 입고 보냈는데 뜻밖에 군산의료원이라며 첫 마디를 듣는데 기분이 너무 이상했고 느낌이 불길했던 터였는데 사고로 의식이 없단다. 어떻게 병원을 갔는지 모르겠다. 의식은 없었고 아이는 아침에 간 그대로 누워 있는데 큰 병원으로 가야한다는 말에 말문이 막혔다. 이송했으나 뇌사상태라는 말이 우리 부부에게는 그야말로 청천벽력같은 소리로 들기가 싫었다. 의사선생님으로부터 직접 장기기증 권고를 받고 10분 동안 상의 끝에 결정을 내렸고 우리 부부는 서로 부둥켜 안고 펑펑 울었다.

지금이 있기까지는 너무 큰 충격으로 공황장애 비슷한 증세가 왔을 때 '천국에 있는 솔휘는 엄마가 어떻게 하기를 바랄까?' 하며 이겨냈다.

하루는 딸아이와 병원에 찾아갔다. 수혜자를 만나고 싶었다. 솔휘의 무언가를 느끼고 싶어서였다. 그리고 후원하고 싶었다. 만나서 밥도 먹고 좋은 소식도 나누고 싶었다. 하지만 안된다기에 아쉬운 마음은 접기로 했다. 어느 날 수혜자로부터 편지 전달 받았을 때 많이 반갑고 보고 싶었다.

남편은 무슨 생각으로 기증을 결단했는지 아직도 말을 안 꺼낸다. 우리 가족은 지금까지도 솔휘에 대한 깊은 얘기는 못 꺼낸다. 솔휘가 천국에 가고 장기기

증이라는 선을 행한 이후 가족은 메마른 땅에 단비가 내려 스며들듯 가치관이 바뀐듯하다. 엄마인 나는 좀 더 큰 세상에 작은 나지만 할일이 있구나 등등 직접 형제를 사랑하고자 말뿐이 아닌 행동으로 장애가 있는 작은 언니를 케어하며 돌보게 했다. 남편은 아직도 말이 없고 큰딸아이는 상담사 진로를 들어서며 상처 입은 자의 마음의 위로자가 되겠단다. 아들은 성실하게 공부해서 서울대학교에 진학했다. 무엇보다 부부에겐 진정한 용서가 무엇인지 알게 됐다. 가족에게 이 땅에서 그리움이라는 아픔을 견디며 나아가야 진짜 천국을 볼 수 있다는 메시지를 남기고 간 것 같다.

자녀는 영원한 기업이다. 이 땅의 기업을 세워가는 데 많은 시간과 자원을 투자하며 커간다. 비록 10년의 기간을 키워낸 아이의 기업은 배로 성장하며 지금도 남아서 커가고 있다. 그들이 건강하게 생명을 낳으면 결국엔 영원한 거다. 솔휘의 영혼은 천국에서 가족을 응원하리라 믿는다.

안녕하세요~군산에
이솔휘(신장기증자) 엄마예요
편지 받고 넘넘 반갑고
좋더라구요~··
그분 오랫동안 건강하게
의미있는 하루하루를 사셨음
좋겠구요,잘 지내시라고
전해주세요(보고싶은맘간절
하지만요ㅜㅜ)고마움
기억하고 편지와서
감사하구요(하나님이
우리부모를 통해서 그분의
새삶을 원하셨거든요··)

안녕 하세요?
아름다운 햇살이 반짝이게 빛나는 5월이네요.
세상에 생명을 싹틔워주는 봄비처럼 늘 주변을 환한
웃음으로 기분좋게 해주는 사람이 되도록 노력하고 살아
가고 있습니다. 신장이식 받은지 어언 10년이 지났
습니다. 그동안 감사 인사를 못드려 너무나 마음이
아파 왔구요. 10년간 기쁠때도 있었고 슬픔
에 잠겨 견디기 힘들었을때도 있었고 좋은 날도
있었으며 나의 삶을 되돌아 볼때도 있었습니다.
아프기만 할때는 생각도 못했던 것들이기도 합니다.
신장 이식을 못 받았으면 저는 지금 여기 못살아
있을 거라고 생각 합니다. 이순간을 살아가고
있는 저는 모든것에 감사 하면서 늘 이해하고 배려
하며 살아가려고 노력중 입니다. 그 무엇과도
비교할 수 없는 소중한 삶을 살수있게 해주신
그 사람 은혜 잊지 않고 열심히 살겠습니다.
요즈음 코로나19 때문에 걱정이 많은데 별 탈
없이 건강 유의 하셔서 건강하게 지내시기 바랍
니다. 사랑과 진정한 감사 전하면서 5월 행복
하게 지내시길 바라겠습니다.

2020. 5.

화가를 꿈꾼 이솔휘(9세)가 그린 그림들

이솔휘가 성탄절을 그린 그림

보답으로 오래 살도록 노력할 것

김예림 (가명, 59세, 여)

김예림 씨가 갑작스런 뇌출혈로 응급실로 내원하여 뇌사 판정을 받고 간장, 신장 2개, 각막 2개를 기증하여 5명의 말기질환 환자에게 새 생명을 주고 영면하셨다.

신장 기증자 님께
안녕 하세요~
저는 선생님께 신장을
기증 받은 사람입니다 선생님 덕분에
저은 건강하게 잘 살고 있습니다
감사 하게도 처음부터 부작용 없이
잘 맞아 회복이 빨랐습니다.
귀한 신장 나빠지지 않게 오래 사용할수
있도록 노력하는 일이 선생님께 대한
보답이라 생각 합니다.
정말 감사합니다 선생님 댁내에
건강과 행복이 가득하길 바랍니다.
사랑 합니다.

사랑하는 아들 준호야,
하늘나라에서 꼭 다시 만나자

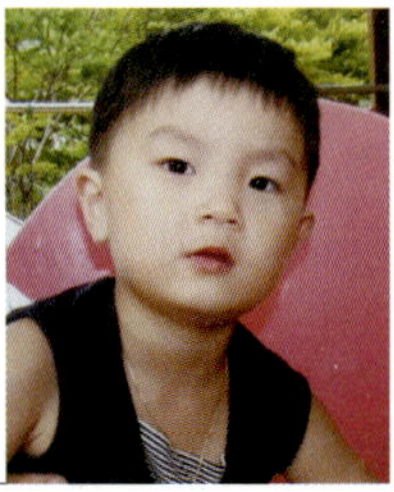

문준호 (4세, 남)

"우리 준호의 심장... 일부분들이 이 세상에 살아있으니 우리 준호 아주 멀리 갔다고 생각하지 않는단다."

전북대학교병원 박성광 교수에게 이메일 한 통이 왔다. 건강이상으로 갑자기 쓰러져서 응급실로 내원했다가 상태가 악화되어 뇌사 상태에 빠져 장기기증을 한 5살 준호의 아버지가 보낸 편지였다. "정말 너무 사랑스럽고 귀여운 아들아"로 시작되는 편지에는 장기 기증을 하고 떠난 아들에 대한 그리움과 부모로서의 슬픔, 생명부지의 사람에게 새 삶을 줌으로써 조금이나마 얻은 위로 같은 복잡한 감정들이 오롯이 담겨 있었다.

준호는 또래 아이들에 비해 영특하고 영리해서 부모의 예쁨을 독차지했다. 유치원에서도 남자아이치고 애교가 많아 선생님들의 사랑을 독차지했다. 성격도 활발하였고 인사도 잘하는 아이였다. 어린이들은 모두 영리하긴 하지만 준호는 유달리 영특한 아이였고 만 4살인데도 한글은 마스터하고 영어, 한자도 참 잘했다. 최종 뇌사 판정이 났고, 준호의 부모는 아이를 떠나보낸다는 슬픔 가운데서도 장기기증이라는 어려운 결정을 내렸다. 준호는 신장과 간, 신장을 기증했고 모두 3명의 만성질환 환자가 새로운 삶을 살게 됐다.

특히 신장의 경우 어린 준호의 신장이 너무 작기 때문에 신장 2개를 한 명의 성인 환자에게 한꺼번에 이식하는 고난도의 수술이 전북대병원에서 시행됐다. 소아 환자가 장기기증을 했을 경우 같은 또래의 소아에게 이식하는 것이 보통이지만 이번에는 또래의 이식 대기자가 없었다. 간담췌·이식외과 유희철 교수 장기이식팀이 사례가 많지 않은 소아 대 성인 장기이식수술을 시행했다. 유희철 교수는 "소아의 장기를 성인에게 이식하는 것은 새로운 아이디어와 테크닉이 필요하다며 준호가 기증한 두 개의 신장의 혈관 및 요관을 연결해 성인 장기에 이식이 가능하도록 한 뒤 준호의 신장을 수혜자 후복막 내에 이식하는 방법으로 수술을 진행했다"고 설명했다. 수혜자는 이미 퇴원해 정상적인 생활을 하고 있다. 준호가 기증한 심장과 간도 서울아산병원에서 각각 2명의 만성질환자에게 이식됐고, 환자들은 모두 결과가 양호한 상태로 빠르게 건강을 회복하고 있다.

준호의 장기기증을 지켜보고, 편지를 전달받은 전북대병원 이식담당자들은 "힘든 상황에서 결코 쉽지 않은, 장기기증이라는 선택을 하신 부모님의 숭고한 결정에 새 생명을 얻은 환자들을 대신해 감사드린다"며 아버지가 쓴 편지를 보고 눈물이 흐르는 것을 참을 수 없었다고 입을 모았다.

[편지글 전문]

정말 너무 사랑스럽고 귀여운 아들아... 너의 뜻은 아니겠지만 엄마, 아빠가 생각하기에 마지막으로 이 세상에 태어나 다른 아픈 사람들을 살려주고 간다면 이 세상 그 무엇보다 보람된 일이 아닐까.. 정말 자랑스러운 일이 아닐까.. 하늘나라 가서도 우리아들 좋은 일하고 왔다고 하나님께서 칭찬하실 거란 생각에 엄마, 아빠가 눈물은 많이 흘렸지만 좋은 마음으로 장기기증을 결정하게 되었단다.

한편으론 우리 준호의 심장... 일부분들이 이 세상에 살아있으니 우리 준호 아주 멀리 갔다고 생각하지 않는단다. 아가야. 엄마, 아빠의 아들로 태어나줘서 너무 고마웠고 너처럼 잘생기고 예쁜 아이를 키워 볼 수 있어서 너무 행복했단다.

고맙다 아들아 우리의 아들로 태어나줘서... 너무 많이 사랑했고 엄마, 아빠 마음속에 너의 사랑스러운 모습 영원히 함께 할 테니 우리 아들도 먼 세상으로 갔지만 마음만은 함께하자.

엄마, 아빠 너무 보고 싶어 하지 말고 먼 세상에서 행복하게 잘 지내고 있으렴... 그곳에서 마음껏 뛰어놀고..맛있는 것도 많이 먹고... 하고 싶은 거 다하고... 아프지 말고.... 그렇게 그렇게 잘 지내고 있기다...

먼 후일 지나 엄마, 아빠도 우리 아들 있는 곳으로 갈 거야.. 우리 그곳에서 꼭 다시 만나자.. 사랑한다 아들아..잘 지내고 있거라... 이 세상에서 못다 한 인연, 담 세상에선 오래오래 함께하자.. 우리 아들 지금보다 더 많이 사랑해줄게...

살아 생전 베풀기 좋아하시더니 아픈 사람들에게 다 주고 떠나셨어요

정현철 (51세, 남)

부안 정현철 씨 사고로 뇌사...간, 신장, 각막등 기증

"불의의 사고에 운명을 달리하신 아버님을 생각하면 눈앞이 캄캄하지만, 그래도 새 생명을 주고 가 제 마음속의 아버지는 계속 살아계십니다." 뜻하지 않은 사고로 유명을 달리했지만 장기기증을 통해 새 삶을 건네 준 이가 있다.

주인공은 지난 15일 부안군 한 정미소에서 자신이 농사지어 수확한 햅쌀의 도정 일을 도와주다 2m 아래로 추락해 머리를 다쳐 변을 당한 정현철(부안군 봉덕리)씨.

사고 당일 소식을 접한 가족들은 충격에 빠졌다. 형제자매에게는 우애가 깊은 동생으로, 자녀들에게는 모범적인 아버지였던 정 씨가 이미 돌이킬 수 없는 상태에 빠졌다.

곧바로 심폐소생술에 들어갔지만 뇌가 거의 망가진 상태였던 정 씨는 이틀동안 뇌사상태에 빠졌다가 장기를 기증했다.

"동생이 죽기 전날 가족회의를 했습니다. 항상 자신감 넘치고 활기찬 동생의 죽음이 믿기지 않았지만 평소 전주지법 정읍지원 조정위원, 부안경찰서 보안협력위원 등 지역사회발전과 봉사에 남달랐던 동생의 죽음을 헛되이 보내지 않기 위해 장기기증을 결정하게 됐습니다. 물론 2남 1녀의 조카들도 흔쾌히 동의했지요." 형 현국 씨의 말이다.

이같은 가족들의 동의로 장기기증 시술이 전북대학병원에서 이뤄졌다. 이날 정 씨가 기증한 장기는 간과 각막 및 신장 각각 2개씩이다.

정 씨가 불의의 사고를 당하게 된 사연은 더욱 안타깝다.

3년전 부안군 읍내에 있는 현대상호저축은행 상임 감사로 재직하다 퇴직한 정 씨는 맏딸의 결혼식이 불과 3개월도 남지 않은 상태인데다 형제자매에게 주기 위해 자신이 직접 지은 햅쌀의 도정 일을 돕다가 이같은 변을 당했기 때문이다.

장례식장에서 조문객을 맞이하고 있던 큰아들 성태 씨는 "살아 생전 베풀기를 좋아하시던 아버지였다"며 "가슴이 미어지도록 슬프지만 아버지가 주고 간 마지막 선물이 몸이 아픈 사람들에게 큰 희망이 됐으면 한다"고 말했다.

기증을 지체할 이유가 없다

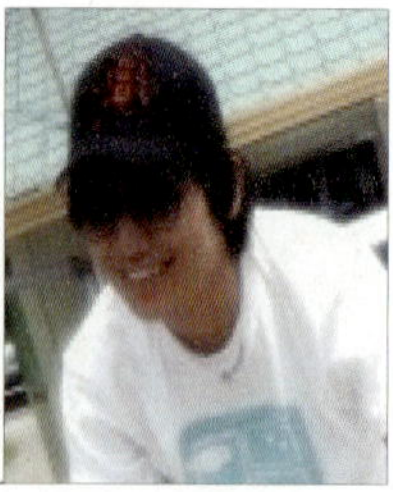

이근우 (24세, 남)

평소 다정다감하고 친구, 동료들 챙기기 좋아했던 이근우 학생의 부모들은 아들을 떠나보내며 깊은 슬픔에 빠져야만 했다. 전주대학교 영상 애니메이션 학과 4학년에 재학 중인 근우 학생은 졸업작품전 준비에 여념이 없었다. 새벽까지 작품전을 준비하다 친구들을 데려다 주고 집에 돌아가던 길에 불의의 교통사고를 당했다. 응급실로 실려와 응급수술을 하려 했지만 심장마비로 인해 수술도 받을 수 없는 상황이었고, 결국 뇌사 상태에 빠졌다. 육군 특공대에서 군생활을 마칠 정도로 건강하고 듬직한 아들이 뇌사상태란 말에 가족들은 실의에 빠졌다. 박성광 교수는 친한 고등학교 친구의 동생인 아버지에게 조심스럽게 뇌사 장기기증을 권유했다. 근우 학생의 부모들은 "다른 사람에게 가서 살아 있으면 내 아들이 살아 있는 것이나 마찬가지라고 생각한다"며 사고난지 하루도 안 되어서 어렵고도 숭고한 판단을 내렸다. "장기를 받을 사람을 생각하면 기증결정을 지체할 이유가 없다"는 아버지의 뜻에 따라 빠르게 진행되었다. 근우 학생이 기증한 신장은 전북과 충북에 거주하는 만성 신장질환 환자에게 새 삶을 줬다. 또한 대한인체조직은행에 조직과 피부도 기증해 화상환자 등 수 많은 환자들이 새로운 희망을 가질 수 있게 됐다. 박 교수가 전주대학교에 건의하여 명예졸업장을 수여받았다.

장기기증이야말로 바로 참다운 신앙인의 자세

작년 연말 영상 애니메이션 학과 4학년에 재학 중이던 이근우 학생은 졸업작품전 준비에 여념이 없었다. 사고가 난 날에도 새벽까지 작품전을 준비하다 친구들을 데려다 주고 집에 돌아가던 길에 불의의 교통사고를 당했다. 응급실로 실려와 응급수술을 받았지만 너무 상처가 위중하여 그 날 저녁에 뇌사상태에 빠졌다. 육군 특공대에서 군 생활을 마칠 정도로 건강하고 듬직한 아들이 뇌사에 빠지자 가족들은 말로 형언할 수 없는 큰 슬픔에 잠겨있었다. 내가 뇌파를 보여주며 상태를 설명하고 조심스럽게 장기기증을 권유했다. 근우 학생의 부모들은 "근우 장기가 다른 사람에게 가서 살아 있으면 내 아들이 살아 있는 것이나 마찬가지라고 생각한다"며 어렵고도 숭고한 결정을 내렸다. 많은 가족들이 엊그제까지 건강했던 환자가 뇌사에 빠졌다는 의사의 말을 믿지 못하고 며칠 만 기다려보자고 했다가 환자가 사망한 경우가 많다. 본인이 십여 년동안 300명 정도의 환자 가족에게 기증을 권했지만 단 1분도 걸리지 않고 말이 떨어지자 마자 기증을 승낙한 부모, 또한 아침에 사고가 났는데 그날 저녁에 기증을 결정한 부모는 근우 학생의 부모가 처음이다. 근우 학생이 기증한 신장은 전북과 충북에 거주하는 만성신장질환 환자에게 새 삶을 줬다. 또한 대한인체조직은행에 소식과 피부도 기증해 화상환자 등 많은 환자들이 새로운 희망을 가질 수 있게 됐다. 근우 학생은 평소 다정다감하고 친구들 챙기기 좋아했었고 방학 때마다 만화를 그리는 등 아르바이트를 하여 학비를 벌어왔던 효자였다.

우리나라에는 뇌사자 장기를 받고자 학수고대하는 환자들이 약 만 오천 명 정도가 있으나 작년에 261명의 뇌사자가 장기를 기증하는데 그쳤고 한국의 인구 백만 명 당 장기 기증율이 미국, 스페인에 비해 7분의 1밖에 안되고 있어서 뇌사자 장기기증의 확대가 절실한 실정이다. 많은 가족들이 기증을 권유받으면 본인이 생전에 기증에 대한 언급이 없었다고 거부하는 경우가 많다. 고 김수환 추기경님의 선종 후에 장기기증희망자가 많이 증가했으나 아직은 전 인구의 1.1%에 불과한 실정이다. 따라서 기증이 증가하려면 본인이 생전에 의사를 밝혀놓는 게 중요한데 내 운전면허증에는 하단에 장기기증이라고 쓰여 있다. 요즘에는 운전면허증을 발급 또는 갱신할 때 기증의사를 밝히면 면허증에 표시를 하여주게 되어있다.

나는 장기기증을 권유할 때 마다 성경에 나오는 달란트 비유가 생각난다. 주인이 한 달란트를 땅에 묻은 종에게 "악하고 게으른 종아"라고 나무라신 것이 생각난다. 우리가 죽으면 화장을 하거나 매장을 하여 땅에 묻힌다. 근우 군은 받은 한 달란트를 땅에 묻지 않고 열 달란트를 남기고 하늘나라에 갔다. 왜 이렇게 젊고 착한 젊은이를 채 피기도 전에 빨리 데려가셨는지 하나님의 뜻을 감히 알 수는 없지만 뇌사 판정 후 장기기증이야말로 바로 참다운 신앙인의 자세이고 천국에서 하나님께서 반겨주시리라 생각된다.

가장 거룩한 보시인, 얼굴도 모르는 중환자에게 장기를 아무 대가없이 기증하는, 숭고한 결정을 해준 가족 여러분들에게 수혜를 받아 새 생명을 얻은 환자를 대신하여 고개 숙여 깊은 감사를 표하고자 한다. 또한 이근우 군에게 명예졸업장을 수여하기로 결정한 전주대학교 총장님의 사려깊은 배려에 담당의사로써 깊은 감사를 드린다. 이근우 군은 자신의 몸을 바침으로 여러 명의 생명을 구한 아름다운 학우로 길이길이 모든 전주대학 학생과 교직원들의 마음속에 남아있을 것이다.

박 성 광

— 전주대학교 교보

교사가 꿈이었던 여성, 4명에게 새 생명을

윤소라 (24세, 여)

전북대병원은 윤소라 씨가 신장과 간등 4명에게 새 생명을 선물했고 안구 기증으로 또 다른 환자가 앞을 볼 수 있게 됐다고 전했다.

윤 씨는 자신의 집 근처인 전북 군산시 미룡동 대학로 대로에서 자전거를 타고 교회에 가다 승용차에 충돌, 중상을 입었다. 사고 직후 윤 씨는 군산의료원을 거쳐 전북대 병원으로 옮겨져 치료를 받았지만 사흘째인 오전 최종 뇌사판정을 받았다.

윤 씨는 지난해 2월 군산대 체육학과를 졸업하고 체육교사의 꿈을 키우며 임용고사 준비를 해오다 변을 당했다. 윤 씨는 지난해 초부터는 낮엔 중학교 보조교사를 하고, 밤에 도서관을 다니며 공부를 해온 것으로 알려져 안타까움을 더하고 있다.

전북대병원은 "윤 씨의 부모는 의료진으로부터 '딸이 더 이상 의식을 회복할 수 없다'는 의학적 판단을 전해 듣고 곧바로 장기기증의 뜻을 밝혔다"면서 "어렵사리 생명을 이어가던 환자들이 윤 씨의 장기기증으로 새 삶을 얻게 됐다"고 말했다.

아버지는 소라가 어릴 때부터 성격이 좋았고 교회에서도 어린아이들을 가르쳤고 선후배 관계도 좋아서 장례식 때 눈이 펑펑 오는데도 전국에서 선후배, 친구들이 먼곳에서까지 찾아와서 마지막 길을 배웅했다. 선생님들은 동생들에게 너도 소라처럼 좋은 인간관계를 맺어야 된다고 말해주었다.

대학시절 윤 씨를 지도했던 조홍관 교수는 "대학 재학 중에도 학과의 온갖 궂은일을 앞장서 도맡아 해낸 책임감 강하고, 아주 밝은 학생이었다"면서 "좋은 교사가 될 수 있는 재원이었는데 불의의 사고를 당해 너무 가슴 아프다"고 말했다.

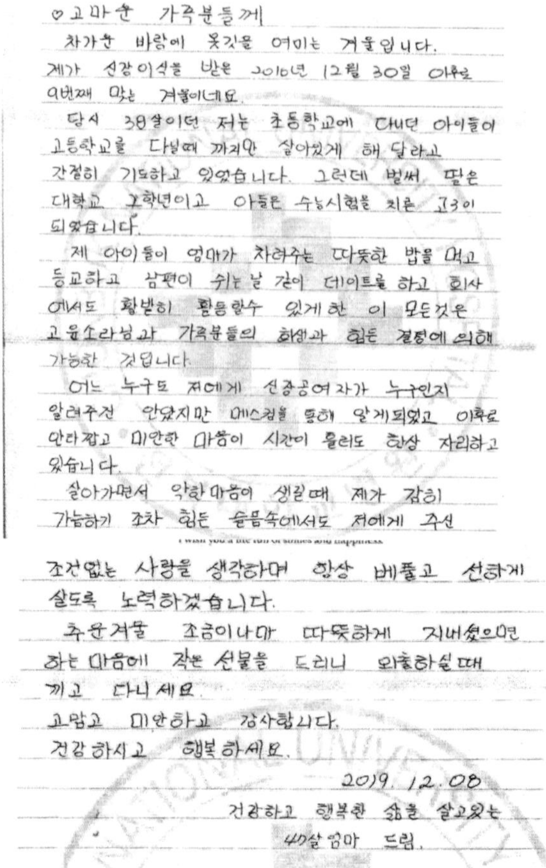

♡고마운 가족분들께

차가운 바람에 옷깃을 여미는 겨울입니다.
제가 신장이식을 받은 2010년 12월 30일 이후로 9번째 맞는 겨울이네요.

당시 38살이던 저는 초등학교에 다니던 아이들이 고등학교를 다닐때 까지만 살아있게 해 달라고 간절히 기도하고 있었습니다. 그런데 벌써 딸은 대학교 2학년이고 아들은 수능시험을 치른 고3이 되었습니다.

제 아이들이 엄마가 차려주는 따뜻한 밥을 먹고 등교하고 남편이 쉬는 날 같이 데이트를 하고 회사에서도 활발히 활동할수 있게 한 이 모든것은 고 윤소라님과 가족분들의 희생과 힘든 결정에 의해 가능한 것입니다.

어느 누구도 저에게 신장공여자가 누구인지 알려주진 않았지만 메스컴을 통해 알게되었고 이후로 안타깝고 미안한 마음이 시간이 흘러도 항상 자리하고 있습니다.

살아가면서 악한 마음이 생길때 제가 감히 가늠하기 조차 힘든 슬픔속에서도 저에게 주신 조건없는 사랑을 생각하며 항상 베풀고 선하게 살도록 노력하겠습니다.

추운겨울 조금이나마 따뜻하게 지내셨으면 하는 마음에 작은 선물을 드리니 외출하실때 끼고 다니세요.

고맙고 미안하고 감사합니다.
건강하시고 행복하세요.

2019. 12. 08
건강하고 행복한 삶을 살고있는
40살 엄마 드림.

티없이 맑은 미소에 가슴이 아프다

최정진 (31세, 남)

외상성 뇌출혈로 내원하여 뇌사에 빠져서 뇌파검사상 평탄파를 보여서 간장과 신장 2개를 기증하였다.

아버지가 일찍 돌아가셔서 어려운 환경에서도 착실하고 책임감도 강하고 생활력도 강한 모든 면에서 나무랄 데가 없는 착한 청년이었다고 한다.

사진을 보았을 때 건실한 청년의 모습이었고 티없이 맑은 미소에 가슴이 아프다.

안녕하십니까
편지를 받으시고 당황하시리라 믿습니다
저는 10년전 천사같은 귀한분의 신장을 이식받은
현재 78세의 수혜자 입니다
귀댁의 지난 날의 아픔이 되살아 날까 염려되고
죄송스러운 마음이 너무나 커서 몇번이나 망설이다가
이제야 고마움을 전하고 싶었습니다
일주일에 세번씩 투석을 받다가 이식을 받은 뒤에는
병원 생활을 청산하고 건강을 되찾아 두번째
생명으로 값지게 생활을 하고 있습니다.
생면 부지의 관계지만 한몸으로 변식하고
돌아가신분의 뜻이 헛되지 않게 사람다운 삶을
살아 가겠습니다
잊혀져가는 지난 날들이 다시 떠오르지 않을까 염려 하면서
용서 하여 주시고 앞으로 귀댁에 좋은 일만
가득 하시길 기원합니다
감사합니다

수혜자가 큰절 올립니다

새로운 삶을 얻다

김병석 (가명, 51세, 남)

김병석 씨가 뇌출혈로 응급실로 내원하여 뇌사판정을 받고 간장, 신장 2개를 기증하여 3명의 중환자에게 새 생명을 주고 영면하셨다.

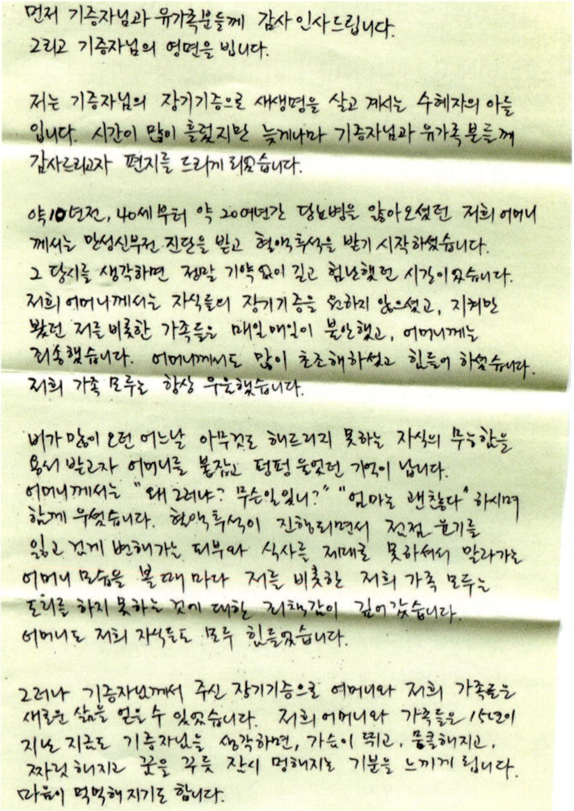
먼저 기증자님과 유가족분들께 감사 인사드립니다.
그리고 기증자님의 영면을 빕니다.

저는 기증자님의 장기기증으로 새생명을 살고 계시는 수혜자의 아들입니다. 시간이 많이 흘렀지만 늦게나마 기증자님과 유가족 분들께 감사드리고자 편지를 드리게 되었습니다.

약 10년전, 40세 무렵 약 20여년간 당뇨병을 앓아오셨던 저희 어머니께서는 만성신부전 진단을 받고 혈액투석을 받기 시작하셨습니다.
그 당시를 생각하면 정말 기약없이 길고 험난했던 시간이었습니다.
저희 어머니께서는 자식들의 장기기증을 원하지 않으셨고, 지켜만 봤던 저를 비롯한 가족들은 매일매일이 불안했고, 어머니께는 죄송했습니다. 어머니께서도 많이 초조해하셨고 힘들어 하셨습니다.
저희 가족 모두는 항상 우울했습니다.

비가 많이 오던 어느날 아무것도 해드리지 못하는 자식의 무능함을 용서 받고자 어머니를 붙잡고 펑펑 울었던 기억이 납니다.
어머니께서는 "왜 그러냐? 무슨일 있니?" "엄마는 괜찮다" 하시며 함께 우셨습니다. 혈액투석이 진행되면서 점점 윤기를 잃고 검게 변해가는 피부와 식사를 제대로 못하셔서 말라가는 어머니 모습을 볼때마다 저를 비롯한 저희 가족 모두는 도리를 하지 못하는 것에 대한 죄책감이 깊어갔습니다.
어머니도 저희 자식들도 모두 힘들었습니다.

그러나 기증자님께서 주신 장기기증으로 어머니와 저희 가족들은 새로운 삶을 얻을 수 있었습니다. 저희 어머니와 가족들은 15년이 지난 지금도 기증자님을 생각하면, 가슴이 뛰고, 뭉클해지고, 짜릿해지고 꿈을 꾸듯 잠시 멍해지는 기분을 느끼게 됩니다.
마음이 먹먹해지기도 합니다.

어머니께서는 매일 하루를 시작하면서 새 삶을 선물해 주신
기증자님과 유가족분들께 감사를 드린다고 합니다.
그리고 치료와 신장이식 수술을 잘 해주신 박성광 교수님과
여러 진료과 교수님들, 병실과 외래 진료시에 용기를 주신
간호사 선생님들께 항상 감사하며 아침을 맞으신다고
하십니다. 저희 가족 또한 어머니의 마음과 같습니다.

기대하지 않은 선물 같은 삶을 다시 살고 계시는 어머니의
모습을 보면서 장기기증은 "나를 살리고 남을 살리는
생명을 나누는 가치있는 일임을 새삼 마음에 새기게 됩니다.

다시한번 기증자님과 유가족분들의 생명나눔 실천과 그 용기에
감사드리고, 고인의 숭고한 뜻을 기리며 영면을 기원합니다.

2020. 8

수혜자 아들 드림.

아름다운 이별로 기억하길 원해서

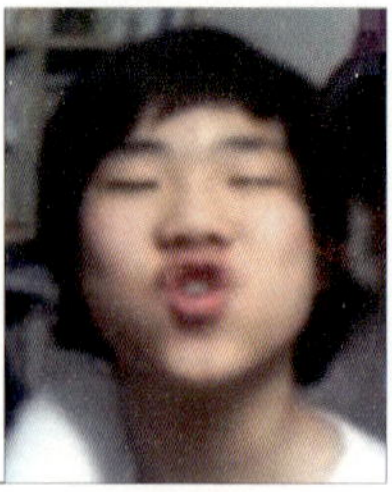

하이든 (12세, 남)

음악에 재능이 많았던 소년이 일곱 명에게 새 생명을 주고 하늘나라로 갔다.

물놀이 사고로 뇌사 상태에 빠진 10대 소년이 장기기증을 통해 일곱 명에게 새 생명을 주고 하늘나라로 떠났다. 전북대병원은 뇌사 상태에 있던 하이든(전주시 효자동) 군의 심장과 간장 등을 전국 일곱 명의 환자에게 이식했다고 밝혔다.

하 군은 진안군 주천면 운일암반일암으로 가족들과 함께 물놀이를 갔다 불의의 사고를 당해 전북대병원으로 옮겨져 치료를 받았지만 사흘 후에 최종 뇌사판정을 받았다. 이란성 쌍둥이로 태어나 부모와 형, 쌍둥이 누나와 행복한 생활을 했던 하군은 평소 친구들 사이에서도 장난기 많고 활발한 아이로 통했다.

또한 특별히 부모님이 음악가를 염두에 두고 이런 특이한 이름을 지은 것은 아니었으나 평소에 이름처럼 음악에 관심과 재능이 많았다고 한다.

하 군의 부모는 힘든 상황에서도 숭고한 선택을 했다. 막내 아들의 장기를 말기질환 환자를 위해 기증하겠다는 뜻을 밝힌 것이다. 하 군은 심장과 간장, 신장, 각막을 기증했고, 보통 한 사람에게 이식되는 간장은 분할 이식하는 방식으로 두 명에게 이식됐다. 신장과 각막은 전북대병원에서 치료를 받고 있는 만성질환자 네 명에게 이식됐다. 아버지 하헌준 씨는 "이든이와의 이별은 슬프지만 아름다운 이별로 기억하길 원해서 장기기증을 결심했다"며 "이든이의 죽음이 헛되지 않게 장기이식을 받은 분들도 베푸는 삶을 사셨으면 좋겠다"고 눈시울을 붉혔다.

마지막까지 생명을 구한 응급구조사

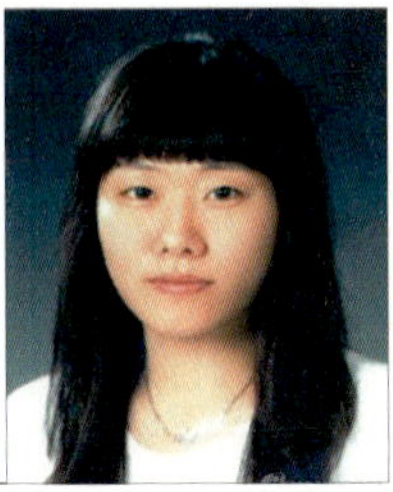

오혜정 (22세, 여)

20대 여성 응급구조사가 불의의 사고로 뇌사상태에 빠진 뒤 장기기증을 통해 6명에게 새 삶을 주고 떠나 주위에 잔잔한 감동을 주고 있다.

오혜정 씨는 지난달 불의의 교통사고를 당해 인근 병원으로 옮겨져 치료를 받았지만, 결국 깨어나지 못하고 뇌사판정을 받았다.

홀어머니를 모시고 남동생과 생활하면서도 밝은 모습을 잃지 않았던 오 씨의 사고 소식에 그의 동생과 어머니의 고통은 매우 심했다.

하지만 그의 가족들은 어려운 순간에도 장기기증을 결정했다. 생명을 구하는 숭고한 일을 하던 응급구조사가 결국 떠나는 순간에도 만성 질환으로 고통받는 환자 6명에게 새 삶을 주고 눈을 감았다.

오 씨는 심장과 간, 신장, 각막을 기증했으며, 전북대병원에서는 만성 신장질환과 각막 질환 환자 등 4명에 이식 수술을 진행했다.

또한 간과 신장은 서울에 있는 병원에서 수술이 이뤄졌다.

오 씨의 어머니 조점례 씨는 "혜정이가 장기기증으로 다른 사람들에게 희망을 줄 수 있다면 하늘에서도 기뻐할 것 같아 이 같은 결정을 했다"고 말했다.

어머니가 말하길 "성격이 활달하고 명랑하고 생활력이 있고 항상 긍정적이었어요. 친구도 많이 사귀고 사람들을 많이 끄는 편이었어요. 끊고 맺는 것이 분명했지요. 일남 일녀 중 동생이었어요. 아빠가 일찍 돌아가셔서 대학교도 기숙사에 있으면서 아르바이트를 하면서 벌어서 다녔고 엄마에게 부담을 안 주려 했어요. 엄마로서 별로 해준 것이 없는 것 같아요. 마음에 걸리는 것은 직장에 다니면서 다음 날이 쉬는 날이라고 12시가 넘어서 전화가 왔어요. '내일 쉬니까 엄마가 해주는 김치찌개를 먹고 싶어' 다음날에 기다렸는데 갑자기 사고가 났다고 연락이 왔어요.

아빠가 돌아가신 지 3년밖에 안 되어서 딸에게 많이 의지를 했었지요. 아빠하고 자식하고는 달랐어요. 사실 아빠가 떠났을 때보다 딸이 떠났을 때가 치유되기가 몇 배 더 힘들었어요. (나는 남편과는 유전자가 전혀 다르지만 딸에게는 엄마 유전자가 반절이 갔기 때문에 엄마들은 다 그렇게 생각하고 의학적으로도 당연한 것이라고 설명을 드렸다)

박 교수가 장기기증에 대해서 얘기했을 때 두 번 죽이는 것인데 받아들이기가 쉽지는 않았어요. 당시에는 기증을 안 좋게 생각했어요. 화는 못 냈지만 열을 많이 받고 마음이 뒤숭숭했지요. 다시 생각해 보니 어차피 혜정이를 다시 보지는 못해도 다른 사람들의 몸 안에서 활동할 수 있잖아요.

기증을 하고 마음이 몹시 아팠지만 6명을 살렸다니까 마음이 많이 위안이 되고 편안해졌어요. 좋은 일을 했으니까 다행이고 잘한 일이지요.

그렇게 좋은 쪽으로 생각하려고 노력을 했지만 한동안 진정이 안 되더라고요. 그래도 세월이 지나니까 조금씩 잊어버려졌어요. 딸이 어딘가에 숨을 쉬고 보고 있다는 생각이 큰 도움이 됐어요. 나도 장기기증을 등록하기로 했어요. 책을 내신다는데 혜정이 이야기를 읽고 더 많은 사람들이 기증했으면 좋겠어요."

어머니는 불교신자인데 최근까지 12년 동안 일 주일에 한 번씩 차로 30분이 걸리는 진안 납골당까지 혜정이를 만나러 다녔다.

딸과 아내만 알았던 맥가이버

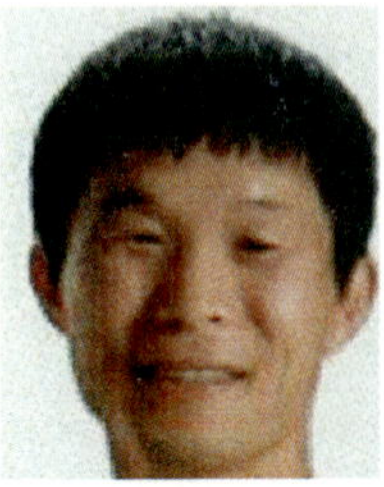

장대곤 (37세, 남)

장대곤 씨는 이제 막 아장아장 걸어다니는 18개월의 딸과 부인을 남겨두고 오토바이를 타고 퀵서비스에서 일하다가 교통사고로 인해 뇌사에 빠져서 장기를 기증했다. 장대곤 씨는 정읍에서 7 남매의 막내로 태어나서 어릴 때 아버지가 돌아가셔서 어머니가 어렵게 키우셨단다.

그전에 아내가 임신중독증으로 전북대학교병원에 입원해 있을 때 현관에 있는 장기기증 홍보 배너를 보면서 죽으면 땅 속으로 갈 것인데 나중에 뇌사에 빠지면 장기기증을 해서 아픈 환자들을 도와주고 싶다는 말을 했다.

아기가 태어나서 한 번은 고열 때문에 경기가 나서 축 쳐지니까 죽은 줄 알고 무척 놀랐었다. 그 애기를 무척 예뻐했다고 한다. 평소에 술은 못 마시고 자전거와 오토바이 타는 것을 좋아했다. 손재주가 뛰어나서 친구의 핸드폰도 수리해 주기도 했다. 아내는 애기랑 대명리조트에 가서 놀던 때가 그립다고 하면서 전에는 택시 운전을 해서 밤에 일을 하기 때문에 대화하고 즐길 시간이 없었던 점이 아쉽고 마음에 걸린다고 한다.

장대곤 씨가 기증해주신 심장, 간, 신장 2개, 췌도, 각막 2개로 7명의 말기환자가 새 생명을 얻었다.

아내의 죽음이 헛되지 않게

박순이 (66세, 여)

전북대병원에서 박순이 씨가 5명에게 장기기증을 하고 고귀한 생을 마쳤다. 전북대학교병원과 다른 병원에서 힘들게 투병 중이던 만성 신부전 환자 2명과 간 질환 환자 1명, 각막 이식 대상 환자 2명이 새 삶을 찾았다. 갑작스런 의식소실로 뇌사상태에 빠진 한 사람과 그 가족의 어려운 결정이 있었기에 가능한 일이였다. 평소 주변 사람들을 아낌없이 도와주셨던 고인은 갑작스런 의식소실로 전북대병원 응급실로 입원해 수술을 받았으나 박 씨는 결국 뇌사 판정을 받았다. 남편과 자녀 등 가족들은 고인의 유언에 따라 장기 기증에 동의했다.

장기를 기증한 박순이 씨는 평소에도 이웃에 대한 사랑이 남달랐다는 것이 주변의 설명이다. 특히 기증자 박 씨의 남동생 부부가 몇 년 전 서로 전혀 모르는 생면부지의 말기신부전 환자에게 아무런 대가없이 순수하게 신장을 기증한 바 있어 생전에 기증자도 장기기증을 하겠다는 뜻을 가졌다고 전북대병원은 밝혔다.

박 씨는 생전에 자신이 다니던 교회에서 독거노인을 상대로 배식봉사를 했고, 꾸준히 불우이웃돕기 성금도 내는 등 이웃사랑을 실천했다.

박 씨의 갑작스런 뇌사 판정으로 가족 모두가 슬픔에 잠긴 가운데 장기기증이라는 어려운 결정을 내린 것은 남편과 큰아들이었다.

박 씨의 남편은 "아내가 소생하기 힘들다는 의료진의 설명을 듣고 평소 이웃

돕기를 좋아했던 아내의 성품을 생각하면서 장기기증을 결정했다"면서 "아내의 죽음이 헛되지 않게 장기이식을 받은 분들이 건강하고 행복하게 살았으면 좋겠다"고 말했다. 전북대병원 장기이식센터 박성광 교수는 "고령임에도 다수의 장기를 기증할 수 있었던 것은 신속한 가족의 의사결정과 협력 병원에서 재빨리 후속 조치를 취했기 때문"이라고 설명했다. 박 교수는 "장기를 이식받은 환자 5명은 현재 예후가 매우 좋으며 빠르게 회복하고 있다"며 "기증자의 평소 유언이 없었다면 쉽게 결정내리기 어려웠을 것인 만큼 고인의 숭고한 뜻에 병원과 수혜자를 대신해 감사드린다"고 말했다.

슬픔을 무릅쓰고 장기기증 서약

이필섭 (가명, 14세, 남)

고등학생으로 신문배달 아르바이트까지 한 착한 아들이었는데 노트북을 훔친 혐의로 경찰서에 있다가 아버지가 돈을 구하러 나간 사이 극단적 선택을 했다. 아버지가 슬픔을 무릅쓰고 장기기증 서약을 하고 나라에서 나오는 장제비를 아들 학교에 기증하고 싶다고 했다. 그러나 1차 조사 후 환자가 사망하여서 각막만을 기증할 수 밖에 없었다.

시어머니의 완강한 반대에도 기증

이창규 (59세, 남)

이창규 씨는 의식이 소실되어서 응급실로 이송되어 뇌경색과 뇌출혈로 진단을 받고 치료를 받았으나 병세가 악화되어 뇌사판정을 받았다. 전국에서 신장 수혜자 2명이 선정되었고, 1순위는 서울에 있는 병원, 2순위는 경상도에 있는 병원이어서 2개 의료기관에서 신장을 받으러 왔다. 기증 장기가 신장뿐이어서 서울에서 온 교수가 개복하였는데 신장이 2개가 말발굽처럼 붙어있는 '마제신(horse shoe kidney)'이라고 하여 2개로 분리가 불가능하여 결과적으로 서울에 있는 병원 수혜자 1명만 수혜를 받게 되었다. 2순위로 준비했던 경상도 병원에서 안타까워하였으나 두 신장이 연결된 부분이 보기가 어렵고 뇌사환자의 특성상 초음파실로 이동하여서 검사를 받을 수가 없어서 이동식 초음파기계를 사용한 검사에 한계가 있을 수 있고, 뇌사환자에서 복부 CT가 필수검사가 아니어서 문제 제기를 하지는 않았다.

어린 손자가 할아버지가 중환자실에 계실 때 얼굴에 호흡기와 연결된 호스가 있는 것을 보고 엄마에게 "왜 할아버지는 뱀과 싸우다 져서 돌아가셨나?" 고 물었다. 딸이 말하길 "저희 외할아버지는 저랑 제 동생을 엄청 아끼셨어요. 저도 그런 할아버지와 매일 같이 놀았어요. 또한 할아버지는 뭐든지 만들 수 있는 맥가이버셨어요. 연을 직접 만들어 날려 주시고, 제가 잠을 못 자면 재워주시고, 갖고 싶은 게 있으면 가능한 선에서 뭐든 사주셨어요. 제 기억 속의 할아버지는 손주 바보였던 거 같아요. 그런 할아버지가 많이 보고 싶어요."

부인 김점순씨는 "남편은 가정적이고 애들에게 참 잘 해주었어요. 애들을 오토바이나 티코로 학교에 데려다 주곤 했지요. 주변에서도 애들에게 잘 해주는 아빠라고 칭찬을 많이 했어요. 남편은 친구가 많았고 술을 좋아했어요. 주위에서는 남편을 사람이 좋다고 했지만 저는 애들을 키우고 살림을 했으니까 사납다는 소리를 많이 들었지요. 남편의 장기를 기증할 때 정말 너무 힘들었어요. 저는 '호랑이는 죽어서 가죽을 남기고 사람은 죽어서 이름을 남긴다'는 말을 되새기면서 남편이 허무하게 갑자기 돌아가시게 되었지만 무엇인가 사람을 살리는 좋은 일을 하고 자기의 장기를 다른 환자들에게 남기고 가게 하고 싶었어요. 그런데 제가 17년간 모시고 살았던 시어머니(92세)가 기증에 완강하게 반대하셨지요. 기증하지 말라고 대학병원에서 제 머리채를 잡고 큰 소리를 치셨지요. 오죽하면 옆에 계셨던 목사님이 '이렇게 시어머니가 난리인데 안 해도 된다'고

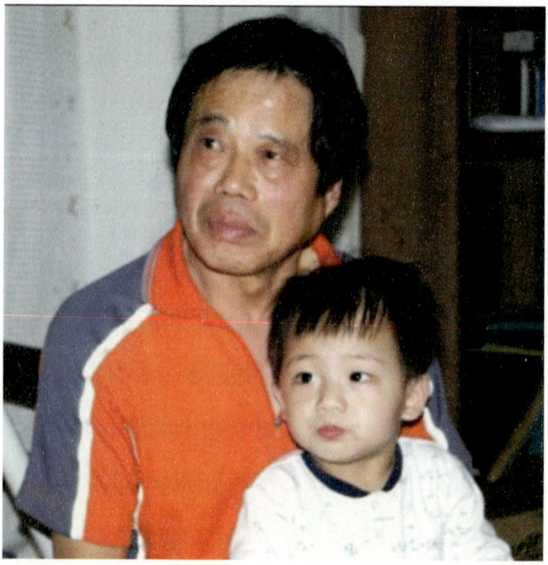

하셨지요. 그때 옆에 있던 시숙이 어머니에게 '나도 죽으면 기증을 하겠다' 고 내 말에 동조를 해 준 것이 굉장히 고마웠어요. 나는 몇 년 전에 오빠가 올케가 뇌사에 빠졌을 때 전북대학교병원에서 장기를 기증하는 것을 보았기 때문에 더 기증을 하려고 했어요. 얼마나 시어머님이 서운하셨으면 아들의 장례식에도 안 오시고 몇 년 동안 추도식에도 참석을 안 하시고 저를 잘 보려고 하질 않았어요. 주위 사람들은 시어머니와 싸운 것을 알고 '며느리가 남편을 팔아서 큰 부자가 되었단다' 하고 수근거려서 정말로 억울했지요. 실제로 나라에서 나오는 장례비는 병원비와 장례비로도 모자라서 저는 돈을 한 푼도 만진 적이 없는데도요. 그래서 하루는 교회에서 목사님께 자원을 해서 5분간 장기를 기증한 것에 대해서 간증을 하기도 했어요. 지금은 시어머님이 풀어져서 저에게 잘 해주세요. 시어머님께 제가 뇌사에 빠지면 저도 장기를 기증하겠다고 말씀드렸어요. 교수님과 얘기를 하니까 또 남편이 보고 싶네요" 라고 말했다.

다시 생각 해도 너무나 잘한 선택

김현규 (46세, 남)

세 남매의 가장인 김현규 씨가 장기기증을 하고 떠나 주변 사람들에게 잔잔한 감동을 주고 있다.

김 씨는 축사를 짓다가 3m 높이에서 떨어지는 사고를 당했다. 김씨는 불행하게 머리를 다쳐 병원으로 후송되어 외상성 뇌출혈 진단받고 수술하였으나 뇌사상태로 계속 진행되었고, 보호자가 어려운 상황에서 장기기증에 동의해 김 씨는 두 사람에게 신장을 기증하여 새 생명을 주고 영면했다.

취업 준비 중인 큰 딸과 대학생인 둘째, 중학교를 다니고 있는 막내 아들을 두었던 김 씨는 건축업을 성실하게 하다가 사고를 당해 주변 사람의 안타까움을 더하고 있다.

김 씨 부인은 "원불교 신자였던 남편은 선하고 책임감이 강했고 주위 사람들에게 법이 없어도 살 사람이란 소리를 들을 정도로 성실하게 살았다. 생전에 장기기증 의사를 직접적으로 밝힌 적은 없지만, 평소에 장기기증이 좋은 일이라고 늘 말했으며, 남편의 뜻을 존중하여 어려운 결정을 하게 되었다"고 전했다.

이어서 부인은, "남편은 생전에도 형편이 어려워 남을 돕는 일을 많이 못하는 것을 아쉬워 했고, 여유가 생기면 봉사활동을 하고 싶어 했다. 낚시를 좋아했지만 가족을 위해서 일하느라 잘 다니지도 못했다. 아침에 멀쩡하게 출근했던 남편이 저녁에 뇌사상태라고 하니까 믿기가 어려웠다. 많은 고민을 한 끝에 일만 열심히 하다가 가는 남편이 너무 불쌍하고 안타까워서 장기를 똑같이 불쌍한 환자들에게 보내는 것이 남편에게는 제일 좋은 선택이 될 것이라고 생각하고 애들도 내 말에 동의를 했다" 고 말하며, "남편의 육신은 떠났지만 조금이나마 남편의 생전 뜻대로 환자들에게 새 생명을 주고 떠나게 되어 남편의 가시는 길이 편안하고 좋은 곳으로 갔을 것이라 생각한다"고 말했다. 그리고 "기증을 하고 나서 다시 생각을 해보아도 너무나 잘한 선택이었고 마음이 평안해진다"고 말했다.

새 생명을 불어넣는 게 딸이 바라는 것일 거라는 생각

나서영 (19세, 여)

장기기증으로 3명에게 새 삶 주고 떠난 나서영 양

의료인을 꿈꾸던 19살 꽃다운 여대생이 3명의 환자에게 새 삶의 희망을 선사하고 영면에 들었다. 장기 기증을 한 나서영 양은 원광보건대학 임상병리학과에 다니고 있었는데 책임감이 강하고 친구와 유대관계가 좋아 요즘 꺼려하는 학생회 활동도 적극적으로 나선 모범적인 학생이었다. 특히 영어를 잘하고 미래의 임상병리사를 꿈꾸는 활기찬 학생이어서 이번 사고가 주변 사람들을 안타깝게 하고 있다.

나서영 씨의 장례식 때 많은 친구들이 다녀갔고 그 후에도 친구들이 집을 방문했다고 한다. 평소에 영화와 음악을 좋아했고 해외 어린이를 돕는 후원도 했다. 한 번은 어머니에게 나도 뇌사에 빠지면 장기기증을 해야겠다고 말했다. 나 양은 부안에서 교통사고를 당하고 전북대학병원으로 이송돼 외상성 뇌출혈로 응급 수술을 받았으나 뇌손상이 심해 끝내 뇌사상태에 빠졌다. 나 양은 사고 사흘 후 오전 병원 뇌사판정위원회의 최종 뇌사 판정을 받았으며 이날 오후 부모의 숭고한 결정으로 이식수술이 이뤄졌다.

부모는 애지중지 키운 딸의 뇌사 판정을 믿고 싶지 않았다. 하지만 가족들과 함께 상의한 끝에 어머니가 나 양의 평소의 뜻을 얘기해서 그 뜻을 받들어 장기를 기증하기로 했다. 비록 딸은 하늘나라로 떠났지만 더 많은 이들에게 새 생명을 불어넣는 게 딸이 바라는 것일 거라는 생각 때문이었다. 나 양의 아버지는 "평소 임상병리사를 꿈꾸던 서영이가 불의의 사고를 당한 것은 안타깝지만 장기이식을 통해 기증받으신 분이 건강하게 살기를 바라는 마음은 우리 딸아이도 똑같을 것이다"고 전했다. 또 "몸이 많이 안 좋은 분들이 하루하루를 지푸라기라도 잡고 싶은 심정으로 장기기증을 기다리고 사는데 한 분이 선택되어서 새로운 삶을 사는 것은 좋은 일이다. 아빠로써 딸이 좋아하는 길을 선택하는 게 당연한 일이다"고 말씀하신다. 아버지는 또한 "앞으로 뇌사자 장기기증의 활성화를 위해서 국가나 지자체에서 기증자 가족에 대한 예우가 이루어졌으면 좋겠다"고 말한다. "생명을 살린 유공자이기에 자동차에 스티커를 붙인다거나 국립공원이나 주차장에서 장기기증자 가족에 대한 할인을 해줘서 기증자 가족의 자긍심을 높여주면 더 많은 사람들이 가족들의 장기를 기증할 것이다."라고 말한다

나 양으로부터 장기 기증 수술을 통해 간장, 신장, 폐가 기증됐으며 간장과 폐는 서울의 병원에서 신장은 전북대병원에서 성공적으로 이식이 이뤄졌다

새해 첫 날 장기를 기증

정태일 (49세, 남)

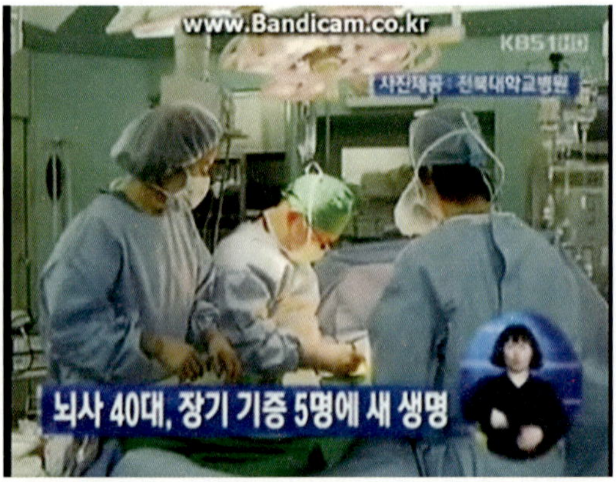

뇌사상태에 있던 한 40대가 장기기증을 통해 새해 첫날 5명에게 새 생명을 선물하고 숨을 거뒀다.

전북대학교병원은 뇌동맥류 파열에 따른 뇌출혈로 뇌사상태였던 정태일 씨의 간과 신장 등이 장기기증자를 애타게 찾고 있는 5명의 환자에게 이식됐다고 밝혔다.

앞서 정 씨는 전주시내 한 병원에서 수술을 받았으나 뇌기능이 소실돼 전북대병원으로 옮겨졌다.

정 씨 어머니와 형, 여동생이 만성질환 환자를 위해 장기를 기증하겠다는 뜻을 밝혀 뇌사판정을 받고 곧바로 장기기증 절차가 진행됐다.

정 씨의 장기 가운데 간장과 신장 각각 1개, 각막 2개는 이 병원의 환자에게, 나머지 신장 1개는 대구의 한 병원 환자에게 이식됐다. 이로써 정 씨는 2012년도 첫 장기기증자로 기록되어 KBS TV에 소개됐다.

유희철(간담췌이식외과) 교수는 "어려운 결정을 해준 가족들께 깊은 감사를 드린다"며 "간과 신장, 각막 등의 장기 상태가 양호해 이식받은 환자들의 상태도 양호하다"고 말했다.

2012. 1. 1

용범이의 눈을 통해 세상을 볼 수 있다면

윤용범 (19세, 남)

평소에 아주 명랑하고 남달리 착했던 윤용범 씨는 공익근무를 하고 퇴근길에 친구들과 귀가하다가 교통사고를 당해 외상성 뇌출혈로 본원 응급실로 내원하여 수술을 받았으나 경과가 좋지 않아서 뇌사판정을 받고 간장, 신장 2개, 각막 2개 외에도 조직을 기증하고 영면하였다.

아버지는 슬하에 1남 2녀를 두셨는데 이제는 2녀만 남았다고 하면서 "용범이는 부모 말을 잘 듣다가도 때로는 안 듣기도 하는 주변에서 보는 평범한 학생이었다. 군대에 가기 전에 잠깐 용접 일을 배우며 직장생활을 했고 그 곳에서 성실함을 눈여겨보고 제대 후에 돌아가서 일하기로 되어 있었고 그런 꿈을 가지고 있었는데 이제는 불가능하게 되었다. 장기를 기증하라는 권유를 받고 굉장히 힘들었다. 일말의 회복할 희망이 있으면 몰라도 그런 상황이 아니었다. 눈에 넣어도 아프지 않을 아들이지만 죽은 뒤에 화장을 하면 재만 남고 그 재도 완전히 흔적이 없어진다. 그러나 용범이의 심장, 간장, 신장, 안구, 피부를 비롯한 조직을 기증하면 다른 사람들의 몸속에서 기능을 하고 있으면서 이 세상에서 완전히 없어진 것이 아니다. 비록 다른 사람의 몸속에서나마 용범이의 심장이 뛰고 용범이의 눈을 통해 세상을 볼 수 있다면 용범이가 이 세상에서 완전히 소멸된 것이 아니고 계속 살아있는 것이라고 생각해서 기증을 결심했고 어머니도 내 생각에 어렵게 동의를 해줬다." 고 말했다.

세상에서 가장 값진 크리스마스 선물

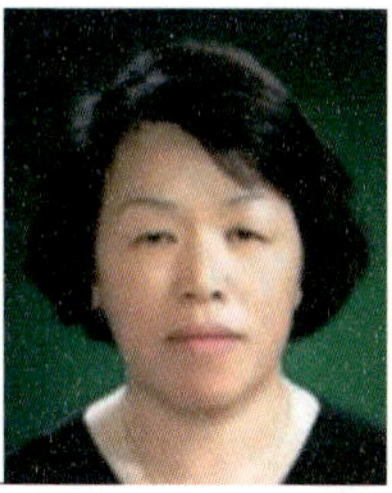

임춘자 (55세, 여)

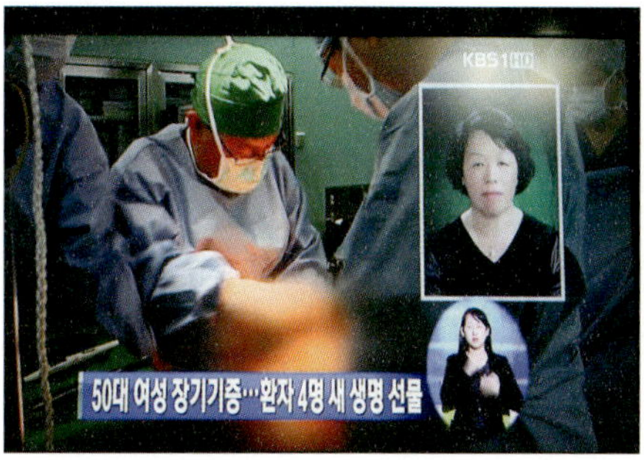

성탄절을 이틀 앞둔 23일, 50대 여성이 세상에서 가장 값진 크리스마스 선물을 남기고 영면했다. 전북대병원은 뇌사판정을 받은 임춘자 씨가 가족의 동의에 따라 심장과 간, 신장 등을 기증하고 숨졌다고 밝혔다.

임 씨의 장기기증으로 힘들게 투병생활을 하던 만성 신부전 환자 2명과 간 질환자 1명, 심장이식 대상자 1명이 새 삶을 선사 받았다.

임 씨의 남편과 아들은 평소 봉사활동을 좋아하고 즐겼던 고인의 뜻에 따라 장기기증에 동의했다고 병원은 전했다. 요양보호사로 일했던 임 씨는 평소 경로당 등을 찾아 노인을 돌보는 등 꾸준히 봉사활동을 벌였다. 의식을 잃고 쓰러진 날에도 임 씨는 교회에서 청소 등 봉사활동을 하다 변을 당했다.

임 씨는 지난 17일 전북 김제시의 한 교회에서 갑자기 정신을 잃고 쓰러져 병원으로 이송됐으며 23일 오전 8시께 뇌사판정을 받았다.

2011년 마지막 장기기증으로 KBS TV에 수술 장면이 소개되었다.

2011. 12. 23

신혼의 부인이 임종을 볼 수 있어서 다행

김용남 (가명, 45세, 남)

김용남 씨는 베트남 부인과 결혼한 지 얼마 안 되어서 부인이 채 입국하기 전에 일하다가 사고를 당해서 외상성 뇌출혈로 중환자실에 입원을 했다.

뇌사 상태가 의심되어 박 교수가 베트남 주한대사관에 전화를 걸어서 조속한 선처를 부탁하고 가족들의 간절한 편지와 함께 진단서와 부인의 비자발급 협조공문을 보냈다.

부인이 한국 국적 취득 전이고, 외국인 등록증 발급도 안 된 상태여서 환자의 아들에게 동의서를 받고 뇌사 조사를 진행했다. 나중에 대사관측의 배려로 부인이 생각보다 일찍 도착하여 임종을 지켜볼 수 있어서 다행이었다. 환자는 간장과 신장 2개 각막 1개를 기증하고 부인이 지켜보는 가운데 영면하였다.

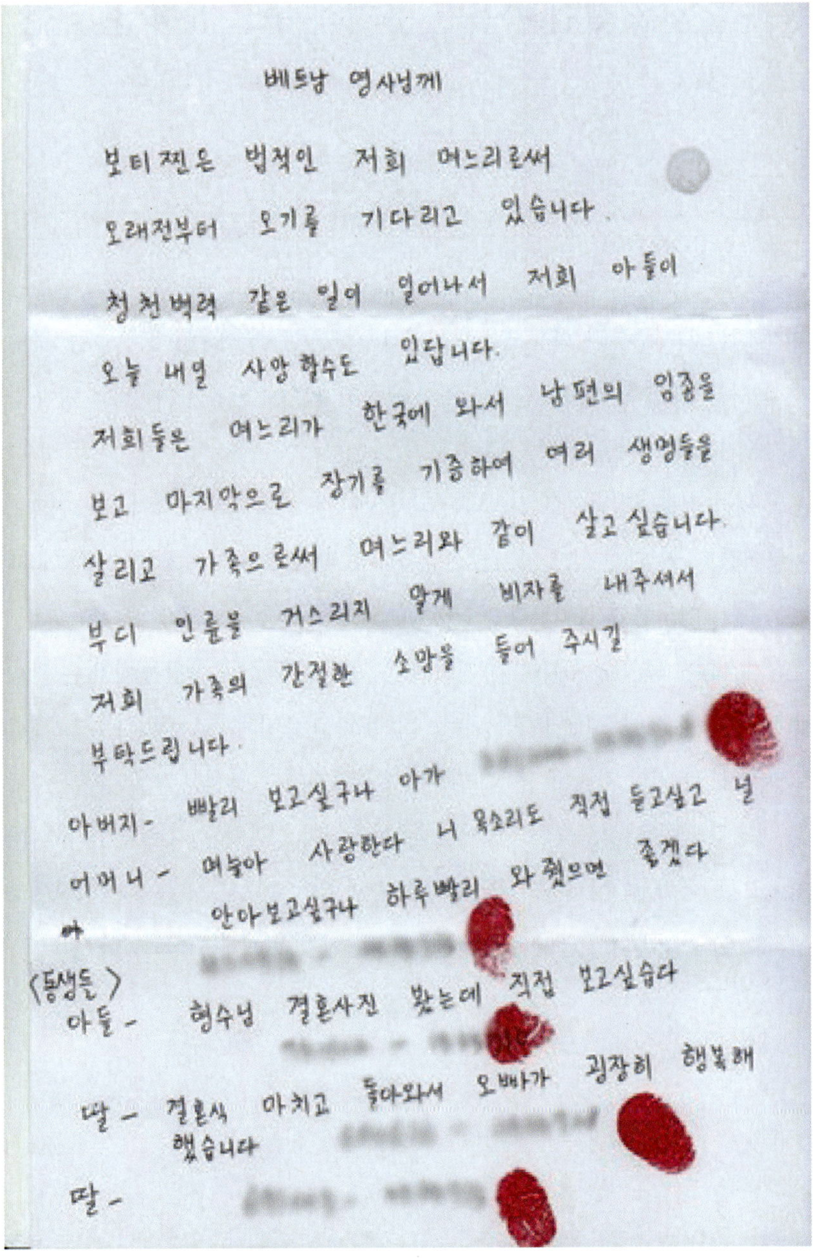

베트남 영사님께

보티찜은 법적인 저희 며느리로써
오래전부터 오기를 기다리고 있습니다.
청천벽력 같은 일이 일어나서 저희 아들이
오늘 내일 사망할수도 있답니다.
저희들은 며느리가 한국에 와서 남편의 임종을
보고 마지막으로 장기를 기증하여 여러 생명들을
살리고 가족으로써 며느리와 같이 살고 싶습니다.
부디 인륜을 거스리지 않게 비자를 내주셔서
저희 가족의 간절한 소망을 들어 주시길
부탁드립니다.

아버지- 빨리 보고싶구나 아가
어머니- 며눌아 사랑한다 너 목소리도 직접 듣고싶고 널 안아보고싶구나 하루빨리 와 줬으면 좋겠다
〈동생들〉
아들- 형수님 결혼사진 봤는데 직접 보고싶습다
딸- 결혼식 마치고 돌아와서 오빠가 굉장히 행복해 했습니다
딸-

봉사활동을 했던 마음을 유지해 주고 싶어서

권세철 (47세, 남)

권세철 씨는 두통과 의식저하로 쓰러져 인근 병원에 입원하여 수술 후 중환자실에서 치료를 받았으나 혼수상태가 계속되었다. 보호자인 어머니와 형이 장기기증이라는 어려운 결정을 내렸다.

권 씨는 전북대병원으로 전원되어 뇌사 판정을 받고 3일 후 장기적출 수술이 이루어졌고, 권 씨는 심장, 폐, 간, 신장 2개 및 각막 2개를 기증하여 7명에게 새로운 삶을 선사하고 영면했다.

장기기증에 동의해 주셨던 권 씨의 형은 "동생이 평소 봉사활동에 많은 관심을 갖고 활동을 했으며, 마지막까지도 그 마음을 유지해주고 싶었다"며 고개를 떨구었다. 권 씨의 기증에 전북대병원에서 실명환자와 만성신부전 환자가 새로운 생명을 얻는 이식수술이 성공적으로 이루어져 경과를 지켜보고 있다. 나머지 장기는 국립장기이식관리센터에 등록되어 있던 순으로 서울의 각 병원으로 헬기로 긴급 이송되어 말기 심장질환, 폐질환 환자 등에게 이식되었다.

세상 착실하고 좋은 동생

김용윤 (54세, 남)

김용윤 씨가 외상성 뇌출혈로 내원하여 뇌사 판정을 받고 간장, 신장 2개를 기증했다. 누님께서 신장기증자의 편지를 받고 무척 기뻐하셨다. 누님께서 "세상 착실하고 좋은 동생이었다. 전주서 건축 일을 했는데 형제간에 우애가 깊었고 나쁜 짓 한번 안 해본 사람이다. 오토바이를 타고 가다가 교통사고가 나서 변을 당했다"고 아쉬워했다.

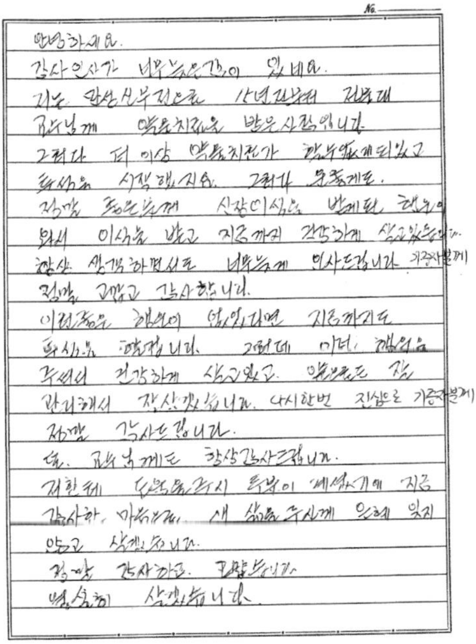
No.

안녕하세요.
감사 인사가 너무 늦은 감이 있네요.
저는 만성신부전으로 15년전부터 전북대
교수님께 약물치료를 받은 사람입니다.
그러다 더 이상 약물치료가 할수없게되었고
투석을 시작했지요. 그러다 운좋게도,
정말 좋은 분께 신장이식을 받게된 행운이
와서 이식을 받고 지금까지 건강하게 살고있습니다.
항상 생각하면서도 너무늦게 인사드립니다. 기증자분께
정말 고맙고 감사합니다.
이런좋은 행운이 없었다면 지금까지도
투석을 했겠습니다. 그런데 이런 행운을
주셔서 건강하게 살고있고. 앞으로도 잘
관리해서 잘 살겠습니다. 다시한번 진심으로 기증자분께
정말 감사드립니다.
또. 교수님께도 항상감사드립니다.
저한테 신장을 주신 분이 계셨기에 지금
감사한 마음으로, 새 삶을 주신께 은혜 잊지
않고 살겠습니다.
정말 감사하고. 고맙습니다.
열심히 살겠습니다.

가족의 뜻대로
기증이 이루어질 수 있도록

김기동 (가명, 34세, 남)

김기동 씨는 3미터 높이에서 일을 하다가 바닥으로 떨어졌다. 머리를 심하게 다쳐서 제천에서 머리 수술을 받고 본원 응급실로 전원되었다.

변사 사건으로 뇌사판정과 검찰의 적출 승인을 위해서 전주 덕진경찰서에 사고조사를 요청하였으나 덕진경찰서에서 영월경찰서와 통화 후 사고 접수를 받아주지 않았다.

박 교수가 영월지청에 직접 연락해서 "가족들이 장기기증에 동의를 했는데 유족의 뜻대로 장기기증이 이루어 질 수 있도록 최대한 협조를 부탁한다" 고 말하면서, 변사 및 적출 승인 지휘를 모두 부탁하여 영월지청의 지휘를 받아서 진행하였다. 뇌사조사를 받고 뇌사판정위원회에서 판정을 받은 후 간장과 신장 2개를 기증하여서 적출과 이식 수술을 성공리에 마쳤다.

아들의 죽음이 헛되지 않게

정형관 (43세, 남)

불의의 사고로 뇌사상태에 빠졌던 40대 남자가 신장을 기증하고 숨을 거뒀다.

전북대학교병원은 뇌사 판정을 받은 정형관 씨의 신장 2개를 환자 2명에게 이식했다고 밝혔다.

정 씨는 오토바이 사고로 머리를 다쳐 수술을 받았으나 뇌사상태에 빠졌다. 병원 뇌사판정위원회는 사고 후 이튿날에 최종 뇌사 판정을 내렸다.

이런 힘든 상황 속에서도 정 씨의 어머니와 고등학생 아들은 만성질환 환자를 위해 장기기증을 결정했다.

병원 측은 곧바로 이식수술을 진행해 신장 2개를 혈액투석을 받는 만성 신부전환자들에게 이식했다.

정 씨의 어머니는 "아들과 이별은 슬프지만 아름다운 이별로 기억하길 원해 장기기증을 결심했다"며 "아들의 죽음이 헛되지 않게 장기이식을 받은 분들이 건강한 삶을 사셨으면 좋겠다"고 눈시울을 붉혔다.

성탄절 선물하고 영면

하태월 (55세, 남)

하태월 씨는 전주시 덕진구 소재 건물 페인트 작업 도중 추락하는 불의의 사고를 당해 전북대병원 응급실로 내원했다. 긴급하게 응급 수술 후 중환자실로 옮겨 치료하던 중 안타깝게도 환자 상태가 급격히 악화되어 뇌사상태에 이르렀다.

청천벽력 같은 사고에 뇌사상태에 빠진 하 씨의 장기를 기증해서 위독한 말기환자들을 살려달라는 의료진의 권고를 가족들이 선뜻 받아들이기는 어려웠다. 그러나 숙고 끝에 고인의 선행을 생각하며 장기기증에 동의 했고 뇌사 판정이 내려져 다음 날 장기적출 수술을 통해 간과 신장 2개를 기증하고 영면했다.

하 씨와 가족들은 독실한 천주교 신자이고, 하 씨는 평상시에도 선하고 책임감 강한 가장으로서 평소에 남에게 부탁을 받으면 거절을 못 하셨던 분이고 평생 성실하게 일만 하신 분이어서 아쉬움과 슬픔이 더 크다고 가족들은 밝혔다. 가족은 "갑작스런 사고로 뇌사상태에 빠진 것을 처음에는 받아들이기 힘들었으나, 평생 가족을 위해 희생만 하시던 분이었기에 마지막까지 모든 것을 주고 가시려고 하는 것 같아서 기증을 결정하게 됐다"고 눈물을 흘렸다.

대한민국 최고령 장기기증자

김이금 (85세, 남)

전북대병원(정성후 병원장)에서 뇌사 판정을 받은 김이금(남, 85세)님의 장기기증 소식이 훈훈함과 더불어 놀라움을 전하고 있다. 김이금 환자의 장기기증은 우리나라에 최고령 뇌사 장기기증으로 기록되게 됐다.

김 씨는 계단에서 넘어져 외상성 뇌출혈로 전북대병원에서 응급수술 후 계속 혼수상태가 계속되었고, 가족들은 평생 가족들을 위해 헌신하고 고생하셨던 아버지가 불의의 사고로 깨어날 수 없는 상태가 된 것이 받아들이기 힘들었지만 평소 나누는 것을 좋아하고 선한 삶을 사셨던 아버지의 뜻에 따라 장기기증을 결심하게 된 것으로 알려졌다.

전북대병원의 이식팀은 고령이어서 다른 고형장기의 기증은 어렵지만 신장은 연령에 비해 좋은 기능을 유지하고 있어 장기기증이 가능하다는 결론을 내렸다. 신장 1개는 전북대병원에서, 다른 1개는 경상도의 대학병원 환자에게 성공적으로 이식 수술이 이루어졌다. 신장 적출 수술이 끝난 후에는 뼈, 연골, 심장판막 및 피부 등 조직까지 기증하여 수많은 환자들에게 장차 이식 될 예정이다.

장기 기증 및 신장이식 수술을 집도한 전북대병원 간담췌이식외과의 유희철 교수는 "우리나라의 뇌사 기증자 중 최고령자는 2012년도에 81세의 기증자였는데, 이 분은 85세로 뇌사 기증자 중 최고령이다. 우리나라의 고령화 추세에 따라 나이에 비해 건강한 삶을 사는 노인의 수도 많아지고 있기 때문에 앞으로 고령 기증자에 대한 관심도 커질 것"으로 기대했다.

이어 "이번 기증자 분이 연령에 비해 좋은 장기 기능을 유지하고 있어 기증자의 나이만으로 수술 여부를 결정하기보다는 이식을 애타게 기다리는 환자들에게 한 번의 기회라도 더 주는 것이 좋겠다고 생각했다. 이식을 받은 환자분들도 신장 기능을 잘 회복해 가는 중이고 어렵게 장기기증을 결심해주신 가족들에게 머리 숙여 깊은 감사를 드린다"고 밝혔다. 다른 한 개의 신장을 배정받은 경상도 소재 대학병원에서 이식 할거냐고 전화가 와서 이식한다고 하니까 거기서도 나이든 분에게 이식하여 9년 이상 신장기능을 유지했단다. 우리 병원에서는 71세의 환자에게 이식되었는데 7년간 신장기능이 좋았는데 폐렴으로 사망하셨다.

아들이 "아버지는 1929년생으로 어려운 집안에서 자라셨다. 쭉 농사를 지셨다. 2남 일녀를 키우시느라 고생이 많으셨다. 하모니카를 잘 연주하셨다. 평소에 부지런하고 근검절약을 몸으로 보이셨다. 아버님은 농촌 일에 익숙하셔서 몸이 튼튼

하셨다. 가끔 막걸리를 드셨으나 담배는 일절 안 피우시고 건강관리를 잘 하셨다. 두 아들도 젊었을 때 담배를 피웠지만 아버님의 뜻에 따라 둘 다 끊었다. 아버님은 교회에 다니셨고 누님이 다니는 교회의 목사님 부부가 장기와 시신 기증을 서약을 하신 분이라서 기증을 권하여서 기증을 하자고 하는 누나와 반대하는 큰 아들이 로비에서 큰 소리로 싸우기도 했다. 동생은 "자녀가 3명이나 되는데 할아버지가 이렇게 좋은 일을 하고 돌아가셨다는 것을 커서라도 자랑스럽게 느꼈으면 좋겠다. 2남 1녀가 다 아버지를 닮아서 남들에게 퍼주기를 좋아했다. 자식들 입장에서는 아버님의 장기 기증이 자랑스럽고 그 기운과 복을 받을 것 같다. 형제간의 우애도 남다르다. 이것이 자식에게 남겨주신 유산이라고 생각한다."고 말한다.

1992년에 우리 병원에서 생체 기증자 중에서 국내 최고령이신 분이 있었는데 81세의 아버지가 42세의 투석을 받고 있는 아들에게 신장을 기증하신다고 해서 우리가 못 해드린다고 했는데 너무나 완강하게 "내가 아들에게 줄 수 있는 것이 신장밖에 없는데 이 노인의 소원을 좀 들어줘요" 라고 간청을 하셔서 마지 못해서 이식수술을 했다. 무엇을 예감하고 기증하셨는지 다음 해에 아버지는 교통사고로 돌아가시고 아들은 아버지의 신장을 13년간 잘 쓰다가 다른 병으로 사망했다.

스물한 살의 꽃다운 나이에

조미희 (21세, 여)

조미희 씨는 지난달 말에 불의의 사고로 인근 병원에서 응급조치 후 전북대병원 응급실로 전원됐으나 의식이 회복되지 않고 혼수상태가 계속됐다.

이를 안타깝게 지켜보던 부모님은 어려운 마음으로 장기기증에 동의했고 뇌사판정위원회에서 뇌사 판정이 이루어졌다.

조미희 씨는 장애인 교육에 관심이 많아서 전주대 특수교육학과에 재학 중이었고, 리더십도 강하고 친구들을 아껴줘서 장례식장에 백 명이 넘는 친구들이 찾아와서 마지막 떠나는 길을 아쉬워했다.

전북대병원의 이식팀은 숭고한 장기기증의 뜻을 받아들여 심장, 폐장, 간장, 신장, 각막을 적출했으며 동시에 신장 1개와 각막 1개는 전북대병원에서 바로 이식했고 다른 장기는 서울아산병원 등 타 병원으로 보내져 새 생명을 구하는데 소중하게 전달됐다.

새 생명 주고 떠난 동진면 보건소장

유점례 (50세, 여)

전북대병원에서 장기를 기증하고 영면한 유점례 씨. 유 씨는 전북 부안군 동진면 보건진료소장으로 생전 장기기증을 약속했던 의료인이었다.

유 씨는 뇌출혈로 쓰러져 전북대병원으로 이송돼 응급 수술을 받고 중환자실에서 치료를 받았다. 그러나 끝내 병세가 호전 되지 않고 뇌사상태로 진단을 받았으며, 가족들이 생전 유 씨의 뜻에 따라 장기를 기증했다.

유 씨의 장기 중 간장과 신장은 전북대병원에서 이식 수술이 이루어졌으며, 폐와 나머지 신장 1개는 서울 지역의 환자에게 전달돼 여러 사람을 살렸다.

또 고인은 장기기증에 이어 뼈, 피부 등 인체조직까지 기증했다.

조직 기증은 한 사람의 기증으로 수십 명의 환자에게 혜택을 줄 수 있어 그 의미가 더욱 크다. 유 씨는 평소 건강하셨던 분으로 생전에 주위 사람들에게 뇌사 상태에 빠졌을 때 장기 기증 뿐 아니라 조직까지 모두 기증하고 싶다는 뜻을 밝혀왔으며 유족들이 유 씨의 뜻을 온전히 따르기로 결정했다.

유 씨의 가족들은 장기기증과 나눔의 문화가 확산되기를 바라는 마음에서 장기기증 사실을 전하고자 했다. 장기 기증 및 이식 수술을 집도한 전북대병원 간담췌이식외과 유희철 교수는 "현재 이식을 받은 환자분은 잘 회복해 가는 중이고 어렵게 장기기증뿐만 아니라 조직기증까지 생전에 결심했던 유 씨의 뜻을 따라 주신 가족들에게 머리 숙여 깊은 감사를 드린다"고 밝혔다.

고인의 삶이 새 생명으로

송옥이 (72세, 여)

전북대병원에 따르면 뇌사판정을 받은 송옥이 씨가 신장과 간 등을 기증해 3명의 생명을 살리고 영면했다.

송 씨는 갑작스런 의식불명으로 병원 응급실에 내원해 응급수술을 받았지만 끝내 의식을 회복하지 못하고 뇌사상태에 빠졌다.

보호자들은 고인의 숭고한 삶을 기리기 위해 장기기증 의사를 밝혔으며, 장기기증 절차에 따라 신장과 간장을 만성질환자들에게 이식했다.

송 씨가 기증한 신장 1개는 전북대병원에서, 나머지 신장과 간장은 타 병원으로 각각 전달돼 소중한 생명을 살렸다.

실제 이번에 장기기증을 결심한 송 씨의 아들인 김주석 씨는 "앞서 장기를 기증하고 영면한 분들의 고귀한 뜻을 전해들은 바 있으며, 고인의 가시는 길에 의미 있는 일이 되길 바라는 마음에서 가족들이 용단을 내렸다. 새 생명을 받은 분들이 고인의 삶이 헛되지 않도록 건강한 삶을 영위하길 바란다"고 말했다.

송 씨는 고향이 진안 성수면으로 90년도에 전주에 왔고 슬하에 2남 1녀를 두었다. 딸은 "어머니가 여장부 스타일이셨고 생활력이 강하셨다. 별로 여유가 없게 고생하고 살았지만 교육열이 강하셔서 자식들을 다 좋은 학교에 보내시려고 억척스럽게 사셔서 너무 고마우신 분이다" 고 말했다.

헌혈을 50회 이상 한 청년 부의금까지 병원에 기부

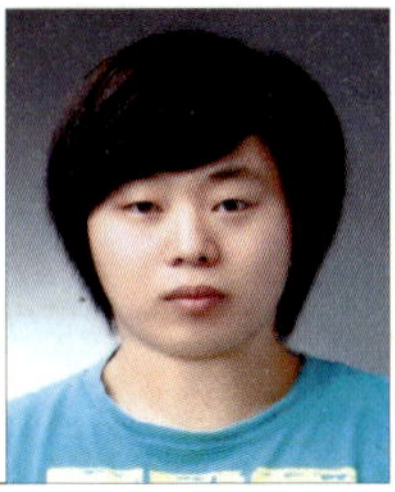

김광명 (29세, 남)

뇌사 판정을 받은 20대 후반의 남성이 장기기증을 통해 4명의 숭고한 목숨을 살리고 영면했다.

가족들은 특히 고인의 부의금까지 어려운 환자를 위해 써달라고 기부하는 등 큰 사랑의 실천으로 사회에 특별한 귀감이 되고 있다.

전북대학교병원에 따르면 오토바이 타고 가다 자동차와의 충돌사고로 본원 신경외과에서 수술 후 뇌사 판정을 받은 20대 후반의 남성 김광명 씨가 심장과 간, 신장 2개를 기증해 4명에게 새생명을 선물했다.

불의의 교통사고로 전북대병원에 입원해 뇌수술을 받은 김 씨는 중환자실에서 치료를 받아오다 끝내 의식을 회복하지 못하고 뇌사 진단을 받았다.

어머니를 비롯한 가족들은 짧지만 값진 삶을 살아온 아들의 죽음이 헛되지 않길 바라는 마음에서 새 생명을 살릴 수 있는 장기기증에 뜻을 모았다.

이는 평소에 헌혈을 50회 이상 실천해 국가에서 헌혈 유공금상을 받는 등 모범적으로 봉사를 실천해온 김 씨의 품성을 누구보다 잘 알기에 내린 결정이었다.

고인이 기증한 장기 중 신장 1개는 전북대병원에서 이식수술을 마쳤으며 나머지 신장 1개와 간장과 심장은 타병원에 전달돼 소중한 생명을 살렸다.

기증자의 가족들은 고인의 장례식을 마친 지난 8일 전북대병원을 다시 찾아

부의금으로 받은 돈까지 어려운 환자를 위해 써달라고 기부해 마지막까지 큰 사랑을 실천했다.

기증자 김 씨의 어머니는 "장례를 치르지 않으려고 했는데 친구들이 찾아와서 치렀다. 부의금을 받지 않으려고 했는데 아들의 장례식장을 찾은 어린 후배와 동생들이 정성을 담았기에 이를 좋은 곳에 쓰고 싶어 찾아왔다"며 "갑작스런 사고로 뇌사 판정을 받고 생을 마감했지만 지금까지 도와주신 많은 분들이 계셔서 우리 아들이 좋은 곳으로 갔을 것이라고 생각하고 감사드리는 마음에서 부의금을 기증한다"고 밝혔다. 이식센터에서는 어머님의 형편이 넉넉한 것 같지 않아서 받지 않고 다른 곳에 쓸 일이 있을 거라고 돌려드렸는데 병원을 나가다가 주차관리실에다가 서류 봉투에 담아 기부해 달라고 맡기고 가서 의료사회사업실로 전달했다. 병원에서는 이 돈 236만 5천원을 기부자의 뜻에 따라 어려운 형편에 있는 환자들의 치료비로 사용할 예정이다.

동생은 "형이 진짜 착했다. 사고 전날에 어머님 생신 선물을 사야 된다고 전단지 아르바이트를 했다. 형이 남들을 엄청나게 많이 도와줬다. 다른 사람들이

봐서는 퍼주기만 했다. 이럴 줄 알았으면 생전에 좀 더 잘해줄 걸 하는 아쉬움만 남는다. 가는 데는 순서가 없다. 형은 가리는 것 없이 음식을 모두 다 잘 먹어서 어머니가 좋아하셨다. 어머니가 형 사망 후에 상심이 크셨다. 가족들이 형이 좋은 사람이었으니까 장기들이 좋은 분들에게 갔을 것이라고 생각한다. 가정형편이 넉넉하지는 않았지만 더 힘든 분들을 위해서 형의 부의금을 기증했다. 장기기증을 결정할 때 고민도 많았지만 형이 남들 도와주는 것을 좋아해서 형보고 물어보면 기증하라고 했을 것 같아서 결심하게 되었다. 아버님은 수년 전에 돌아가시고 형마저 뇌사상태에 빠져서 어머니는 아주 힘들어 하셨다. 고등학교를 졸업하고 병역의무를 마친 뒤 목우촌에서 수년 간 일한 적이 있었다. 술 담배도 일절 안했다." 고 말했다. 동생이 박 교수에게 사진을 주러 오면서도 고맙다고 음료수를 사가지고 왔다. 오히려 우리가 고마운데 거꾸로 되었다.

네 명에게
새 삶 선물하고 떠난 네 살 산타

정진아 (4세, 여)

“맞벌이로 낮에 집을 비워 진아를 제대로 돌보지 못했다는 생각에 가슴이 찢어집니다. 그러나 진아는 아주 떠난 게 아닙니다.”

고운 네 살 진아. 모든 부모에게처럼 진아는 정씨 부부(전북 완주군 상관면)에게 목숨보다 귀한 딸이었다. 진아는 종일 뛰어놀아도 지치는 법이 없었다. 또래 남자 아이들을 호령하면서도 아홉 살 언니만은 살갑게 뒤따랐다. 이 아이가 지난달 15일 새벽 갑자기 숨을 헐떡이더니 입술이 파랗게 물들었다. 부부는 급히 119구급차를 불렀다.

병원 진단은 급성 호흡 정지와 그에 따른 심장마비였다. 진아는 중환자실로 옮겨진 뒤 박동이 되살아나고 간간이 미미한 호흡이 되돌아오곤 했으나 며칠을 가지 못했다. 기계에 의해 호흡이 유지됐으나 의식은 돌아오지 않았다. 진아는 뇌파가 평탄해진 지난 28일 뇌사 가능성이 크다는 진단을 받았다.

산타 모자를 쓰고 웃고 있는 정진아 어린이의 모습. 네 살인 정 양은 4명에게 새 생명을 전하고 하늘나라로 먼 여행을 떠났다.

중환자실 옆 대기실에서 밤낮을 지새우며 수십 차례 회생 가능성을 되묻던 정씨 부부는 의료진이 미처 생각 못한 제안을 내놓았다. 진아가 뇌사라면 장기를 기증하겠다는 것이었다. 전북대병원 박성광 교수는 “뇌사에 이르면 수일 안에 장기가 망가진다는 사실을 부모가 알고 계셨다”며 “의료진이 뇌사에 빠진 환자 가족에게 어렵게 장기 기증을 권유하곤 하는데 진아 부모는 먼저 그 뜻을 밝혀왔다"고 말했다.

진아의 작은 몸은 뇌사판정위원회로부터 뇌사 판정을 받았다. 그날 오후 수술대에 올랐다. 진아의 몸이 열린 뒤 심장과 간장, 양쪽 신장이 적출됐다. 심장은 서울아산병원에, 간장은 전북대병원에, 신장 2개는 서울대병원 등에 보내져 애타게 기다리던 어린이 환자 몸에 이식됐다. 엄마는 "만에 하나 되살아날 수 있는 진아를 너무 쉽게 보낸 게 아닌가 하는 생각에 자꾸 괴로워집니다. 그러나 모두 손상된 뒤 결국 사라질 뻔한 장기가 다른 아이들에게 새 생명을 주고 있다고 믿으니 큰 위안이 됩니다."라고 말했다.

진아의 몸은 화장장에서 한 줌의 재가 됐다. 정씨 부부는 눈이 퉁퉁 부어 있으면서도 "진아를 허무하게 보냈다고 생각하지 않는다"고 했다. 정씨는 전북대병원에 전화해 진아의 몸 일부를 받게 된 환자들의 수술 뒤 용태를 물었다. 부부는 "우리가 가정을 이뤄 살아오는 동안 주변의 많은 도움이 있었다"며 "진아에게 영혼이 있다면 부모의 뜻에 기꺼이 동의하고 있을 것"이라 했다.

정 씨 부부는 사후 장기 기증을 약속한 사람들이다. 작은 개인 사업을 하는 정씨는 결혼 직후 전주의 한 병원에서 눈 수술을 한 뒤 처음엔 사후 각막을 기증키로 했다가 곧이어 더 많은 생명을 살릴 수 있는 장기 기증을 약속했다. 아내 역시 남편과 뜻을 같이했다.

진아의 장기 기증 소식을 접한 한 사회복지단체는 "부부를 위로하고 싶다"며 경제적 후원의 뜻을 밝혔다. 부부는 "진아가 원치 않을 것"이라며 정중히 사양했다. 장기 이식수술을 집도한 전북대병원 유희철 교수는 "수술대 위에서 진아의 가냘픈 박동에 눈물이 났고, 슬픔을 딛고 어렵게 결정을 내려주신 부모에게 절로 고개가 숙여졌다"고 말했다.

퇴직 경찰의 마지막 임무, 신장 수혜자에서 간 기증자로

이강남 (56세, 남)

전북대학교병원은 뇌사 판정을 받은 전직 경찰관 이강남 씨가 간을 기증하여 새 생명을 선물하고 영면했다고 밝혔다.

의식저하로 전북대병원 응급실에 도착한 이 씨는 뇌출혈 진단을 받고 응급수술 후 중환자실에서 치료를 받았지만 끝내 의식을 회복하지 못했다.

대민 봉사업무와 민생치안 분야에서 묵묵히 외길을 걸어온 고인은 지난해 36년간의 경찰생활을 마감하고 군산경찰서에서 경감으로 퇴임했다.

이 씨는 2004년 신장을 이식받을 정도로 건강이 좋지 않았던 상황 속에서도 묵묵히 맡은 바 임무를 수행해 주변의 큰 본보기가 됐다.

또 고인은 누구보다 주변의 어려운 사정을 이해해주고 동료 직원들을 잘 챙겨주는 마음 따뜻한 모범 경찰관이었던 것으로 알려졌다.

이 씨는 가족들에게 "욕심 부리지 말고 손해 본 듯 살며 나보다 못한 사람을 돕고 살라"는 말과 함께 "쓸모 있는 장기가 남아 있거든 새로운 생명을 살릴 수 있도록 기증해 달라"고 유지를 남겼다.

유족들은 고인의 뜻에 따라 전북대학교병원 장기이식센터에 장기기증 의사를 밝혔다.

부인 이영희 씨는 "고인 자신이 신장을 기증받아 건강을 회복한 것처럼 마지막 가는 길에 자신이 받은 소중한 선물을 되돌려주고 싶어했다"며 "남편의 장기를 이식받은 분이 관리를 잘해서 오래오래 건강을 잘 유지해 가길 바란다"고 말했다.

아들인 이현재 씨가 메일을 보내왔다.

경찰관이었던 부친(1957년생)은 서른 무렵에 당뇨 진단을 받았습니다. 당시는 지금과 같이 건강에 대한 정보를 다양한 경로를 통해 접 할 수 없었기 때문에 식단, 혈당 조절 등을 하지 않았습니다.

또한, 경찰관이라는 직업의 특성 및 당시 시대 상황에 비추어 철야 근무, 시위 진압 등 상당히 고된 업무에 몸은 더 망가졌을 것으로 추정 합니다.

제가 초등학교 5학년이던 무렵(1997년) 부친께서는 복수가 심하게 차올라 병원에 입원하게 되었고 당뇨 합병에 의한 신부전증을 판정 받았습니다. 당시 어떠한 사유로 혈액투석을 진행하지 않았는지 모르겠으나 복막 투석을 진행하였습니다.

97년부터 시작된 투병 생활은 본인과 가족, 주변에 많은 어려움을 주었습니다. 98년부터 시작된 복막 투석은 매일 4회 진행되었으며, 투석액 고정 및 노폐물 배출 등을 침상에서 진행해야 했으므로 출근을 해서도 투석 시간이 되면 집으로 돌아왔습니다. 저염식을 매일 하였으며 소변 배출이 어려워 수분도 조절을 했습니다. 여러 가지 조절과 절세에도 한번 망가진 신장이 회복 될 일은 만무하였으며 시간이 갈수록 나빠졌습니다.

이러한 상황을 해결하기 위하여 신장이식이 필수였고 자연스럽게 신장이식을 계속 알아보았습니다. 모친께서 다른 환자에게 신장을 제공하고 상대 가족이 부친에게 신장을 제공하는 릴레이 이식도 알아보았으나 신장이식을 받는 일은 매우 어려웠습니다. 당시 가정의 상황도 매우 어려웠습니다. 지속적인 병원비 및 고정비로 지출되는 투석액 구매 등 금전적인 상황 뿐만 아니라 손을 쓸 수 없이 나빠져만 가는 부친의 건강으로 매우 힘들었던 기억이 납니다.

우연한 기회에 다행히 2004년에 뇌사자로부터 신장이식 수술을 받았으며 경과는 매우 좋았습니다. 수술을 받고 거짓말처럼 늘 부어 있던 온몸이 정상으로 돌아왔으며 환자 본인도 등산, 산책 등 이식 전 할 수 없었던 운동까지 매일 할 정도였습니다. 매월 1회 전북대 병원(주치의 신장내과 박성광 교수님) 내방하여 지속적으로 건강을 확인하였으며 면역억제제 또한 처방 받았습니다. 당시 당뇨로 인한 백내장 진료도 보았던 것으로 기억이 됩니다.

당시 이식 받은 신장은 약 10년 정도 정상 기능을 유지하고 점차 기능이 저하된다는 이야기를 들었습니다. 그 말이 사실이었는지 2014년 이식받은 신장에 이상이 생겼고 부친의 몸은 다시 악화 되었습니다.

그 시기 가족들은 약 10년 만에 병원에 입원하고 수술하는 상황을 다시 만나게 되었습니다. 전과 달리 수술 후 섬망 증상도 나타나고 회복이 더딘 것을 눈에 띄게 느낄 수 있었습니다. 점차 나빠진 건강으로 결국 혈액투석을 진행하게 되었습니다. 혈액투석을 진행하고 약 1년 후 2015년 1월 한겨울 추위에 산책을 하고 온다던 부친께서는 집으로 복귀 후 두통을 호소했고 쓰러지셨습니다. 그렇게 뇌출혈로 인한 뇌사판정으로 생을 마감하셨습니다.

부친과 저희 가족은 늘 장기기증에 대한 생각을 가지고 있었습니다. 독실한 가톨릭 신자였던 부친은 본인의 신장이식으로 회복한 건강을 늘 하느님께서 주신 선물이라 생각했으며 기회가 생기면 다른 이에게도 기회를 나누고 싶어 했습니다. 가족들 또한 그러한 생각에 동의 하였으며 특히, 경찰관이라는 공무원 신분이 투병 중에도 조직에 헌신할 수 있도록 도움을 준 점에 늘 사회에 빚을 지고 있다 생각했기 때문에 사후 장기기증을 당연하게 생각했는지 모릅니다.

마지막으로 긴 투병기간 동안 의료인으로서 최선을 다해 주신 박성광 교수님께 감사의 표현을 전합니다.

제가 중학교 나이부터 보았던 교수님은 늘 인자하시고 조용한 분이었습니다. 매일 많은 환자가 찾아옴에도 늘 저희에게 경청을 해주셨으며 진심을 아끼지 않았습니다. 우연히 얼마 전 TV에 방영한 "슬기로운 의사 생활" 이라는 드라마를 보며 그 때 교수님과 의료진들을 기억 했습니다. 무뚝뚝해도 환자 한명 한명을 소중히 여기셨던 모습이 떠올랐습니다.

병원이라면 지긋지긋해서 다시는 가고 싶지 않은 곳이었는데 그 시절 용기를 잃지 않게 도와주신 교수님께 감사하다는 말씀을 드립니다.

감사합니다.

천사가 된 생후 5개월 아이

김도준 (5개월, 남)

생후 5개월 된 도준이는 고통받던 만성환자 3명에게 새 생명을 선사하고 하늘나라로 되돌아갔다.

불의의 사고로 의식을 잃은 아이는 자기 몸보다 훨씬 작은 장기를 남기고 떠났지만, 고통 받던 환자 3명은 이 작은 아이로부터 생애 가장 큰 선물을 받게 됐다.

전북대병원에 따르면 뇌사 판정을 받은 생후 5개월 남아 김도준 군이 심장과 간, 신장 2개를 기증해 3명의 소중한 목숨을 살렸다.

전북 전주시에서 부모와 함께 사는 도준이는 지난달 5일 불의의 사고로 의식을 잃고 심폐소생술을 받았지만 차도가 없어 전북대병원으로 이송됐다.

20일에 가까운 의료진의 집중치료와 부모의 애타는 마음에도 불구하고 도준이는 끝내 회복하지 못하고 뇌사판정을 받았다.

무너지는 억장을 삭이고 도준 군의 부모는 숭고한 결정을 했다. 도준이의 작은 몸에서 적출된 장기는 만성질환으로 고통 받던 환자들에게 이식됐다.

서울의 한 병원과 전북대병원에서 이식수술은 성공적으로 이뤄졌다.

도준 군의 부모는 "가족의 기쁨과 행복이었던 도준이가 우리 곁을 떠나간 사실을 지금도 믿을 수 없다"면서도 "도준이가 힘들어했을 세 환자와 그 가족들의 희망이 됐기에 위안이 된다"고 말했다.

이식수술을 집도한 전북대병원 유희철 교수는 "큰일을 당해 안타까움과 슬픔을 가누기도 힘들었을 텐데 어려운 결정을 해준 부모에게 깊은 감사를 전한다"며 "이식받은 분들이 소중하고 숭고한 뜻을 이어 건강하고 행복하게 살아가길 바란다"고 밝혔다.

크리스마스에 사랑의 선물
장기기증 수혜자가 장기기증자로

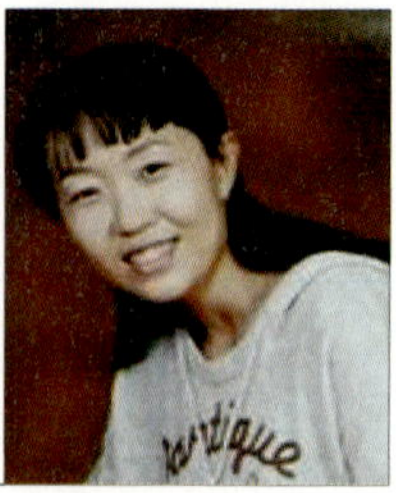

김경임 (41세, 여)

장기기증으로 새 생명을 찾았던 40대 여성이 다시 장기기증으로 새 생명을 살리고 세상을 떠났다.

전북대학교병원은 불의의 사고로 뇌사판정을 받은 김경임 씨가 크리스마스 이브인 지난 24일 자신의 간을 기증하고 영면했다고 밝혔다.

김 씨는 17년 전 만성신부전으로 치료를 받아오던 중 전북대병원에서 뇌사자로부터 신장이식을 받아 건강을 되찾은 이력을 갖고 있다. 이식받은 신장이 수명을 다해서 혈액투석을 4개월 받고 있다가 뇌사판정을 받아서 장기를 기증했다.

김 씨는 평소 가족들에게 "장기기증을 통해 새 생명을 얻었듯이 마지막 가는 길은 질병으로 고통받는 이들에게 희망을 주고 떠나고 싶다"며 장기기증 의사를 밝혀왔다고 한다.

김 씨의 남편 정영남 씨를 비롯한 가족들은 "장기기증 의사를 밝혀온 아내의 유지를 받들어 장기기증을 결정했다"며 "크리스마스를 맞아 질병으로 고통받는 환자에게 큰 선물이 되길 바란다"고 말했다.

장기기증 사연이 알려지자 누리꾼들은 "장기를 기증받은 사람에게는 정말 크리스마스 선물이다", "숭고한 뜻이 계속 이어지기 바란다"며 감동적이라는 반응이다.

남편은 장기간의 투병 생활을 하는 동안 항상 환자 곁을 떠나지 않고 성심 성의껏 간호를 했다. 한의원에서 근무한 경력이 있어서 의료지식이 해박했는데 너

무 환자 수발과 간호를 잘 해서 의료진들이 감탄을 했다. 박 교수는 이제까지 35년 동안 의사생활을 하면서 보았던 보호자 중에서 제일 열심히 간호를 한 남편이었다고 한다.

1997년에 뇌사자로부터 신장이식을 받았는데 같은 날에 장기를 기증한 기사가 났다. 그 때 남편이 한의원에서 근무를 하고 있었는데 기증자 아버님이 환자로 오신 적이 있어서 집으로 찾아 뵙고 직접 감사의 뜻을 표시한 적이 있었다.

김경임 씨는 정읍시 산내면에서 출생하여 초등학교 3학년에 복막염으로 수술을 받은 후 15일간 의식불명의 상태였었는데 회복한 이후 신장에 이상이 생겼다. 1995년 정 씨를 만나 결혼을 했고 1998년 전북대학교 병원에서 신장이식 수술을 받은 후 한지공예를 시작해서 전국 각 전시회에서 수상을 여러 번 했고 계속 한지 공예 작가로 활동해왔다.

기능올림픽에서 은메달을 수상하기도 했고 여러 기능경기 대회에서 심사위원으로 활동해왔다. 그리고 기능올림픽 동호회에서 봉사 활동을 하기도 했다. 17년 동안 신장 기능을 잘 유지하다가 침대에서 낙상을 해서 3회에 걸친 뇌수술을 받고 끝내 회복하지 못하고 2개월 후 간을 기증하여 꺼져가는 한 생명을 살리고 영면했다.

하늘나라에서는 아프지 말고

경임이와 저의 인연은 고등학교 시절부터 시작되었습니다. 저희는 고교 동창인데 4명의 친구로 구성된 가족 모임으로 여행도 많이 다니고 즐거운 추억을 많이 쌓았습니다. 글로 다 표현 하지는 못하지만 항상 여행 계획이나 음식을 준비한 게 경임이였습니다. 경임이의 음식 솜씨가 무척 좋아서 저희 모두가 경임이의 음식을 좋아했습니다. 경임이는 술은 못 하지만 남편과 친구들이 술을 좋아해서 술안주도 만들어주고 그 분위기를 잘 맞춰주며 즐겨주었던 친구였습니다. 여자들끼리는 카페도 많이 가고 서로서로 집을 왕래하며 궂은 일, 좋은 일 챙겨주며 많은 의지를 할 수 있는 친구였습니다. 한지공예를 예쁘게 만들어 선물도 해주고 아이들에게 수업도 해주며 항상 기대가 되고 들뜬 마음을 가질 수 있게 하였습니다. 몸이 많이 아픈데도 힘든 내색 한번 안 하고 많이 걷고 많이 웃고 많이 즐겼습니다. 경임이를 생각하면 아직도 가슴이 뭉클 합니다. 한창 나이에 그렇게 훌쩍 사라지듯 떠난 빈자리가 무척 그립고 안타깝습니다. '좀 더 많은 시간을 같이 했으면…….' 하는 생각이 자꾸 자꾸 듭니다. 하늘나라에서는 아프지 말고 많이 웃고, 많이 뛰고, 행복만 가득하길 기원합니다.

— 친구 김오성

어릴 적부터 지켜 본 경임이는 아프지만 아픔을 견디며 주위 친구들보다 먼저 어른이 된 듯~ 세상의 일부를 빠르게 받아들인 듯 마치 조숙하고 사려 깊은 애늙은이처럼 수많은 친구들의 온갖 투정, 고충 등을 잘 들어주는 사람이었네…….

나는 너란 친구를 가끔씩 봐서 조금밖에 너의 고통과 아픔을 알 수는 없지만 너란 친구 정말 대단한 것 같아 내색 한번을 안 하고……;

— 친구 김병수

더 큰 사랑을 실천하기 위해

배경순 (68세, 여)

전북대학교병원에 따르면 뇌사 판정을 받은 배경순 씨가 간과 신장 2개, 각막 2개를 기증했다.

집에서 갑자기 쓰러진 배 씨는 전북대병원으로 이송돼 치료를 받아왔지만 끝내 의식을 회복하지 못하고 뇌사판정을 받았다.

그의 가족들은 독실한 기독교 신자로 교회 권사 활동으로 사랑을 실천해왔던 고인의 뜻을 기려 장기기증을 결정했다.

가족들은 "생전에 장기기증 서약은 하지 않았지만 평생을 신앙과 믿음으로 살아온 고인의 삶을 기리고 더 큰 사랑을 실천하기 위해 가족회의를 통해 장기기증을 결정했다"고 말했다.

배 씨는 슬하에 1남 2녀를 두었는데 성격이 철두철미하여 매사에 정확했고 책읽기를 좋아했다. 그리고 가족과 친정식구들을 헌신적으로 사랑하고 돌보았다. 배 씨는 어머니가 일찍 돌아가셔서 군산여고에 다니면서 17살 밑의 어린 남동생을 아버지와 함께 키웠다.

남편인 이이근 씨는 자신의 형제가 다섯 명이 있었는데 동생이 혈액투석을 하게 되자 본인이 술과 담배를 안 해서 신장이 제일 좋을 것이라고 동생에게 2001년에 신장을 기증했다.

이때 수술하기 직전까지 자식들과 상의도 안 했단다. 이런 경력이 있어서인지 부인이 뇌사상태에 빠졌을 때 고민을 많이 했지만 자식들과 상의해서 기증을 결심했다.

이 씨가 나를 찾아 온 김에 건강상태를 이야기 하다가 요즘 다리가 많이 붓는다고 해서 진찰해 보고 혈압약 중에 칼슘길항제가 하지 부종을 유발할 수가 있어서 그 약을 변경하는 게 좋겠다고 담당의사에게 부탁했다.

관할구역을 뛰어넘은 검사의 도움으로

이미라 (가명, 20세, 여)

전북대학교병원에 음독 환자가 이송되었다. 이송 5일 만에 환자가 동공반사, 자발호흡, 통증자극에 대한 반응이 모두 사라지고 인공호흡기에 의존한 채 뇌사로 의심되는 상태가 되었다.

아버지의 동의를 받고 뇌사 판정 및 장기기증 절차를 진행하였고, 두 번에 걸친 뇌사조사와 뇌파검사를 시행하여 뇌사판정위원회가 열렸다. 뇌사판정위원회에서는 의학적인 뇌사에는 합당하나 환자의 장기기증에 법적인 문제가 없음을 먼저 확인해야만 뇌사 판정을 해 줄 수 있다고 하였다.

절차상 뇌사판정이 나와야만 경찰서에 변사처리 접수를 하고, 검시 전 적출 승인을 요청할 수 있는데, 뇌사 판정이 되지 않았기 때문에 검시 전 적출 승인을 요청할 수도 없는, 이러지도 저러지도 못하는 상황에 빠지고 말았다.

지푸라기라도 잡는 심정으로 박성광 교수가 전주지검 의료담당 백수진 검사를 만나서 장기를 못 받으면 죽을 수 밖에 없는 환자들이 있다고 도움을 청했다.

사고가 일어난 곳은 정읍이어서 관할 지검이 달라 어떤 결정이 내려지기까지는 많은 시간이 걸릴 수 밖에 없는 상황이었는데 백 검사께서 당장 정읍지청의 검사와 연락을 하여 환자에 관한 수사 지휘를 신속하게 해 주셨다.

두 분의 검사께서 관할하시는 지역은 다르지만 여러 환자의 생명을 구하는데 주어진 시간이 많지 않다는 것에 한 마음, 한 뜻으로 공감을 하고, 신속하게 처리를 하고 백 검사께서 뇌사판정위원장과 통화를 해서 곧 뇌사판정위원회가 재소집 되었고, 뇌사 판정과 검시 전 적출 승인을 받고, 환자는 성공적으로 장기기증을 할 수 있었다.

장기 구득 수술 도중 강심제를 투여하며 겨우 심폐 기능을 유지하고 있던 환자는 한 시간이 채 지나지 않아 수축기 혈압이 50 mmHg 밖에 유지가 안 되어 언제 심장이 멈출지 모르는 상황에서 긴박하게 수술이 진행 되었고, 다행히 환자는 심장, 간장, 췌장, 신장 두 개, 각막 두 개를 기증하여, 국립장기이식관리센터에서 선정한 전국의 말기환자 7명에게 성공적으로 이식되었다.

어려운 이웃에게 따뜻한 온정을 베풀었던

조귀자 (73세, 여)

전북대학교병원(병원장 강명재)은 뇌사 판정을 받은 조귀자 씨가 간과 신장 2개, 각막 2개, 인체조직을 기증했다고 밝혔다.

조 씨는 불의의 사고를 당해 응급실로 내원하여 뇌출혈로 진단을 받고 신경외과에서 수술 후 끝내 의식을 회복하지 못하고 뇌사상태에 빠졌다.

그래서 뇌사 검사를 시행했고 하지 부위로 통증에 미약한 반응이 있었으나 뇌파는 평탄파가 나온 상태로 척수반사로 생각하고 적출 수술을 진행했다.

환자가 수술방에 들어가서 목 부위에 종괴를 보여서 보호자 동의하에 갑상선 조직 검사를 시행하였고 갑상선염으로 소견이 나와서 그대로 적출수술을 받았다.

조 씨의 남편과 2남2녀의 자녀는 살아 생전 고인이 장기기증에 우호적인 생각을 가졌고 어려운 이웃에게 따뜻한 온정을 베풀었던 점을 감안해 장기기증을 결정했다. 조 씨가 기증한 간과 신장(2개), 각막(2개)은 5명의 환자에게 이식됐으며, 인체조직은 한국인체조직기증원에서 많은 환자에게 이식될 예정이다.

인체조직 기증은 뼈와 피부, 연골, 인대, 심장판막, 혈관 등의 조직을 기증하는 것으로 한 사람의 기증자가 최대 100명의 환자에게 도움을 줄 수 있다. 병원 측은 조 씨의 사례가 향후 고령자의 장기기증에 긍정적인 영향을 미칠 것으로 기대하고 있다.

가족의 설명에 따르면 조 씨는 임실 오수면 봉천마을에서 꽤 부유한 집의 장녀로 태어나서 시집가기 전까지는 고생을 안 했다. 임실 관촌에 8남매를 둔 둘째 며느리로 시집을 와서 시부모님을 돌아가실 때까지 모셨다.

또한 시동생 3 명과 시누이 1 명을 데리고 있다가 결혼까지 시켰다. 슬하에 2남 2녀를 두었다. 아이들을 키우느라 농사일에 찐 옥수수 바구니 장사까지 하면서 시댁 살림을 도맡았고 그 과정에서 불평하는 소리 한 마디를 들어본 적이 없었다. 한 평생을 일만 하다가 돌아가셨으며 관촌 집이 철도 직선화로 인해 헐려서 2000년에 전주로 이사를 왔다.

그때부터 돌아가시기 전까지 전주 한일관에서 홀 써빙 및 주방일을 약 15년간 히셨디.

평소 인심이 후하고 베풀기를 좋아하셔서 주위 분들이 많이 좋아하셨고 자식들이 일하시는 것을 수차례 말렸음에도 불구하고 자식에게 부담주기 싫다면서 계속 일을 하시던 중 뇌졸중으로 쓰러져서 중환자실로 입원한 지 9일 만에 돌아가셨다. 자녀 입장에서는 너무나도 안타까웠고 돌아가시기 1년 전에 기독교를 받아들여 교회장으로 장례를 치루었다.

아들의 장기를 기증한 것이 슬픔을 극복하는데 많은 위로와 도움이 되었다

이기승 (가명, 22세, 남)

박성광 교수 지인의 아들로 전북대학교를 다니고 있었는데 불의의 사고로 머리를 크게 다쳐서 응급실에 내원했다. 혼수상태였고 자발호흡이 없었다. 뇌사상태로 추정되었지만 박 교수가 많이 망설이다가 조심스럽게 부모에게 접근하여 기증을 권유했다. 당시 응급실에서 환자를 보았던 교수가 박 교수가 너무한 것 아니냐고 다른 교수에게 말했다. 부모가 망연자실한 가운데 많이 고민했지만 다른 환자들을 살리기 위해 어렵게 기증을 결심하여 뇌사판정을 받고 심장, 간장, 신장 2개를 기증했다. 박 교수 딸이 아버지가 장기기증을 권유했다는 소리를 듣고 아버지에게 "건강했던 젊은 대학생인데 꼭 그렇게까지 해야 돼요?"라고 물었다. 기증 수술이 끝난 후에 박 교수가 병원장의 감사패를 가지고 어머니를 찾아가서 감사를 드리고 위로했다. 나중에 부부가 아들의 장기를 기증한 것이 슬픔을 극복하는 데 많은 위로와 도움이 되었다고 했다.

장기를 받은 분들이 행복하고 값지게 살 수 있기를

이준상 (26세, 남)

불의의 교통사고로 뇌사판정을 받은 20대 남성이 5명에게 소중한 생명을 선물하고 영면했다.

전북대학교병원은 교통사고로 뇌사 판정을 받은 이준상 씨(26)가 심장과 간, 췌장, 신장(2개) 등의 장기기증을 통해 만성질환으로 고통받고 있던 5명의 소중한 목숨을 살렸다고 밝혔다.

이 씨의 가족들은 독실한 기독교 신자로 봉사활동을 통해 예수님의 사랑을 실천하며 살아온 이 씨의 유지에 따라 장기기증을 결정했다.

가족들은 "비록 짧은 생을 살았지만 자신보다는 주위를 먼저 생각하는 마음이 따뜻한 아이였고 건강하고 성실한 삶을 살아왔다"며 "아들의 못다 한 삶을 장기를 받은 분들이 행복하게 값지게 살 수 있기를 바라는 마음에서 장기기증을 결정했다"고 말했다.

어머니는 "그저 착한 애였다. 어릴 때 아버지가 일찍 돌아가셔서 남매를 혼자서 키우느라 충분히 뒷바라지를 못했다. 다른 애들처럼 부모가 정서적인 면까지 잘 챙겨주지 못한 것이 미안하다. 일찍 병역의무를 마치고 자기가 혼자 길을 개척해 나가느라 고생을 많이 했다. 평소에 자전거를 타는 것을 좋아해서 오수에 있다가 전주로 자전거를 타고 오다가 사고를 당했다. 일찍 떠나보냈지만 항상 잊지 못하고 마음속에 그 동안 같이 했던 좋은 추억들을 간직하고 있다." 고 말했다.

하늘나라로 떠날 때까지 큰 사랑을

류대길 (52세, 남)

불의의 사고로 뇌사에 빠진 50대 남성이 환자 5명에게 소중한 생명을 선물하고 영면했다.

전북대학교병원에 따르면 지난달 말 사고로 뇌사 판정을 받은 류대길 씨가 장기기증을 통해 간과 신장 2개, 각막을 환자 5명에게 선물했다.

류 씨의 아내와 자녀는 평소 장기기증 의사를 밝혀온 류 씨의 유지를 받들어 장기기증을 결정했다.

독실한 천주교 신자인 류 씨는 성당에서 봉사활동을 하며 어려운 이웃과 함께했고, 가족들에게 마지막 가는 길에는 장기기증으로 다른 이들에게 생명을 선물하고 싶다는 의사를 밝혀왔다.

류 씨의 가족은 "성실하고 열심히 살아온 아버지가 하늘나라로 떠날 때까지 큰 사랑을 주셨다"라며 "새 생명을 받은 환자들께서 건강을 되찾아 아버지의 삶이 그분들을 통하여 계속되기를 바란다"고 말했다.

고인도 하늘나라에서 기뻐하실 것

오세옥 (59세, 여)

뇌사 판정을 받은 50대 여성이 만성질환자 1명에게 새 삶을 선물하고 영면했다.

전북대학교병원(병원장 강명재)에 따르면 오세옥 씨는 뇌출혈로 치료를 받던 중 끝내 의식을 회복하지 못하고 뇌사판정을 받았다.

오 씨는 평소 가족들에게 불의의 상황이 발생할 경우 만성질환으로 고통 받는 환자에게 자신의 건강한 장기를 기증해줄 것을 당부해왔다.

가족들은 오 씨의 유지를 따라 장기기증을 결정했다.

유족은 "몸이 약해 지병을 앓아오면서 누구보다 건강의 소중함을 절실하게 느껴왔고 그러기에 질병으로 고통받고 있는 사람들을 위해 의미 있는 일을 하고 싶어 하셨다"면서 "장기를 기증받은 분이 건강하게 잘 살 수 있다면 고인도 하늘나라에서 기뻐하실 것"이라고 말했다. 오 씨의 신장 1개는 만성 신부전환지에게 이식됐다.

10년 전 신장 이식받은 50대, 간 기증하고 영면

성백춘 (50세, 남)

"아름다운 보은"

10년 전 뇌사자로부터 신장 이식을 받았던 50대 남성이 뇌사에 빠지자, 이번에는 자신이 환자 3명에게 새 생명을 선물하여 세 배로 갚고 세상을 떠났다. 전북대학교병원에 따르면 학원 버스 기사인 성백춘(전주시)씨는 뇌출혈로 쓰러져 수술을 받았다. 성 씨는 병원 중환자실에서 집중치료를 받았으나 끝내 의식을 회복하지 못해 뇌사 판정을 받았다. 유족의 뜻에 따라 성 씨의 간과 각막 2개가 3명의 환자에게 각각 이식됐다.

말기 신질환으로 투석을 받아오던 성 씨는 2006년 전북대병원에서 한 뇌사자로부터 신장을 이식받아 최근까지 건강한 삶을 살아왔다. 성 씨의 가족은 "고인은 신장을 기증받고 건강을 되찾자 매일 감사하는 마음으로 살아왔다"며 "평소 질병으로 고통받는 환자들에게 보답하고 싶어했던 고인의 뜻을 받들어 장기기증을 결정했다"고 말했다.

성백춘 씨 부인과 전화를 하면서 부인이 "박 교수님이 부탁을 하지 않았으면 기증을 안 했을거예요" 라고 하신다. 내가 "혹시 대학병원에 진료를 받으실 일이 있으면 말해주세요" 했더니 "오늘 아들이 얼굴을 다쳐서 성형외과에 입원을 했어요." 라고 말했다. 그래서 성형외과 담당 교수에게 "아버지가 장기를 기증해서 3명의 환자에게 새 생명을 주신 분이니 특별히 잘 봐주세요"라고 부탁을 했다.

가정적이고 진실된 삶을

남공현 (66세, 남)

남공현 씨는 뇌출혈로 응급실로 내원하여 뇌사판정을 받고 간장과 신장 2개, 각막 2개를 기증하여 5명의 환자에게 새 생명을 주고 영면하였다.

아들이 처음에는 기증에 강력하게 반대를 했으나 박 교수와 면담을 통해 마음이 바뀌었고 부인도 어렵게 기증에 동의했다.

건축일을 했는데 너무 착하고 변함이 없고 답답할 정도로 고지식해서 거짓말을 못 하는 성격이었다. 아버지가 남원에서 교육청에 계셨는데 아버지를 따라 다니면서 제대로 교육을 받으셨다.

형제간에도 우애를 많이 하셨고 너무나 가정적이고 진실된 삶을 사셨다고 한다. 취미로는 노래를 좋아하고 잘 하셨다.

수술방에서 가톨릭 성가를 틀어주길 원하여 이어폰은 수술 기계에 방해될 수 있어 스피커로 조용히 틀어드렸다.

아낌없이 다 주고 별이 되다
장례지원금을 장학금으로 기부

김매순 (73세, 여)

장기기증을 통해 3명의 목숨을 살리고 영면한 뇌사자의 유족들이 장례지원금까지 어려운 학생을 위한 장학기금으로 써달라며 기부해 감동을 주고 있다.

전북대학교병원(병원장 강명재)에 따르면 외상성 뇌출혈로 뇌사 판정을 받은 김매순 씨가 간과 신장 2개를 기증해 3명의 목숨을 살리고 영면했다.

불의의 교통사고를 당해 치료를 받던 김 씨는 끝내 의식을 회복하지 못해 뇌사 판정을 받았고 유족들은 평소 남을 위해 헌신하고 베풀며 살아온 고인의 유지를 받들기 위해 장기기증을 결정했다.

또한 유족들이 고인의 뇌사자 장례지원금 전액을 가정 형편이 어려운 학생들의 장학금으로 기부하겠다는 의사를 전해왔다.

이 돈은 고인의 고향인 정읍시 장학회에 전달되었다.

이번 장기 기증은 남다른 특징을 가지고 있다. 기증자 김 씨는 나이가 73세 고령에도 불구하고 장기기증을 한 것이다. 특히 간장, 신장을 기증해 대부분 나이가 많으면 장기기증이 어렵다는 생각을 전환시키는 데 기여한 바가 크다.

김 씨의 남편 정진영 씨는 "예정대로라면 올해가 금혼식을 했을 결혼 50주년을 맞는 해인데, 갑작스럽게 사랑하는 아내를 떠나보내 이루 말할 수 없이 슬프다"며 "어려운 사람을 보면 그냥 지나치지 않았던 아내의 삶을 기리기 위해 자녀들에게 장기기증 의사를 먼저 제안했다"고 말했다.

정 씨는 "아내는 평소에 건강했었고 1남 5녀를 키우느라고 고생을 많이 했다. 농촌에서 할 일도 많은데 본인이 도와줘야 했는데 37세에 통일주체 국민회의 대의원으로 정치를 시작해서 시의원까지 했는데 본인은 역마살이 있어서 많이 돌아다녔고 정치하는 남편을 뒷바라지 하느라 겁나게 (매우) 고생을 많이 했다.

나 때문에 집안에 손님이 끊이지 않았는데 어떤 때는 부부간에 사이가 안 좋다가도 손님이 오면 싫은 내색을 전혀 않고 언제 그랬냐는 식으로 아주 잘 대접을 해서 보냈다. 원래 성격이 순하고 원만했는데 가족들에게는 참 잘하고 남들에게는 더 겁나게 잘했다. 특이한 것은 20년 전에 같은 날에 나는 전북대학교 병원에서 직장암 수술을 받았고 아내는 자식들이 있는 서울에서 뇌경색 수술을 받았는데 그 뒤에 아무 일도 없이 완치되어 둘 다 건강했다." 고 말하며 "몇 년이 지났는데도 겁나게 보고 싶다" 고 하신다.

어려운 이웃에게 온정을 베푼 삶을 기리기 위해

문경민 (43세, 남)

전북대학교병원은 교통사고를 당해 뇌사상태에 빠졌던 군산의 문경민씨가 간과 신장, 각막, 인체조직을 기증했다고 밝혔다.

군산의 제조공장 근로자인 문 씨는 농사를 짓는 부모의 모내기 작업을 돕다가 불의의 사고를 당했다. 사고 직후 전북대학교 병원 응급실로 이송됐지만 뇌사상태에 빠졌다. 문 씨의 가족은 평소 어려운 이웃에게 온정을 베풀어온 고인의 삶을 기리기 위해 병원 측의 장기기증 권유를 받아들였다.

문 씨의 동생 성민 씨(39)는 "형의 장기기증 절차를 밟으면서 장기기증을 통해 만성질환으로 고통받는 소중한 생명을 살릴 수 있다는 것에 대해 큰 감동을 받았다"고 말했다. 성민 씨는 부인과 함께 장기기증을 서약했다.

문 씨가 기증한 간과 신장, 각막은 5명의 환자에게 이식됐으며, 인체조직은 한국인체조직기증원에서 많은 환자에게 이식될 예정이다.

동생이 나중에 나에게 전화하면서 "기증을 하게 해주셔서 정말 감사하다"고 말했다.

또 응급실에서 담당한 김소은 전임의 선생에게 감사를 하고 싶다고 전화번호를 물어 와서 통화를 하게했다.

몇 년 후에 나에게 메시지가 왔는데 "조직, 장기 기증한 문경민의 동생입니다.

어머니께서 전북대병원 응급실에 내원해 계시는데 심근경색으로 심장판막이 문제가 돼서 폐부종 때문에 힘들어 하십니다. 도움이 필요할 때 연락을 달라는 말씀이 생각나서 송구하게도 문자로 연락드립니다.“ 라는 내용이었다.

나는 심장내과에 연락을 해서 “장기기증을 하신 분 어머니이시니 특별히 잘 봐드려야 된다” 고 부탁을 해서 심장중환자실에 입원을 하게 하고 중환자실에 찾아가서 어머니를 만나서 인사를 드렸고 어머니는 치료를 받고 병세가 호전되어서 퇴원을 하셨다.

나의 말을 믿고 기증을 결정하신 유족분들이 요청하시면 내가 의사로서 할 수 있는 일이라면 최선을 다해서 도와드리고 싶다.

군산시 공무원 마지막 임무로 5명에게 장기 기증

이화수 (59세, 남)

군산시는 "급환으로 세상을 떠난 군산시청 소속 이화수 지방 행정주사가 생을 마감하면서 응급환자 5명에게 새 삶을 안겨줬다"고 밝혔다.

35년의 공직생활을 하고 공로연수에 들어간 이 주사는 갑작스러운 통증으로 병원을 찾은 뒤 급성 심근경색 진단을 받았다. 이후 의료진으로부터 회생이 힘들다는 통보를 받게 된다.

가족들은 충격을 뒤로하고 이 주사의 평소 신념에 따라 각막과 신장, 간 등의 장기를 국립장기이식센터에 등록된 응급환자들에게 기증했다.

더불어 장기조직기증원에 인체 조직을 기증하는 등 공무원으로서의 마지막 임무이상의 봉사를 다하고 영면(永眠)에 들어갔다.

이화수 씨 부인에게 전화를 하니까 "당시에 남편의 장기를 기증하라고 한 사람을 다 죽여버리고 싶었다" 고 대놓고 말씀하신다.

그게 바로 나라서 그 소리를 듣고 모골이 송연해진다.

본인은 기증하기가 정말 싫으셨단다.

그러나 시댁 식구들이 다 동의를 하셨다.

자식들이 "엄마가 전북대학교 병원에 자주 다니시는데 거기서 기증 받은 사람들을 만날 수도 있잖아?" 하면서 기증을 권했다.

피부를 기증하면 화상 환자들을 여러 명 살릴 수 있다고 해서 조직까지 기증을 하게 되었다. 남편 몸을 산산조각이 나게 만든다는 것이 결정하기가 너무 힘들었다.

그래서 5년이 지난 오늘까지도 남편 얘기가 나오니까 울음이 나온다. 기증 수술을 하기 전날 자기 전에 기도를 간절히 했다.

"내가 한 결정이 잘못된 것이면 당신이 꿈에 나와서 말려 달라. 그러면 내가 전부 취소하겠다." 했는데 야속한 남편이 꿈에 나타나질 않아서 기증하게 되었다.

조카가 참관하는 가운데 심장, 간 그리고 신장 2개를 기증

황병규 (50세, 남)

황병규 씨는 뇌출혈로 혼수에 빠져서 응급실로 내원하여서 뇌사상태에 빠져서 박 교수가 상담을 하였고 장기기증에 동의하였다. 뇌사 판정을 받은 후 심장, 간 그리고 신장 2개를 기증하기로 결정하였다.

장기기증 수술을 시작한지 처음으로 보호자들이 간호대학교 3학년으로 재학중인 기증자 조카의 수술방 참관을 요청하였다.

박 교수가 장기기증 수술이 다른 치료를 위한 수술과는 확연하게 달라서 옆에서 보기가 힘들 수도 있다고 얘기를 했는데도 참관을 원해서 그렇게 하기로 했다.

수술실에 수술 장면을 보기 위해 외부인이 들어가는 것은 극히 이례적인 일이고 수술하는 교수의 허락이 필요하기에 박 교수가 타병원에서 오는 적출의사, 본원 마취과 교수, 외과 황홍필 교수, 마취과 수간호사, 수술방 수간호사에게 연락하여 허락을 받았다.

환자의 입실과 함께 2층 수술방 입구에서 이식 코디네이터가 참관 보호자와 같이 수술 가운을 입고 들어가서 수술방 안에 있는 의자에 앉아있도록 했다. 수술 시작 시 수술을 주도하는 교수 지도하에 묵념을 하고 수술을 시작했다.

마취과 교수가 수술이 종료된 후에 추도식을 하는 게 좋겠다고 해서 진행과정을 참관보호자에게 설명하고 그때 할 말이 있으면 하도록 안내하고 질문에 답변을 해줬다.

수술 종료 후 시신을 깨끗이 정리하고 장례식장 이송 전 수술방 간호사, 마취과 간호사, 마취과 의사, 수술방 인턴, PA간호사 등이 모여서 황홍필 교수와 함께 장기기증원 코디네이터의 주도하에 추도사를 낭독하고, 보호자에게 인도하기 전 감사하는 마음으로 90도 인사를 했다. 이번 참관을 계기로 기증자에 대한 예우와 추도식에 더 신경을 쓰게 되었다.

천사가 된 5살 가온이

김가온 (5세, 여)

김가온 환아는 처음에 뇌염 증세를 보여서 소아과에 입원했다가 괴사성 뇌병변으로 병세가 악화되면서 혼수에 빠졌다.

3주 후에 검사한 뇌파가 평탄하여 박성광 교수가 환아의 부모를 9일간에 걸쳐서 여러 차례 만나서 설득을 하여 어렵게 기증에 동의했으나 외할머니의 반대로 3일 후에야 정식으로 동의를 받았다. 성인이라면 뇌사상태에서 이렇게 오래 생존하기가 어려운데 어린이라서 가능했던 것 같다. 뇌사조사 절차도 어린이는 훨씬 오래 걸리고 까다롭다. 뇌사 판정을 받은 후 간장과 신장 2개를 3명의 중환자에게 기증하고 하늘나라로 갔다. 기증 후에 아버지가 가온이의 장기를 받은 환아 중에 형편이 어려운 아이가 있으면 돕고 싶다는 고마운 뜻을 밝혔으나 수혜자가 다 성인이라서 전화를 안 했다. 눈에 넣어도 아프지 않을 딸과 이별하면서 장기기증이라는 어려운 결정을 내려 생명을 살리고, 장기를 받은 사람에게까지 도움을 주고 싶어 하는 아버지의 모습에서 끝없는 부모의 사랑을 느꼈다.

신장 환자가 간을 기증

김기철 (가명, 56세, 남)

김기철 씨는 기저질환으로 당뇨병과 만성신부전을 앓고 있었던 환자로 새벽에 흉통과 호흡곤란을 주소로 남원의료원에 내원하여 시행한 검사상 고칼륨혈증과 심전도 이상을 보여 본원으로 이송되었다.

구급차 안에서 심정지가 발생하여 심폐소생술을 시행한 후 본원 중환자실에서 치료를 받았다. 상태가 악화되어 뇌사상태로 진행되어 박성광 교수가 환자의 보호자와 면담했다.

환자의 동거인은 기증의사가 있으나 법적 권한이 없고, 환자의 누님이 계시나 전남 강진에 살고 있어 병원에 오지 못한다고 하여 서면 동의를 받기 위해서는 누님이 사는 강진까지 가야만 받을 수 있었다.

시간이 촉박하여 박성광 교수가 누님에게 구두로 장기와 조직 기증 동의까지 구하고, 광주에 있는 조직 기증 코디네이터가 강진으로 가서 장기와 조직 기증 동의서를 받도록 하고, 동의서를 받은 즉시 뇌사조사를 시행하고 뇌사 판정을 받아서 간장을 기증하여 생사를 헤매던 중환자 한 분이 건강을 회복하였다.

투석을 받으며 장기이식을 기다리다 폐를 기증하고 영면

김미화 (가명, 39세, 여)

전북대병원 장기이식센터는 말기 신장질환으로 4년간 혈액투석을 받던 30대 여성 김미화 씨가 뇌사 판정을 받은 뒤 말기 중환자 1명에게 폐를 기증했다고 밝혔다.

뇌출혈로 쓰러진 김미화 씨는 뇌사 판정을 받았으며, 유족은 고인의 유지를 받들어 장기기증을 결심했다. 전북대병원에서 적출된 폐는 서울로 옮겨져서 사경을 헤매던 환자에게 이식되었다.

김 씨 유족은 "가족 모두 장기이식을 오랫동안 기다려왔기에 만성질환자들의 심정을 잘 안다"며 "심성이 착하고 남을 도와주기를 좋아했던 고인이었기에 다른 환자가 새 생명을 얻게 됐다는 소식을 들었다면 누구보다 기뻐했을 것"이라고 전했다.

유희철 전북대병원 장기이식센터장은 "혈액투석을 받는 환자분이 다른 중환자의 아픔을 헤아려서 어렵고 숭고한 결정을 내려주신 유가족에게 고개 숙여 깊은 감사를 표한다. 이식을 받은 환자도 장기를 기증해준 분의 뜻을 기려 건강하게 사시길 바란다"고 밝혔다.

가장 많은 9명의 환자에게 장기를 기증하고 떠난 해라 씨

최해라 (22세, 여)

최해라 씨는 불의의 사고로 본원 응급실에 내원하여 저산소성 뇌손상으로 중환자실에서 집중치료 중에 혼수상태에 빠져서 치료 5일째 되는 날 뇌파검사를 실시하여 평탄뇌파임을 확인하였다.

박성광 교수가 부모에게 장기기증에 대해 설명을 하였으나, 어머니가 완강히 거부하며 서울에 있는 큰 병원으로 옮겨 치료할 생각도 있다고 차트까지 복사하고 강력한 치료의지를 밝혔다.

그 이후에도 박 교수가 여러 차례에 걸쳐 부모과 면담하였으나 어머님이 치료를 계속하길 원했다.

치료 11일째 환자는 계속 혼수상태를 유지하며 호전 양상을 보이지 않았다. 환자 아버지가 박 교수에게 장기기증에 동의하겠다고 연락이 왔다.

동의서 작성 시 각 기증 장기에 대해 박 교수가 설명을 했고, 어머니는 장기기증에 동의는 하겠으나 이틀 후에 기증을 하고 싶다는 말씀을 하셨으나, 박 교수는 뇌사 상태는 수술방 들어가는 순간에 사망하여 기증을 못하는 경우도 있으므로 하시려면 빨리 하시는 것이 좋고 환자 상태가 그렇게 오래 견디기는 힘들다는 말씀을 드렸다. 어머니가 하루만 더 시간을 달라는 요청을 받고 박 교수가 기증일을 하루 연기했고, 혹시나 밤 동안에 상태가 악화가 되면 저녁에나 밤에라도 수술을 들어갈 수 있음을 재차 설명했다.

장기기증 동의 후에 뇌사 조사를 실시하고 뇌사판정위원회와 검시 전 적출 승인까지 이루어졌다.

어머니가 원하는 수술일을 지정한 상태로 뇌사 조사 서류는 모두 준비를 마쳤지만, 수술 날짜는 하루 뒤로 연기해놓은 상태였다.

환자가 젊고 전반적인 상태가 좋았고, 다른 장기에 이상 소견이 발견되지 않아, 다장기로 기증이 가능함을 확인하였다. 심장-연세대세브란스병원, 폐장-서울아산병원, 간장(서울아산병원), 간장 분할(서울아산병원), 췌장(서울아산병원), 신장(좌)-전북대병원, 신장(우)-서울대병원, 각막(좌, 우)-전북대병원에서 수혜예정으로 있는 상태였다.

뇌사자 장기기증을 시작해서 22년 동안 아홉 명의 환자에게 장기를 기증하는 경우는 처음이었다.

박 교수가 아버지에게 기증하는 장기가 많고 난이도가 높은 수술이어서 예정된 9시간보다 더 오래 걸릴 수도 있음을 말씀드리고 양해를 구했다.

장기 적출 순서는: 심장->폐장->간장->간장(분할)->췌장->신장(좌, 우)->각막(좌, 우) 순서로 이루어졌다. 다행히 간장과 간장분할은 같은 기관에서 수혜한 경우이기 때문에 생각보다 시간이 덜 걸렸다. 보통 간과 간(분할)을 서로 다른 기관이 수혜를 하는 경우에 간장(분할)팀과 간장팀의 두 팀으로 나누어서 적출을 하기 때문에 두 배의 시간이 걸린다.

외과에서 복부 봉합 시 다장기기증이기에 절개부위도 길고 해서 더 세심하게 신경을 써서 봉합하느라 다른 때보다 봉합하는 시간이 1.5배 더 소요되었다.

총 적출 수술시간이 예상시간을 두 시간이나 넘어서 11시간이나 걸렸으며, 밤 10시경 보호자분이 본원 안치실에서 대기하고 있는 상태여서 코디네이터가 본원 안치실까지 직접 기증자분을 수습해서 본원 안치실로 인도해드렸다.

장례 치른 후에 아버지와 큰이모와 어머니가 병원 측이 세심하게 신경써주셔서 감사하다는 전화가 왔다.

이십대 딸이 불의의 사고로 뇌사에 빠지자 며칠을 눈물로 지새다가 기증을 결심한 해라 어머니는 몇 달 후에 비슷한 처지에 놓인 부모가 나중에 후회할 것 같다고 결정을 못 하길래 부탁을 드렸더니 그 분들에게 전화를 해서 "절대 후회하지 않는다. 병원을 믿고 기증을 하시는 게 좋다" 고 설득을 해서 그 분들도 기증을 했다.

신장 수혜자가 감사 편지를 보냈고 어머니가 답장을 보냈다. 요즘은 이렇게 소문이 나서 감사편지나 자기가 농사를 지은 인삼, 복분자주, 김갑 등 선물을 가져오는 분들이 있다. 그러면 기증자 가족들이 대부분 눈물을 흘리며 반가워 하신다.

please always know that I love you more
than anything else in the world.

아름다운 가족분들께.

저는 지난 여름에 신장을 기증받아 이식받은 환자입니다. 진즉 감사의 인사를 드려야 했으나 수술로 인한 면역 치료와 적응 관리에 집중하느라 벌써 1년의 시간이 지났습니다.

갑자기 발생한 황망스러운 상황 가운데 참으로 힘드신 결정을 내리신 가족분들의 깊은 은혜로움에 어찌 표현할 바 없는 존경의 마음을 담아 진심으로 감사의 말씀을 드립니다.

저는 오랫동안 투석을 해온 상태로 이제는 거의 투석조차도 어려울 정도로 모든 게 지쳐서 하루 하루를 견뎌내는 막바지 생을 살아가고 있는 중이었습니다. 이식은 꿈같은 일이라 거의 포기상태였구요.

그런데 뜻밖에 저하고 유전자 조직이 잘 맞는 신장을 만나게 되었다는 갑작스런 병원측의 연락을 받고 수술로 인한 두려움에 잠시 망설였지만 저에게 주어진 마지막 선물이라 생각하고 이식을 결정하게 되었습니다.

좋은 신장을 받고, 수술도 무사히 잘 되었고, 수술 초기에는 무척 힘드는 시간이 있었으나. 점점 시간이 지날수록 몸 상태도 조금씩 회복이 되어가고 이식한 신장도 거부 반응이 없이 잘 적응되어 가고 있습니다.
상상할 수도 없는 꿈꾸는 것 조차 허락되지 않았던

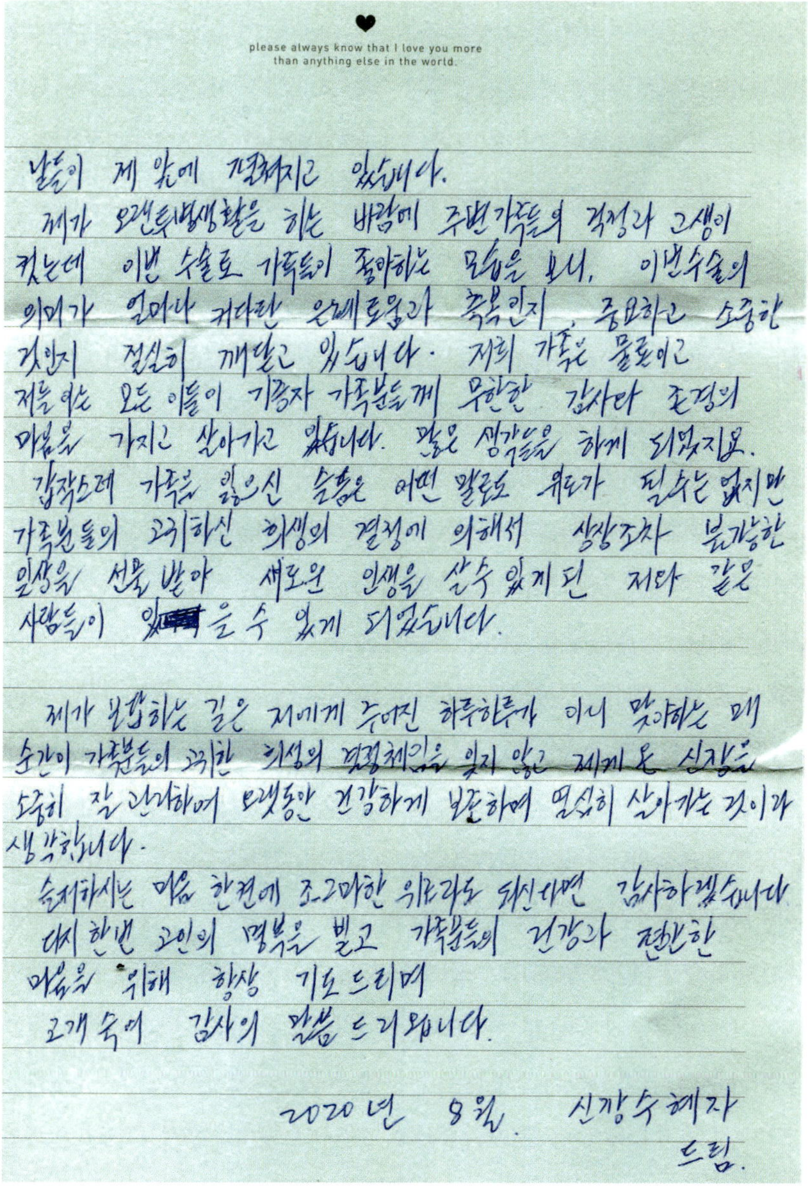

please always know that I love you more
than anything else in the world.

날들이 제 앞에 펼쳐지고 있습니다.

제가 오랜 투병생활을 하는 바람에 주변 가족들의 걱정과 고생이 컸는데 이번 수술로 가족들이 좋아하는 모습을 보니, 이번 수술의 의미가 얼마나 커다란 은혜로움과 축복인지, 중요하고 소중한 것인지 절실히 깨닫고 있습니다. 저희 가족은 물론이고 저를 아는 모든 이들이 기증자 가족분들께 무한한 감사와 존경의 마음을 가지고 살아가고 있습니다. 많은 생각들을 하게 되었지요.

갑작스레 가족을 잃으신 슬픔은 어떤 말로도 위로가 될 수는 없지만 가족분들의 고귀하신 희생의 결정에 의해서 상상조차 불가능한 일상을 선물 받아 새로운 인생을 살 수 있게 된 저와 같은 사람들이 있을 수 있게 되었습니다.

제가 보답하는 길은 저에게 주어진 하루하루가 [illegible] 맞이하는 매 순간이 가족분들의 고귀한 희생의 결정체임을 잊지 않고 제게 온 신장을 소중히 잘 관리하여 오랫동안 건강하게 보존하여 열심히 살아가는 것이라 생각합니다.

슬퍼하시는 마음 한편에 조그마한 위로라도 되신다면 감사하겠습니다.

다시 한번 고인의 명복을 빌고 가족분들의 건강과 편안한 마음을 위해 항상 기도드리며

고개 숙여 감사의 말씀 드리옵니다.

2020년 8월. 신장수혜자
드림.

안녕하세요.

저는 1년전 장기기증을하고 하늘나라로
여행을 떠난 최해라 엄마입니다
먼저 저희딸을 잊지 않고 편지주심에
온가족이 깊이 감사인사드립니다
...

매일 매일 흐르는 눈물과
지금이 꿈인지 현실인지도 모르고 착각하며
빈껍데기로 1년을 지내왔습니다. 그런데
편지를 쓰셨다는말에 "우리딸이 다른사람의
몸을 빌어 잘 있다고 소식을 전하는구나"
"정말 내딸이 아주 잘있다고 소식을 주는구나"
하는 생각에 눈물이 앞을가려 아무것도 못했습니다.
무엇보다도 건강이 차츰회복되고 있고
거부반응 없이 적응도 잘되어가고 있다니..
이 얼마나 고맙고 다행이고 감사한지..
"제게 온 신장을 소중히 잘관리하며 오랫동안
건강하게 열심히 살아가겠다는 말을

읽고 또 읽었습니다

정말로 그렇게 살아주신다면 저에게도

가족들에게도 위안과 큰힘이 될것이며

저도 일년동안 깜깜했던 생활에서 벗어나

세상밖으로 한발씩 내딛을것을 약속드립니다

아직도 딸아이 사진조차 못보고 있지만

용기내어 보렵니다.

다시한번 편지주심에 감사드리고

부디 건강하시길바랍니다. 온전히 회복되어

꼭 건강되찾으시길 간절히 부탁드립니다.

그리고 고맙습니다

정말 고맙습니다.

20년 8월 영원한 해라 엄마드림

하늘의 뭉게구름이 뭉실뭉실 떠다니던
어느 여름날 해라는 떠나갔지만
구름뒤에서 햇살처럼 환하게 웃고있었어요.
해라의 미소는 영원히 빛나고 있을거예요.
.....

안녕하세요 교수님.
저 최해라 엄마예요 (8월 기증자)
날마다 그칠줄 모르는 눈물과 하루하루를 어찌어찌 견뎌보기는 하지만
어제 교수님의 전화를 받고 정말 많은 위로가 되었어요
또 교수님의 도움으로 여러사람에게 생명의 씨앗을 나눠주고 떠난
해라가 너무도 자랑스럽고 아직도 살아숨쉬고 있다는게에 대해
다시한번 감사함을 느끼고요..
...
전주에 계신다는 수혜자 분께 편지를 쓰고자 했는데
부담을 주는것 같아서 이렇게 전해드려요.

"아프지 마시고 건강하게 오래오래 해라랑 같이 있어달라고"

여러모로 신경써주셔서 너무 감사드리고 저는 이땅에 해라가
여러명 있으니깐 힘낼께요.
코디 선생님께도 신경써주셔서 감사 인사 전해드려요.
이제 날씨가 많이 추워질텐데 감기 조심하시고
힘이 되어주셔서 감사합니다!
참! 저도 "희망의 씨앗" 등록했어요.
훗날 받아줄수만 있다면 모든걸 놓고 가려고요...
교수님, 건강히 안녕히 계세요

※코디선생님! 감사해요♡

19년 11월 6일 **해라** 엄마 올림.

엄마를 보낸 슬픔을 조금이나마 위로받는 것

이정화 (59세, 여)

이정화 씨는 의식소실로 남원의료원을 경유하여 내원하였으며 뇌혈종을 제거하는 수술을 받았으나, 혼수상태가 유지되어 신경외과에서 연락을 받았다. A형 간염에 양성으로 나와서 규정에 맞춰서 대상자 선정기준을 A형 간염에 양성인 환자로 하였다. 환자가 평소에 장기를 기증하고 싶다는 의향을 밝혀서 보호자가 장기기증을 원하는 상태였으며, 양쪽 신장에 요관이 2개여서 이식 교수가 직접 유희철 교수에게 수술이 가능한 케이스인지를 확인하고 복잡하기는 하지만 가능하다는 답변을 받고 진행하였다. 혈압이 불안하여 수술 전에 사망할 가능성이 있어서, 보호자에게 이 가능성을 충분히 설명한 후 동의를 받고 진행하여 간장과 신장 2개를 기증하고 영면하셨다.

안녕하세요? 이정화 님의 딸입니다.

엄마의 사연을 책에 담아주시겠다는 제안을 받고 엄마에 대해 떠올려 봅니다만 정말 엄마에 대해 아는 게 너무 없다는 생각에 미안함을 넘어 죄책감마저 듭니다. 엄마가 어떤 음식을 좋아했는지, 어떤 색깔을 좋아했는지, 종교는 있었는지... 어쩌면 엄마는 자신의 삶이 아닌 엄마의 삶만을 사셨던 분이라 그런 것들이 처음부터 없었는지도 모르겠습니다. 엄마의 삶은 '희생' 그 자체였습니다. 엄마를 보면서 늘 했던 생각은 '난 엄마처럼 살지 않을거야'였습니다. 그래서 저는 지금도 비

혼주의입니다. 엄마는 결혼 전까지는 동생들 뒷바라지에 꽃다운 나이를 공장에서 보냈습니다. 어렸을 때 어머니를 일찍 여의고 다행히 좋은 새어머니를 만났다고는 하지만 그래도 엄마 잃은 아픔과 설움은 있었을거라고 짐작을 합니다. 친부모 사이에서 남동생이 있었는데 스무 살이 되던 해 고기잡이 배를 타러 가서는 소식이 끊겼다고 합니다. 그래서 항상 돌아가셨을 동생을 그리워하시며 꿈결에라도 만나고 싶다고 하셨습니다. 결혼 후에는 아내로서, 며느리로서, 엄마로서 그렇게 평생을 소처럼 일만 하시며 사셨습니다. 결혼 초기에는 제주도에서 신혼살림을 하셨는데 너무 궁핍하다 보니 불도 들어오지 않는 움막 같은 곳에서 사셨다고 합니다. 선천적으로 심장판막증을 앓고 계셨던 엄마는 죽을 고비를 여러 번 겪으셨다고 합니다. 눈물로 부모님께 마지막 인사의 편지를 적었던 적이 여러 번이라고 하셨습니다. 제대로 먹지 못해 첫째 아이도 맥없이 보내셨다고도 했습니다. 그렇게 셀 수 없는 고통의 날들을 어찌 보내셨을까요. 한 번은 그런 엄마가 너무 답답해서 "엄마는 어떻게 그 힘든 시기를 보냈어?"라고 물었던 적이 있는데 엄마는 "정말 힘들 땐 그런 생각조차 할 수가 없었어. 먹고 살아야 했으니까."라고 하셨습니다. 엄마만큼 치열하게 살아온 삶들이 많겠지만 그래서 늘 마음이 아팠습니다. 결혼 생활 내내 배려를 받지 못하고 사랑도 받지 못하고 존중도 받지 못하고 사셨던 엄마였기에 여러 번 이혼을 권하기도 했지만 역시나 자식들의 미래를 위해 참고 또 참고 사셨던 분입니다. 그냥 보통의 남편을 만났더라면 누구보다 사랑받고 사셨을텐데... 밤늦게 논일을 하고 돌아와도 제대로 흙투성이의 발을 씻지도 못한 채 구색 없는 부엌에서 저녁을 짓고 여름에는 빗물을 받고 겨울은 개울물을 깨서 설거지며 빨래를 손수 하시던 엄마의 손은 마흔이 넘기도 전에 마디마디가 구부러지고 까슬까슬한 보기 싫은 손이 되었습니다. 그래서 남들 앞에서 항상 손이 부끄럽다 하셨습니다. 그 손을 자주 잡아드리지 못해 너무도 후회스럽고 마음이 아립니다. 그 놈의 책임감 때문에 구박만 하시던 시어머니의 간병을 10년간 하시면서도 할머니께서 돌아가신 이후에는 '못해드린 게 많아 미안타' 하셨던 분입니다. 150도 안 되는 작은 체구에 어디서 그런 힘과 용기가 나셨는지 엄마는 무슨 일이든 겁을 내지 않고 일하셨습니다. 논밭일부터 남편을 따라 페인트일도 하시고 제재소, 휴게소, 사과밭, 요양보호사 등등 맡은 일에서는 소문이 자자할 정도로 똑 소리 나게 하셨습니다. 그렇게 무일푼 농사꾼에게 시집와 빚 없이 논도 사고 집도 사고 그렇게 가정을 꾸려오셨습니다. 그렇게 일만 하시다 결국 심장이 망가졌습니다. 그래도 자식들에게 고통을 숨기고 입퇴원을 반복하시면서 참 바보처럼 열심히 사셨습니다. 동물을 좋아해 겨울에는 아궁이 앞에서 고양이를 안고 불을 지피시고 옆집 강아지의 진드기도 손수 떼어주시던 소녀 같은 어머니, 누구보다 영특했다던 어머니, 책읽기를 좋아해 어떤 책이든 즐겨 읽으시던 엄마 모습이 생각이 납니다. 성경책을 자주 보셨던 기억이 있는데 아마도 기독교를 믿으셨으나 아버지의 반대 때문에 교회를 다니시지는 못했던 것 같습니다. 길가에 흐드러지게 피는 이름 모를 꽃을 보고도 마냥 행복해 하셨던, 소박한 것에 감사함을 알았던, 그 누구보다 배려깊고 따뜻했던 사람, 그런 사람이 엄마입니다. 부디 그곳에서는 매 순간 일초 일초가 편안하시길 바랄뿐입니다. 그것만이 엄마를 보낸 슬픔을 조금이나마 위로받는 것일 겁니다.

앞서 기증한 어머니의 도움으로

박정수 (73세, 남)

조경사업을 하셨던 평소에 아주 성실하고 알뜰하고 근검절약을 한 분으로 지인이 사는 동네에 언덕부근에 있는 나무 가지치기를 위해 3m 높이 나무 위에 올라갔다가 떨어져 심정지 상태로 발견되어 119에 의해 심폐소생술 후 전북대병원 응급실로 전원되었다. 응급실에서 장기기증 가능성에 대해 면담하였으나 편하게 보내드리고 싶다고 거절했다.

5병일에 뇌파검사를 시행하였고 평탄하다는 소견을 받았다. 박성광 교수가 환자의 부인과 면담을 했고, 부인은 기증 의사가 있으나 자녀들의 의견을 물어봐야 한다고 했다. 필리핀에 있는 아들과 딸, 사위의 의견을 모아야 부인의 동의를 받을 수 있는 상황이었다. 박 교수가 필리핀에 있는 아들에게 전화상으로 환자의 상태를 설명하고 장기기증에 대한 동의를 구했으나 자녀들이 "장기기증 후 시신 봉합이 깨끗하게 되지 않은 사례를 매스컴을 통해 봤다, 아버지의 시신이 훼손될 것 같은 우려가 있어서 완강히 반대하는 입장이고, 기증 후 아버지의 모습으로 인해 나중에 큰 트라우마로 기억될 수 있기에 기증을 안 하고 싶다"는 말을 했다.

다음 날에 부인은 "기증할 뜻이 있지만 자녀들이 인터넷에 기증하면 후회한다는 글을 보고 반대해서 못 하겠다"고 다시 밝혀 왔고, 연명의료 중단에 대해 결정하기로 했다. 진료과에서는 혈압을 올리는 약을 쓰지 않고 지켜보기로 했다.

박 교수가 작년에 장기를 기증한 20대 여성 최해라 씨의 어머니에게 부탁하여 환자의 부인에게 전화를 해서 기증하고 시신을 봉합하는데 전혀 문제가 발생하지 않았고, 기증을 후회하지 않았다는 내용으로 부인에게 통화해 줄 수 있는지를 물었고 해라 어머니는 흔쾌히 수락했다. 해라 어머니의 전화를 받은 다음날 환자의 부인, 딸, 사위가 박 교수와 한 시간에 걸쳐 면담하고 동의했다.

어린 아이들 때문에 환자의 딸은 보호자 역할을 하기가 어려워서 환자 분의 사위가 모든 일을 처리하는 상황이었고, 매스컴 보도나 유튜브 등을 통해 이미 장기기증에 대한 부정적인 인식이 있었던 상태라서 미리 여러 차례 자세하게 설명하고, 불편을 최소화하도록 신경을 썼다. 가족 면회 시에도 코디네이터 한 명이 아이들을 봐주고 마음 편하게 면회할 수 있도록 했다.

외인사여서 사망진단서 발급 후 112로 변사 접수를 도와드렸고 경찰이 병원으로 바로 출동을 하였고, 밤 9시가 넘어 병원 편의점 앞에서 사위가 경찰을 만나 조사를 받게 되어 초기 조사에 코디네이터가 같이 참여하여 뇌사기증 상황을 경찰에게 직접 설명하였다.

적출 수술 시에 간장 수혜병원 팀이 복부를 열었을 때 최종 간장 기증 부적합 소견을 내어 국립장기조직혈액원에 간장 기증을 취소하고 신장 2개만을 기증해서 2명의 혈액투석 환자들에게 이식되어 더 이상 투석을 받지 않게 되었다.

동의서 작성한 날에 박 교수와 최해라 씨 어머님과의 문자 내용

"통화했어요. 제 마음을 그대로 전달했어요. 감사합니다. 최해라 엄마 올림"

"어려운 일을 해주셔서 대단히 감사합니다. 박성광 올림."

"아니에요. 저희 딸 잊지 않고 연락주신 것만으로도 감사합니다. 앞으로도 도울 일 있으면 언제든지 연락주세요."

꿈의 계시대로 기증을 결심

박정수 님 부인

부인이 말씀하기길

"우리는 아들 딸 남매를 두었지요. 남편은 조경사업을 했어요. 술을 좋아했지만 성실하고 알뜰하고 근검 절약하시는 분이었어요. 아주 효자였어요. 평소에 시골에서 부모님을 모시는 둘째 형님부부를 끔찍이 좋아하셨고 따르셨지요. 자주 가서 뵙고 중요한 일이 있으면 가서 상의하고 그랬지요. 저는 교회를 열심히 다녔는데 남편은 잘 안 다니다가 몇 년 전에 교회에서 하는 부부학교를 한 달을 다녔어요. 사진에서 보이는 그때가 제 인생에서 제일 좋았던 때였어요. 몇 년 전에 남편이 가족들에게 좀 더 잘 할 수도 있었는데 못 했다고 후회하는 쪽지를 남겼었어요. 남편은 일 밖에 모르는 사람이었지요. 오직 일만 하다가 돌아가셨어요.

남편이 뇌사가 의심된다고 교수님이 기증을 하면 좋겠다고 해서 깜짝 놀랐어요. 그 때에 성경에 나오는 달란트 비유를 말씀하셨지요. 주인이 준 한 달란트를 주인이 무서워서 땅에 묻은 종에게 '악하고 게으른 종아' 하고 나무라셨다고요. 남편이 죽으면 화장을 하여 흙으로 다시 돌아갈 텐데 듣고 보니까 성경적으로는 꼭 기증을 하는 것이 맞다는 생각이 들었어요. 또 장기를 필요로 하는 분들도 기증하시는 분이 나타나게 해주시라고 열심히 하나님께 기도를 할 것 아니냐? 하나님이 어떤 기도를 들어주실까 생각하니 답이 나왔어요.

아들은 나와 같은 생각이었는데 딸이 완강하게 반대를 했어요. 그래서 못하는가 싶었는데 딸이 꿈을 꾸었어요. 냉장고에 꽁꽁 언 고등어가 2마리가 있었는데 그 중에 한 마리가 펄떡 뛰면서 살아서 힘차게 헤엄쳐 갔대요. 그것을 보니 아무래도 아버지로 인하여 어떤 환자가 살라고 하는 것 같다고 말했어요. 하나님이 얼마나 기뻐하실까? 환자가 살아나면 얼마나 다행인가? 하는 생각에 기증을 했지요. 기증을 하고 나중에 생각을 해보니까 얼마나 마음이 든든하고 잘한 일인지 모르겠어요. 그 때 교수님께서 좋은 말씀을 해주셔서 고마워요."

아빠의 자랑스러움을 널리 자랑하고 싶을 만큼 소중한 시간

윤정완 (58세, 남)

구역과 구토를 호소하여 뇌출혈로 진단받고 신경외과에 입원하여 혈종을 제거하는 수술 후에 상태가 호전되어 병동으로 전동하였다가 3주 후에 뇌출혈이 재발되어 재수술 후에 중환자실에 입실 후 혼수상태가 지속되어 뇌사상태로 추정되었다.

뇌파를 촬영하여 평탄뇌파로 판독받은 후에 바로 박성광 교수가 보호자인 큰딸과 30분가량 자세히 면담했다.

큰딸은 장기기증 의사가 있어 구두로 동의를 받았다. 우선 순위인 어머님과 최종 상의 후에 병원으로 내원하기로 했다.

한 시간 후 부인이 내원하여 장기를 기증하겠다는 서면 동의를 받았다.

나중에 딸이 "아버지가 생전에 장기기증에 뜻이 있었고, 가족들 또한 장기기증에 부정적이지 않은 상태였다"고 말했다.

뇌사판정을 받고 기증 예상 장기는 심장, 폐장, 간장, 신장 2개, 각막 2개이었으나 폐는 폐렴의 소견이 있어서 기증에 부적합하다고 장기조직혈액관리원에서 알려 와서 제외하고 나머지 7개의 장기를 기증하였다.

시신을 인도 후에 장례식장에 잘 도착하셨는지 문자를 보호자 분께 보냈고 "아빠 잘 도착하셔서 얼굴 뵙고 안정 취하기에 들여보내드렸어요. 아빠 챙겨주셔서 감사합니다. 마지막까지 안심할 수 있도록 옆에서 힘이 되어 주셔서 감사합

니다."라는 답변을 받았다.

박 교수가 받은 메시지

"뇌사 판정을 받은 윤정완 님 큰딸 입니다.

어제 우연히 전주 뉴스를 통해 아빠의 선행이 알려지는 것을 보았습니다.

장기기증에 대해 정확히 알고 소중함을 알려주셔서 감사합니다.

아빠의 뉴스를 통해 아빠의 자랑스러움을 널리 자랑하고 싶을 만큼 소중한 시간이었습니다."

아빠를 잊지 않고 기억해줘서 너무 감사합니다

윤보람 (고 윤정완 님 장녀)

저희 아빠는 평택에서 나고 자라 수원에서 건설업을 하시다, IMF 타격을 맞아 처가인 전라북도 완주군으로 이사하셨습니다. 모든 것을 내려놓고 내려올 때 아쉬운 것도 많고 어떻게 살아야 할지 몰랐을 지금의 제 나이의 아버지는 가정이라는 울타리 하나로 견디며 살아오셨습니다.

그로 인해서인지는 몰라도 어렸을 적 아빠의 모습은 험하고, 서투르지만 저희에게 부족함이 무엇인지 모르게 키워주셨습니다. 그로 인하여 성인이 될 때까지도 저희 가정이 풍족스럽지 못한 가정인지를 모르고 자랐고, 부끄럽지도 않게 지내왔던 삶이였습니다.

다 좋은 아버지는 아니였죠. 농촌에서 논, 밭을 일구며 완주군 소속으로 산림청 지역 대장을 맡아가며 일을 하시던 삶이였으니 술과 담배와도 많이 곁에 하셨으니 딸이었던 저와 동생, 엄마는 걱정 반 안 좋은 시선 반이었습니다.

유년시절까지 아빠의 그런 모습에 저희에게는 안 좋아보였고, 여느 딸과 아빠의 관계를 찾아볼 수 없었습니다. 그러다 성인이 된 후 혼자 결정해야하는 문제도 생기다 보니 엄마보다 아빠를 더 찾게 되었고 많은 이야기를 오고 가면서 고민거리 또한 아빠와 많은 이야기를 나누게 되었습니다. 지금 생각해보면 그 순간이 아빠와 같이한 시간이 더 뜻깊었고, 나의 해결사였고, 나의 속깊은 이야기를 서로 할 수 있었던 시간이었습니다.

그렇게 무섭고 무뚝뚝할 것 같았던 아빠의 모습은 역시나 결혼과 동시에 많이 나약했었고, 처음 순간이 나와 다를바 없이 무서워했던 아빠가 아닌 그냥 보통 사람이었던 걸 그제야 알았습니다.

결혼식장에 손을 잡고 들어가려던 그 떨리시던 손과 발, 큰아이를 임신했을 때 할아버지가 되어서 좋다던 그 순간, 친정에서 산후조리를 마치고 새벽에 손녀를 안고 펑펑 우시던 그 모습, 아직까지 잊혀지지가 않네요.

쓰러지기 2,3년 전 갑작스레 엄마와 해외여행을 계획하고, 실행하는 일들이 많아졌고 많은 추억을 만드셨습니다. 또, 처음으로 쓰러지기 딱 1년 전 친정식구와의 여행도 이루어졌있지요. 아빠가 쓰러지고 화장티로 가는 날, 문뜩 그때 아빠는 알고 있었을까? 그래서 계획했었나 싶었습니다.

순조롭게 가족들이 뭉치겠구나 생각하던 찰라에, 20년 4월 아빠가 갑작스레 쓰러지고 응급수술을 받는다고 하였을 때 그냥 수술이겠거니, 여느 수술장에서 나온 환자들처럼 아무일 없이 병실로 올라가겠거니 했던 수술이 장작 8시간, 그리고 더 걸리는 시간을 지나고, 중환자실에서도 혼수상태로 있다고 하니 그때야 실감이 나더군요. 그래도 일주일이면 일어나겠지, 내일이면 일어나겠지 하고 가느다란 희망의 끈을 놓지 않았습니다.

하지만 병세는 더 심각해졌고 마지막 상태가 좋아져서 일반 병실로 나왔던 그 날, 방문객은 면회가 안 되있딘 시기였지만 어떻게 외가 할미니, 할아비지의 면회가 가능해져 얼굴을 보고 나왔다고 합니다.

그때 아빠가 안심이 되었을까요. 할머니 할아버지 얼굴까지 보고 난 그날 저녁에 이빼의 상태가 갑자기 악화되어서 응급 수술 들어가신다고 연락이 왔습니다. 괜찮겠지하고 신호를 다 위반하면서까지 달려간 병실엔 아빠가 안계시고, 다시 중환자실에 들어가셨습니다.

담당 의사선생님께서 아빠의 뇌 사진을 보여주셨고, 일반인이 봐도 이건 심각하다고 생각할 정도로 생긴 아빠의 뇌 사진은 큰 이상이 있었습니다.

순간 뇌사인가 싶어 여쭤보니 그렇게 진행된다고 말을 듣는 순간에 그 동안 참아왔던 눈물이 저도 모르게 터져버렸습니다. 남편에게 전화하여 상황을 말하니 듣자마자 바로 병실로 왔고, 자기 아빠도 아니지만 장인어른이란 이유 하나만으로 둘이 얼싸안고 울었습니다.

이래저래 상황이 진행되면서 살아 생전에 자신의 몸 전체를 장기기증 할거라는 아빠의 이야기가 문득 생각이 났고 장기기증 상담을 받으며 진행하게 되었습니다. 이건 누구 하나가 결정했어야 하는 문제였고, 그 결정이 제 손에 있었습니다. 그 결정 고민을 순조롭게 진행 할 수 있게 코디네이터 선생님과 담당 교수님의 설명이 많은 도움이 되었습니다.

아빠였더라면 끝까지 살리고 기다려 주었을 텐데 그러지 못한 제 결정에 아직까지 많은 죄책감이 드는 나날들입니다. 하지만 어디선가 살아계실 아빠를 생각하고 그렇게 하고 싶어했던 아빠의 소원이라고 생각하며 저희 가족 또한 장기기증이라는 결정에 긍정적으로 생각하고, 등록을 하였습니다.

아빠와 같은 뜻을 같이 하고 싶습니다. 이 모든 결정에 후회는 없습니다.

아빠가 돌아가신지 2년이 지났지만 아직까지도 가족들이 모이면 아빠의 추억 이야기로 가득 찹니다. 돌아가신 후에도 기억할 수 있는 사람이 있다는 것, 이것만이라도 인생 잘 살았다고 생각합니다. 저희 뿐 아니라 남들도 아빠의 장기기증을 통해 윤정완이라는 사람을 잊지 않고 기억해 주어서 너무 감사합니다.

소중한 선택 후회 않도록 아빠와 오래오래 행복하게 살게요

강봉순 (82세, 여)

강봉순 씨가 집에서 쓰러져 있는 상태로 발견되어 지방의료원에서 검사 상 뇌출혈소견으로 본원으로 전원되었다. 신경계중환자실에서 치료 중 혼수 상태로 유지되고 보호자들이 심폐소생술을 원하지 않는 상태였다. 고령이시긴 하지만 외과에서 초음파로 봤을 때 장기 상태는 나쁘지 않고, 혈액형이 O+이어서 받을 수혜자가 있을 것이라고 판단하였다. 뇌파검사를 시행하였고 환자의 혈압이 떨어지고 오래 버티지 못할 수도 있다는 판단 하에 검사를 마치자마자 신경과 외래로 직접 연락해서 평탄 뇌파로 판독을 받았다. 박성광 교수가 환자의 남동생에게 직접 전화해 장기기증을 위해 법률상의 권한을 가진 남동생의 서명이 있어야만 장기기증이 가능함을 말씀드렸으나 현재 야간 당직을 하고 있어서 내일 아침이나 갈 수밖에 없다고 해서 저녁 8시 20분경 박 교수가 직접 차를 운전해서 코디네이터와 자동차 공업사를 방문하였고, 기증에 대해서 설명을 드리고 서류에 서명을 받았다. 남동생이 코로나 여파로 중환자실의 면회시간과 면회객 수를 제한함에 따라 어제 병원에 입원하여 위중하다는 소식을 듣고도 누나를 찾아가 보지 못하였다고 하여 수술하기 전에 면회할 수 있도록 조치를 취했다.

처음 환자를 발견한 오전 11시부터 장기기증 설득, 동의, 뇌사조사, 뇌사 판정, 검사, 다음날 수술실로 이송하기까지 약 26시간이 걸려 원내 장기기증 진행 사례 중 최단시간 진행으로 기록될 사례이다. 처음 동의를 받을 때까지만 해도 전날 밤 늦은 시간에 동의가 이루어졌고, 장기기증을 위한 필수 검사인 조직형 검사도 밤 9시에 늦게 시작되어 수술 예정시각을 아무리 빨라도 다음날 오후 4-5시 정도로 예상하였으나 내과, 신경과, 진단검사의학과, 외과, 마취과 등의 협조와 노력으로 빠른 시간 안에 수술이 시작되었고, 수술실에서도 급하게 진행되는 수술에 문제 없도록 준비를 해주어서 2개 신장의 적출 수술을 성공적으로 마쳤다.

고마우신 장기기증자분께

안녕하세요. 저는 이번 장기이식 수혜자의 둘째 딸입니다.

이번 저희 아빠께서 기증자 분, 그리고 가족분들의 선택으로 건강을 되찾으시게 되어 감사함을 표하고 싶어 이렇게 편지를 작성하게 되었습니다.

저희 아빠가 신장이 급격하게 크게 안 좋아지셔서 일 년이 넘는 시간을 투석을 받으시며 매우 힘들어하셨습니다.

물론 아빠가 제일 힘드셨겠지만 옆에서 지켜보는 저와 가족들도 너무 마음이 아팠는데

기증자분과 가족 분들 덕택에 이렇게 고통을 한시름 덜 수 있게 되어 이루 말할 것 없이 감사한 마음 뿐입니다.

하루하루 수척해지시던 아빠가 수술 이후 점점 편해지시고 얼굴 색도 좋아지시는 걸 볼 때 마다 기증자분과, 소중한 결단을 내려주신 가족분들에게 다시금 감사한 마음이 듭니다.

이러한 선택이 아프신 저희 아빠 뿐만이 아니라 아빠를 걱정하고 함께 힘들었던 가족 모두에게 희망과 기쁨을 주셨다는 걸 꼭 알아주셨으면 좋겠습니다. 정말 감사합니다. 처음 기증자분이 나타나셨다는 것을 알았을 땐 정말 그냥 꿈인줄 았았는데 아니라는 걸 알고 얼마나 기쁘고도 감사했는지.... 소중한 선택 후

회되시지 않도록 아빠와 오래오래 행복하게 살게요.

정말 다시 한 번 감사드립니다.

— 이식 수혜자 딸 드림 —

기증자 가족분들께.

안녕하세요. 저는 이번 기증자 가족분들의 소중한 선택으로
신장기증을 받아 새 삶을 사시게 된 아버지의 첫째딸 입니다.
너무나 감사한 마음을 서면으로 전하게 되어,
일단 정말 죄송하다 전하고 싶습니다.
가족분들의 크나큰 결심덕에 저희 아버지가 새 삶을 얻으시고
다시금 남은 생을 건강히 살아가실 수 있게 되었습니다.
정말 진심으로 감사드립니다. 베푸신 은혜와 마음,
잊지 않고 살아가며 저도 그 마음 타인에게 베풀며
되새기고 살겠습니다. 한 평생 건강문제로 힘드셨던
저희 아버지께 이렇게 희망을 안겨주셔서 진심으로
이 감사한 마음을 어떻게 전해야할지, 글로 전부
표현이 되지 않습니다. 저희 가족에게 나누어주신
건강이라고 생각하고, 저 역시 기증수혜자의 가족으로써,
또 의료인으로써 타인에게 새 삶과 건강 나누어주는
결정하며 살아가겠습니다. 진심으로 감사드립니다.
앞으로 행복과 행운이 깃드시길 항상, 한평생 기도하겠습니다.
나누어주신 마음 헛되지 않게 저희 아빠 건강히 사시도록
옆에서 지켜보는 딸 되겠습니다.

정말 감사드립니다.

안녕하세요.

저는 지난 5월 28일 신장이식수술을 한 환자의 딸입니다.
아빠의 수술 소식에 참으로 많이 울었습니다. 아마도… 살려고 드시던 무수히 많은 약들, 응급실로 향하는 모습, 홀로 4~5시간 투석하는 모습, 투석 후 지쳐 집에 들어오시는 모습과 공여자 선생님의 마지막 상황이 아이러니하게도 겹쳐보였기 때문인 것 같습니다.

다음날 전북권뉴스에서는 「전북대병원서 장기기증 후 영면…」이라는 제목과 함께 관련 내용이 보도되었고, 직감적으로 전 '아, 이분이시구나!' 라고 생각했습니다. 정말… 정말 감사합니다.

많은 이들의 걱정 속에 수술은 무사히 끝났고, 회복도 빠르게 되어가고, 지금도 잘 지내고 계십니다. 정말 감사합니다

얼굴도 모르는 낯선 이에게 새 삶을 주는 공여자 님의 고귀한 마음,
수혜자를 포함한 가족들, 의료진 분들의 간절함이 함께 이루어낸
결실이라고 믿습니다.

마지막으로, 갑작스럽게 세상을 떠난 공여자 님의 명복을 빕니다.
또, 가족분들에게도 위로의 말씀을 전합니다... 장기 기증에 대해.
어려운 결정을 해주셔서 진심으로 존경과 감사의 마음을... 이렇게
글로나마 전합니다.

저도 훗날 누군가를 살릴 수 있는 그런 삶을 살 것 입니다.
쉽지 않았을 결정인 걸 압니다. 그럼에도 불구하고 용기내주셔서
고개숙여 감사 인사를 드립니다.

감사합니다.

뇌사 판정은 장기를 기증한다는 전제하에 시행

김영철 (가명, 53세, 남)

김영철 씨는 8년 전에 말기신부전으로 진단받고 혈액투석을 시작하여 본원으로 뇌사자 이식을 신청해 놓은 대기자였다.

현재도 주 3회 혈액투석을 받고 있는 환자이다. 갑작스런 의식저하를 주소로 응급실로 내원하여 CT 검사상 심한 뇌출혈로 진단되어 혈종제거 수술 후 중환자실에 입원하여 치료 도중 병세가 악화되어 뇌사추정자로 연락을 받았다.

뇌파검사상 뇌파가 평탄하여 박성광 교수가 보호자(형제들)와 면담하였고, 고령의 부모님이 살아계셔서 상의 후 알려주기로 했다.

7병일 아침에 다시 박 교수가 면담하던 중에 큰형이 각막이 안 좋다고 하여 혹시 동생의 각막을 이식하면 시력을 되찾을 수 있을까 하여 안과 박영명 전임의에게 부탁하여 일요일인데도 불구하고 무거운 안과검사 기구를 가져와서 편의점 앞 테이블에서 눈 검사를 받았다.

그러나 시력이 없는 것이 각막 문제가 아니고 신경 문제라서 이식수술 대상이 아니었다. 큰형이 실망하고 다른 형제들이랑 조금 더 상의하고 아버지를 찾아뵙고 의견을 모은다고 하여 더 대기했다.

아버지는 90세인데 장기기증 서약을 하셨다고 하여 동의하실 거라고 희망을 가졌다.

8병일 아침 면회 때 박 교수가 다시 면담을 했고, 환자가 장기 기증을 하시면 나중에 4촌 이내 가족들이 이식 대기자 등록 시 가산점을 받게 되는 혜택에 대하여 말해줬다. 여전히 가족들의 의견이 모아지지 않았다.

오후에 연락해 보았을 때에는 동의 권한을 가진 아버님의 동의 없이 뇌사 판정을 먼저 받아보고 나서 아버지께 동의를 구해 보면 안 되느냐고 하여 뇌사판정을 받는 것은 판정을 받아서 뇌사라고 판명이 되면 장기를 기증한다는 전제하에 시행하는 것이며 여기에는 아버님의 동의가 필수적이어서 동의가 없이 판정만 받는 것은 법적으로 불가능하다고 설명을 드렸고, 더 기다려보기로 했다.

9병일 아침 면회 때 다시 보호자와 면담하였고, 아버지가 기증의 동의를 안 하셔서 환자는 8일 후에 사망하셨다.

기다리는 환자의 심정을 헤아려서

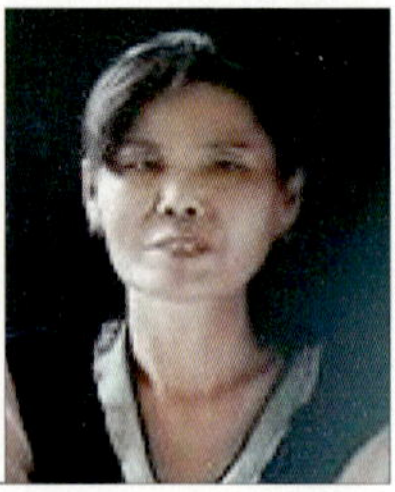

조순례 (61세, 여)

조순례 씨는 혈액투석을 받고 있는 분인데 저녁 식사 후 대화 도중 갑자기 의식변화가 발생하여 본원 응급실로 전원되어 뇌출혈로 진단받고 응급수술을 받은 후에 신경계 중환자실 치료 중에 혼수상태가 유지되어 박성광 교수에게 보고되었다.

뇌파검사를 실시하였고, 신경과에서 평탄뇌파로 판독했다.

이후 보호자의 장기기증 면담이 필요한 상황이어서 환자의 주보호자가 딸이 두 명인 것을 확인하였고, 두 딸의 연락처로 박 교수가 연락을 취하였으나, 큰딸은 직장일로 연락이 원활하게 안 되는 상황이었고, 둘째 딸에게 상황 설명을 하고, 큰딸과 함께 내원하도록 권유하였다.

큰딸이 장거리 출퇴근을 하고 있는 상황이어서 퇴근이 8시 넘어서나 끝나는 상황이었고 만약 내원을 하지 못하는 경우가 발생하면 박 교수가 직접 김제를 방문하여 서면동의 받아올 수 있도록 서류를 준비해 놓았다.

밤 10시30분경 자녀 2명과 지인 내원하여 23시경 장기기증 서면동의 이루어진 후에 내과중환자실로 전동 후 뇌사조사가 진행되었고 간장과 각막을 진행하기로 하였으며, 각막은 안과에서 의학적으로 기증 부적합하다는 소견을 받아서 간장만 기증을 하였다.

딸들이 어머님이 투석을 받고 있어서 말기환자들의 심정을 잘 알고 있어서 그

분들을 위해서 장기기증을 결심하셨다. 기독교인이었고 평소에도 항상 검소하고 알뜰하게 살림을 하셨고 아이들을 특별히 예뻐하셨다고 한다. 투석 환자여서 다른 장기는 못 쓰고 간장을 기증하셨다.

이제까지 24년 동안 전북대학교 병원에서는 말기신부전으로 혈액투석을 받는 아홉 분이 뇌사상태에서 장기를 기증하고자 하였는데 두 분이 장기가 부적합해서 기증을 하지 못하고 일곱 분이나 간장과 폐와 각막을 기증하셨다.

이는 환자의 가족들이 환자의 심정을 헤아려서 다른 환자를 살리기 위해서 기증을 하셔서 일반적으로 투석을 하시는 분은 장기를 기증할 수 없는 것으로 알고 있는 사람들이 꽤 있는데 생각이 바뀌어야 한다.

산고를 치르며 낳고 길러주신 어머니의 동의 얻기가 힘들어

김필례 (가명, 44세, 여)

김필례 씨는 새벽 2시경에 의식이 저하되어 심폐소생술을 하면서 본원 응급실 내원하여 지주막하 출혈, 허혈성 뇌 손상의 진단을 받고 신경외과 중환자실에서 치료 중이었다. 그 후 뇌사추정자로 경과를 지켜보던 중 뇌파를 촬영하여 평탄뇌파로 판독을 받았다.

다음 날 신경외과 교수의 설명 이후에 박성광 교수가 보호자 남편과 뇌 전반의 기능 및 환자의 전반적인 현재 상태가 뇌사추정 상태임을 컴퓨터 사진을 보여주며 설명하며 1시간가량 면담했다.

며칠 후 남편이 가족들과 상의는 다 되어서 장기기증을 하기로 결정하겠지만 하루만 더 시간을 주기를 원하여 구두 동의는 하였으나 서면 동의는 다음날 하기로 하고 외과, 뇌사조사 시간 결정 등 모든 준비를 마쳤다.

다음날 남편으로 부터 전화가 와서 친정어머니가 결정을 번복하여 기증을 못하겠다고 했다. 박 교수가 친정어머니하고 직접 상담하고 싶다고 했다. 다음 날에 친정어머니가 병원에 갑자기 방문하셨고 박 교수가 뵙고 면담을 허락받았다.

오후에 박 교수가 친정어머니의 자택으로 방문하여 친정어머니와 언니와 한 시간가량 면담했다. 친정어머니께서는 여러 사람을 살릴 수 있다는 점에는 공감을 하나 딸의 장기기증에 대해서는 단호히 거절하셨다. 그리고 더운 날 어렵게 방문하여 상담하느라 고생했다고 음료수를 주시고 문까지 배웅을 하시면서 냉장고에서 꺼낸 차가운 생수를 한 병 건네주셨다.

박 교수는 "어머님의 마음을 충분히 이해했고 방문을 허락하고 이야기를 끝까지 들어주셔서 감사하다"고 말씀드렸다.

환자는 의료진의 계속된 치료에도 불구하고 한 달 뒤에 사망하셨다. 이렇게 뇌사로 추정되는 환자가 오래 사신 것은 젊기도 했지만 예외적이었다.

항상 산고를 치르며 낳고 길러주신 어머님의 동의를 얻기가 가장 힘들다.

마지막까지 좋은 일을 하고 가시도록

장재진 (58세, 남)

전북대학교병원(병원장 조남천)에 따르면 뇌경색과 뇌출혈로 인해 병원에 실려 온 장재진 씨가 중환자실에서 집중치료를 받았으나 끝내 의식을 회복하지 못해 뇌사 판정을 받고 장기를 기증했다.

고인의 장기기증으로 수년간 투석을 받던 말기신장질환 환자 2명과 각막 이식이 필요한 환자 2명이 새 생명을 선물 받게 되었다.

가족들은 "본래 심성이 착하고 평소 어려운 이웃에게 나누길 좋아했던 고인의 삶을 기리고자 장기기증을 결정했고, 마지막까지 좋은 일을 하고 가실 수 있다는 것이 큰 의미가 있다"며 "장기 이식을 기다리고 있는 환자들을 살리는데 도움이 되기를 바란다"고 말했다.

전북대병원 장기이식센터 이식 센터장은 "갑작스러운 슬픔을 딛고 얼굴도 모르는 중환자들을 위해 숭고한 결정을 내려주신 가족 분들에게 고개를 숙여 깊은 감사를 표한다"고 말했다.

주유소에서 일하던 중 의식이 저하되어 119로 본원 응급실 내원하였으며, 뇌경색 진단받고 뇌혈관조영술 후 다시 의식저하 소견 보여 시행한 검사상 뇌출혈 진단 하에 혈종제거술 시행 후에 신경계중환자실 치료 중 혼수상태가 유지되었다.

며칠이 지난 후 신경외과로부터 다음날 일찍 연명의료 중단 계획이라고 연락을 주었고 박성광 교수가 밤에 보호자에게 연락하여 연명치료 중단보다는 장기기증을 하시는 것이 좋겠다고 설득하고 장기기증 의사가 있음을 확인하였다. 다음날 아침에 박 교수가 아들과 면담하여 서면 동의를 받았다.

다음날 뇌사판정까지 완료하고 간장, 신장, 각막을 기증하기로 결정되었고, 수술시간을 오후 5시경으로 준비하던 중 새벽에 환자 산소포화도가 유지되지 않고 혈압상승제를 투여해도 혈압이 유지되지 않아 오전 7시경에 간 적출팀이 도착할 때 까지 기다릴 수 없어 국립장기조직혈액관리원에 보고하고 바로 수술실로 이송하여 간을 제외하고 신장만을 적출하였다.

그래서 2명의 투석환자들에게 이식되었다. 언제든지 환자상태가 예기치 못하게 악화될 수 있음을 생각하고, 플랜 B를 가지고 지체하지 않고 진행하길 잘했다는 교훈을 얻었다.

만성질환으로 고통받은 이들에게 도움이 되기를

김정숙 (60세, 여)

뇌사 판정을 받은 60대가 장기 기증으로 5명에게 새 생명을 주고 눈을 감았다.

전북대학교병원에 따르면 갑작스러운 뇌출혈로 병원에 실려 온 김정숙 씨는 끝내 의식을 회복하지 못하고 뇌사 판정을 받았다.

가족들은 평소 이웃에게 온정을 베풀던 고인의 삶을 기리기 위해 장기 기증을 결정했다.

고인의 간장 1개와 신장 2개, 각막 2개는 국립장기조직혈액관리원이 선정한 5명의 환자에게 이식됐다.

장기기증 후에 뼈, 연골, 근막, 피부, 인대, 건, 신장판막, 혈관, 신경, 심낭 등 조직을 기증하여 수많은 환자들에게 추후에 이식될 예정이다.

김 씨의 유족은 "장기기증이 만성질환으로 고통받아온 이들에게 도움이 됐기를 바랄 뿐"이라고 말했다.

어려운 이웃에게 나누길 좋아했던 삶을 기리고자

김병수 (63세, 남)

뇌사판정을 받은 60대 남성이 장기기증을 통해 2명의 숭고한 목숨을 살리고 영면했다.

전북대학교병원에 따르면 뇌출혈로 병원에 실려 온 김병수 씨가 중환자실에서 집중치료를 받았으나 끝내 의식을 회복하지 못하고 뇌사판정을 받았다.

내원 당시 마을 주민이 발견한 상태로 부인은 필리핀에서 귀화한 여성으로 5개월 전부터 인천에서 일하고 있었다.

보호자가 없는 상태였으나 응급수술이 필요한 상황이어서 바로 수술을 받았다. 그 후 부인과 연락이 닿아 박성광 교수가 전화상 면담을 하였으며 부인 김선미 씨는 “본래 심성이 착하고 평소 어려운 이웃에게 나누길 좋아했던 고인의 삶을 기리고자 장기기증을 결정했다”며 “투석을 하며 오랫동안 기다리고 있을 환자들을 살리는데 도움이 되기를 바란다”고 말해서 장기기증 동의하여 서명하고 장기를 기증하였다.

부인의 장기기증 결정으로 고통 받고 있던 신장이식 대기 환자 2명이 새 생명을 선물 받게 됐다.

이식 전북대병원 장기이식센터장은 “갑작스러운 슬픔을 딛고 얼굴도 모르는 중환자들을 위해 숭고한 결정을 내려주신 가족 분들에게 고개 숙여 깊은 감사를 표한다”고 전했다.

필리핀 부인이 한국말을 잘 못해서 추가적인 진행 사항 등을 자세히 설명 할 수 없는 상황이어서 언어 소통의 한계를 느꼈고, 대부분의 중요한 설명을 박 교수가 해주는 상황이었다.

보호자 대기 장소도 마땅치가 않는 상황이라 코디네이터 한명이 원외 찜질방까지 안내 및 동행하였고, 법적 서류(가족관계증명서, 주민등록등본) 발급도 동행해서 발급을 받았다.

화장비용까지 어려움이 있을 듯 하여 임실에서 지원받을 수 있는 지원금을 안내하고, 화장터 예약까지 해드렸다.

뇌사 기증자는 B형 간염 양성인 환자로 뇌사 조사 전에 미리 국립장기이식센터에 기증할 수 있는 지를 문의하였고, B형 간염이 양성이어도 수혜가 불가능한 것은 아니라고 답변을 받고 진행하였다.

장기기증 후 지원되는 정부지원금은 후불형식이어서 박 교수가 원무과장. 총무과장에게 연락을 해서 필요한 공문 서류 등을 문의하여 서식을 새로 만들어 보호자에게 동의를 받았다.

또 김병수 씨가 평소에 마을에서 마음씨가 좋은 분으로 소문이 나서 이장님이 나서서 금전적으로 장례비용등 물심양면으로 많은 도움을 줘서 장례를 무사히 마쳤다.

다음은 필리핀에서 온 부인 김선미 씨가 박 교수에게 온 메시지이다.

Good morning Dr. Park ..I send to you my husband ID in picture ...I agree to publish his story...He is in heaven now together with our almighty God ...thank you for helping me...your kindness...I really appreciated it and I cannot forget that ......you are good Dr. Sung Kwang Park ..you helping the needy person like me..May God bless you and more blessing come to you....Kamsahamnida ..김선미/Judy♡

박 선생님 안녕하십니까? 여기 제 남편의 신분증 사진을 보냅니다. 남편의 기증을 신문에 홍보하시는 것에 동의합니다. 지금 남편은 전능하신 하나님과 같이 하십니다. 저를 친절하게 도와주신 것에 대해 감사드리고 잊지 않겠습니다. 박 선생님은 저 같이 도움이 필요한 사람을 도와주셨으니 좋은 분입니다. 하나님의 축복을 빕니다. 감사합니다. 김선미/쥬디

Good morning Dr. Park, I read the article. I translate to english... My gratitude to you for all have done, which I will never forget. I truely appreciated you. and your time spent helping me.....I am alone no family ,sad deppressed of losing my husband 김병수 his eternal soul rest in peace now...I miss him....and it's take time to heal my pain... God is good with me and will he never leave me..Thank you again for everything you do ..helping for me.....Respectfully yours, 김선미Judy

박 선생님 안녕하십니까? 기사를 잘 읽었고 제가 영어로 번역을 했습니다.

모든 분들에게 감사드리고 은혜를 잊지 못하겠습니다.

가족도 없고 혼자이고 슬퍼하고 남편을 잃고 우울증에 빠진 저를 시간을 내가며 도와주셔서 진심으로 감사합니다. 남편의 영혼은 지금 평안히 쉬고 있습니다.

저는 남편이 그립고 제 고통이 치유되려면 시간이 필요하겠지요.

하나님께서 저를 홀로 두지 않으시고 저와 함께 하십니다. 저를 여러모로 도와주신 것에 다시 한 번 감사드립니다. 김선미/쥬디

Hello doctor Park thank you very much for helping me...financially hospital bills, cremation etc..of my late husband Kim Byeung Su ., who died last March 23,2021..I can't forget the blessing you share .. You have a gold kind heart. Thanks again..God Bless you Always.

박 선생님 안녕하십니까? 저를 작년 3월 23일에 돌아가신 김병수 님의 병원비와 화장비등 경제적으로 도와주신 것에 대해 대단히 감사합니다.

나누어준 축복을 잊지 못하겠습니다.

선생님은 친절한 마음을 가지셨습니다. 다시 한 번 감사드리면 하나님의 축복을 빕니다. 김선미/쥬디

Dearest Doctor Sung Kwang Park,

Warmest Greetings.

It's been one year and few months has past since my late husband, Mr. Kim Byung Su suffered cerebral stroke resulting to his death last March

23, 2021. Since then, I haven't formally extended my profound gratitude to everyone of you who been very supportive, since day one when my late husband was been hospitalized.

In this regard and in this very time, even though it's late already I sincerely extending my wholehearted gratefulness. First to you Dr. Park and your colleagues who by one way or another stretched out their expertise and professional help.

Further, to mention, the doctors, nurses and staff of Chonbuk National University Hospital for the service and facilities, likewise to our Chairman 이장님 김야희 and neighbors in my husband place 임실군 오수면 둔덕 who instantly provided their support. to the concerned anonymous citizens who offered cash donations in response to the published calling relative to my financial status: and lastly, to the government of South Korea who thru their system, I was able to received financial assistance. I cannot imagine my life and how to survive such predicament if not for you who kindly extended your lovingly arms.

I vow to include all of you in my prayer and forever grateful to you all.

TO GOD BE THE GLORY.

Sincerely Yours, 김선미/Judy

친애하는 박성광 선생님

반갑게 인사를 올립니다.

제 남편 김병수 씨가 작년 3월 21에 뇌출혈로 돌아가신 지 일년하고도 몇 개월이 지났습니다.

제 남편이 입원하고 만난 날 후부터 많이 도와주셨던 병원 여러분들에게 공식적으로 깊은 감사를 표시하지 못했습니다.

그런 점에서 오늘 매우 늦게나마 진심으로 제 마음을 담아서 감사를 드리고 싶습니다.

먼저 박 선생님과 동료들에게 특별한 전문성을 가지고 여러 방면에서 도와주셔서 감사합니다. 또한 전북대학교병원의 의사, 간호사와 직원 여러분들이 좋은 시설과 서비스를 제공해주셔서 감사드립니다.

또 남편과 같이 살았던 임실군 오수면 둔덕의 김야희 이장님과 주민 여러분들이 소식을 듣자마자 바로 달려와서 도와주셔서 감사합니다.

또 저의 어려운 재정 형편을 듣고 걱정이 되어서 현금으로 도와주신 이름을 모르는 시민들에게도 감사드립니다.

마지막으로 저에게 재정적으로 도움을 준 한국 정부에게도 감사드립니다.

어려움에 처한 저에게 베풀어 주신 여러분의 따뜻한 도움이 없었더라면 제가 어떻게 살 수 있었을까 상상하기 어렵습니다.

기도할 때 항상 여러분을 기억하고 항상 감사드리겠습니다.

하나님께 영광을

— 김선미/쥬디 드림

장기기증의 좋은 취지에 대해서 이해

김태환 (가명, 37세, 남)

김태환 씨는 불의의 사고로 의식 소실, 심정지 상태로 발견되어 119에 의해 심폐소생술을 하면서 본원 응급실로 이송되었다.

응급중환자실 치료 중 혼수상태로 유지되었다.

검사한 뇌파에서 파가 약간 남아있었고, 다음 날 뇌파를 다시 검사하여 신경과 판독 결과 평탄파로 나와서 오후에 박성광 교수가 환자의 어머니와 아내와 면담하였다.

두 분 다 장기기증의 좋은 취지에 대해 이해하고 있다고 하고 아내도 어머니의 뜻에 동의하여 장기를 기증하기로 서류에 동의하였다.

간과 각막 기증을 진행하였다. 기증자가 AB형이어서 응급대기자가 없어 심장 수혜자는 선정이 안 되었고, 간만 이식대상자가 선정되었다.

뇌사판정을 받고 간과 각막 2개를 기증하고 영면하셨다.

장기이식을 기다리는 환자들을 살리는 데 도움이 되길

권인숙 (58세, 여)

전북대학교병원(병원장 조남천)은 뇌사판정을 받은 50대 여성이 장기기증으로 3명의 환자에게 새 생명을 선물하고 영면했다고 밝혔다.

권인숙 씨는 직장에서 근무하던 중 갑작스런 뇌출혈로 전북대병원에 이송돼 수술 후 집중치료를 받아오다 끝내 의식을 회복하지 못하고 뇌사 판정을 받았다.

가족들은 살아 생전 고귀한 생명나눔의 의미로 장기기증 의사를 밝혀온 고인의 유지를 받들어 장기기증을 결정했으며 장기이식 수술이 진행됐다.

고인의 장기 기증으로 말기신장질환 환자 2명과 간질환 환자 1명이 새 생명을 선물 받았다.

가족들은 "고인이 가족을 위해 본인을 희생해왔고 바쁘게 생활하는 중에도 이웃을 돕는 봉사활동에 꾸준히 참여해왔으며 고귀한 생명나눔의 의미로 장기 기증의사를 꾸준히 밝혀왔다."면서 "고인의 뜻을 기리기 위해 장기기증을 결정했고, 장기이식을 기다리고 있는 환자들을 살리는 데 도움이 되길 바란다."고 말했다.

권 씨는 특별한 병력이 없는 상태에서 직장에서 일 하던 중에 어지럽다고 화장실 가서 구토를 한 후 전신 상태가 악화되어서 동료가 119에 신고하여 구조대원들이 도착 시 심장이 정지된 상태로 심폐소생술을 하면서 본원으로 이송되었고, 본원 응급실 도착 시 다행히 자발 순환이 회복된 상태였다.

혈종제거 수술 후 신경계 중환자실에서 집중치료 중에도 계속 혼수 상태가 유지되었다. 다음날 시행한 뇌파 검사 상 평탄뇌파로 판독되었다.

보호자들을 만나서 신경외과 주치의가 먼저 상태 회복이 불가능하고 생존할 희망이 없다는 설명을 한 후 박 교수가 장기기증에 대해서 면담하였고, 환자의 남편은 실의에 빠져서 의견 표명이 거의 없는 상태였고 큰아들은 어머님의 장기를 기증할 의사를 가지고 있었으나, 둘째 아들이 많이 울면서 더 이상 희망이 없다는 사실을 받아들이기를 힘들어하여 결정할 시간을 드리기로 하였다.

다음 날 가족들이 장기기증을 하겠다고 연락이 와서 서면동의를 받게 되었다.

뇌사 판정을 받은 후 적출 수술이 진행되어서 간과 신장 2개를 기증하여 3명의 말기 환자들에게 새 생명을 얻게 하였다.

장기와 조직기증으로 장차 100명이 넘는 환자들에게 희망을 선물

김현미 (41세, 여)

갑작스런 뇌출혈로 뇌사 판정을 받은 40대 여성이 장기기증을 통해 6명에게 새 생명을 주고 눈을 감았다.

전북대학교병원은 "구토와 두통 증세를 보이며 병원 응급실로 이송된 김현미 씨가 뇌출혈 진단을 받았다"며 "이후 중환자실에서 의료진의 집중치료를 받아온 김 씨는 끝내 의식을 회복하지 못하고 뇌사 판정을 받았다"고 밝혔다.

김 씨의 가족들은 충격과 슬픔 속에서도 6명의 환자에게 심장과 간장, 신장(2개), 각막(2개)을 기증했다.

고인이 기증한 장기는 보건복지부 국립장기조직혈액관리원에서 선정한 6명의 환자에게 이식수술이 이뤄졌다.

간장은 적출수술을 한 병원에서 갑자기 수혜자가 상태가 악화되어서 서울의 다른 병원에서 이식되었다.

또 고인이 기증한 조직은 각막, 피부, 뼈, 심장판막, 인대, 혈관 등 최대 100명의 환자에게 새로운 삶을 선물할 수 있게 됐다.

김 씨의 가족들은 "어려운 이웃에게 온정을 베풀어온 고인의 삶을 기리는 의미에서 장기기증을 결정했다"며 "장기이식을 기다리고 있는 환자들을 살리는데 도움이 되길 바란다"고 말했다.

이식 전북대병원 이식센터장은 이에 대해 "한번 만나본 적도 없는 환자들을 위해 장기와 조직까지 기증하는 어려운 결정을 내려주신 가족분들에게 깊은 감사를 드린다"고 말했다.

가족을 사랑하고 부모님께 효도한 남편

박성진 (40세, 남)

박성진 씨는 집에서 아내가 남편이 구토를 하고 의식이 소실되어 가는 것을 발견하고 119에 신고하여 본원 응급실로 이송되었다. 뇌출혈 진단하에 혈종제거 수술 후 신경계 중환자실에서 집중치료 중에 혼수상태가 유지되어 다음날 뇌파를 검사한 결과 평탄하여 신경외과 주치의가 환자의 상태가 뇌사가 의심되는 상태이고 지금 단계에서는 재수술이나 다른 치료는 생각해 볼 수가 없고 수일 내에 사망하실 수밖에 없다고 예후를 설명했다.

그 뒤에 바로 박성광 교수가 장기 기증에 대해서 보호자와 면담하였고, 환자의 아버지는 자녀들에게 결정을 맡기고 환자의 형은 수술조차 못 해

보고 동생을 보내는 것에 대해 미안함과 서운함을 표현하였다. 더 이상 수술 부위를 찾기도 어렵고 회복가능성도 없음을 재차 설명하였고, 환자의 부인이 적극 장기기증 동의 의사를 표현하여 가족끼리 상의할 수 있도록 시간을 주었고, 2시간 후 부인이 동의서를 작성하였다. 심장, 폐, 신장의 적출 수술이 이루어졌고, 그 후 계속해서 조직기증 동의를 받아서 본원수술실에서 조직 채취가 이루어졌다.

박성진 와이프입니다

저희 신랑은 GS편의점에 물건을 납품하는 일을 했습니다

성격이 내성적이지만 친구를 좋아해서 집으로 초대하여 밥 먹고 이야기하는 걸 좋아하는 그리고 가족을 사랑하고 부모님께는 효자인 그런 사람이었습니다. 12년을 살았지만 나쁜 짓이라고는 1도 안한 착한 남편이었습니다 너무나 병원 가는 걸 싫어해서…. 조금만 미련을 떨지 않았다면 세상에 있을 수도 있었겠지요. 지금 와서 후회한들 뭐 하겠어요 아프기만 한데요…. 사진 찍는 걸 좋아하지 않아서 사진이 별로 없네요.

타병원에서 기증을 받아서 보내지 못한 편지

6세 여아에게 받은 수혜자

안녕하세요.
만물이 소생하는 푸르른 봄날입니다.
벌써 늦었지만 무어라 사연을 드려야 할지 몰라 망설이기도 합니다.
건강하게 잘들 지내고 계시는지요?
저는 지난 2000년도 3월에 아드님의 소중한 장기를 이식받은
신장 수혜자 입니다.
많은 시간이 흘러서도 항상 감사하다는 마음만 가슴에 새기면서
이제서야 겨우 펜을 들어봅니다.
부모님께서 간절한 사랑을 베풀어 주신 은혜에 깊은 감사를
드립니다.
저는 귀중한 장기 기증으로 인하여 선물같은 삶을 살고 있습니다
귀여운 아이는 하늘나라에서 새생명을 주고 웃고 있겠죠
부모님을 항상 그리워 하면서……
아쉽게도 세월이 많이 흘렀습니다.
거의 20년 가까운 세월이 짧은 시간은 아니죠.
저는 다른 수혜자들에 비해서 아주 소중하게 잘 관리를 하고 있습니다.
앞으로도 지속적으로 관리를 잘 하도록 하겠습니다.
새로운 삶을 살아갈수 있도록 해준 아드님을 생각하면서 부디요
항상 건강하시고 행복하시길 빌겠습니다.
다시 한번 고개숙여 깊은 감사를 드립니다.

2019. 4.

수혜자 드림

안녕하세요. 1999년 저희 어머니께서 신장 이식을 통해
새삶을 살게 해주신 기증자님과 가족분들께 감사드리며, 너무
늦게 인사드리게 되어 너무 죄송합니다. 제 유년시절은 항상
불안의 연속 이었습니다. 엄마가 병원에 입원하는 일이
잦았기 때문에 항상 엄마가 그리웠고, 늘 학교를 마치면
엄마가 있는지 부터 확인하는 버릇이 있을 정도로 늘 엄마가 날
떠나지 않을까 하는 두려움을 안고, 살아갔습니다. 어렴풋이
기억나는 것은 학교 수업을 마치고 돌아오는 길에 엄마가
기증을 받는 다는 소식을 듣고 믿겨지지 않을 만큼 기쁘고
감사하면서 한편으로 너무 어려운 결정을 해주신 기증자님
가족분들께 얼마나 죄송하고 감사한 마음이 들었는지 모릅니다.
이식 수술후 저희 가족은 정말 새삶을 얻게 되었습니다.
늘 불안감에 시달리던 우리 가족은 엄마의 건강회복을 통해
정서적인 안정을 찾게 되었고 일상생활에도 집중을 할수 있었습니다.
저희 엄마는 이식을 받은뒤 지금까지 병원 지침을 철저히 준수하며
식단 관리도 하나 하나 소홀히 하지 않게 유지 하고 계시며
기증자 분께 누가 되지 않기 위해 항상 감사한 마음을 가지고
몸관리를 잘 하고 계십니다.
다시 한번 저희 어머니께 소중한 새 생명을 선물해 주신
기증자님 과 가족 분들께 감사의 인사를 드립니다.

안녕하세요 ..

저는 당시 26살에 1남1녀 자녀를 둔 50세
남성입니다. 13년 전에 한 가정의 소중하고
귀하신 분께서 소중한 생명을 나누어 주신 덕분에
다시 새롭게 삶을 소중히 이어가고 가고 있습니다
당시 26살에 만성신부전으로 10년 넘게 혈액투석
하던 중에 크리스마스 이브 밤에 저에게 소중한
신장을 주시어 새 삶을 주신 귀하신 분께 그리고

유가족 분들께 미리 감사의 편지라도
드려야하는데 그리 못한점 정말 죄송스럽고 항상
마음에 걸렸습니다. 미리 늦어 죄송합니다
정말감사 합니다 저에게 새로운 삶을 주신
하늘에 계신분께서 항상 행복하시고 편안하시길
기원드립니다.
항상 몸으로 주신 생명 더 소중하게 생각하고
열심히 열심히 살겠습니다.
고맙습니다 감사합니다.

LA CHANCE EST
TOUJOURS AVEC MOI

안녕하세요? 저는 18년전 가을에 이름도 모르고 얼굴도 모르는 공여자님으로 부터 오른쪽 신장을 이식받은 사람입니다.
그 동안 많은 시간이 흘렀네요.
저는 중학교때부터 아파서 계속 병원 생활을 하고 부모님과 가족들의 신장도 맞지 않아서 투석을 4년 넘게 하면서 이식을 기다리고 있었습니다.
이식 받은 나이가 21살 이었고, 막연한 두려움과 앞을 알 수 없는 제 미래에 대해 고민이 많았습니다.
매년 10월 10일, 저는 혼자만의 두번째 생일을 보낸답니다.
가족분들에게는 슬픔의 날이었겠으나 제에게는 다시 태어난 날과도 같았습니다. 솔직히 그 때는 잘 몰랐습니다.
장기 기증의 결정이 힘들고 가족들의 슬픔이 얼마나 큰지도 잘 몰랐습니다. 시간이 지나고 세상을 알아 가다보니 그 때의 기증해 주신 결정이 얼마나 고맙고 감사한지를 많이 느끼고 있습니다. 정말 공여자님과 가족분들에게 감사한 저의 마음을 전합니다.
덕분에 저는 이식 잘 받고 대학도 진학하고 결혼도 해서 기적처럼 예쁜 딸을 낳았습니다.

LA CHANCE EST
TOUJOURS AVEC MOI

출산할 때 임신 중독증상이 심해서 고비도 있었지만
다행히 잘 회복되어서 지금까지 잘 유지하고 지내고
있습니다. 최근에는 공인 중개사 시험을 준비해서 발표를
기다리고 있습니다. 이식 환자라는 사실도 잊은 채
정상인 보다도 더 열심히 활기차게 살고 있답니다.
꿈을 갖게 해 주셔서 감사합니다.
앞으로도 저의 건강 지키며 감사하며 잘 살아가겠습니다.
가족분들에게 주님의 평화가 함께 하시길 기도합니다.

2019. 11. 19

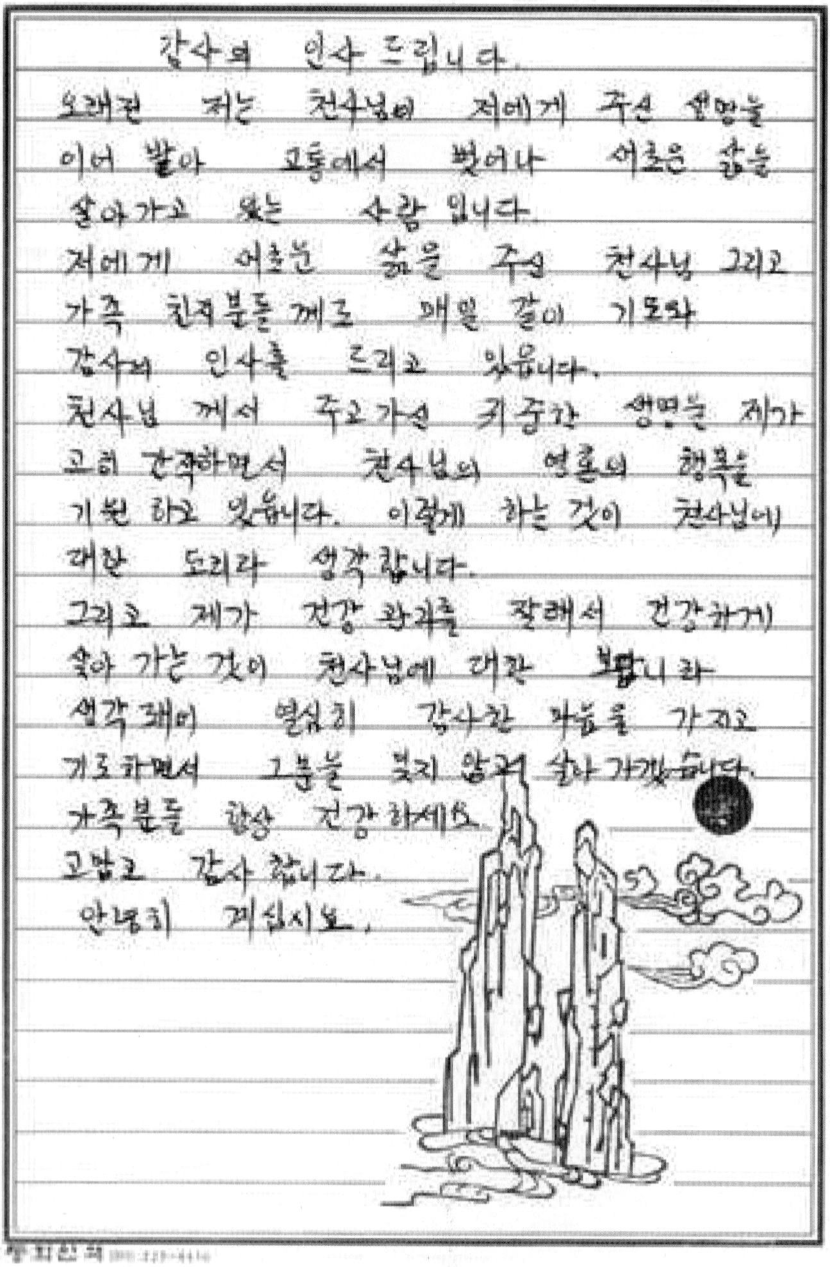

감사의 인사 드립니다.

오래전 저는 천사님이 저에게 주신 생명을
이어 받아 고통에서 벗어나 새로운 삶을
살아가고 있는 사람 입니다.
저에게 새로운 삶을 주신 천사님 그리고
가족 친지분들 께도 매일 같이 기도와
감사의 인사를 드리고 있읍니다.
천사님 께서 주고가신 귀중한 생명을 제가
고이 간직하면서 천사님의 영혼의 행복을
기원 하고 있읍니다. 이렇게 하는 것이 천사님에
대한 도리라 생각합니다.
그리고 제가 건강 관리를 잘해서 건강하게
살아 가는 것이 천사님에 대한 보답이라
생각해서 열심히 감사한 마음을 가지고
기도하면서 그분을 잊지 않고 살아 가겠읍니다.
가족분들 항상 건강 하세요.
고맙고 감사 합니다.
안녕히 계십시요.

운명의 인연

저는 친구따라 건강검진 받으로 갔다가 신장수치가 높다 하여 정밀검사 결과 신부전이란 병명을 받고 눈앞이 캄캄 하였고 의사의 지시에 따라 약으로 2년을 복용 하였으나 더이상 약으로는 어렵고 투석을 하면서 이식을 받은 방법 밖에는 없다 하여 진행으로 가족이나 주변에서의 기증 그리고 병원에 신청하여 기증 받은 기회가 되면 생명을 연장 할수 있다 하였읍니다.
주1회 병원에서 혈액 투석받고 있을 때는 삶의 전부를 잃은것 같고 꿈도 희망도 없이 3년을 보내던중 전북대 병원에서 전화가 왔읍니다
지금 오실수 있어요 네 검사를 받아 보게요 네 네.
생명의 의부를 고통 받고 살아가는 나에게는 운명의 인연이 였읍니다 자기 장기를 고통 받고 살아가는 다른 사람을 위해 기증하여 주신 고귀한 마음과 그 가족에게 깊은 감사를 드립니다 그 생명 제가 잘 돌보며 항상 잊지 않고 오래 간직하겠읍니다.
감사 합니다

그리고 특히 신장이식 명의 박성광 교수님과 수술팀 의료진 께도 수술후 2회나 돌발 상황이 있었는데도 해박하고 현명한 판단으로

응급 대처 하며 회복 하였고 그 후 13년 되는 지금 까지 [illegible] 신장 내과 [illegible] 저는 생명의 은인으로 존경 하고 감사 하며 받은 신장 잘 지키고 살아 가겠읍니다 어느곳에 계시던 항상 건강 하십시요
감사 합니다

후기

나는 신장 내과 의사로서 일주일에 3번, 한 번에 4시간씩 큰 바늘로 찔림을 당하면서 고통 속에 혈액투석을 받거나 하루에도 여러 번씩 복막에 들어있는 도관을 통해 투석액을 교환하는 복막투석을 받아야만 생명을 유지할 수 있는 말기 신장환자들을 보면서 뇌사자 장기기증에 의한 신장이식의 필요성을 절감해왔다. 뇌사상태의 환자는 비록 의식이 없고 본인이 쉬는 자발호흡은 없으나 호흡기에 의지하여 호흡을 하기도 하고 혈색이 좋고 체온도 정상이고 소변도 잘 나오고 현재 심장이 뛰고 있다. 이런 가족의 장기를 기증하는 것은 결코 쉬운 일이 아니다. 의사가 아무리 평탄 뇌파를 보여주며 "지금은 뇌사로 추정되는 상태로 회복은 불가능하고 며칠 이상 생존하는 것도 어렵다" 고 말해도 가족들은 쉽게 믿질 않는다.

그래서 필자가 우리나라에서는 처음으로 그런 가족들에게 뇌사에 대해서 자세히 설명을 하고 장기기증에 대해서 상담을 하고 기증을 권유하는 전담의사가 되었다. 병원에서 추가로 주는 월급은 없다. 뇌사 환자들은 언제라도 사망할 수가 있어서 항상 응급이다. 나는 이제까지 병원에서 온 전화를 놓칠까봐 내 핸드폰을 잠시나마 꺼놓은 적이 없다. 목욕탕에 들어갈 때도 주인에게 전화를 맡기고 들어갔다. 뇌사환자가 생기면 하루에 백 통 정도의 전화를 주고받았다.

장기 기증에 관한 얘기만으로는 책을 만들기에 내용이 너무 적어서 이 책의 주제인 장기기증 이야기에 앞서 그동안 신문과 잡지에 기고했던 글과 내가 경험했던 일 중에서 재미있다고 생각되는 일화들을 같이 실었다.

이 책을 통해 이제까지 장기를 기증해 주신 가족분들께 조금이나마 위로와 감사를 전하는 기회가 되었으면 좋겠다. 글을 쓰기 위해 기증자 가족들을 다시 만나고 전화 통화를 하면서 가슴 아픈 사연에 눈물이 나지 않을 수 없었다.

장기기증자는 본인이 사망하면서 다른 여러 사람들을 살리기 때문에 의인(義人)이라고 생각한다. 우리는 자신의 몸을 희생하여 사랑을 이루는 일을 살신성인(殺身成仁) 이라고 부른다. 논어 위령공편에 나오는 말이다. 장기를 기증하여 사랑을 이루는 일은 증신성인(贈身成仁) 이라고 부를 수 있을 것이다.

이 책은 죽음을 생명으로 바꾸고 슬픔을 사랑으로 승화시키는 의인(義人)들의 숭고한 삶과 희생을 그린 이야기다.

책을 읽고 장기기증을 희망하시는 분들이 늘어난다면 이 책을 쓴 목적을 달성했다고 본다.

심장이 멎기 전, 안녕 내 사랑

뇌사자 장기기증 – 삶, 죽음, 사랑 이야기

초판 1쇄 발행 2022년 8월 29일
초판 2쇄 발행 2022년 12월 26일

지은이 박성광
발행인 서정환
펴낸곳 신아출판사
주소 전북 전주시 완산구 공북 1길 16(태평동 251-30)
전화 (063) 275-4000 · 0484
팩스 (063) 274-3131
이메일 sina321@hanmail.net
출판등록 제465-1984-000004호
인쇄·제본 신아출판사

ISBN 979-11-92557-21-2 (03810)
값 20,000 원

Printed in KOREA

박성광
이메일 parksk@jbnu.ac.kr
연락처 (063) 252-0015